"어렵고 지루한 금융강의는 가라~ 머리에 쏙쏙 들어오는 기막힌 강의가 온다"

국내 최강의 금융교수진과 함께하는 펀드투자권유자문인력 족집게 동영상 강의

핵심을 짚어주는 막힘없는 강의

방대한 이론을 명쾌하게 정리

머리에 쏙 들어오는 친절한 해설

nadoogong.com

문제로 정리하는 펀드투자권유자문인력

동영상 강의 커리큘럼

1강	법규(1)
2강	법규(2)
3강	법규(3)
4강	법규(4)
5강	법규(5)
6강	법규(6)
7강	직무윤리와 투자자분쟁예방(1)
8강	직무윤리와 투자자분쟁예방(2)
9강	직무윤리와 투자자분쟁예방(3)
10강	펀드영업실무(1)
11강	펀드영업실무(2)
12강	펀드 구성 · 이해1(1)
13강	펀드 구성 · 이해1(2)
14강	펀드 구성 · 이해2(1)
15강	펀드 구성 · 이해2(2)
16강	펀드운용(1)
17강	펀드운용(2)
18강	펀드운용(3)
19강	펀드평가

▦ 강의 커리큘럼은 사정에 따라 변경될 수 있습니다. 자세한 내용은 나두공(시스컴) 홈페이지를 참조하시기 바랍니다.

2과목 파생상품펀드

3과목 부동산펀드

2025

펀드투자권유자문인력

대표유형+실전문제

김일영 · 이진

2025
펀드투자권유자문인력
대표유형+실전문제

인쇄일 2025년 1월 1일 9판 1쇄 인쇄
발행일 2025년 1월 5일 9판 1쇄 발행
등 록 제17-269호
판 권 시스컴2025

ISBN 979-11-6941-539-2 13320
정 가 24,000원

발행처 시스컴 출판사
발행인 송인식
지은이 김일영, 이진

주소 서울시 금천구 가산디지털1로 225, 514호(가산포휴) | **홈페이지** www.nadoogong.com
E-mail siscombooks@naver.com | **전화** 02)866-9311 | **Fax** 02)866-9312

발간 이후 발견된 정오 사항은 나두공(시스컴) 홈페이지 도서정오표에서 알려드립니다(홈페이지→자격증→도서정오표).

머리말

펀드투자권유자문인력은 사전교육 + 인증시험으로 이루어져 있습니다. 따라서 투자자 보호 관련 집합교육을 의무 이수한 후 인증시험 합격자에게만 펀드투자권유(판매) · 투자자문자격을 부여합니다.

펀드투자권유자문인력은 투자자를 상대로 집합투자기구의 집합투자증권(펀드)에 대하여 투자권유 또는 투자자문 업무를 수행하는 사람이며, 이 책은 펀드를 판매하기 위한 업무수행에 필요한 내용을 담고 있습니다.

시대에 발맞추어 보다 전문적이고 합리적인 펀드투자권유자문인력의 역할이 그 어느 때보다 필요합니다. 이 책에는 각 과목 장별로 해당 부분의 학습에 필요한 기초이론과 출제 가능성이 높은 문제들을 수록하여 문제풀이와 관련 이론학습으로 정리할 수 있도록 구성하였습니다. 또한 최신 기출 유형을 반영한 FINAL 실전모의고사 3회분을 전격 수록하였고, 각 과목별 출제범위 변동 등을 고려하여 수험생으로 하여금 시행착오를 겪지 않도록 보다 충실히 내용을 담고자 노력했습니다.

이 책이 펀드투자권유자문인력 적격성 인증시험을 준비하는 수험생 여러분의 많은 도움이 되기를 바라며 건투를 빕니다.

시험 정보

① 시험 주관

- 금융투자협회(http://www.kofia.or.kr)

② 응시 접수

- 금융투자협회 자격시험접수센터
  홈페이지 (http://license.kofia.or.kr)에서 작성 및 접수
  ※ 인터넷(온라인) 접수만 가능함
  ※ 접수 후 시험의 연기 및 고사장 변경은 불가능함
  ※ 기타 접수에 관한 공지사항이 있을 시 홈페이지에 공지함

③ 응시서 교부

- 접수 시 응시자가 PC에서 직접 출력함

④ 문제 형식

- 객관식 4지선다형

⑤ 시험시간

- 120분

⑥ 합격 기준

- 응시과목별 정답비율이 50% 이상인 자 중에서 응시 과목의 전체 정답 비율이 70%(70문항) 이상인 자

⑦ 시험과목 및 문항 수

시험과목		세부과목	문항 수	문항 수	
				총	과락
1과목	펀드일반	법규	13	60	30
		직무윤리 · 투자자분쟁예방	15		
		펀드영업실무	8		
		펀드 구성 · 이해	16		
		펀드 운용평가	8		
2과목	파생상품펀드	파생상품펀드 법규	7	25	13
		파생상품펀드 영업	8		
		파생상품펀드 투자 · 리스크관리	10		
3과목	부동산펀드	부동산펀드 법규	5	15	8
		부동산펀드 영업	5		
		부동산펀드 투자 · 리스크관리	5		

합계	100문항
시험시간	120분

⑧ 합격자 발표

- 금융투자협회 자격시험접수센터(http://license.kofia.or.kr)에 로그인 후 「합격확인」에서 합격자 확인

⑨ 응시 제한 대상(응시 부적격자)

- 동일시험 기합격자
- 『금융투자전문인력과 자격시험에 관한 규정』 제3-13조 및 제3-15조의 자격제재에 따라 응시가 제한된 자
- 『금융투자전문인력과 자격시험에 관한 규정』 제4-21조 제3항 및 제4항에 따라 부정행위 등으로 시험응시가 제한된 자
- 투자권유자문인력 적격성 인증 시험의 경우 『금융투자전문인력과 자격시험에 관한규정』 제5-2조에 따라 투자자 보호 교육의 수강 대상이 아니거나, 해당 교육을 수료하지 못한 자

※ 상기 응시 부적격자는 응시할 수 없으며, 합격하더라도 추후 응시 부적격자로 판명되는 경우 합격 무효 처리함. 또한 5년의 범위 내에서 본회 주관 시험응시를 제한함

※ 상기 시험은 시험 접수 시 해당 시험 관련 투자자 보호 교육 이수 여부를 확인하며, 이에 부적합할 시 시험접수가 제한됨

⑩ 과목면제대상

- 종전의 증권펀드투자상담사(간접투자증권판매인력)의 자격요건을 갖춘 자는 펀드일반 과목(제1과목) 면제
- 종전의 파생상품펀드투자상담사의 자격요건을 갖춘 자는 파생상품펀드 과목(제1,2과목) 면제
- 종전의 부동산펀드투자상담사의 자격요건을 갖춘 자는 부동산펀드 과목(제1,3과목) 면제

※ 과목별 쉬는 시간 없이 진행되며, 면제자는 해당 시험시간 동안에만 시험에 응시한 후 퇴실

※ 면제자의 경우, 면제가 의무사항은 아니며 원서접수 시 면제 또는 전 과목 응시 중 선택할 수 있음(단, 전 과목 응시 선택 시 합격기준은 비면제자 합격기준과 동일하게 적용됨) – 두 과목 응시자의 경우, 과목별 부분합격은 인정되지 않음

※ 3가지(증권, 파생상품, 부동산) 펀드투자상담사 자격을 모두 갖춘 자는 시험 응시 불가

※ 규정신분증

구분	규정신분증	대체 가능 신분증
일반인 또는 대학생	주민등록증, 운전면허증, 여권	주민등록증 발급신청 확인서
주민등록증 미발급자 (초 · 중 · 고등학생)		신분확인증명서, 재학증명서, 학생증, 청소년증
공무원		공무원증
군인		장교/부사관 신분증, 군복무확인서, 신분확인증명서
외국인	외국인등록증 또는 여권	재외국민국내거소신고증

※ 모든 신분증, 증명서에는 사진이 부착되어 있으며, 발급기관장의 직인이 찍혀있어야 신분증으로 인정 가능

- 시험시작 20분 전까지 입실 완료하여야 하며 시험 종료 40분 전까지 퇴실 금지

※ 시험시작 이후 고사장 입실 및 응시 불가

- 대리응시, 메모(답안 등) 작성 및 전달, 메모(답안 등) 수령 및 기재, 문제지와 답안지 유출행위 등 시험부정행위, 감독관의 정당한 지시에 불응하는 행위, 시험 진행 방해 등으로 인해 시험응시 무효 또는 0점 처리될 수 있음
- 자격시험 신청서의 허위기재 및 기타 부정한 방법으로 시험에 합격한 경우 합격을 취소하며, 응시무효 및 합격취소자의 경우 상기 사유가 발생한 날로부터 3년 이내의 범위에서 금융투자협회 주관 시험 응시가 제한됨
- 본인의 응시번호를 답안지에 정확히 마킹하지 않은 경우 0점 처리됨

구성 및 특징

대표 유형 문제

각 장별로 빈출 기출문제의 유형을 분석하여 가장 대표적인 유형의 문제를 엄선하였습니다.

1장 법규

대표 유형 문제

집합투자기구에 대한 내용 중 틀린 것은?

① 집합투자기구의 유형에는 투자신탁, 투자회사, 투자유한회사, 투자
명조합, 사모투자전문회사의 7가지가 있다.

② 투자신탁의 당사자는 집합투자업자, 신탁업자, 수익자이고 수익자
항을 직접 결정한다.

정답 해설

유사문제에서 오답을 확실히 피할 수 있도록 문제의 요지에 초점을 맞추어, 해당 선택지가 문제의 정답이 되는 이유를 논리적이고 명확하게 설명하였습니다.

② 집합투자증권을 판매한 판매회사, 집합투자업자, 신탁업자는 환
을 어떤 경우라도 자기의 계산으로 취득해서는 안 된다.

③ 집합투자기구 투자자 전원의 동의가 있는 경우 금전이 아닌 집합투
수 있다.

④ 집합투자업자가 환매에 응할 수 없는 경우 신탁업자에게 환매를 청구

정답해설 판매회사, 집합투자업자, 신탁업자는 집합투자증권을 자기 계산으로 취
가 있다.
- 단기금융집합투자기구의 집합투자증권을 판매한 투자매매업자 또는
자기구별 집합투자증권 판매규모의 5%에 상당하는 금액 또는 100억
자로부터 환매청구일에 공고되는 기준가격으로 환매청구일에 그 집합
- 투자자가 금액을 기준으로 집합투자증권(단기금융집합투자기구의 집
에 따라 그 집합투자증권을 판매한 투자매매업자 또는 투자중개업자
약에서 정한 환매가격으로 그 집합투자규약에서 정한 환매일에 그 집
수하는 경우

오답 해설

유사문제뿐만 아니라 응용문제까지도 폭넓게 대처할 수 있도록 하며, 다른 선택지들이 오답이 되는 이유를 상세하게 설명하고, 경우에 따라 필요한 부가 설명을 제시하였습니다.

정답해설 ETF는 기본적으로 증권지수의 추적을 목표로 한다.

오답해설 ① 환매금지형집합투자기구는 환매가 불가능하기 때문에 환매자금 마
리오 처분을 하지 않아도 되고, 펀드자산을 보다 안정적으로 운용할
② 종류형집합투자기구는 Class Fund라고 불린다.
③ 모집합투자기구 발행, 자집합투자기구 취득의 구조를 지닌다.

대표 유형 문제 알아 보기

상장지수집합투자기구(자본시장법 제234조)
- 요건
  - 기초자산의 가격 또는 기초자산의 종류에 따라 다수 종목의 가격수준을 종

개념 확인 문제

주요 이론의 핵심 포인트를 추려, 가장 효과적으로 개념을 학습할 수 있도록 문제로 구성하였습니다.

1 투자펀드의 개념과 분류

개념

01 (　　)은/는 다수로 구성된 투자자의 자금을 합쳐 증권 등과 같
한 수익을 지분에 따라 투자자에게 다시 배분하는 것을 말한다.
① 투자펀드 ② 금전신탁

02 (　　)는 투자자가 환매를 청구하는 것이 가능한 펀드로, 계속적
하여 환매금을 충당하고 규모를 증대시킨다.
① 개방형펀드 ② 폐쇄형펀드

실전 확인 문제

최근 시험의 경향 분석을 바탕으로 출제 가능성이 높은 문제들을 수록하여 응용력을 향상할 수 있도록 하였습니다.

02 (　　)는 투자자가 환매를 청구하는 것이 가능한 펀드로, 계
하여 환매금을 충당하고 규모를 증대시킨다.
① 개방형펀드 ② 폐쇄형펀드

실전

▶ 다음 투자펀드에 대한 설명 중 틀린 것은?
① 투자펀드에서는 자금제공자와 자금운용자가 분리되고 자금도
② 투자펀드의 수익과 손실은 모두 투자자에게 귀속된다.
③ 펀드투자자는 수익과 의결권 등에 있어 투자지분에 따라 동등
④ 집합된 투자펀드의 자금은 펀드운용자의 고유재산과 철저히 분

정답 투자펀드는 자금이 집합되어 운용되는 집단성을 특징으로 한다. 또한 자금
자펀드의 특성으로 인해 투자자는 자금운용에 관여하지 않는 소극적 역할

개념 짚어 보기

문제와 관련 있는 이론 범위의 주요 개념 등을 한 단계 더 깊이 있게 학습할 수 있도록, 해당 문제의 포인트를 면밀히 분석하고 그와 가장 밀접한 부분의 핵심 내용을 정리하였습니다.

개념 짚어 보기

분쟁조정절차

분쟁조정신청 접수/통지 → 사실조사 → 합의권고 → 회부 전 처리 → 위원회 회부 →
통지 → 조정의 성립 → 재조정신청

- **분쟁조정신청 접수/통지** : 신청인이 금융투자협회에 분쟁조정신청서 제출
- **합의 권고** : 분쟁의 원만한 해결을 위하여 당사자가 합의하도록 함이 상당하다고 인정
- **회부 전 처리** : 분쟁조정신청 취하서가 접수되거나 수사기관의 수사진행, 법원에의
  위원회에 회부하지 않고 종결처리 하는 것이 가능
- **위원회 회부** : 당사자 간 합의가 성립하지 않은 경우 협회는 조정신청서 접수일로부터
  을 회부하여 위원회는 회부된 날로부터 30일 이내에 심의하여 조정 또는 각하결정 함
- **조정의 성립** : 당사자가 조정결정통지를 받은 날로부터 20일 이내에 기명날인한 수락
  함으로써 성립(민법상 화해계약의 효력)
- **재조정 신청** : 분쟁조정신청의 당사자는 조정의 결과에 중대한 영향을 미치는 새로
  각하결정을 통지받은 날로부터 30일 이내에 재조정 신청이 가능

목 차

3과목 부동산펀드

FINAL 실전모의고사

Study Plan

과목		학습예상일	학습일	학습시간
1과목 펀드일반	법규			
	직무윤리와 투자자분쟁예방			
	펀드영업실무			
	펀드 구성 · 이해 1			
	펀드 구성 · 이해 2			
	펀드운용			
	펀드평가			
2과목 파생상품펀드	파생상품펀드 법규			
	파생상품펀드 영업			
	파생상품펀드 투자 1			
	파생상품펀드 투자 2			
	파생상품펀드 리스크관리			
3과목 부동산펀드	부동산펀드 법규			
	부동산펀드 영업			
	부동산펀드 투자			
	부동산펀드 리스크관리			
FINAL 실전모의고사	제1회 / 제2회 / 제3회			

1과목

펀드일반

1장 법규

대표 유형 문제

집합투자기구에 대한 내용 중 틀린 것은?

① 집합투자기구의 유형에는 투자신탁, 투자회사, 투자유한회사, 투자합자회사, 투자조합, 투자익명조합, 사모투자전문회사의 7가지가 있다.
② 투자신탁의 당사자는 집합투자업자, 신탁업자, 수익자이고 수익자는 주주총회를 통해서 중요사항을 직접 결정한다.
③ 투자회사의 이사는 집합투자업자인 법인이사 1인과 감독이사 2인 이상이 있다.
④ 투자신탁은 수익증권을 무액면 · 기명식으로 발행하고, 투자회사는 주권을 무액면 · 기명식으로 발행한다.

정답해설 주주총회는 투자회사의 제도이다. 투자신탁의 수익자는 수익자총회를 통해서 중요사항을 결정한다.

대표 유형 문제 알아 보기

집합투자기구의 기관

구분		내용
투자신탁의 수익자총회 (투자회사의 주주총회에 상응)		• 소집 : 집합투자업자와 신탁업자 및 5% 이상 보유 수익자 • 의결 : 수익자총회는 출석한 수익자의 의결권의 과반수와 발행된 수익증권 총좌수의 4분의 1 이상의 수로 결의한다. • 권한 : 집합투자업자 · 신탁업자 등이 받는 보수 및 그 밖의 수수료의 인상, 신탁업자의 변경, 신탁계약기간의 변경, 투자신탁의 종류의 변경, 주된 투자대상자산의 변경, 집합투자업자의 변경, 환매금지형투자신탁이 아닌 투자신탁의 환매금지형투자신탁으로의 변경, 환매대금 지급일의 연장
투자회사	이사회	• 소집 : 법인이사 및 감독이사 • 성립과 의결 : 과반수 출석으로 성립, 출석이사 과반수의 찬성으로 의결 • 권한 : 집합투자업자 · 신탁업자 · 투자매매업자 · 투자중개업자 및 일반사무관리회사와의 업무위탁계약(변경계약 포함)의 체결, 자산의 운용 또는 보관 등에 따르는 보수의 지급, 금전의 분배 및 주식의 배당에 관한 사항 등
	주주총회	• 소집 : 이사회, 신탁업자 및 5% 이상 보유 주주 • 성립과 의결 : 주주총회는 출석한 주주의 의결권의 과반수와 발행주식 총수의 4분의 1 이상의 수로 결의한다. • 권한 : 합병, 환매연기, 정관 중요사항의 변경 등

[대표 유형 문제 정답] ②

대표 유형 문제

특수한 형태의 집합투자기구에 대한 설명 중 옳은 것은?

① 환매금지형집합투자기구는 펀드자산 운용의 과정에서 불안정적인 모습을 보이기도 한다.
② 종류형집합투자기구는 Master－Feeder Fund라고 불린다.
③ 모자형집합투자기구는 자집합투자기구 발행, 모집합투자기구 취득의 구조를 지닌다.
④ ETF는 지수의 변화에 연동하여 운용하는 것을 목표로 한다.

정답해설 ETF는 기본적으로 증권지수의 추적을 목표로 한다.

오답해설 ① 환매금지형집합투자기구는 환매가 불가능하기 때문에 환매자금 마련 과정도 불필요하다. 따라서 포트폴리오 처분을 하지 않아도 되고, 펀드자산을 보다 안정적으로 운용하는 것이 가능하다.
② 종류형집합투자기구는 Class Fund라고 불린다.
③ 모집합투자기구 발행, 자집합투자기구 취득의 구조를 지닌다.

대표 유형 문제 알아 보기

상장지수집합투자기구(자본시장법 제234조)

- 요건
  - 기초자산의 가격 또는 기초자산의 종류에 따라 다수 종목의 가격수준을 종합적으로 표시하는 지수의 변화에 연동하여 운용하는 것을 목표로 할 것. 이 경우 기초자산의 가격 또는 지수는 대통령령으로 정하는 요건을 갖추어야 한다.
    - i) 거래소, 외국 거래소 또는 금융위원회가 정하여 고시하는 시장에서 거래되는 종목의 가격 또는 다수 종목의 가격수준을 종합적으로 표시하는 지수일 것
    - ii) 위의 가격 또는 지수가 같은 호의 시장을 통해 투자자에게 적절하게 공표될 수 있을 것
    - iii) 기초자산의 가격의 요건, 지수의 구성종목 및 지수를 구성하는 종목별 비중, 가격 및 지수의 변화에 연동하기 위하여 필요한 운용방법 등에 관하여 금융위원회가 정하여 고시하는 요건을 충족할 것
  - 수익증권 또는 투자회사 주식의 환매가 허용될 것
  - 수익증권 또는 투자회사 주식이 해당 투자신탁의 설정일 또는 투자회사의 설립일부터 30일 이내에 증권시장에 상장될 것
- 설정 · 설립 및 환매
  - 설정 · 설립 : 지정참가회사가 투자자로부터 현금 또는 투자증권을 납입받아 설정단위에 상당하는 자산으로 변경하여 집합투자업자에 요청
  - 환매 : ETF 투자자는 ETF 집합투자증권을 판매한 투자매매업자 · 투자중개업자 또는 지정참가회사에 대하여 설정단위별로 집합투자증권의 환매 청구 가능
- 운용규제 특례
  - 자산총액의 30%까지 동일종목의 증권에 운용 가능
  - 동일법인 등이 발행한 지분증권 총수의 20%까지 투자 가능
  - 이해관계인과의 거래 가능
  - 집합투자증권 환매, 계열사 발행주식에 대한 중립투표 의무, 자산운용보고서, 내부자의 단기매매차익 반환, 임원 등의 특정증권 등 소유상황보고 등에 관한 규정은 적용 배제

[대표 유형 문제 정답] ④

1 투자펀드의 개념과 분류

개념 확인 문제

01 ( )은/는 다수로 구성된 투자자의 자금을 합쳐 증권 등과 같은 자산에 투자하고, 투자에 대한 수익을 지분에 따라 투자자에게 다시 배분하는 것을 말한다.

① 투자펀드 ② 금전신탁

02 ( )는 투자자가 환매를 청구하는 것이 가능한 펀드로, 계속적으로 펀드지분을 추가로 발행하여 환매금을 충당하고 규모를 증대시킨다.

① 개방형펀드 ② 폐쇄형펀드

실전 확인 문제

▶ 다음 투자펀드에 대한 설명 중 틀린 것은?

① 투자펀드에서는 자금제공자와 자금운용자가 분리되고 자금도 분리되어 운용된다.
② 투자펀드의 수익과 손실은 모두 투자자에게 귀속된다.
③ 펀드투자자는 수익과 의결권 등에 있어 투자지분에 따라 동등한 권리를 가진다.
④ 집합된 투자펀드의 자금은 펀드운용자의 고유재산과 철저히 분리된다.

정답해설 투자펀드는 자금이 집합되어 운용되는 집단성을 특징으로 한다. 또한 자금제공자와 운용자가 분리되어 있는 투자펀드의 특성으로 인해 투자자는 자금운용에 관여하지 않는 소극적 역할을 담당한다.

개념 짚어 보기

여러 기준에 의한 투자펀드의 분류

- 법적형태(자본시장법)
  - 신탁형펀드(투자신탁)
  - 조합형펀드(투자익명조합)
  - 회사형펀드(투자회사 · 투자유한회사 · 투자합자회사 및 투자조합)
- 운영구조
  - 개방형펀드 : 투자자에게 환매청구권 부여, 펀드지분을 추가로 발행하는 펀드
  - 폐쇄형펀드 : 환매제도를 도입하지 않고 지속적으로 발행하지도 않는 펀드
- 모집방식
  - 공모펀드 : 투자자를 공모방식으로 모집
  - 사모펀드 : 투자자를 사모방식으로만 모집(투자자의 수나 자격에 제한)
- 기준법률
  - 내국펀드 : 우리나라 법률을 기준으로 만들어진 펀드
  - 외국펀드 : 외국 법률을 기준으로 만들어진 펀드(내국인 판매의 경우 국내법 적용)

[개념 확인 문제 정답] 01 ① 02 ① [실전 확인 문제 정답] ①

2 투자펀드에 대한 규제 체계

개념 확인 문제

01 (　　　)은 증권거래법, 자산운용업법, 선물거래법, 신탁업법, 종합금융회사에 관한 법률 및 한국거래소법 등 자본시장 관련 법률을 통합한 법으로, 우리 자본시장을 규율하는 단일법률이다.

① 자본시장과 금융투자업에 관한 법률　　② 간접투자자산운용업법

02 무자본 특수법인인 (　　　)는 금융위원회 및 증권선물위원회의 지도 · 감독을 받아 금융기관에 대한 검사 · 감독업무 등을 수행한다.

① 금융감독원　　② 금융투자협회

실전 확인 문제

▶ 우리나라 투자펀드에 대한 규제체계에 대한 설명 중 틀린 것은?

① 우리나라 금융시장을 규율하는 3대 법률은 은행법, 보험업법, 자본시장법이다.
② 투자펀드에 관한 공적 규제기관은 금융감독원이며, 그 집행은 금융위원회가 한다.
③ 한국금융투자협회는 집합투자업자 등에 대해 투자자보호 차원에서 자율규제를 한다.
④ 자본시장법의 제정목적은 금융법제 개편을 통해 지속적 경제성장이 가능한 금융시스템을 만들기 위한 것이다.

정답해설 투자펀드에 관한 공적 규제기관은 금융위원회이며, 그 집행은 금융감독원이 한다. 규제는 주로 규정 제정, 업무 감독, 검사 등을 통해 이루어진다.

개념 짚어 보기

금융위원회의 소관 사무(금융위원회의 설치 등에 관한 법률 제17조)

- 금융에 관한 정책 및 제도에 관한 사항
- 금융기관 감독 및 검사 · 제재에 관한 사항
- 금융기관의 설립, 합병, 전환, 영업의 양수 · 양도 및 경영 등의 인가 · 허가에 관한 사항
- 자본시장의 관리 · 감독 및 감시 등에 관한 사항
- 금융소비자의 보호와 배상 등 피해구제에 관한 사항
- 금융중심지의 조성 및 발전에 관한 사항
- 위의 사항에 관련된 법령 및 규정의 제정 · 개정 및 폐지에 관한 사항
- 금융 및 외국환업무 취급기관의 건전성 감독에 관한 양자 간 협상, 다자 간 협상 및 국제협력에 관한 사항
- 외국환업무 취급기관의 건전성 감독에 관한 사항

[개념 확인 문제 정답] 01 ①　02 ①　**[실전 확인 문제 정답]** ②

3 집합투자의 정의

개념 확인 문제

01 집합투자는 (   ) 이상의 자에게 투자권유하여, 모은 금전 등을 집합하여 운용하고 투자자로부터 일상적인 운용지시를 (   ).

① 2인, 받지 않는다 ② 10인, 받는다

02 집합투자는 재산적 가치가 있는 투자대상자산을 취득 · 처분 등의 방법으로 운용하며 그 결과를 (   )에 배분하여 귀속시킨다.

① 운용자 ② 투자자

실전 확인 문제

▶ 집합투자의 정의에 대한 설명으로 옳지 않은 것은?

① 집합투자는 투자자로부터 모은 금전 등을 집합하여 운용하여야 한다.
② 집합투자는 운용결과를 투자자에게 배분하여 귀속하여야 한다.
③ 특별법에 따라 사모 방법으로 운용배분하는 것으로 투자자 수가 50인 경우는 집합투자의 정의에서 제외된다.
④ 자산유동화법상의 자산유동화계획에 따라 운용하는 경우는 집합투자의 정의에서 제외된다.

정답해설 부동산투자회사법, 선박투자회사법 등과 같은 특별법에 따라 사모 방법으로 운용배분하는 것으로 투자자 수가 49인 이하인 경우가 집합투자의 정의에서 제외된다.

개념 짚어 보기

집합투자의 정의

- 2인 이상의 자에게 판매할 것
- 투자자로부터 모은 금전 등을 집합하여 운용할 것
- 투자자로부터 일상적인 운용지시를 받지 않을 것
- 재산적 가치가 있는 투자대상 자산을 취득, 처분 그 밖의 방법으로 운용할 것
- 운용결과를 투자자에게 배분하여 귀속할 것

[개념 확인 문제 정답] 01 ① 02 ② [실전 확인 문제 정답] ③

4 집합투자기구 – 투자신탁(1)

개념 확인 문제

01 (　　　)은/는 집합투자업자인 위탁자가 신탁한 재산을 그 집합투자업자의 지시에 따라 투자·운용하게 하는 형태의 집합투자기구이다.

① 투자신탁　　② 투자회사

02 투자신탁 관계에서의 당사자는 집합투자업자, 신탁업자 및 (　　　)이다.

① 수익자총회　　② 수익자

실전 확인 문제

01 투자신탁에 대한 내용 중 틀린 것은?

① 투자신탁은 전통적 신탁을 집합적이고 간접적 투자에 맞추어 변형한 것이다.
② 수익자는 언제든지 수익증권에 대한 환매청구가 가능하다.
③ 수익자는 투자신탁재산에 관한 장부·서류를 열람할 수 없다.
④ 수익자는 수익권의 좌수에 따라 균등한 권리를 갖는다.

정답해설 수익자는 투자신탁재산에 관한 장부·서류를 열람할 수 있으며 등본·초본의 교부도 청구할 수 있다.

02 다음 중 신탁업자의 업무에 해당하는 것은?

① 투자신탁의 설정·해지　　② 투자신탁재산의 투자·운용
③ 수익증권의 발행 등의 업무　　④ 투자신탁재산의 보관관리

정답해설 ①~③은 집합투자업자가 수행하는 업무에 속한다.

개념 짚어 보기

신탁업자의 역할

- 투자신탁재산 보관과 관리
- 운용지시에 따른 자산의 취득과 처분
- 운용지시에 따른 수익증권 환매대금과 이익금 지급
- 집합투자업자의 운용지시에 대한 법률 위반 여부 감시
- 집합투자업자가 작성한 투자설명서, 자산평가, 기준가격 산정이 적정한지 확인

[개념 확인 문제 정답] 01 ① 02 ② [실전 확인 문제 정답] 01 ③ 02 ④

5 집합투자기구 – 투자신탁(2)

개념 확인 문제

01 (　　　)는 투자신탁의 수익자가 투자신탁 관련 중요사항을 직접 결정할 수 있게 하는 제도이다.

① 수익자총회　　② 주주총회

02 집합투자기구 수익자총회는 (　　　)로 구성된다.

① 수익증권 5% 이상 보유 수익자　　② 전체 수익자

실전 확인 문제

▶ 수익자총회에 대한 설명 중 틀린 것은?

① 자본시장법 또는 신탁계약에서 정한 사항에 한하여 의결할 수 있다. 환매절차와 관련된 사항도 수익자총회에서 결정한다.

② 집합투자업자와 신탁업자 및 5% 이상 보유 수익자도 총회소집 요구가 가능하다.

③ 수익자총회를 소집하는 경우 총회일의 2주 전에 예탁결제원을 통해 서면으로 총회소집을 통지해야 한다.

④ 소집통지는 실질수익자명부에 기재된 자에게 한다.

정답해설 환매대금 지급일의 연장은 결의사항에 포함되지만, 환매절차와 관련된 사항은 포함되지 않는다.

개념 짚어 보기

수익자총회 결의사항(자본시장법 제188조)

- 집합투자업자 · 신탁업자 등이 받는 보수 및 수수료의 인상
- 신탁업자의 변경
- 신탁계약기간의 변경
- 투자신탁의 종류의 변경
- 주된 투자대상자산의 변경
- 집합투자업자의 변경
- 환매금지형투자신탁이 아닌 투자신탁의 환매금지형투자신탁으로의 변경
- 환매대금 지급일의 연장

[개념 확인 문제 정답] 01 ① 02 ② **[실전 확인 문제 정답]** ①

6 집합투자기구 – 투자신탁(3)

개념 확인 문제

01 수익자총회는 출석한 수익자의 의결권의 과반수와 발행된 수익증권 총좌수의 (　　　) 이상의 수로 결의한다.

① 2분의 1　　② 4분의 1

02 연기수익자총회는 수익자총회를 연기한 날부터 (　　　) 이내에 소집해야 한다.

① 2주　　② 3주

실전 확인 문제

▶ 수익자총회에 대한 설명 중 틀린 것은?

① 신탁계약으로 정한 수익자총회 결의사항은 출석한 수익자 의결권의 과반수와 발행 수익증권 총좌수의 5분의 1 이상으로 결의할 수 있다.
② 수익자는 수익자총회에 출석하지 않고서는 의결권을 행사할 수 없다.
③ 수익자총회에 출석 수익자가 소유한 수익증권 총좌수 결의내용에 영향을 미치지 않도록 간주 의결권행사를 하는 것이 가능하다.
④ 연기수익자총회는 수익자총회와 달리 출석한 수익자의 의결권의 과반수와 발행된 수익증권 총좌수의 8분의 1 이상으로 결의할 수 있다.

정답해설 수익자총회 출석이 불가능한 수익자는 의결권을 서면을 통해 행사할 수 있으며, 서면에 의하여 의결권을 행사하려는 수익자는 예탁결제원이 보낸 서면에 의결권 행사 내용을 기재하여 수익자총회일 전날까지 집합투자업자에게 제출하여야 한다.
③ 간주의결권행사의 요건 : 수익자에게 대통령령으로 정하는 방법에 따라 의결권 행사에 관한 통지가 있었으나 의결권이 행사되지 아니하였을 것, 간주의결권행사의 방법이 집합투자규약에 기재되어 있을 것, 수익자총회에서 의결권을 행사한 수익증권의 총좌수가 발행된 수익증권의 총좌수의 10분의 1 이상일 것

개념 짚어 보기

반대수익자의 수익증권매수청구권(자본시장법 제191조)

- 신탁계약의 변경 또는 투자신탁의 합병에 대한 수익자총회의 결의에 반대하는 수익자가 그 수익자총회의 결의 일부터 20일 이내에 수익증권의 매수를 청구하는 경우와 소규모 투자신탁의 합병 등 일정한 경우 이에 반대하는 수익자가 대통령령으로 정하는 방법에 따라 수익증권의 매수를 청구하는 경우 집합투자업자에게 수익증권의 수를 기재한 서면으로 자기가 소유하고 있는 수익증권의 매수를 청구할 수 있다.
- 집합투자업자는 매수청구가 있는 경우 해당 수익자에게 수익증권의 매수에 따른 수수료, 그 밖의 비용을 부담시킬 수 없다.
- 투자신탁을 설정한 집합투자업자는 매수청구기간이 만료된 날부터 15일 이내에 그 투자신탁재산으로 그 수익증권을 매수해야 한다. 다만, 매수자금이 부족하여 매수에 응할 수 없는 경우에는 금융위원회의 승인을 받아 수익증권의 매수를 연기할 수 있다.

[개념 확인 문제 정답] 01 ② 02 ① **[실전 확인 문제 정답]** ②

7 집합투자기구 – 투자회사(1)

개념 확인 문제

▶ 투자회사는 (　　　)에게 자산운용을, (　　　)에게 자산보관을, 투자매매업자 · 투자중개업자에게 주식의 판매 및 환매를 위탁한다.

① 신탁업자, 집합투자업자　　　② 집합투자업자, 신탁업자

실전 확인 문제

01 투자회사에 대한 설명 중 틀린 것은?

① 투자회사는 주식회사제도를 집합적 · 간접적 투자에 맞게 변형한 제도이다.
② 실체가 있는 기업과는 달리 서류상 회사(Paper Company)의 성격을 가진다.
③ 직원을 고용할 수는 없지만 상근임원을 둘 수 있다.
④ 투자자는 투자회사가 발행하는 주식을 취득함으로써 투자회사의 주주가 된다.

정답해설 투자회사는 투자업무 외의 업무를 할 수 없으며, 본점 외의 영업소를 둘 수 없고 직원을 고용하거나 상근임원을 둘 수 없다.

02 투자회사에 대한 설명 중 틀린 것은?

① 투자회사는 이사, 이사회, 주주총회로 구성된다.
② 투자회사의 이사는 법인이사와 감독이사로 구분된다.
③ 투자회사의 집합투자업자가 감독이사가 된다.
④ 내부감사가 없고, 의무적으로 외부감사를 둔다.

정답해설 집합투자업자는 법인이사가 된다.
② 투자회사의 이사는 법인이사와 감독이사이다. 법인이사란 투자회사를 대표하고 투자회사 업무를 집행하는 이사이며, 집합투자업자가 법인이사가 된다. 감독이사란 집합투자업자의 업무집행을 감독하며 2인 이상이어야 한다.

개념 짚어 보기

페이퍼 컴퍼니(Paper Company)

물리적 실체 없이 서류로만 존재하면서 회사기능을 수행한다. 사업유지를 위해 소요되는 기타 합산 소득에 대한 세금 및 기업 활동에 드는 제반 경비를 절감하기 위해 설립한다. 법적으로 회사 자격을 갖추고 있으며, 실질적 영업활동은 자회사를 통해서 한다.

[개념 확인 문제 정답] ② [실전 확인 문제 정답] 01 ③ 02 ③

8 집합투자기구 – 투자회사(2)

개념 확인 문제

▶ 투자회사는 법인이사 (　　　)과 감독이사 (　　　) 이상을 선임하여야 한다.

① 1인, 1인　　　② 1인, 2인

실전 확인 문제

01 투자회사의 이사에 대한 설명 중 틀린 것은?

① 감독이사는 집합투자업자의 업무집행과 투자회사 업무 및 재산상황을 감독한다.
② 감독기능 수행을 위해 집합투자 등과 일정한 관계에 있는 자는 감독이사가 될 수 없다.
③ 감독이사는 법인이사 등에게 업무 및 재산상황에 관한 보고를, 회계감사인에게 회계감사에 관한 보고를 요구할 수 있다.
④ 투자회사의 대주주 및 그 특수관계인은 법인이사가 될 수 없다.

정답해설 투자회사의 대주주 및 특수관계인은 감독이사가 될 수 없다.

02 다음 중 투자회사의 이사회를 거쳐 의결해야 하는 사항이 아닌 것은?

① 집합투자업자 · 신탁업자 · 투자매매업자 · 투자중개업자 및 일반사무관리회사와의 업무위탁 계약 체결
② 자산의 운용 또는 보관 등에 따르는 보수의 지급
③ 금전의 분배 및 주식의 배당에 관한 사항
④ 정관 중요사항의 변경

정답해설 정관 중요사항의 변경을 비롯하여 합병 · 환매연기 등은 주주총회 의결사항이다.

개념 짚어 보기

감독이사가 될 수 없는 자

- 금융투자업의 임원 결격사유 해당자
- 해당 투자회사의 발기인(최초로 투자회사의 감독이사를 선임하는 경우에 한한다)
- 투자회사의 대주주 및 그 특수관계인
- 법인이사의 특수관계인 또는 법인이사로부터 계속적으로 보수를 지급받고 있는 자
- 그 투자회사의 주식을 판매하는 투자매매업자 또는 투자중개업자의 특수관계인
- 그 투자회사의 이사가 다른 법인의 이사로 있는 경우 그 법인의 상근 임직원인 자
- 그 밖에 감독이사로서의 중립성을 해할 우려가 있는 자로서 대통령령으로 정하는 자

[개념 확인 문제 정답] ② [실전 확인 문제 정답] 01 ④ 02 ④

9 집합투자기구의 설립 및 등록

개념 확인 문제

01 투자회사를 설립하기 위해서는 ( ) 이상의 발기인이 정관을 작성하여 기명날인해야 한다.

① 1인 ② 10인

02 금융위에 등록한 집합투자기구 관련 사항이 변경된 경우 ( ) 이내에 금융위에 변경 등록해야 한다.

① 1주 ② 2주

실전 확인 문제

▶ 집합투자기구 설립에 대한 내용 중 틀린 것은?

① 투자신탁은 신탁업자와 신탁계약을 체결함으로써 설립된다.
② 모든 집합투자기구는 환매를 해주는 개방형펀드로 만들어야 한다.
③ 투자신탁 외의 형태의 펀드는 등록신청 당시 자본금 또는 출자금이 1억 원 이상이어야 한다.
④ 공모펀드의 경우 등록신청서와 증권신고서를 동시 제출하였을 때 증권신고서 수리 시 등록된 것으로 의제한다.

정답해설 개방형펀드로 만드는 것이 일반적이다. 하지만 펀드의 운용전략 또는 투자대상자산의 성격 등을 고려하여 환매가 불가능한 폐쇄형펀드로 만드는 경우도 있다.
① 신탁계약서에는 펀드운용 관련 사항, 수익자총회 관련 사항 등이 포함되어야 한다.

개념 짚어 보기

환매금지형 집합투자기구로 설정 · 설립해야 하는 경우(자본시장법 제230조)

- 부동산집합투자기구를 설정 또는 설립하는 경우
- 특별자산집합투자기구를 설정 또는 설립하는 경우
- 혼합자산집합투자기구를 설정 또는 설립하는 경우
- 각 집합투자기구 자산총액의 20% 범위에서 금융위원회가 정하여 고시하는 비율을 초과하여 금융위원회가 정하여 고시하는 시장성 없는 자산에 투자할 수 있는 집합투자기구를 설정 또는 설립하는 경우

[개념 확인 문제 정답] 01 ① 02 ② [실전 확인 문제 정답] ②

10 집합투자증권의 발행절차

개념 확인 문제

01 (   )은 투자신탁 수익자가 신탁원본의 상환 및 이익의 분배 등에 관하여 수익증권 좌수에 따라 균등하게 가지는 권리를 말하며, 수익증권은 (   )을 표창하는 증권을 말한다.

① 신탁권 ② 수익권

02 투자회사의 주권은 당해 투자회사가 발행하며, 신주발행에 관한 사항은 당해 투자회사의 (   )가 결정한다.

① 이사회 ② 주주총회

실전 확인 문제

▶ 집합투자증권의 발행절차에 대한 설명 중 틀린 것은?

① 수익증권과 주권의 발행은 모두 무액면 · 기명식으로 한다.
② 투자신탁의 수익증권은 집합투자업자가 신탁업자의 확인을 받아 발행한다.
③ 투자신탁의 수익증권 발행 시, 수익자명부에는 투자자가 수익자로 등재된다.
④ 투자회사는 수종의 주식, 상환주식, 전환주식을 발행할 수 없고 보통주만을 발행해야 한다.

정답해설 투자신탁의 수익증권은 예탁결제원을 명의로 하여 일괄예탁방법으로 발행하며, 수익자명부에는 예탁결제원이 수익자로 등재된다.

개념 짚어 보기

예탁결제원에의 예탁 등(자본시장법 제309조 제5항)

예탁자 또는 그 투자자가 증권 등을 인수 또는 청약하거나, 그 밖의 사유로 새로 증권 등의 발행을 청구하는 경우에 그 증권 등의 발행인은 예탁자 또는 그 투자자의 신청에 의하여 이들을 갈음하여 예탁결제원을 명의인으로 하여 그 증권 등을 발행 또는 등록할 수 있다.

- **한국예탁결제원** : 증권 등의 집중예탁업무, 계좌 간 대체업무, 증권의 매매거래에 따른 증권의 인도와 대금의 지급에 관한 업무 등을 수행하는 기관
  - 실질주주증명서 : 예탁자 또는 그 투자자가 주주로서의 권리를 행사하기 위하여 증권 등의 예탁을 증명하는 문서
  - 실질수익자증명서 : 예탁자 또는 그 투자자가 수익자로서의 권리를 행사하기 위하여 투자신탁의 수익증권의 예탁을 증명하는 문서

[개념 확인 문제 정답] 01 ② 02 ① [실전 확인 문제 정답] 01 ③

11 집합투자증권의 공모발행

개념 확인 문제

01 증권신고서의 효력발생기간은 원칙적으로 (   )일이며, 정정신고서의 효력발생기간은 원칙적으로 (   )일이다.

① 15, 3 ② 20, 5

02 (   )는 일종의 법정 투자권유문서로, 공모하는 증권의 청약을 권유할 때 반드시 사용해야 한다.

① 청약서 ② 투자설명서

실전 확인 문제

▶ **증권신고서와 투자설명서에 대한 설명 중 틀린 것은?**

① 개방형 펀드는 일괄신고서를 제출하고 이후 발행 시 추가서류제출의무가 면제된다.
② 증권신고서를 금융위에 제출하면, 수리 전에도 집합투자증권의 모집 · 매출이 가능하다.
③ 개방형 펀드는 최초 투자설명서 제출 후 매년 1회 이상 정기적으로 투자설명서를 갱신해야 한다.
④ 예비투자설명서는 신고의 효력이 발생하지 않았다는 사실을 덧붙여 적은 투자설명서로 증권신고서 수리 후 효력발생 전에 사용할 수 있다.

정답해설 증권신고서제도의 적용에 따라 증권신고서를 금융위에 제출하여 수리되기 전에는 집합투자증권을 모집 또는 매출할 수 없으며, 집합투자증권의 투자권유는 법령에서 정한 투자설명서에 의해서만 할 수 있으며, 집합투자증권을 공모발행한 후에는 발행실적보고서를 제출해야 한다.

개념 짚어 보기

투자설명서의 종류

- **정식투자설명서** : 증권신고서 효력발생 후 사용가능
- **예비투자설명서** : 증권신고서 수리 후, 효력발생 전 사용가능
  - 예비투자설명서는 신고의 효력이 발생하지 않았다는 사실을 밝혀야 한다.
- **간이투자설명서** : 효력발생 전후 모두 사용가능
  - 간이투자설명서는 투자설명서 내용 일부를 생략, 또는 중요사항만 발췌하여 기재한 것이다. 신문 등을 이용한 광고와 홍보전단 등에 이용된다.

[개념 확인 문제 정답] 01 ① 02 ② [실전 확인 문제 정답] ②

12 적합성 원칙과 적정성 원칙

개념 확인 문제

▶ (　　　)의 원칙은 일반투자자에게 투자권유를 할 때 투자목적, 투자경험 등을 분석하여 적합하지 않다고 인정되는 경우 투자권유를 해서는 안 된다는 것이고, (　　　)의 원칙은 일반투자자에게 투자권유를 하지 않고 파생상품 등을 판매하려 할 때 투자자의 정보를 파악하고, 해당 파생상품 등이 적정하지 않다고 판단되는 경우 그 사실을 일반투자자에게 알리고 확인을 받아야 한다는 것이다.

① 적정성, 적합성　　　② 적합성, 적정성

실전 확인 문제

▶ 집합투자증권의 투자권유에 대한 설명 중 틀린 것은?

① 적합성 원칙과 적정성 원칙은 일반투자자에게만 적용되고 전문투자자에게는 적용되지 않는다.
② 금융투자상품잔고가 100억 원 이상인 일반법인은 전문투자자가 될 수 있다.
③ 전문투자자가 일반투자자와 동일한 대우를 받겠다는 의사를 서면으로 통지하면 일반투자자로서의 보호를 받을 수 있다.
④ 적정성의 원칙은 모든 상품에 적용된다.

정답해설 적정성의 원칙은 파생상품의 위험을 제대로 알지 못하는 일반투자자에게 그 위험을 알리는 것이 목적이다.

개념 짚어 보기

자본시장법의 전문투자자

- **절대적 전문투자자** : 국가, 한국은행, 금융기관, 외국정부, 외국중앙은행, 국제기구
- **상대적 전문투자자**
  - 주권상장법인, 지방자치단체, 기타 기관 및 자발적 전문투자자
  - 주권상장법인 등이 장외파생상품 거래를 하는 경우 전문투자자 대우를 받고자 할 경우 그 내용을 서면으로 금융투자업자에게 통지하여야 함
- **자발적 전문투자자**
  아래의 요건을 갖춘 법인 및 개인이 금융위에 신고한 경우
  - 금융투자상품 잔고가 100억원 이상인 법인
  - 다음의 투자경험(ⓐ)과 그 외 요건 (ⓑ, ⓒ, ⓓ) 중 하나 이상 충족하는 개인
    ⓐ 투자경험 : 최근 5년 중 1년 이상 금융투자상품을 월말 평균 잔고 기준 5천만원 이상 보유
    ⓑ 소득기준 : 본인 직전년도 소득액이 1억원 이상이거나 본인과 배우자의 직전년도 소득 합계액이 1억 5천만원 이상
    ⓒ 자산기준 : 총자산에서 거주 부동산 · 임차보증금 및 총부채 금액을 차감한 금액이 5억원 이상
    ⓓ 전문성 : 해당 분야 1년 이상 종사한 회계사, 감평사, 변호사, 변리사, 세무사 / 투자운용인력, 재무위험관리사 등 시험 합격자 / 금융투자업 주요 직무 종사자
  - 이에 준하는 외국인

[개념 확인 문제 정답] ②　[실전 확인 문제 정답] ④

13 설명의무와 부당권유 금지

개념 확인 문제

▶ (   )에 따라서 일반투자자를 상대로 투자권유를 하는 경우에는 금융투자상품의 내용 등을 투자자가 이해할 수 있도록 설명해야 한다.

① 설명의무 ② 적합권유

실전 확인 문제

▶ 투자권유에 대한 다음 내용 중 틀린 것은?

① 증권과 장내파생상품의 경우 불초청권유 제한이 적용되지 않는다.
② 채권에 대한 투자권유를 거부한 고객에게 주식투자를 권유하는 행위는 금지된다.
③ 금융투자업자가 설명의무를 위반한 경우 이로 인하여 발생한 일반투자자의 손해를 배상할 책임이 있다.
④ 집합투자증권의 투자성에 관한 구조와 성격, 수수료에 관한 사항, 계약해제 · 해지에 관한 사항, 조기상환조건 등이 설명사항에 포함된다.

정답해설 투자권유에 대해 거부의사를 표시한 투자자에게 계속하여 투자권유를 행하는 것은 금지되지만 다른 종류의 금융투자상품에 대하여 투자권유를 할 경우에는 이에 대한 제한을 받지 않는다.

개념 짚어 보기

부당권유의 금지(자본시장법 제49조)

- 거짓의 내용을 알리는 행위
- 불확실한 사항에 대하여 단정적인 판단을 제공하거나 확실하다고 오인하게 할 소지가 있는 내용을 알리는 행위
- 투자자로부터 투자권유의 요청을 받지 아니하고 방문 · 전화 등 실시간 대화의 방법을 이용하는 행위. 다만, 투자자 보호 및 건전한 거래질서를 해할 우려가 없는 행위로서 증권과 장내파생상품에 대하여 투자권유를 하는 행위를 제외한다.
- 투자권유를 받은 투자자가 이를 거부하는 취지의 의사를 표시하였음에도 불구하고 투자권유를 계속하는 행위. 다만, 아래의 경우에는 제한을 받지 아니한다.
  - 투자권유를 받은 투자자가 이를 거부하는 취지의 의사를 표시한 후 1개월이 지난 후에 다시 투자권유를 하는 행위
  - 다른 종류의 금융투자상품에 대하여 투자권유를 하는 행위
- 투자자로부터 금전 대여나 그 중개 · 주선 · 대리를 요청받지 아니하고 이를 조건으로 투자권유를 하는 행위

[개념 확인 문제 정답] ① **[실전 확인 문제 정답]** ②

14 투자권유준칙과 불건전영업행위 금지

개념 확인 문제

▶ (   )은 금융투자업자가 투자권유를 함에 있어 그 임직원이 준수해야 할 구체적인 기준 및 절차를 정한 것이다.

① 투자권유준칙　　② 내부통제기준

실전 확인 문제

▶ 투자권유에 대한 다음 내용 중 틀린 것은?

① 금융투자업자는 투자권유준칙을 정하거나 이를 변경할 경우 인터넷 홈페이지 등을 통해 공시해야 한다.
② 파생상품 등에 대해서는 일반투자자의 투자목적 등을 고려하여 투자자 등급별로 차등화된 투자권유준칙을 마련해야 한다.
③ 자기 또는 관계인수인이 인수한 증권을 집합투자재산으로 매수하는 행위는 인정된다.
④ 금융투자상품의 가격에 중대한 영향을 미칠 수 있는 매수 · 매도 의사 결정 후, 실행 전 집합투자업자의 계산으로 매수 · 매도하는 행위는 불건전영업행위에 해당한다.

정답해설 자기 또는 관계인수인이 인수한 증권을 집합투자재산으로 매수하는 행위는 불건전 영업행위에 해당하여 금지된다.

개념 짚어 보기

불건전 영업행위의 금지(자본시장법 제85조)

- 집합투자재산을 운용함에 있어서 금융투자상품, 그 밖의 투자대상자산의 가격에 중대한 영향을 미칠 수 있는 매수 또는 매도 의사를 결정한 후 이를 실행하기 전에 그 금융투자상품, 그 밖의 투자대상자산을 집합투자업자 자기의 계산으로 매수 또는 매도하거나 제삼자에게 매수 또는 매도를 권유하는 행위
- 자기 또는 관계인수인이 인수한 증권을 집합투자재산으로 매수하는 행위
- 자기 또는 관계인수인이 인수업무를 담당한 법인의 특정증권 등에 대하여 인위적인 시세를 형성하기 위하여 집합투자재산으로 그 특정증권 등을 매매하는 행위
- 특정 집합투자기구의 이익을 해하면서 자기 또는 제삼자의 이익을 도모하는 행위
- 특정 집합투자재산을 집합투자업자의 고유재산 또는 그 집합투자업자가 운용하는 다른 집합투자재산, 투자일임재산 또는 신탁재산과 거래하는 행위
- 제삼자와의 계약 또는 담합 등에 의하여 집합투자재산으로 특정 자산에 교차하여 투자하는 행위
- 투자운용인력이 아닌 자에게 집합투자재산을 운용하게 하는 행위
- 투자자 보호 또는 건전한 거래질서를 해할 우려가 있는 행위로서 대통령령으로 정하는 행위

[개념 확인 문제 정답] ①　**[실전 확인 문제 정답]** ③

15 투자권유대행인

개념 확인 문제

01 투자권유대행인은 금융투자회사의 위탁을 받은 자로, 파생상품을 제외한 (   )의 투자권유를 수행한다.

① 금융투자상품　　② 예금상품

02 투자권유대행인은 투자권유자문인력시험 · 투자운용인력시험 합격자 및 보험설계사, 보험대리점 또는 보험중개사 등록요건을 갖춘 (   )에 종사하고 있는 자여야 하며, 일정한 교육을 수료해야 한다.

① 보험모집　　② 판매대행

실전 확인 문제

▶ **투자권유대행인의 금지행위에 해당하지 않는 것은?**

① 금융투자업자를 대리한 계약체결

② 투자자로부터 금전 수취

③ 둘 이상의 금융투자업자와 투자권유 위탁계약을 체결하는 행위

④ 금융투자상품의 매매와 관련하여 투자자에게 기념품을 제공하면서 권유하는 행위

정답해설 매매 · 거래와 관련하여 투자자에게 단순한 기념품을 제공하는 것은 허용된다. 단, 한도를 초과하여 과도한 재산상의 이익을 제공하면서 권유하는 것은 금지된다.

그 외의 금지행위

- 금융투자업자로부터 위탁받은 투자권유대행업무를 제3자에게 재위탁하는 행위
- 투자자를 대리하여 계약을 체결하는 행위
- 투자자로부터 금융투자상품에 대한 매매권한을 위탁받는 행위
- 제3자로 하여금 투자자에게 금전을 대여하도록 중개 · 주선하는 행위 등
- 보험설계사가 소속 보험회사가 아닌 보험회사와 투자권유 위탁계약을 체결하는 행위
- 금융투자상품의 매매 등과 관련하여 투자자에게 규정을 초과하여 직접 또는 간접적인 재산상의 이익을 제공하면서 권유하는 행위

개념 짚어 보기

투자권유를 대행할 때 투자자에게 알려야 하는 사실

- 투자권유를 위탁한 금융투자업자의 명칭
- 투자권유를 위탁한 금융투자업자를 대리하여 계약을 체결할 권한이 없다는 사실
- 투자권유대행인은 투자자로부터 금전 · 증권, 그 밖의 재산을 수취하지 못하며, 금융투자업자가 이를 직접 수취한다는 사실
- 투자자를 대리하여 계약을 체결할 수 없다는 사실
- 투자자로부터 금융투자상품에 대한 매매권한을 위탁받을 수 없다는 사실
- 금융투자상품의 매매, 그 밖에 거래에 관한 정보는 금융투자업자가 관리하고 있다는 사실
- 법 제52조제2항 각 호의 행위가 금지되어 있다는 사실

[개념 확인 문제 정답] 01 ① 02 ① [실전 확인 문제 정답] ④

16 집합투자증권의 광고

개념 확인 문제

01 집합투자증권 취득 전 (　　　) 또는 간이투자설명서를 읽어볼 것을 권고하는 내용은 광고에 반드시 포함시켜야 할 사항이다.

① 투자설명서　　② 증권신고서

02 집합투자증권의 광고는 (　　　)의 사전확인을 받아야 한다.

① 준법감시인　　② 회계감사인

실전 확인 문제

01 집합투자증권의 '광고에 반드시 포함시켜야 할 사항'이 아닌 것은?

① 투자원금손실 가능성
② 집합투자증권 취득 전에 투자설명서를 읽어볼 것을 권고
③ 보수나 수수료에 관한 사항
④ 과거운용실적이 미래 수익률을 보장하지 않는다는 사실

정답해설 보수나 수수료에 관한 사항은 '광고에 포함시킬 수 있는 사항'에 해당한다.

02 광고 시 준수사항 중 틀린 것은?

① 수익률을 표시할 경우 좋은 기간의 것만을 표시하지 말 것
② 비교광고 시 명확한 근거가 있더라도 다른 펀드를 열등하다고 표시하지 말 것
③ 투자광고안을 금융투자협회에 제출하여 심사를 받을 것
④ 광고 관련 내부통제기준을 수립 · 운영할 것

정답해설 명확한 근거를 든다면, 비교의 대상인 다른 펀드가 열등하다고 표시할 수 있다.

개념 짚어 보기

집합투자증권 광고에 대한 준수사항

- 수익률이나 운용실적을 표시하는 경우 좋은 기간의 것만을 표시하지 말 것
- 비교광고 시 명확한 근거 없이 다른 펀드를 열등하거나 불리한 것으로 표시하지 말 것
- 준법감시인의 사전확인을 받을 것
- 투자광고계획서와 투자광고안을 금융투자협회에 제출하여 심사를 받을 것
- 광고 관련 내부통제기준을 수립 · 운영할 것
- 투자광고문에 금융투자협회 심사필 또는 준법감시인 심사필을 표시할 것
- 금융투자업자의 경영실태평가결과와 영업용순자본비율 등을 다른 금융투자업자의 그것과 비교하는 방법 등으로 광고하지 아니할 것
- 협회의 투자광고안 심사 및 심사결과 통보

[개념 확인 문제 정답] 01 ①　02 ①　[실전 확인 문제 정답] 01 ③　02 ②

17 판매보수 및 판매수수료

개념 확인 문제

01 (　　　)은/는 집합투자증권을 판매하는 행위에 대한 대가로 투자자로부터 직접 받는 금전을 말한다.

① 이익금　　② 판매수수료

02 (　　　)는 집합투자증권을 판매한 투자매매업자 또는 투자중개업자가 투자자에게 지속적으로 제공하는 용역의 대가로 집합투자기구로부터 받는 금전을 말한다.

① 판매보수　　② 중개보수

실전 확인 문제

▶ **판매보수 및 판매수수료에 대한 설명으로 잘못된 것은?**

① 판매수수료는 납입금액 또는 환매금액의 2%를 넘지 못한다.
② 판매보수는 집합투자재산의 연평균가액의 2%를 넘지 못한다.
③ 징구근거가 다르기 때문에 두 가지를 모두 받을 수도 있고 한 가지만 받을 수도 있다.
④ 판매수수료 및 판매보수를 받을 경우 운용실적에 연동하여 받을 수 없다.

정답해설 판매보수는 집합투자재산 연평균가액의 1%를 넘지 못한다.

개념 짚어 보기

판매보수 및 판매수수료

- 판매보수
  - 투자매매업자 또는 투자중개업자가 투자자에게 지속적으로 제공하는 용역의 대가로서 집합투자기구가 지불
  - 집합투자재산의 연평균가액(집합투자재산의 매일 순자산총액을 연간누적하여 합한 금액을 연간일수로 나눈 금액)의 1%를 초과할 수 없음
  - 집합투자기구로부터 매일의 집합투자재산에 비례하여 받을 수 있음
- 판매수수료
  - 판매행위에 대한 대가로 투자자로부터 직접 받는 금전(선취판매수수료, 후취판매수수료)
  - 판매방법, 판매금액, 투자매매업자 또는 투자중개업자, 투자기간을 기준으로 차등 지급
  - 납입금액 또는 환매금액의 2%를 초과할 수 없다.
  - 투자자로부터 판매 또는 환매 시 일시에 받거나 투자기간 동안 분할하여 받을 수 있다.

[개념 확인 문제 정답] 01 ② 02 ① **[실전 확인 문제 정답]** ②

18 집합투자증권의 환매

개념 확인 문제

01 환매는 집합투자증권의 전부 또는 일부를 회수하는 것으로, (　　　　)펀드를 대상으로 한다.

① 개방형　　　② 폐쇄형

02 환매기간은 원칙적으로 (　　　　)을 넘기지 않아야 한다.

① 10일　　　② 15일

실전 확인 문제

▶ 환매방법에 대한 설명 중 틀린 것은?

① 부분환매연기는 일부는 환매연기하고 나머지는 환매에 응하는 것을, 펀드분리는 환매연기대상자산을 분리하고 현물로 납입하여 별도의 펀드를 설립하는 것을 말한다.

② 집합투자기구 자산총액의 10%를 초과하여 시장성 없는 자산에 투자한 경우 환매기간을 15일 이상으로 정할 수 있다.

③ MMF를 판매한 투자매매 · 중개업자는 MMF 판매규모의 5% 상당금액과 100억 원 중 작은 금액의 범위 내에서 자기의 계산으로 취득할 수 있다.

④ 집합투자재산의 처분이 불가능할 경우 환매를 연기할 수 있다.

정답해설 집합투자업자 등은 환매청구를 요구받은 집합투자증권을 자기의 계산으로 취득하거나 타인에게 취득하게 해서는 안 되지만 MMF 판매규모의 5% 상당금액과 100억 원 중 큰 금액의 범위 내에서 개인투자자로부터 환매청구일이 공고되는 기준가격으로 환매청구일에 매입하는 경우는 자기의 계산으로 취득하는 것이 가능하다.

개념 짚어 보기

환매연기

- 환매연기 사유
  - 집합투자재산의 처분이 이루어지지 않아 환매가 불가능한 경우
  - 투자자 간의 형평성을 해칠 우려가 있는 경우
  - 환매를 해야 하는 투자매매 또는 중개업자, 집합투자업자, 신탁업자, 투자회사 등이 해산한 경우
  - 위에 준하는 경우로, 환매연기가 필요하다고 금융위에서 인정하는 경우
- 환매연기절차 등
  - 투자신탁이나 투자익명조합의 집합투자업자 또는 투자회사 등에 환매연기를 결정한 날부터 6주 이내에 집합투자자총회에서 환매에 관한 사항을 의결
  - 집합투자자총회에서 환매에 관한 사항이 의결되거나 환매연기를 계속하는 경우 지체없이 서면 또는 컴퓨터 통신으로 투자자에게 통지
  - 환매연기 사유의 전부 또는 일부가 해소된 때에는 환매가 연기될 투자자에 대하여 환매한다는 뜻을 통지하고 환매금 지급

[개념 확인 문제 정답] 01 ①　02 ②　**[실전 확인 문제 정답]** ③

19 환매가격 및 환매수수료

개념 확인 문제

01 집합투자증권을 환매하는 경우 (   )을 적용한다.

① 환매청구일 전에 산정되는 기준가격　　② 환매청구일 후에 산정되는 기준가격

02 집합투자규약에서 정한 기간 이내에 환매하는 경우 환매수수료가 부과되며 이는 (   )가 부담한다.

① 집합투자업자　　② 투자자

03 환매수수료를 부과할 때 기준이 되는 것은 (   )이다.

① 이익금　　② 판매금액

실전 확인 문제

▶ 환매청구일 이전에 산정된 가격으로 환매가 가능한 경우가 아닌 것은?

① 투자자가 공과금 납부 등 정기적으로 발생하는 채무를 이행하기 위하여 집합투자증권을 환매하기로 미리 약정한 경우
② 투자자가 금융투자상품의 매수에 따른 결제대금을 지급하기 위하여 집합투자증권을 환매하기로 미리 약정한 경우
③ 외국환거래법에 따른 외국환평형기금이 집합투자증권을 환매하는 경우
④ 전문투자자가 집합투자증권을 환매하는 경우

정답해설 ①, ②, ③ 외에 국가재정법에 따른 연기금풀이 환매하는 경우가 포함된다.

개념 짚어 보기

환매수수료 부과 기준(금융투자업규정 제7-33조)

- **환매금액** : 집합투자증권의 환매 시 적용하는 기준가격에 환매하는 집합투자증권의 수를 곱한 금액. 이 경우 세금은 감안하지 않는다.
- **이익금** : 집합투자증권의 환매 시 적용하는 기준가격과 집합투자증권의 매입 시 적용된 기준가격의 차에 환매하는 집합투자증권의 수를 곱한 금액으로 한다. 이 경우 환매하는 집합투자증권의 수에 대하여 현금 등으로 지급된 이익분배금은 합산하며 세금은 감안하지 않는다.

[개념 확인 문제 정답] 01 ② 02 ② 03 ① [실전 확인 문제 정답] ④

20 집합투자증권의 거래가격

개념 확인 문제

01 (   )은 집합투자증권의 매수 및 환매청구 이후 최초로 산정된 순자산가치를 의미한다.

① 현재가격 ② 미래가격

02 (   )는 판매 및 환매주문 접수 종료 이후에 접수된 주문을 종료시점 이전에 접수된 주문처럼 거래가격을 적용하는 거래이다.

① 장 마감 후 거래 ② 동시호가 거래

실전 확인 문제

▶ 집합투자증권의 거래가격에 대한 설명 중 틀린 것은?

① 장 마감 후 거래에서 주식형펀드에 적용되는 기준시점은 증권시장 종료시점 이전으로서 집합투자규약에서 정한 시간이다.
② 장 마감 후 거래에서 주식형펀드가 아닌 기타펀드에 적용되는 기준시점은 오후 4시이다.
③ 판매가격은 자금납입일 후 최초로 산출되는 기준가격을 적용한다.
④ 투자자가 기준시점을 지나서 납입하는 경우 납입일로부터 기산하여 제3영업일에 공고되는 기준가격을 판매가격으로 한다.

정답해설 장 마감 후 거래에서 기타펀드의 경우 기준시점은 오후 5시이다.

개념 짚어 보기

환매가격(자본시장법 제236조)

- 집합투자증권을 환매하는 경우 환매청구일 후에 산정되는 기준가격(환매청구일부터 기산하여 제2영업일 이후에 공고되는 기준가격)으로 하여야 한다.
- 단기금융집합투자기구(MMF)의 집합투자증권을 판매한 다음과 같은 경우로 환매청구일에 공고되는 기준가격으로 환매청구일에 환매한다는 내용을 집합투자규약에 정할 수 있다.
  - 투자자가 금융투자상품 등의 매수에 따른 결제대금을 지급하기 위하여 단기금융집합투자기구의 집합투자증권을 환매하기로 그 투자매매업자 또는 투자중개업자와 미리 약정한 경우
  - 투자자가 공과금 납부 등 정기적으로 발생하는 채무를 이행하기 위하여 단기금융집합투자기구의 집합투자증권을 환매하기로 그 투자매매업자 또는 투자중개업자와 미리 약정한 경우
  - 투자매매업자 또는 투자중개업자가 외국환평형기금이나 연기금풀(단기금융집합투자기구 및 증권집합투자기구)에 판매한 MMF를 환매하는 경우

[개념 확인 문제 정답] 01 ② 02 ① [실전 확인 문제 정답] ②

21 자산운용의 지시 및 실행

개념 확인 문제

01 자본시장법 규정에 따르면 집합투자기구의 투자대상자산은 재산적 가치가 있는 (   ) 자산이라고 할 수 있다.

① 모든　　② 특별

02 (   )은/는 법인격이 있어서 투자대상자산의 취득 · 처분 등을 하고, (   )은/는 법인격이 없어서 취득 · 처분에 관한 운용지시에 따라 거래를 집행한다.

① 투자신탁, 투자회사　　② 투자회사, 투자신탁

03 투자신탁에서 자산 부당배분을 사전에 방지하기 위해 투자신탁재산별로 미리 정한 (   )에 따라 취득 · 처분 결과를 공정하게 배분하도록 하고 있다.

① 자산배분명세　　② 자산처분내역

실전 확인 문제

▶ 투자신탁의 집합투자업자가 직접 자산의 취득 · 매각을 실행할 수 있는 경우가 아닌 것은?

① 상장증권의 매매　　② 장기대출
③ 장내파생상품의 매매　　④ 양도성예금증서의 매매

정답해설 장기대출이 아니라 단기대출이 허용된다.

개념 짚어 보기

투자신탁의 집합투자업자가 직접 취득 · 처분 등을 할 수 있는 경우(자본시장법 시행령 제79조 제2항)

- 증권시장이나 해외 증권시장에 상장된 증권의 매매
- 장내파생상품의 매매
- 법 제83조제4항에 따른 단기대출
- 법 제251조제4항에 따른 대출
- 금융기관이 발행 · 할인 · 매매 · 중개 · 인수 또는 보증하는 어음의 매매
- 양도성예금증서의 매매
- 외국환거래법에 따른 대외지급수단의 매매거래
- 투자위험을 회피하기 위한 장외파생상품의 매매 또는 금융위원회가 정하여 고시하는 기준에 따른 법에 따른 계약의 체결
- 그 밖에 투자신탁재산을 효율적으로 운용하기 위하여 불가피한 경우로서 금융위원회가 정하여 고시하는 경우

[개념 확인 문제 정답] 01 ① 02 ② 03 ① **[실전 확인 문제 정답]** ②

22 자산운용의 제한 – 증권

개념 확인 문제

01 집합투자기구는 자산총액의 (　　　)를 초과한 금액으로 동일종목 증권에 투자할 수 없다.

① 10%　　　② 20%

02 집합투자기구는 동일법인이 발행한 지분증권 총수의 (　　　)를 초과하여 투자하는 것이 금지된다. 또한 집합투자업자가 다수의 집합투자기구 운용 시 운용 중인 모든 집합투자기구의 자산총액으로 동일법인이 발행한 지분증권총수의 (　　　)를 초과하여 투자할 수 없다.

① 20%, 10%　　　② 10%, 20%

실전 확인 문제

▶ 집합투자기구의 자산운용 제한에 대한 설명으로 적절하지 않은 것은?

① 집합투자재산 운용의 규제는 투자자 보호 및 집합투자재산의 안정적 운용을 목적으로 한다.
② 동일종목과 동일법인 투자제한은 공모펀드와 사모펀드 모두에 적용된다.
③ 동일종목 투자한도 규제는 리스크 분산을 강제하기 위한 것이다.
④ 동일법인 투자한도 규제는 지분증권 과다취득에 의한 회사 지배문제와 리스크 분산을 위한 것이다.

정답해설 동일종목과 동일법인 투자제한은 모두 공모펀드에만 적용된다. 펀드의 제한사항 및 특례 중 사모펀드에는 해당하지 않거나 또는 그 한도가 다른 경우를 알아두어야 한다.
③ 리스크가 거의 없거나 적은 증권에 대해서는 투자한도를 높게 적용한다.

개념 짚어 보기

집합투자기구의 자산운용의 제한(예외)

- 국채를 비롯하여 통안증권 · 정부원리금보증채권 등과 같이 위험이 낮은 증권에 대해서는 100%까지 투자가 가능하다.
- 지방채 및 특수채 · 파생결합증권 · OECD회원국 정부발행 채권 등은 30%까지 투자할 수 있다.
- 시가총액비중이 10%를 넘는 지분증권에 대해서는 그 시가총액비중까지 투자할 수 있다.

[개념 확인 문제 정답] 01 ①　02 ②　[실전 확인 문제 정답] ②

23 자산운용의 제한 – 파생상품 등

개념 확인 문제

01 동일 거래상대방과의 장외파생상품 매매에 따른 거래상대방 위험평가액이 각 집합투자기구 자산총액의 ( )를 초과하여 투자하는 행위는 금지된다.

① 10% ② 100%

02 집합투자기구에서 국내 소재 부동산을 취득한 경우의 처분 제한 기간은 취득일로부터 ( )년 이내이다.

① 1년 ② 3년

실전 확인 문제

▶ 파생상품 자산운용에 대한 설명이 잘못된 것은?

① 장외파생상품 거래상대방은 일정한 적격요건을 가진 자로 제한된다.
② 동일증권을 기초자산으로 한 파생상품의 위험평가액은 자산총액의 10%를 초과할 수 없다.
③ 파생상품 매매에 따른 위험평가액은 각 집합투자기구의 자산총액에서 부채총액을 뺀 가액의 400%이다.
④ 장외파생상품 거래상대방의 위험평가액은 각 집합투자기구 자산총액의 10%를 초과할 수 없다.

정답해설 파생상품 매매에 따른 위험평가액은 각 집합투자기구의 자산총액에서 부채총액을 뺀 가액의 100%이내여야 한다. 사모펀드의 경우 400%까지 허용된다.

개념 짚어 보기

장외파생상품 거래 적격요건

- 신용평가회사에 의하여 투자적격 등급 이상으로 평가받은 경우
- 신용평가회사에 의하여 투자적격 등급 이상으로 평가받은 보증인을 둔 경우
- 담보물을 제공한 경우

[개념 확인 문제 정답] 01 ① 02 ① [실전 확인 문제 정답] ③

24 자산운용의 제한 – 집합투자증권

개념 확인 문제

01 동일한 집합투자업자가 운용하는 집합투자기구들에 대한 투자는 집합투자기구 자산총액의 (　　　)를 초과할 수 없다.

① 10%　　　② 50%

02 각 집합투자기구에 속하는 증권총액의 50%를 초과하여 (　　　)를 할 수 없다.

① 환매조건부매도　　　② 환매조건부매수

실전 확인 문제

▶ 집합투자증권 운용제한에 대한 내용 중 틀린 것은?

① 투자대상이 되는 집합투자증권에는 외국 집합투자증권이 포함된다.
② 동일한 집합투자기구 집합투자증권 발행총수의 20%를 초과하여 투자할 수 없다.
③ 동일한 집합투자기구에 대한 투자는 집합투자기구 자산총액의 20%를 초과할 수 없다.
④ 다른 집합투자기구에 주로 투자하는 펀드(Fund of Funds)에 대한 투자는 원칙적으로 허용된다.

정답해설 집합투자기구 자산의 40% 이상을 다른 집합투자기구에 투자할 수 있는 Fund of Funds는 원칙적으로 금지된다.

개념 짚어 보기

공모펀드시장 활성화 방안의 하나로 2017. 5. 8. 자본시장법 시행령 개정을 통하여 사모투자재간접펀드, 실물투자재간접펀드, 자산배분펀드 등의 신상품이 도입되었으며, 이에 따라 기존 재간접펀드 운용규제가 일부 완화되었다.

[개념 확인 문제 정답] 01 ② 02 ① [실전 확인 문제 정답] ④

25 금전차입 및 대여 제한

개념 확인 문제

01 집합투자재산은 운용함에 있어 예외적으로 금전차입이 허용될 때 차입금총액은 차입 당시 집합투자재산총액의 (　　　)를 초과할 수 없다.

① 10%　　② 100%

02 집합투자업자는 집합투자재산인 금전을 타인에게 대여할 수 없지만 예외적으로 (　　　)은 허용된다.

① 콜론　　②텀론

실전 확인 문제

▶ 금전차입 및 대여 제한에 대한 설명 중 틀린 것은?

① 금전을 차입한 경우, 차입금 상환 여부와 무관하게 투자대상자산을 추가로 매수할 수 있다.
② 집합투자증권의 환매청구가 대량으로 발생하여 일시적으로 환매대금의 지급이 곤란하게 된 경우 금전차입이 예외적으로 허용된다.
③ 집합투자재산으로 해당 집합투자기구 외의 자를 위해 채무보증이나 담보제공을 하지 못한다.
④ 집합투자재산 운용 시 차입을 제한하는 것은 집합투자재산의 부실화 유발을 방지하기 위해서이다.

정답해설 금전을 차입한 경우에는 그 차입금 전액을 모두 갚기 전까지 투자대상자산을 추가로 매수할 수 없다.

개념 짚어 보기

금전차입 등의 제한(자본시장법 제83조)

- 집합투자업자는 집합투자재산을 운용함에 있어서 집합투자기구의 계산으로 금전을 차입하지 못한다. 다만, 집합투자증권의 환매청구가 대량으로 발생하여 일시적으로 환매대금의 지급이 곤란한 때와 매수청구가 대량으로 발생하여 일시적으로 매수대금의 지급이 곤란한 때에는 집합투자기구의 계산으로 금전을 차입할 수 있다.
- 집합투자기구의 계산으로 금전을 차입하는 경우 그 차입금의 총액은 차입 당시 집합투자재산 총액의 10%를 초과할 수 없다.
- 집합투자업자는 집합투자재산을 운용함에 있어서 집합투자재산으로 해당 집합투자기구 외의 자를 위하여 채무보증 또는 담보제공을 해서는 안 된다.

[개념 확인 문제 정답] 01 ① 02 ① **[실전 확인 문제 정답]** ①

26 이해관계인과의 거래 제한

개념 확인 문제

▶ 집합투자업자는 임직원 · 대주주 · 계열회사 등 (   )과 거래행위를 할 수 없으며 집합투자기구의 계산으로 그 집합투자업자가 발행한 증권을 취득하지 못한다.

① 이해관계인 ② 거래관계인

실전 확인 문제

▶ 집합투자업자에 대한 제한으로 적절하지 않은 것은?

① 이해관계인이 되기 1년 전에 체결한 계약에 따른 거래는 예외적으로 허용된다.
② 집합투자업자가 법인이사인 투자회사의 감독이사도 이해관계인에 포함된다.
③ 투자신탁의 수익증권은 취득이 제한되는 계열회사 발행 증권에서 제외된다.
④ 계열회사 지분증권에 대한 취득금액은 전체 집합투자기구 자산총액 중 지분증권에 투자가능한 금액의 5%와 집합투자업자가 운용하는 각 집합투자기구 자산총액의 25%를 초과할 수 없다.

정답해설 이해관계인이 되기 6개월 전에 체결한 계약에 따른 거래는 예외적으로 허용된다.

개념 짚어 보기

이해관계인과의 거래제한

- 이해관계인의 범위
  - 집합투자업자의 임직원과 대주주 및 그 배우자, 계열회사 · 계열회사 임직원과 그 배우자
  - 집합투자기구의 집합투자증권을 30% 이상 판매 · 위탁판매한 투자매매업자 · 중개업자
  - 집합투자기구의 집합투자재산의 30% 이상을 보관 · 관리하고 있는 신탁업자
  - 집합투자업자가 법인이사인 투자회사의 감독이사
- 이해관계인과의 거래제한의 예외
  - 이해관계인이 되기 6개월 이전에 체결한 계약에 따른 거래
  - 증권시장 등 불특정다수인이 참여하는 공개시장을 통한 거래
  - 일반적인 거래조건에 비추어 집합투자기구에 유리한 거래

[개념 확인 문제 정답] ① [실전 확인 문제 정답] ①

27 성과보수의 제한

개념 확인 문제

01 집합투자업자는 집합투자기구의 (　　　)에 연동하여 미리 정해진 산정방식에 따른 성과보수를 받을 수 없다.

① 운용실적　　② 기준지표

02 성과보수를 받는 펀드는 (　　　)에 성과보수에 관한 사항을 기재해야 한다.

① 투자설명서　　② 증권신고서

실전 확인 문제

▶ 집합투자업자는 원칙적으로 성과보수를 받을 수 없다. 예외적으로 허용되는 경우가 아닌 것은?

① 사모집합투자기구가 아닐 것
② 성과보수가 금융위가 정하는 일정한 기준지표에 연동하여 산정될 것
③ 금융위가 정하는 최소투자금액 이상을 투자한 투자자로만 구성될 것
④ 최소 존속기간이 1년 이상이고, 폐쇄형펀드일 것

정답해설 사모펀드는 기본적으로 성과보수를 받을 수 있다. 공모펀드 중에서도 ②, ③, ④를 비롯하여 다음 2가지 요건을 갖춘 경우에는 성과보수를 받을 수 있다.

- 운용성과가 기준지표의 성과보다 낮은 경우 성과보수를 적용하지 않는 경우보다 적은 운용보수를 받게 되는 보수체계를 갖출 것
- 운용성과가 기준지표의 성과를 초과하더라도 해당 운용성과가 부의 수익률을 나타내거나 일정성과가 금융위가 정하는 기준에 미달하는 경우에는 성과보수를 받지 않을 것

개념 짚어 보기

성과보수와 관련해 투자설명서에 기재해야 하는 사항

- 성과보수 산정방식과 그 한도
- 성과보수를 지급하지 아니하는 집합투자기구보다 높은 투자위험에 노출될 수 있다는 사실
- 성과보수를 포함한 보수 전체에 관한 사항
- 기준지표(법 제86조제1항제2호의 경우로 한정)
- 성과보수의 지급시기
- 성과보수가 지급되지 아니하는 경우에 관한 사항

[개념 확인 문제 정답] 01 ① 02 ① [실전 확인 문제 정답] ①

28 의결권 제한

개념 확인 문제

01 집합투자업자는 투자한도를 초과하여 취득한 주식에 대하여 (   )을 행사할 수 없다.

① 의결권 ② 소유권

02 집합투자업자는 의결권 행사 여부 및 그 내용을 (   ) 한다.

① 영업보고서에 기재해야 ② 광고를 통해 알려야

실전 확인 문제

▶ 집합투자업자의 의결권행사 제한과 관련된 내용 중 틀린 것은?

① 집합투자업자가 주식 발행법인을 계열사로 편입하기 위한 경우나 주식 발행법인이 집합투자업자와 계열회사의 관계에 있는 경우에 중립적으로 의결권을 행사해야 한다.

② 의결권행사 제한 규정을 위반한 경우에 금융감독원은 1년 이내에 해당 주식을 처분할 것을 명할 수 있다.

③ 의결권행사 내용은 주총 5일 전까지 증권시장을 통하여 공시해야 한다.

④ 제3자와의 계약에 의한 의결권의 교차행사는 금지된다.

정답해설 금융위원회는 집합투자업자가 규정을 위반하여 집합투자재산에 속하는 주식의 의결권을 행사한 경우에는 6개월 이내의 기간을 정하여 그 주식의 처분을 명할 수 있다.

개념 짚어 보기

의결권 등(자본시장법 제87조)

- 집합투자업자(투자신탁 · 투자익명조합의 집합투자업자)는 투자자의 이익을 보호하기 위하여 집합투자재산에 속하는 주식의 의결권을 충실하게 행사하여야 한다.
- 다음의 어느 하나에 해당하는 경우에는 집합투자재산에 속하는 주식을 발행한 법인의 주주총회에 참석한 주주가 소유하는 주식 수에서 집합투자재산에 속하는 주식수를 뺀 주식수의 결의내용에 영향을 미치지 않도록 의결권을 행사하여야 한다.
  - 집합투자업자 및 그와 대통령령으로 정하는 이해관계가 있는 자, 집합투자업자에 대하여 사실상의 지배력을 행사하는 자로서 대통령령으로 정하는 자가 그 집합투자재산에 속하는 주식을 발행한 법인을 계열회사로 편입하기 위한 경우
  - 집합투자재산에 속하는 주식을 발행한 법인이 그 집합투자업자와 계열회사의 관계가 있는 경우, 집합투자업자에 대하여 사실상의 지배력을 행사하는 관계로서 대통령령으로 정하는 관계가 있는 경우
  - 그 밖에 투자자 보호 또는 집합투자재산의 적정한 운용을 해할 우려가 있는 경우로서 대통령령으로 정하는 경우
- 집합투자업자는 법인의 합병, 영업의 양도 · 양수, 임원의 임면, 정관변경 등 주요의결사항에 대하여 의결권 행사의 원칙에 따라 행하는 경우 집합투자재산에 손실을 초래할 것이 명백하게 예상되는 때에는 적극적으로 의결권을 행사할 수 있다.

[개념 확인 문제 정답] 01 ① 02 ① [실전 확인 문제 정답] ②

29 자산운용공시

개념 확인 문제

▶ **집합투자업자는 자산운용보고서를 작성하여 신탁업자의 확인을 받아 (　　　)마다 1회 이상 해당 투자자에게 교부하여야 하며, 자산운용보고서 작성 · 교부 비용은 (　　　)가 부담한다.**

① 3개월, 집합투자업자　　　② 6개월, 신탁업자

실전 확인 문제

01 수시공시 사유에 해당하지 않는 것은?

① 투자운용인력의 변경이 있는 경우 그 사실과 변경된 투자운용인력의 운용경력
② 환매연기 또는 환매재개의 결정 및 그 사유
③ 집합투자규약의 변경에 따라 투자설명서를 변경하는 경우
④ 집합투자자총회의 결의내용

정답해설 투자설명서의 변경은 수시공시 사유에 해당하지만 법 개정 또는 금융위원회의 명령에 따라 투자설명서를 변경하는 경우, 집합투자규약의 변경에 따라 투자설명서를 변경하는 경우, 투자설명서의 단순한 자구수정 등 경미한 사항을 변경하는 경우는 제외한다.

02 집합투자재산에 관한 보고에서 수시보고사항에 해당하는 것은?

① 투자신탁의 설정 현황 또는 투자익명조합의 출자금 변동 상황
② 집합투자재산의 운용 현황과 집합투자증권의 기준가격표
③ 의결권공시대상법인에 대한 의결권의 행사 여부 및 그 내용이 기재된 서류
④ 집합투자기구의 계약기간 또는 존속기간의 종료 상황

정답해설 집합투자기구의 회계기간 종료, 집합투자기구의 계약기간 또는 존속기간의 종료, 집합투자기구의 해지 또는 해산은 수시보고사항에 해당된다. ①, ②, ③은 정기보고사항에 해당한다.

개념 짚어 보기

자산운용보고서 기재사항

- 해당 운용기간의 운용경과의 개요 및 손익 사항
- 집합투자기구의 자산 · 부채 및 집합투자증권의 기준가격
- 집합투자재산에 속하는 자산의 종류별 평가액과 집합투자재산 총액에 대한 각각의 비율
- 해당 운용기간 중 매매한 주식의 총수, 매매금액 및 매매회전율

[개념 확인 문제 정답] ①　[실전 확인 문제 정답] 01 ③　02 ④

30 파생상품 및 부동산운용에 관한 특례

개념 확인 문제

01 파생상품 매매에 따른 위험평가액이 자산총액의 10%를 초과하여 투자할 수 있는 집합투자기구의 집합투자재산을 파생상품에 운용할 때, (　　　)를 공시해야 한다.

① 계약기간과 계약금액　　② 계약금액과 위험지표

02 부동산집합투자기구 자금차입 한도는 자산총액에서 부채총액을 뺀 가액의 (　　　)이다.

① 400%　　② 200%

실전 확인 문제

▶ 파생상품과 부동산의 운용특례에 대한 내용으로 틀린 것은?

① 장외파생상품 매매에 따른 위험평가액이 자산총액의 10%를 초과하여 투자할 수 있는 집합투자기구의 집합투자재산을 장외파생상품에 운용하는 경우 위험관리방법을 작성, 신탁업자의 확인을 받아 금융위에 신고해야 한다.

② 집합투자업자는 집합투자재산으로 부동산을 취득하는 경우 금융기관 등에서 자금을 차입할 수 있고, 집합투자자총회의 의결로 차입한도와 차입대상을 기준과 달리할 수 있다.

③ 집합투자재산으로 부동산개발에 투자하고자 하는 경우 추진일정 및 방법이 기재된 실사보고서를 작성해야 한다.

④ 투자신탁재산으로 부동산을 취득하는 경우 부동산등기법을 적용할 때에는 신탁원부에 수익자를 기록하지 않을 수 있다.

정답해설 집합투자재산으로 부동산개발에 투자하고자 하는 경우 추진일정 및 방법이 기재된 사업계획서를 작성하여 감정평가업자로부터 적정성에 대해 확인을 받아 인터넷 홈페이지 등을 통해 공시해야 한다.

개념 짚어 보기

부동산 운용 특례

- **금전대여** : 부동산개발사업을 진행하는 집합투자기구는 자산총액에서 부채총액을 뺀 가액의 100%까지 금전대여 가능
- **실사보고서 작성 · 비치** : 부동산 취득 · 처분 시, 실사보고서를 작성 · 비치해야 하며 관련 재무자료와 수익에 영향을 미치는 요소를 기재
- **사업계획서 공시** : 부동산개발사업 투자 시, 일정 · 방법을 기재하여 사업계획서를 작성, 감정평가업자의 확인을 받아 공시
- **관련 업무의 위탁** : 부동산개발, 부동산 관리 · 개량, 부동산 임대와 그에 대한 부수업무 위탁 가능

[개념 확인 문제 정답] 01 ② 02 ② [실전 확인 문제 정답] ③

31 집합투자기구의 종류

개념 확인 문제

01 증권집합투자기구는 집합투자재산의 (　　　)를 초과하여 증권에 투자하는 집합투자기구이다.

① 50% 　　　② 60%

02 (　　　)는 집합투자재산을 운용함에 있어서 투자대상자산의 제한을 받지 않는 집합투자기구이다.

① 특별자산집합투자기구 　　　② 혼합자산집합투자기구

03 집합투자기구는 (　　　)에 따라서 증권 · 부동산 · 특별자산 · 혼합자산 · 단기금융집합투자기구로 분류할 수 있다.

① 법적구조 　　　② 운용대상

실전 확인 문제

▶ 단기금융집합투자기구에 대한 설명으로 적절하지 못한 것은?

① 개인전용 MMF가 5,000억 원 이하인 경우에는 추가로 MMF를 설정하지 못한다.
② MMF는 현금등가물로 취급되고 보유자산을 장부가로 평가한다.
③ 투자대상은 단기금융상품으로 제한된다.
④ 집합투자재산의 남은 만기의 가중평균된 기간이 75일 이내이어야 한다.

정답해설 개인전용 MMF 3,000억 원, 법인전용 MMF 5,000억 원 이하인 경우 추가로 MMF를 설정하지 못한다.

개념 짚어 보기

운용대상에 따른 집합투자기구(자본시장법 제229조)

- **증권집합투자기구** : 집합투자재산의 50%를 초과하여 증권에 투자하는 집합투자기구
- **부동산집합투자기구** : 집합투자재산의 50%를 초과하여 부동산(부동산을 기초자산으로 한 파생상품, 부동산 개발과 관련된 법인에 대한 대출 등으로 부동산 및 대통령령으로 정하는 부동산과 관련된 증권에 투자하는 경우 포함)에 투자하는 집합투자기구
- **특별자산집합투자기구** : 집합투자재산의 50%를 초과하여 특별자산(증권 및 부동산 제외)에 투자하는 집합투자기구
- **혼합자산집합투자기구** : 집합투자재산을 운용함에 있어서 증권 · 부동산 · 특별자산집합투자기구 규정의 제한을 받지 않는 집합투자기구
- **단기금융집합투자기구** : 집합투자재산 전부 단기금융상품에 투자하는 집합투자기구

[개념 확인 문제 정답] 01 ① 02 ② 03 ② [실전 확인 문제 정답] ①

32 환매금지형 · 종류형집합투자기구

개념 확인 문제

01 부동산집합투자기구, 특별자산집합투자기구, 혼합자산집합투자기구를 자산총액의 20%를 초과하여 시장성 없는 자산에 투자하는 경우 반드시 (　　　)으로 설립해야 하며 (　　　) 이내에 상장해야 한다.

① 개방형, 60일　　② 폐쇄형, 90일

02 (　　　)는 보수나 수수료의 차이로 기준가격이 다른 집합투자증권을 발행한다.

① 종류형집합투자기구　　② 전환형집합투자기구

실전 확인 문제

01 폐쇄형펀드에서 추가발행이 가능한 경우가 아닌 것은?

① 기존 투자자 전원의 동의를 얻은 경우
② 기존 집합투자자의 이익을 해할 우려가 없는 경우로 신탁업자의 확인을 얻은 경우
③ 펀드 자산총액의 20%를 초과하여 시장성 없는 자산에 투자한 경우
④ 이익분배금 범위 내에서 집합투자증권을 추가로 발행하는 경우

정답해설 자산총액의 20%를 초과하여 시장성 없는 자산에 투자한 경우는 폐쇄형펀드로 설립한다.

02 특수한 형태의 집합투자기구에 대한 설명으로 적절하지 않은 것은?

① 존속기간을 정한 집합투자기구에 한하여 폐쇄형으로 만들 수 있다.
② 폐쇄형펀드는 기준가격의 산정 및 공고에 관한 규정이 적용되지 않는다.
③ 종류형집합투자기구의 경우 특정 종류의 집합투자증권의 집합투자자에 대하여만 이해관계가 있는 때에는 그 종류의 집합투자자만으로 총회개최가 가능하다.
④ 종류형집합투자기구의 경우 판매보수, 판매수수료는 모두 같아야 한다.

정답해설 종류형집합투자기구는 보수나 수수료가 다른 집합투자기구를 말한다. 판매보수, 판매수수료, 환매수수료를 제외한 비용이 같도록 해야 한다.

개념 짚어 보기

종류형집합투자기구의 투자설명서 기재내용

집합투자증권의 종류, 각 종류의 집합투자증권별 판매보수 · 판매수수료 및 환매수수료의 금액, 부과방법 및 부과기준, 집합투자증권 간 전환할 수 있는 경우 절차 · 조건 · 방법 등

[개념 확인 문제 정답] 01 ②　02 ①　**[실전 확인 문제 정답]** 01 ③　02 ④

33 전환형 · 모자형집합투자기구

개념 확인 문제

01 (　　　)는 복수의 집합투자기구 간에 각 집합투자기구 투자자의 집합투자증권을 다른 집합투자기구의 집합투자증권으로 전환할 수 있는 권리를 투자자에게 부여하는 구조이다.

① Umbrella Fund　　② Multiple – Class Fund

02 모자형집합투자기구는 다른 집합투자기구(　　　)가 발행하는 집합투자증권을 취득하는 구조의 집합투자기구(　　　)를 말한다.

① 모집합투자기구, 자집합투자기구　　② 자집합투자기구, 모집합투자기구

실전 확인 문제

▶ 모자형집합투자기구의 요건에 해당하지 않는 것은?

① 자펀드가 모펀드 외의 다른 펀드에 투자하지 말 것
② 자펀드와 모펀드의 집합투자업자가 동일할 것
③ 모펀드 외의 자가 자펀드에 투자하지 말 것
④ 자펀드 외의 자가 모펀드에 투자하지 말 것

정답해설 ①, ②, ④의 요건을 충족시켜야 한다.

개념 짚어 보기

모자형집합투자기구(자본시장법 제245조)

- 투자신탁이나 투자익명조합의 집합투자업자 · 투자회사 등은 모자형집합투자기구 설정 · 설립 시 등록신청서에 모집합투자기구의 집합투자증권 등에 관한 사항을 포함한다.
- 투자매매업자 · 투자중개업자는 모집합투자기구의 집합투자증권을 투자자에게 판매해서는 안 된다.
- 집합투자업자 · 투자회사 등은 모자형집합투자기구로 변경하려는 경우에는 자집합투자기구가 취득하는 모집합투자기구의 집합투자증권 등에 관한 사항을 포함하여 변경등록해야 한다.
- 변경하려는 투자신탁이나 투자익명조합의 집합투자업자 · 투자회사 등은 집합투자기구의 자산 전부를 새로 설정 · 설립되는 모집합투자기구에 이전하고, 이전한 자산 금액에 상당하는 모집합투자기구의 집합투자증권을 변경되는 자집합투자기구에 교부해야 한다.
- 사모집합투자기구가 아닌 집합투자기구로서 원본액이 50억 원 미만일 경우에는 투자목적 · 투자대상자산 등을 고려하여 금융위원회가 정하여 고시하는 기준에 따라 유사한 둘 이상의 집합투자기구의 자산을 합하여 하나의 모집합투자기구에 이전할 수 있다.

[개념 확인 문제 정답] 01 ①　02 ①　**[실전 확인 문제 정답]** ③

34 상장지수집합투자기구(ETF)

개념 확인 문제

▶ 상장지수집합투자기구는 기초자산의 가격 또는 기초자산의 종류에 따라 다수 종목의 가격수준을 종합적으로 표시하는 (   ) 운용하는 것을 목표로 하는 집합투자기구를 말한다.

① 지수의 변화에 연동하여　　② 지수의 변화와 무관하게

실전 확인 문제

▶ 특수한 형태의 집합투자기구에 대한 설명 중 옳지 못한 것은?

① 펀드자산 총액의 20%를 초과하여 시장성없는 자산에 투자하는 펀드인 경우에는 반드시 폐쇄형 펀드로 설립해야 한다.
② 존속기간을 정한 집합투자기구에 한하여 폐쇄형으로 만들 수 있다.
③ 종류형 집합투자기구(Class Fund)의 비용부담은 판매보수, 판매수수료를 제외하고는 각 종류의 집합투자증권별로 같도록 해야 한다.
④ ETF는 설정일로부터 10일 이내에 증권시장에 상장되어야 한다.

정답해설 ETF는 설정일로부터 30일 이내에 증권시장에 상장되어야 한다.

개념 짚어 보기

상장지수집합투자지구(ETF)

ETF는 기본적으로 증권지수의 추적을 목표로 하는 인덱스펀드의 일종이지만 전통적인 인덱스펀드의 단점을 제도적으로 보완한 특수 형태의 펀드이다. ETF는 기초자산의 가격 또는 기초자산의 종류에 따라 다수 종목의 가격 수준을 종합적으로 표시하는 지수의 변화에 연동하여 운용하는 것을 목표로 해야 하고, 해당 ETF의 환매가 허용되며, 설정일로부터 30일 이내에 상장되어야 한다.

[개념 확인 문제 정답] ①　[실전 확인 문제 정답] ④

35 집합투자재산의 평가 및 회계(1)

개념 확인 문제

01 (　　　)는 평가업무 담당 임원, 운용업무 담당 임원, 준법감시인으로 구성된다.

① 집합투자재산운용위원회　　② 집합투자재산평가위원회

02 (　　　)은/는 집합투자재산에 대한 집합투자업자의 평가가 법령 및 집합투자재산평가기준에 따라 공정하게 진행되었는지의 여부를 검토해야 한다.

① 신탁업자　　② 준법감시인

실전 확인 문제

01 집합투자재산평가기준에 포함되는 것이 아닌 것은?

① 집합투자의 개별적 특성에 따른 차별 적용에 관한 사항
② 부도채권 등 부실화된 자산 등의 평가 관련 적용 사항
③ 평가오류의 수정에 관한 사항
④ 집합투자재산에 속한 자산의 종류별 평가기준에 관한 사항

정답해설 평가는 일관성을 유지해야 하며, 그와 관련된 사항이 집합투자재산평가기준에 포함된다. 또한 평가위원회의 구성 및 운영에 관한 사항, 미수금 및 미지급금 등의 평가방법에 관한 사항, 채권평가회사의 선정 및 변경과 해당 채권평가회사가 제공하는 가격의 적용에 관한 사항도 포함된다.

02 집합투자재산의 평가방법에 대한 내용 중 틀린 것은?

① 시가로 평가하는 것이 원칙이다.
② 시가를 구할 수 없을 때는 공정가액으로 평가한다.
③ 공정가액 평가 시 투자대상자산의 취득가격, 거래가격 등을 고려해야 한다.
④ MMF는 그 보유자산을 공정가액으로 평가하도록 예외를 인정한다.

정답해설 집합투자증권이 현금등가물로 처리되는 MMF는 장부가평가가 허용된다.

개념 짚어 보기

단기금융집합투자기구의 장부가격평가(금융투자업규정제7-36조)

- **채무증권** : 취득원가와 만기액면가액의 차이를 상환기간에 걸쳐 유효이자율법에 따라 상각하여 취득원가와 이자수익에 가감하여 산정한 가격
- **채무증권 외의 자산** : 취득원가에 평가일 현재까지 발생한 이자수익을 더하여 산정한 가격

[개념 확인 문제 정답] 01 ② 02 ① [실전 확인 문제 정답] 01 ① 02 ④

36 집합투자재산의 평가 및 회계(2)

개념 확인 문제

01 집합투자증권의 기준가격은 (　　　)으로 산정한다.

① (자산총액－부채총액)/집합투자증권발행총수
② (부채총액－자산총액)/집합투자증권발행총수

02 펀드의 회계기간에 대해서 특별한 규정은 없지만, 소득세법의 요건을 충족하기 위해서는 (　　　)마다 결산 회계처리를 해야 한다.

① 6개월　　② 1년

실전 확인 문제

▶ 집합투자재산의 회계에 대한 설명 중 틀린 것은?

① 펀드의 자산에 대해 공정하게 평가하여 대차대조표와 손익계산서에 기재한다.
② 펀드는 기본적으로 일반기업과 동일한 회계처리기준을 적용하도록 하고 있다.
③ 집합투자업자 또는 투자회사 등은 회계기간의 말일 등부터 2개월 이내에 회계감사인의 감사를 받아야 한다.
④ 집합투자기구의 특성에 따라 이익금을 초과하여 분배할 필요가 있는 경우에는 이익금을 초과하여 현금으로 분배가 가능하다.

정답해설 일반기업은 다양한 영업과 재무활동으로 발생된 결과를 검토해야 하는 반면, 펀드는 그에 비해 투자자산의 단순한 집합체에 불과하기 때문에 일반기업의 회계처리와 다르다. 펀드에는 집합투자기구 회계처리기준을 적용된다.

개념 짚어 보기

회계감사인의 감사를 받지 않아도 되는 경우

- 자산총액이 300억 원 이하인 집합투자기구
- 자산총액이 300억 원 초과 500억 원 이하인 집합투자기구로서 기준일 이전 6개월 동안 집합투자증권을 추가로 발행하지 아니한 경우

[개념 확인 문제 정답] 01 ① 02 ② [실전 확인 문제 정답] ②

37 집합투자재산의 보관 · 관리(1)

개념 확인 문제

01 집합투자재산을 보관 · 관리하는 신탁업자는 (　　　)에 따라 선량한 관리자의 주의로써 집합투자재산을 보관 · 관리해야 하며 투자자의 이익을 보호해야 한다.

① 선관주의 의무　　② 선관관리 의무

02 신탁업자는 집합투자재산 중 증권, 원화표시 양도성예금증서, 어음 등을 집합투자기구별로 (　　　)에 예탁해야 한다.

① 예탁결제원　　② 금융위원회

실전 확인 문제

▶ 집합투자재산을 보관하는 신탁업자의 업무제한에 대한 설명 중 틀린 것은?

① 신탁업자는 집합투자업자와 계열회사 관계에 있어서는 안 된다.
② 신탁업자는 집합투자재산을 자신의 고유재산과 거래해서는 안 된다.
③ 신탁업자는 이해관계인의 고유재산과 거래해서는 안 된다.
④ 신탁업자는 집합투자재산에 관한 정보를 자기가 판매하는 집합투자증권의 판매를 위해 이용할 수 있다.

정답해설 신탁업자는 집합투자기구의 집합투자재산과 관련된 정보를 자신의 고유재산 또는 자신이 운용하는 집합투자재산을 운용하는 데 이용하거나, 자신이 판매하는 집합투자증권의 판매를 위해 이용할 수 없다.

개념 짚어 보기

집합투자재산을 보관 · 관리하는 신탁업자는 자신이 보관 · 관리하는 집합투자재산을 자신의 고유재산, 다른 집합투자재산 또는 제3자로부터 보관을 위탁받은 재산과 거래할 수 없다. 다만 집합투자재산을 효율적으로 운용하기 위해 필요한 경우로 다음의 어느 하나에 해당하는 경우에는 허용된다.

- 집합투자업자가 집합투자재산을 투자대상자산에 운용하고 남은 현금을 집합투자규약에서 정하는 바에 따라 신탁업자가 자신의 고유재산과 거래하는 경우
- 금융기관에의 예치 · 단기대출(집합투자재산 중 금융기관에 예치한 총금액 또는 단기대출한 총금액의 10%를 초과할 수 없다.)
- 외국환거래법에 따라 외국통화를 매입하거나 매도하는 경우(환위험을 회피하기 위한 선물환거래를 포함한다.)
- 전담중개업무를 제공하는 자가 전문사모집합투자기구등과 전담중개업무로서 하는 거래
- 자본시장법 시행령 제85조제5호의3에서 정하는 거래

[개념 확인 문제 정답] 01 ① 02 ① [실전 확인 문제 정답] ④

38 집합투자재산의 보관 · 관리(2)

개념 확인 문제

01 집합투자업자의 운용지시 중 법령 등의 위반사항이 있을 경우, 감독이사는 집합투자업자에게 시정을 요구해야 한다. 집합투자업자가 그 요구를 (　　　) 이내에 이행하지 않는 경우 신탁업자 및 감독이사는 그 사실을 금융위에 보고 · 공시해야 한다.

① 제3영업일　　② 제4영업일

02 신탁업자의 집합투자재산 관련 확인사항 중, 기준가격 산정의 적정성에 대해 집합투자업자가 산정한 기준가격과의 편차가 (　　　) 이내면 적정한 것으로 본다.

① 1000분의 1　　② 1000분의 3

실전 확인 문제

▶ 자산보관 및 관리보고서에 기재해야 할 사항이 아닌 것은?

① 신탁업자가 확인해야 할 사항
② 집합투자기구 이사의 선임, 교체 및 해임에 관한 사항
③ 집합투자규약의 주요 변경사항과 집합투자자총회 결의사항
④ 이해관계인과의 거래의 적격여부를 확인하는 경우의 그 내용

정답해설 회계감사인의 선임, 교체 및 해임에 관한 사항을 기재해야 한다. 또한 투자운용인력 변경에 관한 사항도 포함된다.

개념 짚어 보기

신탁업자가 집합투자재산과 관련하여 확인할 사항

- 기준가격 산정이 적정한지 여부
- 시정요구 등에 대한 집합투자업자의 이행명세
- 집합투자재산의 평가가 공정한지 여부
- 자산운용보고서의 작성이 적정한지 여부
- 투자설명서가 법령 및 집합투자규약에 부합하는지 여부
- 장외파생상품 운용에 따른 위험관리 방법의 작성이 적정한지 여부
- 폐쇄형펀드 집합투자증권 추가발행 시 기존 투자자의 이익을 해할 우려가 없는지 여부

[개념 확인 문제 정답] 01 ① 02 ② [실전 확인 문제 정답] ②

39 집합투자기구의 해지

개념 확인 문제

01 투자신탁계약의 해지권자는 (　　　)로, 투자신탁이 해지되면 신탁재산은 투자자에게 지급된다.

① 신탁업자　　　② 집합투자업자

02 발행한 수익증권이 매각되지 않거나 수익자의 환매청구 시에는 (　　　)한다.

① 전부해지　　　② 일부해지

실전 확인 문제

01 투자신탁의 해지에 대한 내용 중 틀린 것은?

① 폐쇄형펀드는 계약기간 만료 전에는 투자신탁계약을 해지할 수 없다.
② 임의해지 시 집합투자업자는 금융위에 사전승인을 얻고 투자신탁을 해지할 수 있다.
③ 집합투자업자는 해지로 인하여 투자신탁관계가 종료되면 투자신탁재산을 결산하여 상환금과 이익분배금을 수익자에게 지급해야 한다.
④ 집합투자업자는 해지시점에 미수금 채권 또는 미지급금 채무가 있는 경우에는 해지일에 공정가액으로 양수해야 한다.

정답해설 폐쇄형펀드는 투자신탁계약기간이 정해지나 계약기간 만료 전에 해지할 수 있다.

02 집합투자업자가 지체없이 투자신탁을 해지하고 금융위에 보고할 수 있는(법정해지) 사유가 아닌 것은?

① 신탁계약에서 정한 신탁계약기간의 종료　　② 수익자총회의 투자신탁 해지 결의
③ 투자신탁의 피흡수합병　　④ 수익자 전원이 동의하는 경우

정답해설 수익자 전원이 동의하는 경우는 임의해지에 해당된다. 법정해지에는 ①~③과 함께 투자신탁의 등록취소가 포함된다.

개념 짚어 보기

집합투자업자가 금융위 승인을 받지 않고 해지할 수 있는 경우

- 수익자 전원이 동의하는 경우
- 공모 · 개방형 펀드로서 설정 후 1년이 지난 날의 원본 액이 50억 원 미만인 경우
- 공모 · 개방형 펀드를 설정하고 1년이 지난 후 1개월간 계속하여 투자신탁의 원본 액이 50억 원에 미달하는 경우
- 당해 투자신탁 수익증권 전부에 대한 환매청구를 받은 경우

[개념 확인 문제 정답] 01 ② 02 ②　[실전 확인 문제 정답] 01 ① 02 ④

40 집합투자기구의 해산 및 청산

개념 확인 문제

▶ 불특정 다수가 아닌 투자자의 수나 자격을 제한하는 펀드를 무엇이라 하는가?

① 공모펀드 ② 사모펀드

실전 확인 문제

▶ 사모집합투자기구에 대한 설명으로 옳지 않은 것은?

① 사모펀드는 일반적으로 전문투자형 사모펀드와 경영참여형 사모펀드로 구분된다.

② 사모집합투자기구는 기관투자자 등을 제외한 투자자의 총수가 50인 이하인 것을 말한다.

③ 경영참여형 사모집합투자기구는 경영권 참여, 지배구조의 개선을 위하여 지분증권 등에 투자하는 것을 목적으로 한다.

④ 전문투자형 사모집합투자기구는 경영참여형 사모집합투자기구를 제외한 사모집합투자기구를 말한다.

정답해설 사모펀드는 투자자가 49인 이하이다.

개념 짚어 보기

투자목적회사(SPC)의 요건

- 주식회사 또는 유한회사
- 경영참여형 펀드의 투자목적과 동일한 투자를 목적으로 할 것
- 투자목적회사의 주주 또는 사원인 경영참여형 사모펀드의 사원의 수와 경영참여형 사모펀드가 아닌 주주 또는 사원의 수를 합산한 수가 49명 이내일 것
- 상근 임원을 두거나 직원을 고용하지 아니하고 본점 외에 영업소를 설치하지 아니할 것

[개념 확인 문제 정답] ② [실전 확인 문제 정답] ②

41 사모집합투자기구에 대한 특례

개념 확인 문제

01 사모집합투자기구란 집합투자증권을 사모의 방법으로만 발행하는 집합투자기구를 말하며, 기관투자자 등 전문투자자를 제외한 투자자의 총수가 (　　　) 이하이다.

① 100인　　　② 39인

02 파생상품 투자는 공모집합투자의 경우 펀드 순자산액의 (　　　) 이하까지 가능하지만, 사모집합투자기구에 대해서는 (　　　)까지 가능하다.

① 100%, 300%　　　② 100%, 400%

실전 확인 문제

▶ 사모집합투자기구에 대한 내용 중 틀린 것은?

① 사모집합투자기구의 투자자는 그 집합투자증권을 분할하는 방법으로 타인에게 양도할 수 없다.
② 집합투자업자는 집합투자기구 운용실적에 연동하여 미리 정해진 산정방식에 따른 성과보수를 받을 수 없다.
③ 사모펀드는 '전문투자형 사모펀드'와 '경영참여형 사모펀드'로 구분된다.
④ 펀드관련 규정의 대부분은 사모집합투자기구에 적용되지 않지만, 적격요건을 갖추지 못한 자와의 장외파생상품거래제한 규정은 공모집합투자기구와 동일하게 적용된다.

정답해설 집합투자업자는 집합투자기구 운용실적에 연동하여 미리 정해진 산정방식에 따른 성과보수를 받을 수 있다. 이 경우 성과보수 산정방식 등을 집합투자규약에 기재해야 한다.

개념 짚어 보기

사모집합투자기구에 대한 특례(자본시장법 제271조 제5항)

사모집합투자기구인 투자신탁이나 투자익명조합의 집합투자업자 또는 투자회사 등은 사모집합투자기구별로 다음 각 호의 사항을 분기별로 금융위원회가 정하여 고시하는 서식 및 절차에 따라 보고하여야 한다.

- 주된 운용전략 및 투자대상자산의 종류
- 파생상품의 매매 현황
- 투자에 따른 위험관리에 관한 사항

[개념 확인 문제 정답] 01 ① 02 ② [실전 확인 문제 정답] ②

핵심플러스

OX 문제

01 투자펀드의 특징인 집단성과 간접성, 실적배당원칙과 투자자평등의 원칙 등은 사모펀드를 전제로 하고 있다. ( )

02 규정제정, 업무감독, 검사 등과 같은 투자펀드에 대한 공적 규제는 금융투자협회에서 이루어진다. ( )

03 투자신탁 관련 중요사항을 결정하는 수익자총회는 투자회사의 주주총회와 상응한다. ( )

04 투자회사의 주주총회에서는 업무위탁계약의 체결 등의 사항에 대해 의결한다. ( )

05 집합투자기구 등록은 투자신탁 · 투자익명조합의 경우 집합투자업자가, 회사형펀드 · 투자조합의 경우 회사 및 조합이 한다. ( )

06 개방형집합투자기구는 일괄신고서 제출 후 실제 집합투자증권을 발행할 때, 추가서류를 제출한다.( )

07 집합투자증권의 취득을 원하는 자에게는 투자설명서를 교부하는 것이 원칙이지만, 전문투자자에게는 교부하지 않아도 된다. ( )

08 설명의무 불이행 등으로 금융투자회사가 손해를 배상해야 할 경우 손해액은, 지급하였거나 지급해야 할 금전 등의 총액에서 처분 등으로 회수하였거나 회수할 수 있는 금전 등의 총액을 뺀 금액으로 추정한다. ( )

09 금융투자상품의 광고에는 과거의 운용실적에 대한 내용을 반드시 포함시켜야 한다. ( )

10 투자매매업자 및 투자중개업자가 판매수수료 및 판매보수를 받을 때, 집합투자기구의 운용실적을 반영하여 금액을 정하는 것이 가능하다. ( )

11 환매청구 시 투자자는 투자매매업자 · 투자중개업자에게, 투자매매업자 · 투자중개업자는 집합투자업자 · 투자회사에 환매를 요구한다. ( )

12 집합투자기구는 유지하고 투자매매업자 · 투자중개업자 변경을 위해 환매 · 매수하는 경우, 금전 등의 납입 일부터 기산하여 제3영업일 또는 그 이후에 공고되는 기준가격으로 한다. ( )

해설

01 공모 방식으로 투자자를 모집하는 공모펀드를 전제로 하는 특징이다.

02 투자펀드에 대한 공적 규제는 금융위원회 및 금융감독원에서 이루어진다.

04 업무위탁계약 체결은 이사회의 의결사항이다. 주주총회 의결사항에는 합병, 환매연기, 정관 주요사항 변경 등이 있다.

06 일괄신고서 제출 후 집합투자증권 발행 시 추가서류 제출의무가 면제된다. 집합투자증권을 계속적으로 발행하는 개방형집합투자기구에 대한 특례이다.

09 과거의 운용실적이 있는 경우에는 그 운용실적을 포함시킬 수 있다. 이는 '광고에 반드시 포함시켜야 할 사항'이 아닌 '광고에 포함시킬 수 있는 사항'에 해당한다.

10 판매수수료 및 판매보수는 집합투자기구의 운용실적에 연동하여 받을 수 없다.

12 투자매매업자 · 투자중개업자 변경을 위해 환매 · 매수하는 경우, 환매 15일 이내에 투자매매업자 · 투자중개업자 변경 효력이 발생하는 날에 공고되는 기준가격으로 한다.

[정답] 01 × 02 × 03 ○ 04 × 05 ○ 06 × 07 ○ 08 ○ 09 × 10 × 11 ○ 12 ×

핵심플러스

OX 문제

13 집합투자기구에서 국내 소재 부동산을 취득한 경우에는 원칙적으로 3년 이내에는 처분하지 못한다. ( )

14 집합투자업자는 계열사가 발행한 지분증권에 투자할 수 없다. ( )

15 집합투자재산에 관한 장부 · 서류의 열람 또는 등본 · 초본의 교부 청구는 일정 비율의 집합투자증권을 소유한 투자자만 가능하다. ( )

16 환매금지형집합투자기구의 추가발행 시, 순자산가치로 집합투자증권을 발행한다. ( )

17 이해관계인과의 거래제한규정은 상장지수집합투자기구에도 적용된다. ( )

18 집합투자업자 또는 투자회사 등은 기준가격을 15일마다 공고 · 게시해야 한다. ( )

19 파생금융상품에 대한 투자권유준칙은 투자등급별로 동등해야 한다. ( )

20 자본시장법상 전문투자자도 부당권유의 금지 원칙은 적용된다. ( )

해설

13 자본시장법 시행령 개정으로 1년 이내로 변경되었다.

14 투자는 가능하지만 규제 한도가 있다. 운용 집합투자기구 자산총액에서 지분증권에 투자 가능 금액의 10% 및 각 집합투자기구 자산총액의 50%를 초과할 수 없다.

15 집합투자증권 비율과 관계없이 영업시간 내에 이유를 기재한 서면으로 집합투자업자에게 청구할 수 있다. 집합투자재산명세서, 집합투자증권기준가격대장, 재무제표 및 부속명세서, 집합투자재산 운용내역서 등이 열람청구 대상이 된다.

16 환매금지형집합투자기구의 시장가격은 일반적으로 순자산가치보다 낮기 때문에 순자산가치로 추가발행하면 소화가 어려워진다. 따라서 순자산가치보다 할인하여 발행한다.

17 운용규제 특례에 의하여 이해관계인과의 거래(ETF 설정 목적)가 가능하다.

18 기준가격은 매일 공고 · 게시해야 한다. 집합투자재산을 외화자산에 투자하는 경우에는 15일 이내의 범위에서 정할 수 있다.

19 파생금융상품 등에 대하여는 투자등급별로 차등화된 투자권유준칙을 마련해야 한다.

[정답] 13 × 14 × 15 × 16 × 17 × 18 × 19 × 20 ○

Notes

2장 직무윤리와 투자자분쟁예방

대표 유형 문제

준법감시인에 대한 설명 중 틀린 것은?

① 준법감시인은 이사회 및 대표이사의 지휘를 받아 그 업무를 수행한다.
② 회사는 준법감시인이 독립적으로 그 직무를 수행할 수 있도록 해야 하며 적정 임기를 보장해야 한다.
③ 준법감시인은 해당 금융투자업자의 고유재산 운용업무도 겸직한다.
④ 회사는 효율적 준법감시업무를 위해 지원조직을 갖추어 준법감시인의 직무수행을 지원해야 한다.

정답해설 해당 금융투자업자의 고유재산 운용업무는 준법감시인이 담당해서는 안 되는 직무에 해당된다.

대표 유형 문제 알아 보기

준법감시인 제도

- 금융투자업자는 내부통제기준의 준수 여부를 점검하고 내부통제기준을 위반하는 경우 이를 조사하여 감사위원회 또는 감사에게 보고하는 자(준법감시인)를 1인 이상 두어야 한다.
- **준법감시부서의 설치 및 운영(표준내부통제기준 제14조)**
  - 회사는 준법감시업무가 효율적으로 수행될 수 있도록 충분한 경험과 능력을 갖춘 적절한 수의 인력으로 구성된 지원조직인 준법감시부서를 갖추어 준법감시인의 직무수행을 지원하여야 한다.
  - 회사는 준법감시업무에 대한 자문기능의 수행을 위하여 준법감시인, 준법감시부서장, 인사담당부서장 및 변호사 등으로 구성된 준법감시위원회를 설치 · 운영할 수 있다.
  - 회사는 IT부문의 효율적인 통제를 위하여 필요하다고 인정되는 경우 준법감시부서 내에 IT분야의 전문지식이 있는 전산요원을 1인 이상 배치하여야 한다.
- **준법감시인의 중립성 보장(자본시장법 제28조)**
  - 준법감시인은 선량한 관리자의 주의로 그 직무를 수행하여야 하며, 다음의 업무를 수행하는 직무를 담당할 수 없다.
    i) 해당 금융투자업자의 고유재산의 운용업무
    ii) 해당 금융투자업자가 영위하고 있는 금융투자업 및 그 부수업무
    iii) 해당 금융투자업자가 제40조에 따라 영위하고 있는 업무
  - 금융투자업자는 준법감시인이 그 직무를 독립적으로 수행할 수 있도록 해야 한다.
  - 금융투자업자의 임직원은 준법감시인이 그 직무를 수행함에 있어서 자료나 정보의 제출을 요구하는 경우 이에 성실히 응하여야 한다.
  - 금융투자업자는 준법감시인이었던 자에 대하여 그 직무수행과 관련된 사유로 부당한 인사상의 불이익을 줄 수 없다.

[대표 유형 문제 정답] ③

대표 유형 문제

주어진 내용이 뜻하는 것을 순서대로 나열한 것은?

- 금융투자업종사자는 고객 등의 최선의 이익을 위하여 충실하게 그 업무를 수행하여야 하고, 자기 또는 제3자의 이익을 고객 등의 이익에 우선하여서는 안 된다.
- 금융투자업종사자는 고객 등의 업무를 수행함에 있어서 그 때마다의 구체적인 상황에서 전문가로서의 주의를 기울여야 한다.

① 충실의무, 주의의무
② 충실의무, 이익상충의 금지
③ 주의의무, 자기거래의 금지
④ 이익상충의 금지, 적합성의 원칙

정답해설 주어진 내용은 직무윤리기준 '신임관계 및 신임의무' 중 가장 핵심을 이루는 충실의무와 주의의무에 대한 내용이다.

대표 유형 문제 알아 보기

고객에 대한 의무

- 기본적 의무
  - 충실의무
  - 주의의무
- 고객과의 이익상충 금지
  - 이익상충의 금지
  - 투자자이익 우선의 원칙
  - 자기거래의 금지
- 투자목적 등에 적합하여야 할 의무
  - Know－Your－Customer－Rule
  - 적합성의 원칙
  - 적정성의 원칙
- 설명의무
- 합리적 근거의 제공 및 적정한 표시의무
  - 객관적 근거에 기초하여야 할 의무
  - 사실과 의견의 구분 의무
  - 중요 사실에 대한 정확한 표시의무
  - 투자성과보장 등에 관한 표현의 금지
- 허위 · 과장 · 부실표시의 금지
  - 기대성과 등에 대한 허위표시 금지
  - 업무내용 및 인적사항 등에 대한 부실표시 금지
- 공정한 업무수행을 저해할 우려가 있는 사항에 관한 주지의무
- 재위임의 금지
- 고객의 합리적 지시에 따를 의무
- 요청하지 않은 투자권유의 금지
- 보고 및 기록의무
  - 처리결과의 보고의무
  - 기록 및 증거유지 의무
- 고객정보 누설 및 부당이용금지
- 부당한 금품수수의 금지
- 모든 고객을 평등하게 취급할 의무
- 고객의 민원 · 고충처리

[대표 유형 문제 정답] ①

1 윤리경영과 직무윤리

개념 확인 문제

01 (   )는 공정하고 자유로운 경쟁의 전제조건이 된다.

① 기업윤리 ② 인사관리

02 (   )은 생산자가 특정 재화를 생산할 때, 그 과정에서 생산자를 포함한 사회 전체가 부담하게 되는 비용을 의미한다.

① 생산적 비용 ② 사회적 비용

실전 확인 문제

01 직무윤리가 강조되는 이유로 적절하지 않은 것은?

① 비윤리적인 행동은 더 큰 사회적 비용을 가져온다.
② 기업이 높은 수준의 윤리성을 유지하면 결과적으로 이득이 된다.
③ 직무윤리는 '대리인문제'가 발생했을 때 그것을 해결하는 유용한 수단이 된다.
④ 직무윤리는 자발성 내지 자율성이라는 장점을 지니며 법규의 결함을 보완한다.

정답해설 직무윤리는 '대리인문제'를 사전에 예방하는 유용한 수단이 된다.

02 금융투자산업에서의 직무윤리가 강조되는 이유에 대한 설명 중 틀린 것은?

① 자본시장의 공정성 · 신뢰성 · 효율성을 확보하기 위해 필요하다.
② 외부의 부당한 요구로부터 금융투자업종사자를 지켜주는 안전판이 된다.
③ 사회책임투자가 하나의 경향으로 자리잡아가는 데에 따라 성과측정 구축 여부를 평가하기 때문이다.
④ 실물의 사용가치가 없고 불특정 다수의 비대면거래이기 때문에 불공정 가능성의 규제가 필요하다.

정답해설 사회책임투자가 하나의 경향으로 자리잡아가는 데에 따라 내부통제시스템과 윤리경영시스템 구축 여부를 평가하기 때문이다.

개념 짚어 보기

사회책임투자

투자자의 투자원칙에 가치 및 윤리신념을 적용하여 실행하는 것을 말한다. 비도덕적으로 경영하고 환경을 파괴하는 기업에는 투자하지 않고 도덕적이고 환경친화적 기업에만 투자하며 기업의 변화를 이끌어낸다. 선진 자본시장에는 사회책임투자(Social Rsponsibility Investment)를 이르는 SRI펀드가 보편화되어 있다.

[개념 확인 문제 정답] 01 ① 02 ② [실전 확인 문제 정답] 01 ③ 02 ③

2 직무윤리의 기초사상과 국내외 동향

개념 확인 문제

01 (   )은(는) 경제활동의 윤리적 환경과 조건을 각 나라마다 표준화하려는 국제적 협상이다.

① 경제윤리협상　　② 윤리 라운드

02 (   )는 국가별 부패인식지수인 부패지수를 매년 발표하는 국제적 부패감시 민간단체이다.

① 국제투명성기구　　② 국제윤리기구

실전 확인 문제

01 윤리강령의 국제적 · 국내적 환경에 대한 내용 중 틀린 것은?

① WTO와 OECD 등의 세계 무역기구는 'New Round'로 국제무역을 규제한다.
② OECD는 2000년에 '국제 공통의 기업윤리강령'을 발표했다.
③ 윤리 라운드는 윤리강령을 실천하는 기업의 제품과 서비스만을 국제거래대상으로 삼자는 것이다.
④ 국내의 경우 관련법이 정립되지 않아 윤리수준이 낮게 평가되고 있다.

정답해설 국내에서도 2003년 부패방지법(현 부패방지권익위법)과 부패방지위원회(현 국민권익위원회)를 출범하였고, 공직자윤리강령을 제정하였다.

02 직무윤리의 적용대상에 대한 설명으로 적절하지 못한 것은?

① 실질적 관련 업무 종사자를 대상으로 하며, 간접적으로 관련되어 있는 자는 제외한다.
② 적용대상을 판단할 때 회사와의 위임계약관계 또는 고용계약관계 및 보수의 유무를 불문한다.
③ 적용대상을 판단할 때 고객과의 법률적 계약관계 및 보수의 존부를 불문한다.
④ 직무행위는 직접 또는 간접으로 관련된 일체의 직무행위를 포함한다.

정답해설 직무윤리는 직접 또는 간접적으로 관련되어 있는 자를 포함한다.

개념 짚어 보기

직무윤리의 사상적 배경

- 칼뱅(금욕적 생활윤리)
  - 초기 자본주의 발전의 정신적 토대가 된 직업윤리 강조
  - 직업소명설 : 직업은 신이 주신 소명으로 인식
- **베버(프로테스탄티즘의 윤리와 자본주의 정신)** : 서구 문화의 속성인 합리성 · 체계성 · 조직성 · 합법성은 세속적 금욕생활과 직업윤리에 의해 형성

[개념 확인 문제 정답] 01 ② 02 ①　[실전 확인 문제 정답] 01 ④ 02 ①

3 신의성실의무와 전문지식 배양의무

개념 확인 문제

01 신의성실의무에 대한 내용은 (   )에서 다루고 있다.

① 상법과 자산운용법　　② 민법과 자본시장법

02 (   )는 금융투자업종사자가 항상 담당 직무에 관한 이론과 실무를 숙지하고 그 직무에 요구되는 전문능력을 유지하고 향상시켜야 함을 강조한다.

① 신의성실의무　　② 전문지식 배양의무

실전 확인 문제

▶ 자본시장법상 신의성실의무에 대한 설명으로 옳은 것은?

① 자본시장법에서 신의성실의무는 윤리적 의무일뿐 법적 의무로 볼 수 없다.
② 신의성실의 원칙 위반은 강행법규에 대한 위반이 아니므로 법원이 직권으로 위반 여부를 판단할 수 없다.
③ 법규에 대한 형식적 적용으로 인해 발생하는 불합리를 시정할 수 있다.
④ 권리의 행사가 신의성실의 원칙에 반하는 경우라도 권리 남용으로 인정되지 않는다.

정답해설 신의성실의 원칙을 적용하여 법의 형식적 적용을 통한 불합리에 대해 타당성 있게 시정하는 것이 가능하다.
① 자본시장법에서 신의성실의무는 법적 의무와 윤리적 의무의 측면이 중첩되어 있다.
② 신의칙 위반이 법원에서 다투어지는 경우, 이는 강행법규에 대한 위반이기 때문에 당사자가 주장하지 않더라도 법원은 직권으로 신의칙 위반 여부를 판단할 수 있다.(대판 1995. 12. 22, 94다42129)
④ 권리의 행사가 신의성실의 원칙에 반하는 경우 권리의 남용이 되어 권리행사로서의 법률효과가 인정되지 않는다.

개념 짚어 보기

관련 법령 및 판례

- 민법 제2조(신의성실)
  - 권리의 행사와 의무의 이행은 신의에 좇아 성실히 하여야 한다.
  - 권리는 남용하지 못한다.
- 대법원 1995.12.22, 선고, 94다42129, 판결
  - 판시사항 : 신의성실의 원칙 위배 또는 권리남용이 직권조사사항인지 여부
  - 판결요지 : 신의성실의 원칙에 반하는 것 또는 권리남용은 강행규정에 위배되는 것이므로 당사자의 주장이 없더라도 법원은 직권으로 판단할 수 있다.

[개념 확인 문제 정답] 01 ② 02 ② **[실전 확인 문제 정답]** ③

4 공정성 및 독립성 유지의무

개념 확인 문제

01 (　　　)는 다양한 이해관계의 상충 속에서 특정한 방향으로 치우치지 않고 투자자보호를 위해 공정한 판단을 내려야 함을 강조한다.

① 공정성 유지의무　　② 균형성 유지의무

02 (　　　)는 자기 또는 제3자의 이해관계에 영향을 받지 않고, 객관성 유지를 위해 합리적 주의를 기울여 업무를 수행해야 함을 뜻한다.

① 부당지시 금지의무　　② 독립성 유지의무

실전 확인 문제

▶ 다음 중 금융투자업종사자의 독립성 유지의무에 해당하지 않는 내용은?

① 금융투자회사는 금융투자분석사에게 부당한 압력을 행사해서는 안 된다.
② 금융투자회사는 금융투자분석사가 조사분석업무를 독립적으로 수행할 수 있도록 내부통제기준을 제정하여야 한다.
③ 금융투자회사는 조사분석 자료를 공표하기 전에 내부기준에 따른 승인절차를 거치지 않고 제3자에게 조사분석자료를 제공해서는 안 된다.
④ 조사분석 담당부서와 기업금융 관련부서 간의 자료교환은 어떠한 경우에도 허용되지 않는다.

정답해설 준법감시부서를 통해 자료교환이 가능하다.
①, ②, ③은 금융투자회사의 영업규정 제2-28조(조사분석의 독립성 확보)의 내용이다.
④ 금융투자분석사가 기업금융업무 관련부서와 협의하고자 하는 경우 다음 조건을 충족시켜야 한다.
- 조사분석 담당부서와 기업금융 관련부서 간의 자료교환은 준법감시부서를 통하여 할 것
- 양 부서 간 협의는 준법감시부서 직원의 입회하에 이루어져야 하며, 주요 내용은 서면으로 기록 · 유지되어야 함

개념 짚어 보기

조사분석의 독립성 확보(금융투자회사의 영업규정 제2-28조)

- 금융투자회사는 조사분석 담당부서의 임원이 기업금융 · 법인영업 및 고유계정 운용업무를 겸직하도록 하여서는 안 된다. 다만, 임원수의 제한 등으로 겸직이 불가피하다고 인정되는 경우는 예외로 한다.
- 준법감시인(준법감시인이 없는 경우에는 감사 등 이에 준하는 자)은 조사분석 담당부서와 기업금융업무 관련부서 간의 회의 내용의 적정성을 조사하고 회의 내용이 협회의 정관 및 규정, 관계법규 등에 위반된 경우 필요한 조치를 취하여야 한다.

[개념 확인 문제 정답] 01 ① 02 ② **[실전 확인 문제 정답]** ④

5 법규 등 준수의무와 소속회사 등의 지도 · 지원 의무

개념 확인 문제

01 (　　　)은 금융투자회사의 임직원이 법령을 준수하고 자산을 건전하게 운용하며 투자자를 보호하기 위하여 준수하여야 할 적절한 기준과 절차를 정한 것이다.

① 표준내부통제기준　　　② 자본시장법 시행령

02 (　　　)은 타인을 사용하여 어느 사무에 종사하게 한 자는 피용자가 그 사무집행에 관하여 제3자에게 가한 손해를 배상할 책임이 있음을 뜻한다.

① 고용책임　　　② 사용자책임

실전 확인 문제

01 직무윤리 중 법규 준수의무에 대한 설명이 틀린 것은?

① 직무 관련 법규에 대한 지식 없이 행한 위반행위 역시 관련 당사자에 대해 구속력을 갖는다.
② 금융투자협회의 표준내부통제기준은 그 자체로도 구속력을 갖는다.
③ 해외에서 직무를 수행하는 경우는 관할구역에 적용되는 법규를 준수한다.
④ 직무윤리에서의 법규는 자본시장법과 인접분야의 법령 및 관련 기관이 만든 규정을 포함한다.

정답해설 표준내부통제기준은 그 자체로는 구속력이 없는 지침이다.

02 직무윤리 중 소속회사의 지도의무에 대한 설명이 틀린 것은?

① 투자권유대행인은 개인사업자이기 때문에 민법의 사용자책임 규정이 적용되지 않는다.
② 지도와 지원에 대한 책임은 법인 및 단체의 업무집행권한을 보유하는 대표자에게 있다.
③ 사용자가 사용자 책임에 따라 배상을 한 때에는 불법행위를 한 피용자에 대해 구상권을 행사할 수 있다.
④ 금융위가 금융투자업자의 임직원에 대해 조치할 때, 임직원을 관리 · 감독한 임직원도 조치할 수 있다.

정답해설 투자권유대행인은 개인사업자로 회사의 피용자는 아니지만, 투자자에게 손해를 끼친 경우 투자자 보호를 강화하기 위해 민법의 사용자책임 규정을 준용한다.

개념 짚어 보기

임직원에 대한 조치(자본시장법 제422조 제3항)

금융위원회는 금융투자업자의 임직원에 대하여 조치를 하거나 이를 요구하는 경우 그 임직원에 대하여 관리 · 감독의 책임이 있는 임직원에 대한 조치를 함께 하거나 이를 요구할 수 있다. 다만, 관리 · 감독의 책임이 있는 자가 그 임직원의 관리 · 감독에 상당한 주의를 다한 경우에는 조치를 감면할 수 있다.

[개념 확인 문제 정답] 01 ① 02 ② [실전 확인 문제 정답] 01 ② 02 ①

6 신임관계 및 신임의무

개념 확인 문제

01 (　　　)는 위임자로부터 신임을 받은 수임자는 위임자에 대해 진실로 충실하고, 직업적 전문가로서 충분한 주의를 가지고 업무를 처리해야 함을 의미한다.

① 신임의무　　　② 성실의무

02 (　　　)는 고객의 최선의 이익을 위해 충실하게 그 업무를 수행해야 하고 자기 또는 제3자의 이익을 고객의 이익에 우선할 수 없음을 의미하며, (　　　)는 고객의 업무를 수행할 때마다의 전문가로서의 주의를 기울여야 함을 의미한다.

① 충실의무, 주의의무　　　② 주의의무, 충실의무

실전 확인 문제

▶ 충실의무와 주의의무에 대한 내용 중 틀린 것은?

① 금융투자업종사자가 전문가로서의 주의의무를 다하지 못한 경우라도 법적 책임을 지지 않는다.
② 주의의무에서는 일반적인 수준 이상, 즉 전문가 집단에 요구되는 정도 및 수준의 주의가 요구된다.
③ 금융투자업자는 금융기관의 공공성으로 인하여 일반 주식회사에 비하여 더욱 높은 수준의 주의의무를 요한다.
④ 충실의무에서 말하는 '최선의 이익'은 적극적으로 고객의 이익을 위하여 실현가능한 최대한의 이익을 추구하여야 한다는 것을 말한다.

정답해설 금융투자업종사자가 고의 또는 과실에 기하여 전문가로서의 주의의무를 다하여 업무를 집행하지 않은 경우, 수임인은 위임인에 대한 의무 위반을 이유로 한 채무불이행책임과 불법행위책임 등과 같은 법적 책임을 지게 된다.

개념 짚어 보기

영미법상의 충실의무

- 수임자는 위임자의 재산을 이용하여 자기 또는 제3자의 이익을 도모해서는 안 된다.
- 수임자는 특별한 경우를 제외하고 자신이 수익자의 거래 상대방이 되어서는 안 된다.
- 수임자는 직무를 통하여 위임자에 관하여 알게 된 정보에 대하여 비밀을 유지해야 한다.
- 수임자는 수익자의 이익과 경합하거나 상충되는 행동을 해서는 안 된다.

[개념 확인 문제 정답] 01 ① 02 ①　[실전 확인 문제 정답] ①

7 고객과의 이해상충 금지

개념 확인 문제

01 (   )은 회사의 중요 정보가 정당한 접근 권한이 없는 곳으로 유출되는 것을 차단하기 위하여 사용하는 시스템이다.

① chinese wall ② tariff wall

02 이해상충 발생의 예로 영업실적을 올리기 위해 과도하고 빈번하게 거래하는 (   )를 들 수 있다.

① 과당매매 ② 불공정매매

실전 확인 문제

01 직무윤리 중 고객과의 이익상충금지 항목에 대한 설명이 적절하지 못한 것은?

① 조사분석자료의 제공에 관해서는 이해상충 금지가 적용되지 않는다.
② 금융투자업자는 이해상충 발생 가능성이 인정되는 경우 그 사실을 미리 투자자에게 알려야 한다.
③ 이해상충이 발생할 가능성을 낮추는 것이 곤란하다고 판단되는 경우 매매, 그 밖의 거래를 해서는 안 된다.
④ 정보차단벽 위의 임직원은 비밀정보를 보유하지 않은 경우에도 이를 알고 있는 것으로 간주하여야 한다.

정답해설 조사분석자료의 제공과 관련해서도 이해상충의 금지가 적용된다. 금융투자협회의 영업규정에서는 자신이 발생하였거나 관련되어 있는 대상에 대한 조사분석자료의 공표와 제공을 원칙적으로 금지하고 있다.

02 고객과의 이해상충이 발생하는 과당매매를 판단하는 기준이 될 수 없는 것은?

① 일반투자자의 수익률
② 일반투자자가 부담하는 수수료 총액
③ 일반투자자의 재산상태 및 투자목적에 적합한지 여부
④ 일반투자자의 경험에 비추어 거래에 수반되는 위험을 잘 이해하고 있는지 여부

정답해설 일반투자자의 수익률만으로 과당매매를 판단할 수 없다.

개념 짚어 보기

정보교류의 차단(자본시장법 제45조)

금융투자업자는 영위하는 금융투자업 간에 이해상충이 발생할 가능성이 큰 경우로서 다음의 행위를 할 수 없다.

- 금융투자상품의 매매에 관한 정보, 그 밖에 대통령령으로 정하는 정보를 제공하는 행위
- 임원 및 직원을 겸직하게 하는 행위
- 사무공간 또는 전산설비를 대통령령으로 정하는 방법으로 공동으로 이용하는 행위
- 그 밖에 이해상충이 발생할 가능성이 있는 행위로서 대통령령으로 정하는 행위

[개념 확인 문제 정답] 01 ① 02 ① **[실전 확인 문제 정답]** 01 ① 02 ①

8 투자목적 등에 적합하여야 할 의무

개념 확인 문제

01 (　　　)은 고객에게 투자권유를 하기 위해 고객의 재무상황, 투자경험, 투자목적 등을 파악해야 하는 의무를 의미한다.

① Know-Your-Customer-Rule　　② Suitability Rule

02 적합성의 원칙은 투자권유 등이 고객의 (　　　)에 적합해야 한다는 내용이다.

① 투자목적　　② 투자규모

실전 확인 문제

▶ 다음 적정성의 원칙에 대한 설명으로 잘못된 것은?

① 일반투자자를 대상으로 하는 장외파생상품을 신규로 취급하는 경우 금융투자협회의 사전심의를 받는다.

② 장내파생상품의 매매 상대방이 일반투자자인 경우에는 그 일반투자자가 위험회피 목적의 거래를 하는 경우에 한한다.

③ 영업용순자본이 총위험액의 2배에 미달하는 경우 그 미달상태가 해소될 때까지 새로운 장외파생상품의 매매를 중지한다.

④ 자본시장법에서는 일반투자자를 상대로 파생상품을 판매하는 경우 적합성의 원칙이나 설명의무의 이행에 추가하여 적정성의 원칙을 도입하고 있다.

정답해설 일반투자자의 거래를 위험회피 목적으로 한하는 경우는 장외파생상품일 때이다. 자본시장법은 장외파생상품의 투자자 보호를 위해 적극적으로 규제하고 있다.

개념 짚어 보기

Know-Your-Customer-Rule

- 고객이 일반투자자인지 전문투자자인지 우선 확인해야 한다.
- 일반투자자에게 투자권유를 하기 전에 면담 · 질문을 통해서 투자자의 투자목적 · 재산상황 및 투자경험 등의 정보를 파악한다.
- 일반투자자로부터 서명, 기명날인, 녹취 그 밖에 전자우편, 전자통신, 우편, 전화자동응답시스템의 방법으로 확인받아 이를 유지 · 관리한다.
- 확인받은 내용을 투자자에게 지체 없이 제공하여야 한다.

[개념 확인 문제 정답] 01 ① 02 ① [실전 확인 문제 정답] ②

9 설명의무

개념 확인 문제

01 자본시장법상 설명의무와 관련된 제도는 ( )에 대해서만 적용된다.

① 전문투자자　　② 일반투자자

02 ( )는 고객이 투자를 결정하는 데에 필요한 충분한 정보를 가지고 투자에 임하는 것을 말한다.

① Informed Investment　　② Investment Wants

실전 확인 문제

▶ 금융투자업자의 일반투자자에 대한 설명의무 중 틀린 것은?

① 설명의무 위반으로 인하여 발생한 손해를 배상할 책임이 있다.

② 손해액은 금융투자상품의 취득으로 인하여 일반투자자가 지급하였거나 지급하여야 할 금전 등의 총액의 2배로 산정한다.

③ 금융투자상품의 내용, 투자에 따르는 위험, 그 밖에 대통령령으로 정하는 사항을 투자자가 이해할 수 있도록 설명해야 한다.

④ 투자자의 합리적인 투자판단 또는 해당 금융투자상품의 가치에 중대한 영향을 미칠 수 있는 사항을 거짓으로 설명하거나 중요사항을 누락해서는 안 된다.

정답해설 손해액 추정
손해추정액=(금융투자상품의 취득으로 인하여 일반투자자가 지급하였거나 지급하여야 할 금전 등의 총액)−(그 금융투자상품의 처분, 그 밖의 방법으로 그 일반투자자가 회수하였거나 회수할 수 있는 금전 등의 총액)

개념 짚어 보기

표준투자권유준칙상의 집합투자증권에 대한 설명의무 특칙

해외자산에 투자하는 집합투자기구의 집합투자증권 투자권유 시 다음 사항을 설명 내용에 포함시켜야 한다.

- 투자대상 국가 또는 지역의 경제 여건 및 시장현황에 따른 위험
- 집합투자기구 투자에 따른 일반적 위험 외에 환율변동 위험, 해당 집합투자기구의 환위험 헤지 여부 및 목표 환위험 헤지 비율
- 환위험 헤지가 모든 환율 변동 위험을 제거하지는 못하며, 투자자가 직접 환위험 헤지를 하는 경우 시장상황에 따라 헤지 비율 미조정 시 손실이 발생할 수 있다는 사실
- 모자형 집합투자기구의 경우 투자자의 요청에 따라 환위험 헤지를 하는 자펀드와 환위험 헤지를 하지 않는 자펀드 간의 판매비율 조절을 통하여 환위험 헤지 비율을 달리하여 판매할 수 있다는 사실

[개념 확인 문제 정답] 01 ② 02 ① [실전 확인 문제 정답] ②

10 적정한 표시의무 등

개념 확인 문제

01 고객의 의사결정에 중대한 영향을 미칠 수 있는 정보를 제공할 때에는 정보의 (　　　)를 밝혀야 한다.

① 활용성과　　② 출처

02 금융투자회사는 자신이 보증 등으로 채무이행을 보장하는 법인이 발행한 금융투자상품과 주식을 기초자산으로 하는 주식에 대한 조사분석자료를 공표할 경우, (　　　)를 명시해야 한다.

① 이해관계　　② 법인정보

실전 확인 문제

01 합리적 근거의 제공 및 적정한 표시의무에 대한 설명 중 틀린 것은?

① 중요한 사실에 대해서는 모두 정확하게 표시해야 한다.
② 투자성과를 보장하는 듯한 표현을 사용하여서는 안 된다.
③ 투자정보를 제시할 때에는 사실만을 제시해야 하고 의견은 제시해서는 안 된다.
④ 정밀한 조사 · 분석에 기초한 자료에 기하고 합리적이고 충분한 근거를 가져야 한다.

정답해설 의견을 제시해서는 안 되는 것이 아니라 사실과 의견을 명확히 구별하여 제시해야 한다.(정확한 표시의무)

02 투자권유와 관련한 내용 중 틀린 것은?

① 고객의 요청이 없는 상태에서 방문 · 전화 등의 방법에 의해 투자권유를 해서는 안 된다.
② 증권과 장내파생상품의 경우에는 고객의 요청이 없어도 투자권유 하는 것이 가능하다.
③ 투자권유를 받은 투자자가 거부의사를 표시하였을 경우 계속 투자권유 하는 것이 불가능하다.
④ 투자자가 한 번 투자권유 거부의사를 표시하였을 경우 다른 종류의 상품에 대해서도 투자권유 할 수 없다.

정답해설 다른 종류의 금융투자상품에 대하여 투자권유를 하는 행위, 거부의사 표시 후 1개월이 지나서 투자권유 하는 것은 가능하다.

개념 짚어 보기

불건전 영업행위의 금지(금융투자업규정 제4-20조 1항 5호)

신뢰할 만한 정보 · 이론 또는 논리적인 분석 · 추론 및 예측 등 적절하고 합리적인 근거를 가지고 있지 않은 상태에서 특정 금융투자상품의 매매거래나 특정한 매매전략 · 기법 또는 특정한 재산운용배분의 전략 · 기법을 채택하도록 투자자에게 권유하는 행위는 금지된다.

[개념 확인 문제 정답] 01 ② 02 ① [실전 확인 문제 정답] 01 ③ 02 ④

11 보고 · 기록의무 및 고객정보 누설 · 부당이용 금지

개념 확인 문제

01 기록을 문서로 작성하는 경우, 문서로서의 (   )을 유지하도록 해야 한다.

① 법적 효력　　② 채권적 효력

02 (   )은 금융거래정보를 임의로 누설하는 것을 원칙적으로 금지한다.

① 정보보호법　　② 금융실명법

실전 확인 문제

01 자료의 기록 유지기간이 다른 하나는?

① 자산구입 · 처분 등, 그 밖의 업무에 관한 자료
② 내부통제기준, 위험관리 등 준법감시 관련 자료
③ 주요사항보고서에 기재하여야 하는 사항에 관한 자료
④ 임원 · 대주주 · 전문인력의 자격, 이해관계자 등과의 거래내역 관련 자료

정답해설 업무에 관한 것으로 자산구입 · 처분 등, 그 밖의 업무에 관한 자료의 유지기간은 3년이고 ②, ③, ④는 5년이다.

02 금융실명법상 비밀보장의 원칙에 대한 예외사항으로 보기 어려운 것은?

① 검찰의 수사상 필요한 거래정보의 제공
② 조세에 관한 법률에 의하여 제출의무가 있는 과세자료의 제공
③ 법원의 제출명령 또는 법관이 발부한 영장에 의한 거래정보 등의 제공
④ 동일한 금융기관의 내부 또는 금융기관 상호 간에 업무상 필요한 거래정보의 제공

정답해설 법원의 제출명령이나 영장에 의한 제공은 가능하나 검찰의 수사 목적으로 제공되어서는 안 된다.

개념 짚어 보기

자료의 기록 유지기간(자본시장법 제60조 1항)

- 영업에 관한 자료
  - 10년 : 투자권유 관련 자료, 주문기록 · 매매명세 등 투자자의 금융투자상품의 매매 · 그 밖의 거래 관련 자료, 집합투자재산 · 투자일임재산 · 신탁재산 등 투자자재산의 운용 관련 자료, 매매계좌 설정 · 약정 등 투자자와 체결한 계약 관련 자료
  - 5년 : 업무위탁 및 부수업무 관련 자료
- 재무에 관한 자료 : 10년

[개념 확인 문제 정답] 01 ① 02 ② **[실전 확인 문제 정답]** 01 ① 02 ①

12 부당한 금품수수의 금지

개념 확인 문제

01 조사분석자료 작성을 담당하는 자에 대하여 대통령령으로 정하는 기업금융업무와 연동된 성과보수를 지급하는 행위는 (   )로 보고 있다.

① 불건전 영업행위　　② 불공정 영업행위

02 (   )에 연동하여 보수를 받는 경우는 성과보수로 보지 않는다.

① 예탁자산규모　　② 성과규모

03 금융투자회사가 거래상대방에게 재산상 이익을 제공하거나 제공받고자 하는 경우 그 목적, 내용, 경제적 가치 등이 기재된 문서를 (   )에게 보고하여야 한다.

① 금융위원장　　② 준법감시인

실전 확인 문제

▶ 부당한 금품수수 금지에 관한 직무윤리 규정으로 틀린 것은?

① 3만 원 이하의 물품 또는 식사는 재산상 이익으로 보지 않는다.
② 20만 원 이하의 경조비 및 화환은 재산상 이익으로 보지 않는다.
③ 금융투자회사가 동일 상대방에게 1회당 제공할 수 있는 재산상 이익은 100만 원을 초과할 수 없다.
④ 조사분석자료의 작성을 담당하는 자에게 기업금융업무와 연동된 성과보수를 지급하는 행위는 금지된다.

정답해설 동일 거래상대방에 대한 재산상 이익의 1회 한도는 20만 원이며, 연간 100만 원을 초과할 수 없다.
재산상 이익으로 보지 않는 금품
- 금융투자상품에 대한 가치분석 · 매매정보 또는 주문의 집행 등을 위하여 자체적으로 개발한 소프트웨어 및 해당 소프트웨어의 활용에 불가피한 컴퓨터 등 전산기기
- 금융투자회사가 자체적으로 작성한 조사분석자료
- 국내에서 불특정 다수를 대상으로 하여 개최되는 세미나 또는 설명회로서 1인당 재산상 이익의 제공금액을 산정하기 곤란한 경우 그 비용

개념 짚어 보기

재산상 이익의 가치 산정(금융투자회사의 영업규정 2-64조)

- 금전의 경우 해당 금액, 물품의 경우 구입 비용
- 접대의 경우 해당 접대에 소요된 비용
- 연수 · 기업설명회 · 기업탐방 · 세미나의 경우 거래상대방에게 직접적으로 제공되었거나 제공받은 비용
- 위에 해당하지 않는 재산상 이익의 경우 해당 재산상 이익의 구입 또는 제공에 소요된 실비

[개념 확인 문제 정답] 01 ① 02 ① 03 ② **[실전 확인 문제 정답]** ③

13 미공개 중요정보의 이용 및 전달 금지

개념 확인 문제

01 미공개 중요정보의 이용을 규제하는 것은 (　　　)에 의한 불공정거래를 막기 위함이다.

① 불확실한 정보　　② 정보의 비대칭

02 (　　　)는 해당 업무와 특별한 관계에 있는 사람이 그 입장을 이용, 입수한 정보를 기초로 주식을 매매하는 것을 말한다.

① 부외거래　　② 내부자거래

03 (　　　)는 공개될 경우 주식가격에 영향을 미칠 수 있는 정보를 말한다.

① 미공개정보　　② 중요정보

실전 확인 문제

▶ 직무윤리 중 미공개 중요정보의 이용 금지에 대한 설명으로 옳은 것은?

① 규제대상이 되는 증권은 당해 법인이 발행한 증권에 한정된다.
② 규제대상인 행위는 미공개정보를 매매에 이용하는 행위로 제한된다.
③ 자본시장법에서는 종전의 증권거래법의 내부자거래에 대한 규제를 대폭 완화하였다.
④ 내부자에는 계열회사의 임직원, 주요 주주 등과 당해 법인과 계약체결을 교섭중인 자도 포함된다.

정답해설 계열회사의 임직원, 주요 주주 등과 당해 법인과 계약체결을 교섭중인 자(법인의 경우 그 임직원 및 대리인 포함)도 내부자에 포함하고 있다.
① 규제대상이 되는 증권은 당해 법인이 발행한 증권에 한정되지 않고, 당해 법인과 관련한 증권을 기초자산으로 하는 신종증권도 포함된다.
② 규제대상인 행위는 미공개정보를 매매에 이용하는 행위뿐만 아니라 다른 사람에게 내부정보를 알려주거나 거래를 권유하는 행위도 금지하고 있다.
③ 자본시장법에서는 내부자거래에 대한 규제를 한층 강화하고 적용대상을 확대하였다.

개념 짚어 보기

내부자거래 금지조항을 위반한 경우에 대한 형사책임

- 미공개 중요 정보의 이용 및 전달 금지의무 위반 : 10년 이하의 징역 또는 5억 원 이하의 벌금
- 부당이득의 3배 금액이 5억 원 초과 : 이익의 3배에 상당하는 금액 이하의 벌금
- 부당이득이 50억 원 이상 : 무기 또는 5년 이상의 징역
- 부당이득이 5억 원 이상 50억 원 미만 : 3년 이상의 유기징역
- 징역에 처할 때 : 10년 이하의 자격정지 병과 가능

[개념 확인 문제 정답] 01 ② 02 ② 03 ② [실전 확인 문제 정답] ④

14 조사분석자료 작성 및 공표시의 준수사항

개념 확인 문제

01 금융투자업종사자는 타인의 자료를 이용하여 고객 등에 제공하는 투자정보를 작성할 때 출처를 명시하여야 하는데, 일반적 ( ) 등의 정보에 대해서는 승인 없이 사용할 수 있다.

① 재무 · 통계 ② 행정

02 금융투자회사는 조사분석자료를 공표하는 경우 공표일로부터 과거 ( )간 해당 금융투자상품에 대하여 제시한 투자등급 및 목표가격 변동추이를 거재하여야 한다.

① 2년 ② 4년

실전 확인 문제

▶ 금융투자회사가 조사분석자료를 공표 · 제공하는 경우의 사전심의 대상으로 틀린 것은?

① 관계법규의 준수 여부
② 투자성과의 보장을 뒷받침하는 자료의 타당성 여부
③ 금융투자분석사가 독립적 위치에서 공정하고 신의성실하게 작성하였는지의 여부
④ 분석의 기본이 되는 데이터의 정확성 및 가치평가에 도달하는 논리전개의 타당성 여부

정답해설 투자성과의 보장 등 투자자의 오해를 유발할 수 있는 표현의 사용 여부가 심의대상이다.

개념 짚어 보기

금융투자분석사의 확인(금융투자회사의 영업규정 제2-27조)

- 금융투자분석사는 조사분석자료를 타인의 부당한 압력이나 간섭 없이 본인의 의견을 정확하게 반영하여 신의성실하게 작성한 경우 그 사실을 조사분석자료에 명시하여야 한다. 다만, 해당 조사분석자료의 작성에 실질적으로 관여하지 아니한 자는 그러하지 아니하다.
- 금융투자회사는 금융투자분석사의 확인 없이 조사분석자료를 공표하거나 제3자에게 제공하여서는 아니 된다.
- 금융투자회사는 해당 금융투자회사의 임직원이 아닌 제3자가 작성한 조사분석자료를 공표하는 경우 해당 제3자의 성명(법인의 경우 법인명)을 조사분석자료에 기재하여야 한다.

[개념 확인 문제 정답] 01 ① 02 ① [실전 확인 문제 정답] ②

15 가격의 인위적 조작 및 불공정거래의 금지

개념 확인 문제

01 (   )은 주가를 인위적으로 상승 · 하락시키거나 혹은 고정시키는 것을 뜻한다.

① 시세조종　　② 임의조종

02 증권 계약을 체결한 날부터 최초 상장된 후 (   ) 이내에 증권에 대한 조사분석자료를 공표하거나 특정인에게 제공하는 것은 금지된다.

① 30일　　② 40일

실전 확인 문제

01 불공정거래에 대한 설명 중 틀린 것은?

① 자본시장법에서는 시세조종행위를 금지한다.
② 선행매매와 스캘핑은 시간격차를 이용한 불공정거래이다.
③ 시세조종에는 위장거래, 현실거래, 허위표시 등을 이용한다.
④ 거래의 불공정성이 의심이 가는데도 이를 묵인하거나 방치하는 것도 금지된다.

정답해설 선행매매와 스캘핑은 정보격차를 이용한 불공정거래이다.

02 다음 내용의 빈칸에 적절한 것은?

> 금융투자분석사는 소속 금융투자회사에서 조사분석자료를 공표한 금융투자상품을 매매하는 경우에는 공표 후 (   )이 경과해야 하며, 해당 금융투자상품이 공표일부터 (   )이 경과하지 않은 때에는 공표내용과 같은 방향으로 매매하여야 한다.

① 24시간, 3일　　② 24시간, 7일　　③ 48시간, 3일　　④ 48시간, 7일

정답해설 24시간이 경과해야 하며 공표일로부터 7일이 경과하지 않은 때는 공표내용과 같이 매매한다.

개념 짚어 보기

선행매매(front running)

투자자로부터 금융투자상품의 가격에 중대한 영향을 미칠 수 있는 매수 또는 매도주문을 받거나 받게 될 가능성이 큰 경우, 이를 체결시키기 전에 그 금융투자상품을 자기의 계산으로 매수 또는 매도하거나 제3자에게 매수 또는 매도를 권유하는 행위

[개념 확인 문제 정답] 01 ① 02 ② [실전 확인 문제 정답] 01 ② 02 ②

16 소속회사에 대한 의무(1)

개념 확인 문제

01 금융투자업종사자는 회사의 수임자로 맡은 직무를 성실하게 수행할 ( )에 있다.

① 신임관계 ② 대리관계

02 ( )은 임직원이 금융투자업무 관련 내용으로 외부 기관 및 매체 등과 접촉함으로써 다수인에게 영향을 미칠 수 있는 활동을 하는 것을 말한다.

① 외부활동 ② 대외활동

실전 확인 문제

01 소속회사에 대한 의무와 관련된 내용으로 틀린 것은?

① 소속회사의 업무를 신의로 성실하게 수행하여야 한다.
② 임직원이 전자통신수단을 사용하여 사외 대화방에 참여하는 것은 사적인 대화로 본다.
③ 임직원이 대외활동을 할 때 회사의 공식의견이 아닌 경우 사견임을 명백히 표현해야 한다.
④ 소속회사의 직무수행에 영향을 줄 수 있는 업무를 수행할 때는 회사의 사전승인을 얻어야 한다.

정답해설 임직원의 사외 대화방 참여는 공중포럼으로 간주되므로 언론기관과 접촉할 때와 동일한 윤리기준을 준수하여야 한다.

02 신임관계의 존부를 판단하는 데에 반영하는 것이 아닌 것은?

① 정식 고용계약관계의 유무
② 회사의 직무에 대한 통제 및 감독권의 존부
③ 직무에 종사하는 기간
④ 직무수행에 따라 지급되는 보수와 수당 등의 지급 형태

정답해설 정식 고용관계 유무는 신임관계의 존부를 판단하는 사항이 아니며, 이 직무의 성격에 비추어 그 기능이 당해 직무에 요구되는지의 여부, 운용경비를 회사가 부담하는지의 유무 등을 반영한다.

개념 짚어 보기

전자통신수단 사용 시 준수사항(내부통제기준 제91조)

- 임직원과 고객 간의 이메일은 사용장소에 관계없이 관계법령 등 및 표준내부통제기준의 적용을 받는다.
- 임직원의 사외 대화방 참여는 공중포럼으로 간주된다.
- 임직원이 인터넷 게시판이나 웹사이트 등에 특정 금융투자상품에 대한 분석이나 권유와 관련된 내용을 게시하고자 하는 경우 사전에 준법감시인이 정하는 절차와 방법에 따라야 한다. 다만, 자료의 출처를 명시하고 그 내용을 인용하거나 기술적 분석에 따른 투자권유의 경우에는 그러하지 아니한다.

[개념 확인 문제 정답] 01 ① 02 ② [실전 확인 문제 정답] 01 ② 02 ①

17 소속회사에 대한 의무(2)

개념 확인 문제

01 (　　　)는 기업이 보유하고 있는 영업비밀을 법으로 보호하고 다른 기업의 영업비밀을 침해할 경우에는 부정경쟁방지법에 의해 민사 또는 형사상의 처벌을 받게 하는 제도를 말한다.

① 영업비밀 보호제도　　② 기업비밀 유지제도

02 (　　　)는 업무수행을 위한 최소 범위의 정보만을 제공하여야 한다는 원칙을 말한다.

① Need to Know Rule　　② Chinese Wall Policy

실전 확인 문제

01 회사재산과 정보의 유출금지에 대한 내용 중 틀린 것은?

① 회사의 경영전략은 비밀정보 범위에 해당하지 않는다.
② 비밀정보가 포함된 서류는 필요 이상의 복사본을 만들 수 없다.
③ 영업비밀과 정보, 고객관계, 영업기회 등도 회사의 재산에 포함된다.
④ 비밀정보는 관련 전산시스템을 포함하여 적절한 보안장치를 구축하여 관리하여야 한다.

정답해설 회사의 경영전략이나 새로운 상품 및 비즈니스 등에 관한 정보도 비밀정보에 해당한다.

02 비밀정보 제공을 위한 사전승인절차에 포함되는 내용이 아닌 것은?

① 비밀정보의 제공 필요성 또는 사유
② 비밀정보 제공을 승인한 자의 신상정보
③ 비밀정보 제공의 승인을 요청한 자의 소속부서 및 성명
④ 비밀정보의 제공 방법 및 절차, 제공 일시 등

정답해설 비밀정보 제공을 승인한 자의 신상정보는 사전승인절차에 포함되지 않는다.

개념 짚어 보기

비밀정보의 정의(표준내부통제기준 53조)

- 회사의 재무건전성이나 경영 등에 중대한 영향을 미칠 수 있는 정보
- 고객 또는 거래상대방(거래상대방이 법인, 그 밖의 단체인 경우 그 임직원을 포함)에 관한 신상정보, 매매거래내역, 계좌번호, 비밀번호 등에 관한 정보
- 회사의 경영전략이나 새로운 상품 및 비즈니스 등에 관한 정보
- 위 내용에 해당하는 미공개 정보(비밀정보인지 불명확한 경우 이용 전 준법감시인의 사전 확인을 받는다.)

[개념 확인 문제 정답] 01 ① 02 ①　[실전 확인 문제 정답] 01 ① 02 ②

18 소속회사에 대한 의무(3)

개념 확인 문제

01 (　　　)는 일정한 직업 또는 직책을 담당하는 자가 그 직업이나 직책에 합당한 체면과 위신을 손상하는 데 직접적인 영향이 있는 행위를 하지 말아야 할 의무이다.

① 품위유지의무　　② 법규준수의무

02 회사에 대한 선관주의의무 유지기간은 고용 내지 위임계약 (　　　).

① 기간에 한한다　　② 종료 후에도 지속된다

실전 확인 문제

▶ **금융투자업종사자의 고용계약 종료 후의 의무에 대한 설명 중 틀린 것은?**

① 고용기간 동안 본인이 생산한 지적재산물은 본인의 재산이므로 반납의무가 없다.
② 고용기간이 종료되면 어떠한 경우나 이유로도 회사명, 상표, 로고 등을 사용해서는 안 된다.
③ 고용기간이 종료된 이후에도 회사로부터 명시적으로 서면에 의한 권한을 부여받지 않으면 비밀정보를 출간, 공개 또는 제3자가 이용하도록 해서는 안 된다.
④ 고용기간의 종료와 동시에 또는 회사의 요구가 있을 경우에는 보유하고 있거나 자신의 통제하에 있는 기밀정보를 포함한 모든 자료를 회사에 반납하여야 한다.

정답해설 본인이 생산한 지적재산물 역시 회사의 재산이므로, 고용기간 종료 후에도 지적재산물의 이용이나 처분에 대한 권한은 회사가 갖는다.

개념 짚어 보기

소속회사에 대한 의무(금융투자회사의 표준윤리준칙 제2절)

- 임직원은 해당 직무에 전념하여야 하며, 회사의 직무수행에 영향을 줄 수 있는 지위를 겸하거나 업무를 수행할 때에는 사전에 회사의 승인을 얻어야 한다. 다만, 부득이한 경우에는 사후에 즉시 보고하여야 한다.
- 임직원은 업무 또는 회사와 관련된 중요정보를 누설하여서는 아니 되며, 적법한 절차에 따라 유지 · 관리하여야 한다.
- 임직원은 자신의 행동으로 인하여 회사의 품위나 사회적 신용이 훼손되는 일체의 행위를 하여서는 아니 된다.
- 임직원은 회사의 재산을 부당하게 사용하거나 자신의 지위를 이용하여 사적 이익을 추구하는 행위를 하여서는 아니 된다.
- 중간감독자는 자신의 지휘 · 감독하에 있는 자가 직무와 관련하여 관계법규 등을 위반하지 않도록 적절한 감독과 관리를 하여야 한다.
- 임직원은 회사를 퇴직하는 경우 적절한 후속조치를 취하여야 하며, 퇴직 이후의 상당기간 동안 퇴직한 회사의 이익을 해치는 행위를 하여서는 아니 된다.

[개념 확인 문제 정답] 01 ① 02 ② **[실전 확인 문제 정답]** ①

19 내부통제

개념 확인 문제

01 ( )는 회사의 임직원이 업무수행 시 법규를 준수하고 조직운용의 효율성 제고 및 재무보고의 신뢰성을 확보하기 위하여 회사 내부에서 수행하는 모든 절차와 과정을 말한다.

① 내부통제 ② 준법감시

02 ( )은 내부통제의 지침, 컴플라이언스 매뉴얼, 임직원 윤리강령 등을 제정 · 시행할 수 있다.

① 내부감시인 ② 준법감시인

실전 확인 문제

▶ 내부통제기준에 대한 설명 중 틀린 것은?

① 임직원은 수행하는 업무와 관련된 내부통제에 대한 일차적 책임이 있다.
② 내부통지기준을 정할 때에는 지점의 실질적 통제 관련 사항과 지점별 영업관리자 지정에 관한 사항을 포함한다.
③ 금융투자업자는 내부통제기준을 제정하거나 변경하려는 경우 이사회의 결의를 거쳐야 한다.
④ 금융위원회는 법령을 위반한 사실이 드러난 금융투자업자에 대하여 내부통제기준의 변경을 강제할 수 있다.

정답해설 금융위원회는 법령 위반행위의 재발 방지를 위하여 내부통제기준의 변경을 권고할 수 있다.

개념 짚어 보기

자본시장법 내부통제기준 등

- 업무의 분장과 조직구조에 관한 사항
- 고유재산과 투자자재산의 운용이나 업무를 수행하는 과정에서 발생하는 위험의 관리지침에 관한 사항
- 임직원이 업무를 수행할 때 준수하여야 하는 절차에 관한 사항
- 경영의사결정에 필요한 정보가 효율적으로 전달될 수 있는 체제의 구축에 관한 사항
- 임직원의 내부통제기준 준수 여부를 확인하는 절차 · 방법과 내부통제기준을 위반한 임직원의 처리에 관한 사항
- 임직원의 금융투자상품 매매와 관련한 보고 등 법에 따른 불공정행위를 방지하기 위한 절차나 기준에 관한 사항
- 내부통제기준의 제정이나 변경절차에 관한 사항
- 준법감시인의 임면절차에 관한 사항
- 이해상충의 파악 · 평가와 관리에 관한 사항
- 집합투자재산이나 신탁재산에 속하는 주식에 대한 의결권 행사와 관련된 법규 및 내부지침의 준수 여부에 관한 사항
- 집합투자재산이나 신탁재산에 속하는 자산의 매매를 위탁하는 투자중개업자의 선정기준에 관한 사항

[개념 확인 문제 정답] 01 ① 02 ② **[실전 확인 문제 정답]** ④

20 준법감시인

개념 확인 문제

01 준법감시인을 임면한 때에는 그 사실을 (   )에 통보해야 한다.

① 금융위원회　　② 금융투자협회

02 준법감시인은 이사회 및 대표이사의 지휘를 받아 업무를 수행하며 대표이사와 (   )에 보고할 수 있다.

① 감사위원회　　② 금융감독원

실전 확인 문제

▶ 준법감시인에 대한 설명으로 적절하지 않은 것은?

① 준법감시인을 임면하고자 하는 경우에는 이사회 결의를 거쳐야 한다.
② 금융투자업자는 그 규모를 불문하고 준법감시인을 1인 이상 두어야 한다.
③ 파산선고를 받고 복권되지 않은 자는 준법감시인이 될 수 없다.
④ 회사는 준법감시인이 독립적으로 그 직무를 수행할 수 있도록 해야 하며, 적정 임기를 보장해야 한다.

정답해설 최근 사업연도말을 기준으로 투자일임재산의 합계액이 5천억 원 미만인 투자자문업자 및 투자일임업자는 준법감시인을 두지 않아도 된다.

개념 짚어 보기

준법감시인의 권한과 의무(표준내부통제기준 8조, 13조)

- 준법감시인은 이사회 및 대표이사의 지휘를 받아 그 업무를 수행하며, 대표이사와 감사(위원회)에 아무런 제한없이 보고할 수 있다.
- 준법감시인은 회사의 내부통제체제 및 이 기준의 적정성을 정기적으로 점검하고 점검결과 문제점 또는 미비사항이 발견된 경우 이의 개선 또는 개정을 요구할 수 있다.
- 준법감시인은 다음 사항에 대한 권한과 의무를 갖는다.
  - 내부통제기준 준수 여부 등에 대한 정기 또는 수시 점검
  - 업무 전반에 대한 접근 및 임직원에 대한 각종 자료나 정보의 제출 요구권
  - 임직원의 위법 · 부당행위 등과 관련하여 이사회, 대표이사, 감사(위원회)에 대한 보고 및 시정 요구
  - 이사회, 감사위원회, 기타 주요 회의에 대한 참석 및 의견진술
  - 준법감시 업무의 전문성 제고를 위한 연수프로그램의 이수
  - 기타 이사회가 필요하다고 인정하는 사항

[개념 확인 문제 정답] 01 ① 02 ① **[실전 확인 문제 정답]** ②

21 내부통제기준 위반과 준수 시스템

개념 확인 문제

01 임직원의 위법 및 부당행위가 발견된 경우 회사와 준법감시인은 해당 임직원에 대한 제재, 내부통제제도의 개선 등의 (　　　)를 취해야 한다.

① 업무제한조치　　② 재발방지조치

02 내부통제기준 준수 시스템의 하나인 (　　　)은(는) 운영 시 고발자의 비밀이 보장되는 등 임직원이 해당 제도를 용이하게 이용할 수 있는 체계로 구축해야 한다.

① 내부고발제도　　② 임직원에 대한 지원 및 자문

실전 확인 문제

▶ **내부통제기준 준수 시스템 구축에 대한 내용 중 틀린 것은?**

① 임직원은 회사가 정하는 준법서약서를 작성하여 준법감시인에게 제출해야 한다.
② 내부고발자가 고발행위를 이유로 인사상 불이익을 받았을 경우, 내부고발자가 직접 회사에 시정을 요구할 수 있다.
③ 내부통제기준을 정하지 아니한 자, 준법감시인은 두지 아니한 자 등에 대해서는 5천만 원 이하의 과태료를 부과한다.
④ 임직원은 정부 · 금융위 및 금감원, 협회 등이 회사의 주요 내부정보를 요구할 때 상위 결재권자와 준법감시인에게 보고해야 한다.

정답해설 회사는 정당한 내부고발자에 대하여 부당한 인사상의 불이익을 부과하여서는 안 된다. 내부고발자가 고발행위를 이유로 인사상 불이익을 받은 것으로 인정되는 경우 준법감시인은 회사에 대해 시정을 요구할 수 있으며, 회사는 정당한 사유가 없는 한 이에 응하여야 한다.

개념 짚어 보기

제재(징계)의 종류

- **경고** : 구두 · 문서로 훈계하는 데 그치고, 시말서의 제출을 요구하지 않는 징계
- **해고** : 근로자와의 근로관계를 종료시키는 징계
- **정직** : 근로자의 보직을 해제하는 등 근로제공을 일정기간 금지하는 징계
- **감봉** : 임금액에서 일정액을 공제하는 징계
- **견책** : 시말서를 제출하도록 하여 징계

[개념 확인 문제 정답] 01 ② 02 ① [실전 확인 문제 정답] ②

22 위반행위에 대한 제재

개념 확인 문제

01 (   )는 금융위원회, 증권선물위원회, 금융감독원 등에 대한 제재가 중심이 된다.

① 행정제재 ② 민사책임

02 (   )은 법에서 명시적으로 규정하고 있는 것에 한정하며, 행위자와 법인 양자 모두를 처벌하는 양벌규정을 두는 경우가 많다.

① 민사처벌 ② 형사처벌

실전 확인 문제

▶ 위반행위에 대한 제재의 내용으로 틀린 것은?

① 법률행위의 하자가 중대할 경우에는 '무효', 이보다 가벼울 경우에는 '취소'할 수 있다.
② 계약을 해지하면 계약이 소급적으로 실효되어 원상회복의무가 발생하고, 계약을 해제하면 해지시점부터 계약이 실효된다.
③ 금융위원회가 조치를 하기 위하여 그 사전절차로서 청문을 요하는 경우가 있고, 금융위원회의 처분 또는 조치에 대한 이의신청권을 인정하고 있다.
④ 불법행위책임은 계약관계의 존부를 불문하고 '고의 또는 과실'의 '위법행위'로 타인에게 '손해'를 가한 경우를 말하고 가해자는 피해자에게 발생한 손해를 배상하여야 한다.

정답해설 계약당사자의 채무불이행으로 계약목적을 달성할 수 없는 때, 그것이 일시적 거래인 경우에는 계약을 '해제'할 수 있고, 계속적인 거래인 경우에는 '해지'할 수 있다. 계약을 해제하면 계약이 소급적으로 실효되어 원상회복의무가 발생하고, 계약을 해지하면 해지시점부터 계약이 실효된다.

개념 짚어 보기

청문을 통한 처분(자본시장법 제423조)

금융위원회는 다음의 어느 하나에 해당하는 처분 · 조치를 하고자 할 때에는 청문을 실시한다.

- 종합금융투자사업자에 대한 지정의 취소
- 금융투자상품거래청산회사에 대한 인가의 취소
- 금융투자상품거래청산회사 임직원에 대한 해임요구 또는 면직요구
- 신용평가회사에 대한 인가의 취소
- 신용평가회사 임직원에 대한 해임요구 또는 면직요구
- 거래소허가의 취소
- 거래소 임직원에 대한 해임요구 또는 면직요구
- 금융투자업에 대한 인가 · 등록의 취소
- 금융투자업자 임직원에 대한 해임요구 또는 면직요구

[개념 확인 문제 정답] 01 ① 02 ② [실전 확인 문제 정답] ②

23 개인정보보호법

개념 확인 문제

01 ( )는 개인정보처리자가 정보주체의 개인정보를 정당하게 수집 및 이용하고 개인정보를 보관 · 관리하는 과정에서 내부자의 고의나 관리부주의 및 외부의 공격으로부터 유출 및 변조 · 훼손되지 않도록 하며, 정보주체의 개인정보 자기결정권이 제대로 행사되도록 보장하는 일련의 행위를 말한다.

① 개인정보보호　　② 정보주체 권리보장

02 ( )는 업무를 목적으로 개인정보파일을 운용하기 위하여 스스로 또는 다른 사람을 통하여 개인정보를 처리하는 공공기관, 법인, 단체 및 개인 등을 말한다.

① 정보주체　　② 개인정보처리자

실전 확인 문제

▶ 개인정보보호법에 대한 내용 중 틀린 것은?

① 개인정보에는 성명, 주민등록번호를 비롯하여 고유식별정보, 민감정보, 금융정보가 해당된다.
② 개인정보처리자는 개인정보의 처리 목적을 명확하게 하고 그 목적에 필요한 범위에서 최소한의 개인정보만을 적법하고 정당하게 수집해야 한다.
③ 정보주체의 권리보다 우선하는 개인정보처리자의 정당한 이익을 위한 일이라도 수집 · 이용이 불가능하다.
④ 2016년 1월부터 주민등록번호는 내외부망 모두 암호화하여 안전하게 보관해야 한다.

정답해설 개인정보처리자의 정당한 이익을 달성하기 위하여 필요한 경우로서 명백하게 정보주체의 권리보다 우선하는 경우에는 개인정보를 수집할 수 있으며 그 수집 목적의 범위에서 이용할 수 있다. 이 경우 개인정보처리자의 정당한 이익과 상당한 관련이 있고 합리적인 범위를 초과하지 않는 경우에 한한다.

개념 짚어 보기

개인정보의 수집 · 이용(개인정보보호법 제15조)

개인정보처리자는 다음 각 호의 어느 하나에 해당하는 경우에는 개인정보를 수집할 수 있다.

- 정보주체의 동의를 받은 경우
- 법률에 특별한 규정이 있거나 법령상 의무를 준수하기 위하여 불가피한 경우
- 공공기관이 법령 등에서 정하는 소관 업무의 수행을 위하여 불가피한 경우
- 정보주체와의 계약의 체결 및 이행을 위하여 불가피하게 필요한 경우
- 정보주체 또는 그 법정대리인이 의사표시를 할 수 없는 상태에 있거나 주소불명 등으로 사전 동의를 받을 수 없는 경우로서 명백히 정보주체 또는 제3자의 급박한 생명, 신체, 재산의 이익을 위하여 필요하다고 인정되는 경우
- 개인정보처리자의 정당한 이익을 달성하기 위하여 필요한 경우로서 명백하게 정보주체의 권리보다 우선하는 경우. 이 경우 개인정보처리자의 정당한 이익과 상당한 관련이 있고 합리적인 범위를 초과하지 아니하는 경우에 한한다.

[개념 확인 문제 정답] 01 ① 02 ② **[실전 확인 문제 정답]** ③

24 자금세탁방지제도

개념 확인 문제

▶ 자금세탁이란 자금의 출처를 숨겨 적법한 것으로 위장하는 행위로, 우리나라에서는 탈세목적의 금융거래를 이용하여 재산을 은닉 · 가장하는 행위를 포함한다. 자금세탁은 (　　　)단계 → (　　　)단계 → (　　　)단계를 거친다.

① 반복, 통합, 배치　　② 배치, 반복, 통합

실전 확인 문제

▶ 자금세탁방지제도에 대한 내용 중 틀린 것은?

① 불법자금의 세탁행위를 예방하기 위해 사법제도와 금융제도, 국제협력을 연계하는 종합관리 시스템을 구축 · 운영하는 것이다.
② 금융투자회사를 통한 주요 자금세탁 사례에는 문서 및 유가증권위변조, 차명계좌 거래, 탈세 · 횡령 · 시세조종 · 내부자거래, 비자금 · 불법 정치자금 · 조직범죄 자금 관련 등이 있다.
③ 적극적인 투자자보호에도 불구하고 합리적인 수준을 벗어난 이상매매가 지속되는 경우에는 자금세탁 행위여부에 대해 검토해야 한다.
④ 자금세탁방지제도의 하나인 의심거래보고제도는 금융회사 고객과의 거래 시 성명과 실지명의 이외에 주소, 연락처 등을 추가로 확인하고 자금세탁행위 등의 우려가 있는 경우 실제 당사자 여부 및 금융거래 목적을 확인한다.

정답해설 고객확인제도에 대한 설명이다. 의심거래보고제도는 금융거래와 관련하여 수수한 재산이 불법재산이라고 의심되는 합당한 근거가 있는 등의 경우 금융정보분석원장에게 보고하는 제도이다.

개념 짚어 보기

불법재산 등으로 의심되는 거래의 보고 등(특정금융정보법 제4조)

금융회사 등은 다음의 어느 하나에 해당하는 경우 그 사실을 금융정보분석원장에게 보고하여야 한다.

- 금융거래와 관련하여 수수한 재산이 불법재산이라고 의심되는 합당한 근거가 있는 경우
- 금융거래의 상대방이 금융실명법을 위반하여 불법적인 금융거래를 하는 등 자금세탁행위나 공중협박자금조달행위를 하고 있다고 의심되는 합당한 근거가 있는 경우
- 범죄수익은닉규제법 및 테러자금금지법에 따라 금융회사 등의 종사자가 관할 수사기관에 신고한 경우

[개념 확인 문제 정답] ② **[실전 확인 문제 정답]** ④

25 자금세탁방지 내부통제

개념 확인 문제

01 (　　　)는 회사가 자금세탁 등에 자신의 임직원이 이용되지 않도록 하기 위해 임직원을 채용하는 때에 그 신원사항 등을 확인하는 것을 말한다.

① 직원알기제도　　　② 신원조회

02 경영진이 자금세탁방지 등을 위해 설계 · 운영하는 내부통제정책에 대한 감독은 (　　　)의 책임이다.

① 이사회　　　② 보고책임자

실전 확인 문제

▶ **자금세탁방지 내부통제의 주요내용 중 틀린 것은?**

① 고객의 거래행위를 고려한 자금세탁 등의 위험도에 따라 고객확인의 재이행 주기를 설정하고 지속적으로 고객확인을 해야 한다.

② 법인고객의 실제 거래당사자 여부가 의심되는 경우, 여부를 확인을 위해 강화된 고객확인의무 이행 또는 의심거래보고 등 필요한 조치를 하여야 한다.

③ 금융회사는 고객확인기록, 금융거래기록, 의심되는 거래 및 고액현금거래 보고서를 포함한 내 · 외부 보고서 및 관련 자료 등을 고객과의 거래관계 종료 후 3년 이상 보존하여야 한다.

④ 금융기관 등은 의심스러운 거래보고를 한 경우 당해 보고와 관련된 금융거래의 상대방 및 그의 관계자에 대하여 손해배상책임을 지지 않는다.

정답해설 고객과의 거래관계 종료 후 5년 이상 보존하여야 한다.

개념 짚어 보기

위반행위에 대한 벌칙 및 과태료

- 1년 이하의 징역 또는 1천만 원 이하의 벌금에 처하는 경우
  - 의심거래보고제도 및 고액현금거래보고제도에 따른 보고를 거짓으로 한 자
  - 의심거래보고제도에 따른 보고를 하려고 하거나 보고를 하였을 때, 그 사실을 그 보고와 관련된 금융거래의 상대방을 포함하여 다른 사람에게 누설한 자
- 1천만 원 이하의 과태료 부과하는 경우 : 의심거래보고제도 또는 고액현금거래보고제도를 위반하여 보고를 하지 아니한 자

[개념 확인 문제 정답] 01 ① 02 ①　[실전 확인 문제 정답] ③

26 분쟁조정제도

개념 확인 문제

▶ 금융기관과 예금자 등 금융수요자 기타 이해관계인 사이에 발생하는 금융관련분쟁의 조정에 관한 사항을 심의 · 의결하기 위하여 금융감독원에 (   )를 둔다.

① 금융분쟁조정위원회   ② 금융소송판결위원회

실전 확인 문제

▶ 분쟁조정제도에 대한 설명 중 틀린 것은?

① 분쟁에 대하여 소송에 따른 비용과 시간의 문제점을 해결하고 당사자 간의 분쟁 해결을 유도한다.
② 수사기관이 수사 중이거나 법원에 제소된 경우는 분쟁조정위원회에 회부하지 않고 종결처리할 수 있다.
③ 조정결정 또는 각하결정을 통지받은 당사자의 경우 재조정 신청을 하는 것이 불가능하다.
④ 분쟁조정위원회 조정안을 수락한 경우 민법상 화해계약의 효력을 갖게 된다.

정답해설 분쟁조정신청의 당사자는 조정의 결과에 중대한 영향을 미치는 새로운 사실이 나타난 경우 조정결정 또는 각하결정을 통지받은 날로부터 30일 이내에 재조정 신청이 가능하다.

개념 짚어 보기

분쟁조정절차

분쟁조정신청 접수/통지 → 사실조사 → 합의권고 → 회부 전 처리 → 위원회 회부 → 심의 → 각하/조정결정 → 조정안 통지 → 조정의 성립 → 재조정신청

- **분쟁조정신청 접수/통지** : 신청인이 금융투자협회에 분쟁조정신청서 제출
- **합의 권고** : 분쟁의 원만한 해결을 위하여 당사자가 합의하도록 함이 상당하다고 인정되는 경우 합의 권고
- **회부 전 처리** : 분쟁조정신청 취하서가 접수되거나 수사기관의 수사진행, 법원에의 제소, 신청내용의 허위사실 등의 경우 위원회에 회부하지 않고 종결처리 하는 것이 가능
- **위원회 회부** : 당사자 간 합의가 성립하지 않은 경우 협회는 조정신청서 접수일로부터 30일 이내에 분쟁조정위원회에 사건을 회부하며 위원회는 회부된 날로부터 30일 이내에 심의하여 조정 또는 각하결정 함(15일 이내에서 기한 연장 가능)
- **조정의 성립** : 당사자가 조정결정통지를 받은 날로부터 20일 이내에 기명날인한 수락서를 출석 또는 작성하여 협회에 제출함으로써 성립(민법상 화해계약의 효력)
- **재조정 신청** : 분쟁조정신청의 당사자는 조정의 결과에 중대한 영향을 미치는 새로운 사실이 나타난 경우 조정결정 또는 각하결정을 통지받은 날로부터 30일 이내에 재조정 신청이 가능

[개념 확인 문제 정답] ① [실전 확인 문제 정답] ③

27 집합투자증권 주요 분쟁사례 1 – 부당권유 사례

사례 1

사건개요 고객은 피고 증권사 직원 권유로 역외펀드(日소형주펀드)에 가입하면서 엔 환율 하락에 대비한 엔화 관련 선물환 매도 계약도 함께 체결하였으나, 이후 원–엔 환율의 급격한 상승으로 선물환 정산금을 지급 하는 손실이 발생

판단내용 선물환 매도 계약은 환율 하락 시 손실발생 위험을 줄일 수 있는 이점이 있는 반면, 펀드에서 손실이 발생하면서 환율도 급등하는 경우에는 펀드 손실로 인한 위험뿐만 아니라 환율 급등의 위험에도 추가로 노출됨으로써 다액의 추가 정산금을 부담하게 될 위험성이 있고, 투자경험이 없는 일반인이 쉽게 접할 수 있는 상품이 아니므로 금융기관 직원의 개괄적인 설명만으로는 고객이 선물환 계약의 구조, 특성, 위험성을 제대로 인식하기 어려움. 따라서 역외펀드에 가입하거나 선물환계약을 체결한 경험도 없고, 선물환 계약을 접할 기회가 없었던 고객에게는 선물환 계약의 위험성 및 특성에 대하여 구체적인 설명을 할 의무가 있음.

고객이 작성한 계약서에 첨부된 '장외파생상품거래에 관한 위험 고지 서류'에는『선물환 거래에서 발생할 수 있는 여러가지 위험이 내재되어 있으므로 이러한 잠재적 위험의 정도를 이해하고 거래하여야 하며 경우에 따라서는 고객에게 적합하지 않은 거래도 있을 수 있다』는 내용이 포함되어 있기는 하나 위험을 추상적으로 알리는 내용 이상의 어떠한 구체적 기재가 없으며, 원고에게 교부된 '외국간접투자증권 매매거래에 관한 표준약관'에도 선물환 계약 체결에 따른 추가 손실의 위험성에 대해서 전혀 기재되어 있지 않는 점 등에 비추어 볼 때 피고 회사는 원고와의 선물환 계약 체결 당시 기본적인 환헤지 기능과 함께 환율의 하락이 전망되므로 그 방어책으로서 선물환계약을 체결할 필요가 있는 점을 중점적으로 설명하였을 뿐이고 그 특별한 위험성 및 환율이 상승하였을 경우의 구체적인 손실 산정 방법에 관하여는 충분히 설명하지 않음으로써 고객보호의무를 위반함.

다만 고객도 신중한 검토없이 피고회사 담당직원 권유를 그대로 따른 점, 세계적 금융위기에 따른 환율 상승을 쉽사리 예측하기 어려웠던 점, 고객이 일부 역외펀드의 선물환 계약에서 이익을 보기도 한 점 등의 사정을 참작함 (고객의 과실상계 비율 70%).

[참 조] 설명의무(자본시장법 제47조, 시행령 제53조)

투자자에게 투자권유를 하는 경우 금융투자상품의 내용, 투자에 따르는 위험, 금융투자상품의 투자성에 관한 구조와 성격, 투자자가 부담하는 수수료에 관한 사항, 조기상환조건이 있는 경우 그에 관한 사항, 계약의 해제 · 해지에 관한 사항 등을 투자자가 이해할 수 있도록 설명해야 한다.

28 집합투자증권 주요 분쟁사례 2 – 불완전판매 관련 사례

사례 1

사건개요 고객 A는 △△은행에서 수시입출금식, 정기적금 등 금융거래를 해오던 고객으로서, 그동안의 거래로 담당직원 B와도 어느 정도의 친분이 쌓였음. 그러던 2007년 8월경에 직원 B는 고객 A가 평소에 은행예금 등 안정추구적인 투자성향임을 이미 알고 있었음에도 불구하고 △△은행이 판촉행사 중인 고위험상품인 주가연계펀드(ELF)를 투자권유하면서 직원 자신도 동 상품에 대해서 많은 시간동안 학습하지 않아 충분히 인지하지 못한 채, 동 상품에 대하여 설명 및 적극적으로 투자를 권유하면서 상품의 수익구조 등에 대해서도 사실과 다르게 설명함. 즉, "만기 시에 기초자산의 가격이 50% 이상 하락하더라도 이중에 40%는 공제하고 나머지 10%만이 손실에 해당되지만 이중에서도 7~8%만 고객이 책임지면된다"며 상품의 손익구조를 왜곡하여 설명하였음.

판단내용 담당직원 B는 고객 A와의 금융거래로 고객의 투자성향에 대해서 익히 파악하고 있었음에도, 직원 자신조차도 제대로 이해하지 못한 고위험의 펀드상품을 투자권유하였고, 동 펀드상품의 수익구조에 대해서도 "손실이 발생하더라도 낮은 비율만 부담하면 된다"며 사실과 다르게 왜곡하여 설명하여 고객 A에게 투자상품에 대한 위험성에 관한 올바른 인식형성을 방해하고, 과대한 위험성을 수반한 거래를 적극적으로 권유하여 고객보호의무 위반한 사실이 인정됨.

다만, 고객 A는 오랫동안 예식장 등 개인사업을 운영하여 사회적경험 정도가 낮은 편이 아니고, 과거 펀드에 가입한 경험도 있었음에도 불구하고, 직원 B의 말만 믿고 각종 투자관련 자료를 요구하거나 및 검토하는 것을 소홀히 하였고 가입서류 작성도 직원 B에게 맡기면서 추후 확인조차 하지 않은 고객의 과실책임을 75%로 인정하여 △△은행에게 전체 손해발생금액 중 25%만 배상하라는 조정결정

[참 조] 적합성의 원칙 등(자본시장법 제46조)

금융투자업자는 일반투자자에게 투자권유를 하는 경우에는 일반투자자의 투자목적 · 재산상황 및 투자경험 등에 비추어 그 일반투자자에게 적합하지 아니하다고 인정되는 투자권유를 하여서는 아니 된다.

설명의무(자본시장법 제47조)

금융투자업자는 투자자의 합리적인 투자판단 또는 해당 금융투자상품의 가치에 중대한 영향을 미칠 수 있는 사항을 거짓 또는 왜곡하여 설명하거나 중요사항을 누락하여서는 아니 된다.

사례 2

사건개요 고객 A와 그의 처 A'는 '05.12.13. △△증권 직원 B의 권유로 2star-XX 파생상품펀드 18호에 각각 약 2억 원을 투자하여 가입하였는데, '08.12.16. 동 펀드에 대한 환매대금은 각각 5천만 원이었음. A와 A'의 주장에 따르면, 직원 B는 연말실적에 급급한 나머지 A와 A'의 의사와는 상관없이 임의로 모든 자금을 동 펀드에 투자하였고, 펀드의 내용 및 위험성에 대하여 제대로 설명해 주지도 않았을 뿐 아니라 동 펀드에 대한 투자설명서와 약관을 교부하지도 아니하였음에도 '투자설명서 및 주요내용 설명 확인서' 상에는 A와 A'의 인장이 임의로 날인되어 있었다고 주장하면서 손해배상을 청구함.

판단내용 투자설명서 교부 및 주요내용 설명확인서에 날인된 인영이 그 인장에 의해 현출된 것으로 인정되는 경우, 특단의 사정이 없는 한 그 날인행위는 투자자들의 의사에 기한 것이 추정된다 할 것이고, 만약 A와 A'가 자신들의 의사에 기하지 않고 확인서가 작성된 것임을 주장할 경우에는 이에 대한 입증책임은 A와 A'에게 있다 할 것임. '05.12월 경 △△증권 직원 B가 A에게 MMF, RP, 채권에 투자하는 제1안(안정성추구), MMF, RP, 채권, XX 파생상품펀드에 투자하는 제2안(안정 · 성장 추구), MMF, RP, XX 파생상품펀드, 주식형 펀드에 투자하는 제3안(성장추구) 등 세가지 투자제안서를 제시하자, A는 05.12.8. 직원 B에게 "제2안에 맞추어 다시 포트폴리오를 작성하여 보내줄 것"을 요청하는 이메일을 보냈고, 이에 대하여 B는 다시 작성한 투자제안서를 첨부하여 A에게 보내어 A와 A'가 그 투자제안서에 따라 본 상품에 가입한 사실이 인정되므로 A와 A'는 충분한 설명을 듣고 본인의 의사에 따라 동 펀드에 가입한 것으로 보는 것이 타당함.

[참 조] 정당한 투자설명서의 사용(자본시장법 제124조)

누구든지 증권신고의 효력이 발생한 증권을 취득하고자 하는 자(전문투자자 등 제외)에게 적합한 투자설명서를 미리 교부하지 아니하면 그 증권을 취득하게 하거나 매도하여서는 아니 된다.

※ 설명서 내용 중 원금손실가능성, 예금자보호, 투자위험 등과 관련된 중요단어는 상대적으로 크고 굵은 문자로 표기하여야 한다.

 **사례 3**

사건개요 고객들은 장외파생상품펀드에 가입(2005년 11월~)하면서 '청약신청서', '투자설명서 교부 및 주요내용 설명확인서' 등에 서명 또는 날인하였으며 동 자료에는 실적배당형 상품임과 상품의 구조에 대해 충분히 설명들었음이 기재되어 있고 고객들은 각 확인란에 확인 표시를 하였음. 피고 은행의 담당 직원들은 판매 시 본 펀드가 고수익상품으로서 안전하다는 점만을 강조하였음. 피고 자산운용사는 본 펀드 상품의 광고지, Q&A자료, 상품요약서, 상품제안서 등에 본 펀드의 신용평가 등급이 매우 높은 수준임을 기재하여 마치 우리나라 국채와 유사한 안정성을 보유한 것으로 오인할 수 있는 표현을 사용한 반면, 원금손실 가능성에 대해서는 작은 글자체로 기재하였음.

판단내용

원심 : 피고 은행의 담당직원들조차도 본 상품의 구조에 대한 교육을 제대로 받지 아니하여 그 특성이나 위험성을 제대로 이해하지 못한 채 고수익이며 안전하다는 점만 강조하여 판매한 점이 인정됨, 피고 자산운용사는 광고지, Q&A자료, 상품요약서, 상품제안서 등에 원금손실 가능성을 게재하였으나 그 글자체가 작거나 강조되지 아니하여 쉽게 알아보기 어려운 점, 외국의 신용평가기관으로부터 매우 높은 신용등급을 받았다는 사실을 상대적으로 강조한 점, 이로 인해 마치 우리나라 국채가 부도나지 않는 한 본 펀드도 원금손실되지 않을 것이라고 오인할 수 있는 표현을 사용한 점 등이 인정되므로 공동 불법행위책임이 인정됨, 다만 고객들이 약관, 투자설명서 등의 내용을 확인하지 않은 점, 손해발생이 근본적 원인이 전 세계적인 금융위기에 기인한 점 등을 참작(고객 과실상계 비율 60%~70%), 일부 고객이 펀드를 환매하지 않았고, 그 만기가 도래하지 않았다면 손해를 입었다고 단정하거나 그 손해가 확정되었다고 볼 수 없음

항소심 : 고객들의 자금운용방식, 펀드의 만기가 6년으로 장기인 점, 매입 당시의 이자율 등 모든 사정에 비추어 보면, 피고 은행 및 운용사들의 불법행위가 없었더라면 고객들은 펀드에 투자한 원금을 적어도 연 5%정도의 이율이 보장되는 안정적 상품에 투자하였을 것이고 피고 회사들도 이러한 사정을 알았거나 알 수 있었을 것으로 보임, 따라서 손해액 산정 시 펀드 매입일부터 환매일까지 연 5% 이자율에 의한 수익(특별손해)를 포함시키는 것이 타당함

[참 조] 부당권유의 금지(자본시장법 제49조)

금융투자업자는 투자권유를 함에 있어서 불확실한 사항에 대하여 단정적 판단을 제공하거나 확실하다고 오인하게 할 소지가 있는 내용을 알리는 행위를 하여서는 아니 된다.

금융투자업규정 제4-20조

특정 집합투자증권의 판매와 관련하여 투자자를 상대로 예상수익률의 보장, 예상수익률의 확정적인 단언 또는 이를 암시하는 표현, 실적배당상품의 본질에 반하는 주장이나 설명 등을 하여서는 아니 된다.

핵심플러스

OX 문제

01 오늘날 금융투자업의 고객인 투자자는 정확한 정보에 의해 투자여부를 스스로 판단한다고 전제하고 투자권유 한다. (   )

02 신의성실 원칙은 권리의 행사와 의무를 이행하는 데 있어서 행위준칙이 된다. (   )

03 자본시장법에서는 투자자를 전문투자자와 일반투자자로 구분하는데 장외파생상품 거래 시 주권상장법인은 법인투자자로 간주된다. (   )

04 전문가로서의 주의를 강조하는 주의의무에 대해 금융기관과 일반 주식회사는 동일한 수준을 요한다. (   )

05 투자중개업자가 투자자에게 증권 · 파생상품시장에서의 매매 위탁을 받아 매매가 진행되도록 한 경우에도 자기계약금지규정이 적용된다. (   )

06 자신이 발행주식총수의 100분의 1 이상의 주식 등을 보유하고 있는 법인은 조사분석자료에 이해관계를 명시해야 한다. (   )

07 금융투자업종사자는 특정한 경우에 한하여 임의매매 하는 것이 가능하다. (   )

08 금융투자업자는 내부통제기준, 위험관리 등 준법감시 관련 자료와 임원 · 대주주 · 전문인력의 자격, 이해관계자 등과의 거래내역 관련 자료에 대해서 3년간 기록 · 유지하여야 한다. (   )

09 금융실명법상 비밀보장의 원칙에서 예외 사유에 해당할 때에는 명의인에게 통보하지 않고 금융거래정보를 제공하는 것이 가능하다. (   )

해설

01 점차 전문화 · 복잡화 · 다양화되어 가는 금융투자상품으로 인해 정보의 정확성뿐만 아니라, 적극적인 투자자 보호가 필요하다. 윤리적 업무자세의 중요성이 더욱 강조된다.

03 주권상장 법인은 장외파생상품 거래 시 일반투자자로 간주되는데, 금융투자업자에게 서면을 통해 전문투자자로의 전환을 요구할 수 있다.

04 금융투자업자는 고객의 재산을 보호해야 하는 등 공공적 역할을 담당하기 때문에 일반 주식회사보다 더욱 높은 수준의 주의의무가 요구된다.

05 해당 경우에는 상대방이 우연히 결정되기 때문에 투자자의 이익을 해칠 가능성이 없어 자기계약금지규정 적용에서 제외된다.

07 임의매매는 금지되어 있고, 형사벌칙이 가해진다.

08 해당 내용의 기록 · 유지 기간은 5년이다. 그 밖의 내부통제 관련 자료 등은 3년간 기록 · 유지해야 한다.

09 명의인의 동의가 있거나 예외 사유에 해당하여 금융거래정보 등을 제공한 경우, 제공한 날부터 10일 이내에 제공한 거래정보 등의 주요내용 · 사용목적 · 제공받은 자 및 제공일자 등을 명의인에게 서면으로 통보하고 이를 금융위원회가 정하는 표준양식에 의하여 기록 · 관리해야 한다.

[정답] 01 × 02 ○ 03 × 04 × 05 × 06 ○ 07 × 08 × 09 ×

핵심플러스

OX 문제

10 거래상대방에게 재산상 이익을 제공할 수 없기 때문에, 문화활동과 관련된 상품권을 제공하는 것도 금지된다. (　　)

11 민원 및 분쟁처리를 위한 전담조직 설치가 어려울 때에는 감사부서 또는 준법감시부서가 민원 및 분쟁처리를 수행한다. (　　)

12 미공개 정보는 공개 시 주식가격에 영향을 줄 수 있는 정보로 주식의 매입 · 보유 · 매도를 결정하는 데에 중요하다고 고려할 수 있는 정보를 말한다. (　　)

13 임직원의 대외활동 중 회사, 주주 및 고객 등과의 이해상충이 사전에 회사에 보고한 범위보다 확대되는 경우 회사는 그 대외활동의 중단을 요구할 수 있다. (　　)

14 절취, 기망, 협박, 그 밖의 부정한 수단으로 영업비밀을 취득하는 행위 또는 그 취득한 영업비밀을 사용하거나 공개하는 행위 영업비밀 침해행위에 해당한다. (　　)

15 중간감독자가 관리감독권한을 하부로 이양했을 때에는 관리감독책임으로부터 면제된다. (　　)

16 조사분석자료 공표 시, 금융투자회사는 투자등급의 의미와 공표일로부터 과거 5년간 해당 금융투자상품에 대하여 제시한 투자등급 및 목표가격 변동추이를 게재한다. (　　)

17 준법감시인은 해당 금융투자업자가 영위하고 있는 금융투자업 및 그 부수업무에 관한 직무를 담당하기도 한다. (　　)

18 준법감시인은 회사가 정하는 준법서약서를 작성하여 임원진에게 제출하여야 한다. (　　)

19 자율규제는 금융위원회, 증권선물위원회, 금융감독원 등에 의한 제재가 중심이 된다. (　　)

20 금융분쟁조정위원회에 신청이 이루어져 조정이 시작되면 해당 분쟁에 대해 합의를 볼 수 없다. (　　)

해설

10 공연 · 운동경기 관람, 도서 · 음반구입 등 문화활동과 관련된 상품권을 제공하는 경우는 허용한다.

12 중요 정보에 대한 설명이다. 미공개 정보는 발행자 · 발행자 단체의 주식과 관련하여 공개되지 않은 정보를 말한다.

15 면제되지 않는다. 민법상 사용자책임규정에 의하여 배상책임을 질 수도 있다.

16 공표일로부터 과거 2년간의 변동추이를 게재한다. 이때에는 목표가격과 해당 금융투자상품의 가격의 변동추이를 그래프로 표기하여야 한다.

17 준법감시인은 해당 금융투자업자의 고유재산의 운용업무 또는 금융투자업 및 그 부수업무 등을 수행하는 직무를 담당할 수 없다. 이는 독립성 보장을 위한 것이다.

18 임직원이 작성하여 준법감시인에게 제출한다.

19 자율규제업무를 담당하는 곳은 금융투자협회이며, 금융위원회, 증권선물위원회, 금융감독원 등의 제재는 행정제재이다.

20 분쟁조정 신청 시 금융감독원장은 당사자들에게 내용을 통지하고 우선적으로 합의를 권고한다.

[정답] 10 × 11 ○ 12 × 13 ○ 14 ○ 15 × 16 × 17 × 18 × 19 × 20 ×

3장 펀드영업실무

대표 유형 문제

집합투자증권의 현행 환매방법에 대한 설명 중 틀린 것은?

① 집합투자기구의 계산에 의한 환매란 집합투자재산을 처분하여 조성한 금전으로 환매대금을 지급하는 것을 말한다.

② 집합투자증권을 판매한 판매회사, 집합투자업자, 신탁업자는 환매청구를 요구받은 집합투자증권을 어떤 경우라도 자기의 계산으로 취득해서는 안 된다.

③ 집합투자기구 투자자 전원의 동의가 있는 경우 금전이 아닌 집합투자재산으로 환매대금을 지급할 수 있다.

④ 집합투자업자가 환매에 응할 수 없는 경우 신탁업자에게 환매를 청구할 수 있다.

정답해설 판매회사, 집합투자업자, 신탁업자는 집합투자증권을 자기 계산으로 취득할 수 없는 것이 원칙이지만 예외가 있다.

- 단기금융집합투자기구의 집합투자증권을 판매한 투자매매업자 또는 투자중개업자가 그 단기금융집합투자기구별 집합투자증권 판매규모의 5%에 상당하는 금액 또는 100억 원 중 큰 금액의 범위에서 개인투자자로부터 환매청구일에 공고되는 기준가격으로 환매청구일에 그 집합투자증권을 매수하는 경우
- 투자자가 금액을 기준으로 집합투자증권(단기금융집합투자기구의 집합투자증권은 제외)의 환매를 청구함에 따라 그 집합투자증권을 판매한 투자매매업자 또는 투자중개업자가 해당 집합투자기구의 집합투자규약에서 정한 환매가격으로 그 집합투자규약에서 정한 환매일에 그 집합투자증권의 일부를 불가피하게 매수하는 경우

대표 유형 문제 알아 보기

환매청구에 응하지 않을 수 있는 경우

- 집합투자기구(투자신탁 제외)가 해산한 경우
- 투자회사의 순자산액이 정관이 정하는 최저순자산액에 미달하는 경우
- 법령 또는 법령에 따른 명령에 따라 환매가 제한되는 경우
- 투자신탁의 수익자, 투자회사의 주주 또는 그 수익자 · 주주의 질권자로서 권리를 행사할 자를 정하기 위하여 상법 제354조제1항에 따라 일정한 날을 정하여 수익자명부 또는 주주명부에 기재된 수익자 · 주주 또는 질권자를 그 권리를 행사할 수익자 · 주주 또는 질권자로 보도록 한 경우로서 이 일정한 날과 그 권리를 행사할 날의 사이에 환매청구를 한 경우. 이 경우 같은 법 제354조제3항을 적용함에 있어서 "3월"을 "2개월"로 한다.

[대표 유형 문제 정답] ②

대표 유형 문제

집합투자기구와 세금에 대한 설명 중 틀린 것은?

① 투자조합과 투자익명조합은 세법상 투자신탁으로 간주하여 과세하고, 투자합자회사와 투자유한회사는 투자회사로 간주하여 과세한다.

② 세법상 변액보험은 집합투자기구에서 제외되어 저축성보험의 보험차익으로 과세가 된다.

③ 집합투자기구의 경우 소득이 신탁재산에 귀속되는 때가 수입시기로 간주된다.

④ 현금수령이 없더라도 재투자특약에 의하여 원본전입이 있는 때에는 현금을 수령한 것으로 본다.

정답해설 소득이 신탁재산에 귀속되는 때를 수입시기로 하는 것은 투자신탁 외의 신탁이다. 집합투자기구는 이와 다르게 정하고 있으며, 소득이 투자자에게 분배되는 때를 수입시기로 한다.

- 배당소득의 수입시기(집합투자기구로부터의 이익)
  - 집합투자기구로부터의 이익을 지급받은 날
  - 원본에 전입하는 뜻의 특약이 있는 분배금은 그 특약에 따라 원본에 전입되는 날

오답해설 ② 변액보험은 저축성보험인 동시에 자본시장법상에 따라 투자신탁에 포함되기도 한다. 따라서 저축성보험차익인 이자소득으로 과세될 수 있고, 또 집합투자기구 이익인 배당소득으로 과세될 수도 있다. 소득세법시행령에서 세법상 집합투자기구에 변액보험을 포함하지 않고 있으며, 이러한 이유로 변액보험이 신탁으로 간주하여 과세될 여지가 있다. 따라서 소득세법에서는 변액보험을 신탁의 범위에서 제외하여 그것을 막고 있다. 변액보험은 결론적으로 소득세법상 저축성보험의 보험차익으로 과세한다.

대표 유형 문제 알아 보기

집합투자기구의 세법상 요건

- 자본시장법에 따른 집합투자기구(보험회사의 특별계정(제251조) 제외, 금전신탁으로 원본을 보전하는 것 포함)일 것
- **해당 집합투자기구의 설정일부터 매년 1회 이상 결산 · 분배할 것**
  - 이익금은 분배를 유보할 수 있는 경우
    - i) 자본시장법에 따른 상장지수집합투자기구가 지수 구성종목을 교체하거나 파생상품에 투자함에 따라 계산되는 이익
    - ii) 자본시장법에 따라 평가한 집합투자재산의 평가이익
    - iii) 자본시장법에 따른 이익금이 0보다 적은 경우
- 금전으로 위탁받아 금전으로 환급할 것(금전 외의 자산으로 위탁받아 환급하는 경우)
- **자본시장법에 따른 사모집합투자기구로서 다음 각 호의 요건을 모두 갖춘 집합투자기구에 해당하지 않을 것**
  - 투자자가 거주자(비거주자와 국내사업장이 없는 외국법인을 포함) 1인이거나 거주자 1인 및 그 거주자의 특수관계인으로 구성된 경우
  - 투자자가 사실상 자산운용에 관한 의사결정을 하는 경우
- **요건을 갖추지 못한 경우의 과세**
  - 투자신탁 · 투자조합 · 투자익명조합으로부터의 이익은 법 제4조제2항에 따른 집합투자기구 외의 신탁의 이익으로 보아 과세한다.
  - 투자회사 · 투자유한회사 · 투자합자회사 · 사모투자전문회사(동업기업과세특례를 적용받지 않는 경우에 한정)로부터의 이익은 법 제17조제1항제1호의 배당 및 분배금으로 보아 과세한다.

[대표 유형 문제 정답] ③

1 집합투자증권의 판매(1)

개념 확인 문제

01 일정기간 동안 투자자들에게 미리 자금을 모집하고 집합투자기구의 설정 일에 모집자금의 규모에 따라 집합투자증권을 발행 · 교부하여 매각하는 방식을 (   ), 판매회사가 자금을 납입하여 집합투자증권을 발행한 후 그 집합투자증권을 매각하는 방식을 (   )이라고 한다.

① 모집식, 매출식　　② 매출식, 모집식

02 집합투자증권의 현행 판매가격 결정방식은 (   )으로 금전 등을 납입한 후 최초로 산정되는 기준가격으로 판매하여야 한다.

① 과거가격　　② 미래가격

실전 확인 문제

▶ 집합투자증권의 판매방법에 대한 설명으로 틀린 것은?

① 모집식은 판매회사의 신탁금 납입을 위한 자금부담을 덜어준다는 장점이 있다.
② 매출식은 판매회사의 부담이 크다.
③ 매각되지 않은 수익증권의 매각부진에 따른 금리변동 리스크를 판매회사가 부담하는 방법은 모집식이다.
④ 모집식은 추가형보다 단위형에 적합한 판매방법에 해당한다.

정답해설 ③은 매출식에 대한 설명이다.

개념 짚어 보기

집합투자증권의 판매방법

- **모집식** : 집합투자기구 설정 전 일정기간 투자자로부터 미리 투자자금을 모집하고 설정일에 집합투자증권을 교부하여 매각하는 것
- **매출식** : 판매 회사가 보유현금 등으로 자금을 미리 납입하고 집합투자증권을 매각하는 것(설정 용이, 대규모 자금부담 발생)

[개념 확인 문제 정답] 01 ① 02 ② **[실전 확인 문제 정답]** ③

2 집합투자증권의 판매(2)

개념 확인 문제

01 ( )이란 증권시장 종료 후 집합투자증권을 매수함으로써 다른 수익자의 이익을 침해하는 거래를 말하며 이를 방지하기 위해 기준시점을 지나 금전 등을 납입하는 경우 납입일의 ( )에 공고되는 기준가격으로 판매하여야 한다.

① Late Trading, 제3영업일 ② System Trading, 제2영업일

02 판매회사를 변경하기 위해 집합투자증권을 환매할 경우, 환매 후 ( ) 이내에 집합투자규약에서 정하는 판매회사 변경 효력이 발생하는 날에 공고되는 기준가격으로 판매하여야 한다.

① 10일 ② 15일

실전 확인 문제

▶ 다음 조건에 대한 매수일을 바르게 제시한 것은?

㉠ 주식 70%인 펀드에 오후 4시에 매수 청구
㉡ 주식 30%인 펀드에 오전 10시에 매수 청구
㉢ 채권형펀드에 오후 6시에 매수 청구

① ㉠ 당일 ㉡ 제2영업일 ㉢ 제2영업일 ② ㉠ 제2영업일 ㉡ 제3영업일 ㉢ 제3영업일
③ ㉠ 당일 ㉡ 제2영업일 ㉢ 제3영업일 ④ ㉠ 제3영업일 ㉡ 제2영업일 ㉢ 제3영업일

정답해설 ㉠ 기준시점 이후에 청구하였다면 적용기준가와 매수일 모두 제3영업일이 된다.
㉡ 기준시점 이전에 청구하였다면 적용기준가와 매수일 모두 제2영업일이 된다.
㉢ 채권형펀드와 주식 50%미만인 펀드의 경우 기준시점인 5시 이후에는 제3영업일이 적용기준가 및 매수일이 된다.

개념 짚어 보기

집합투자증권의 매수 Flow

구분		T일(당일)	T+1일(2일차)	T+2일(3일차)
주식 50% 이상 펀드	3시 이전	매수청구일	적용기준가 매수일	
	3시 이후	매수청구일		적용기준가 매수일
주식 50% 미만 펀드, 채권형펀드, MMF	5시 이전	매수청구일	적용기준가 매수일	
	5시 이후	매수청구일		적용기준가매수일

[개념 확인 문제 정답] 01 ① 02 ② [실전 확인 문제 정답] ④

3 판매보수 및 판매수수료

개념 확인 문제

01 판매수수료는 집합투자증권을 판매하는 대가로 투자자로부터 직접 받는 금전으로 납입금액 또는 환매금액의 (　　　)를 한도로 하며, 판매보수는 집합투자증권을 판매한 판매회사가 투자자에게 지속적으로 제공하는 용역의 대가로 집합투자기구로부터 받는 금전으로 집합투자재산 연평균가액의 (　　　)를 한도로 한다.

① 2%, 1%　　② 3%, 2%

02 (　　　)는 판매방법, 판매회사, 판매금액, 투자기간 등을 기준으로 차등 적용하는 것이 가능하다.

① 판매수수료　　② 판매보수

실전 확인 문제

▶ 판매수수료와 판매보수에 대한 설명으로 틀린 것은?

① 판매보수의 경우 고객이 장기투자 시 부담을 느끼게 된다.
② 판매보수는 기준가격에 영향을 미치지 않는다.
③ 판매수수료 및 판매보수의 취득한도는 사모펀드에 대해서는 적용되지 않는다.
④ 판매보수 산정 시 연평균가액은 매일의 순자산총액을 연간 누적 · 합산하여 연간 일수로 나눈 금액을 의미한다.

정답해설 판매수수료는 기준가격에 영향을 않으나 판매보수는 집합투자기구가 부담하기 때문에 기준가격에 영향을 미치게 된다.

개념 짚어 보기

판매수수료와 판매보수

구분	판매수수료	판매보수
부담근거	집합투자증권 판매행위의 대가	지속적으로 제공하는 용역의 대가
부담주체	투자자	집합투자기구
계산방식	특정시점의 양(Stock) × 율(%)	특정기간 평잔(Flow) × 율(%)
기준가격	영향을 미치지 않음	영향을 미침
총부담금액	사전적으로 확정	사전적으로 불확정
장점	• 장기투자 유도 효과 • 다양한 유형의 상품도입	• 판매 시 마케팅에 유리 • 투자자는 단기투자 시 저비용
단점	• 펀드회전율 증가요인 • 투자자의 거부감	투자자는 장기투자 시 부담

[개념 확인 문제 정답] 01 ① 02 ① [실전 확인 문제 정답] ②

4 집합투자증권의 환매

개념 확인 문제

01 (   )는 투자자가 자신의 투자지분의 전부 또는 일부를 회수하는 제도를 뜻한다.

① 환매 ② 해산

02 투자자는 집합투자기구에 투자한 금전 등에 대한 회수를 위해 (   )를 거쳐 (   )에게 집합투자증권 환매를 청구한다.

① 집합투자업자, 판매회사 ② 판매회사, 집합투자업자

실전 확인 문제

▶ **집합투자기구의 환매에 대한 내용으로 틀린 것은?**

① 투자자가 환매청구를 한 날부터 15일 이내에 환매대금을 지급해야 한다.
② 투자회사의 순자산액이 최저순자산액에 미달할 경우 환매청구에 응하지 않을 수 있다.
③ 각 집합투자기구 자산총액의 10%를 초과하여 외화자산에 투자하는 경우 환매대금 지급일이 15일을 초과할 수 있다.
④ 환매한 집합투자증권은 소각하여야 한다.

정답해설 각 집합투자기구 자산총액의 50%를 초과하여 외화자산에 투자하는 경우와 각 집합투자기구 자산총액의 10%를 초과하여 시장성 없는 자산에 투자할 경우에 환매대금 지급일이 15일을 초과할 수 있다.

개념 짚어 보기

환매청구 집합투자증권을 자기의 재산으로 취득할 수 있는 경우

- MMF를 판매한 판매회사가 판매규모의 5%에 상당하는 금액 또는 100억 원 중 큰 금액의 범위에서 개인투자자로부터 환매청구일에 공고되는 기준가격으로 환매청구일에 그 MMF를 매수하는 경우 집합투자증권을 자기계산으로 취득할 수 있다.
- 투자자가 금액을 기준으로 집합투자증권(MMF제외)의 환매를 청구함에 따라 그 집합투자증권을 판매한 판매회사가 해당 집합투자기구의 집합투자규약에서 정한 환매가격으로 그 집합투자규약에서 정한 환매일에 그 집합투자증권의 일부를 불가피하게 매수하는 경우 자기계산으로 취득할 수 있다.

[개념 확인 문제 정답] 01 ① 02 ② [실전 확인 문제 정답] ③

5 집합투자증권의 환매가격

개념 확인 문제

01 집합투자증권을 환매하는 경우 환매청구일 후에 산출되는 기준가격인 (　　　)을 적용한다.

① 당일가격　　　② 미래가격

02 집합투자증권 환매 시 발생되는 환매수수료는 (　　　)가 부담한다.

① 집합투자업자　　　② 투자자

실전 확인 문제

▶ 환매청구 시 청구일에 공고되는 기준가격으로 환매할 수 있는 경우에 해당하지 않는 것은?

① 판매회사가 MMF를 판매한 경우로, 투자자가 금융투자상품 등의 매수에 따른 결제대금을 지급하기 위하여 MMF를 환매하기로 그 판매회사와 미리 약정한 경우
② 판매회사가 MMF를 판매한 경우로, 투자자가 공과금 납부 등 정기적으로 발생하는 채무를 이행하기 위하여 MMF를 환매하기로 그 판매회사와 미리 약정한 경우
③ 판매회사가 외국환평형기금 또는 국가재정법에 따른 여유자금을 통합하여 운용하는 MMF 및 증권집합투자기구에게 MMF를 판매한 경우로서 그 MMF를 환매하는 경우
④ 집합투자기구는 유지하되 판매회사에 대한 변경을 위해 환매하는 경우

정답해설 투자자가 집합투자기구는 유지하되 판매회사에 대한 변경을 목적으로 집합투자증권을 환매할 때에는 환매청구 이후 15일 이내에 집합투자규약에서 정하는 판매회사 변경의 효력이 발생하는 날에 공고되는 기준가격을 적용한다.

개념 짚어 보기

환매수수료 징구방법

- 집합투자규약에서 정한 기간 이내에 환매하는 경우 부과(집합투자증권 보유기간별 징구)
- 환매수수료는 환매금액 또는 이익금 등을 기준으로 부과(세금은 감안하지 않음)
  - 환매금액

    집합투자증권의 환매 시 적용하는 기준가격×환매하는 집합투자증권의 수

  - 이익금

    (집합투자증권의 환매 시 적용하는 기준가격－집합투자증권의 매수 시 적용된 기준가격)×환매하는 집합투자증권의 수

[개념 확인 문제 정답] 01 ② 02 ② [실전 확인 문제 정답] ④

6 집합투자증권의 환매 FLOW

개념 확인 문제

▶ 주식 50% 이상 펀드의 적용기준가는 (   )를 기준으로 구분하고, 주식 50% 미만 펀드, 채권형펀드, MMF의 적용기준가는 (   )를 기준으로 구분한다.

① 3시, 5시   ② 4시, 6시

실전 확인 문제

▶ 다음은 펀드 환매 시 기준가격 적용을 연결한 것이다. 짝지어진 내용이 서로 다른 것은?

① 주식 50% 이상 펀드, 3시 이전 : MMF, 5시 이전
② 주식 50% 이상 펀드, 3시 이후 : 주식 50% 미만 펀드, 5시 이전
③ 채권형 펀드, 5시 이전 : MMF, 5시 이전
④ 주식 50% 미만 펀드, 5시 이후 : 채권형 펀드, 5시 이후

정답해설 채권형 펀드, 5시 이전 → T+2일(3일차)/MMF, 5시 이전 → T+1일(2일차)
① 주식 50% 이상 펀드, 3시 이전 : MMF, 5시 이전 → T+1일(2일차)
② 주식 50% 이상 펀드, 3시 이후 : 주식 50% 미만 펀드, 5시 이전 → T+2일(3일차)
④ 주식 50% 미만 펀드, 5시 이후 : 채권형 펀드, 5시 이후 → T+3일(4일차)

개념 짚어 보기

집합투자증권의 환매 FLOW

구분		T일(당일)	T+1일(2일차)	T+2일(3일차)	T+3일(4일차)	T+4일(5일차)
주식 50% 이상 펀드	3시 이전	환매청구	적용기준가		환매금지급	
	3시 이후	환매청구		적용기준가	(환매금지급)*	(환매금지급)*
주식 50% 미만 펀드	5시 이전	환매청구		적용기준가	환매금지급	
	5시 이후	환매청구			적용기준가	환매금지급
채권형펀드	5시 이전	환매청구		적용기준가 환매금지급		
	5시 이후	환매청구			적용기준가 환매금지급	
MMF	5시 이전	환매청구	적용기준가 환매금지급			
	5시 이후	환매청구		적용기준가 환매금지급		

*주식 50% 이상 펀드의 경우 3시 이후 환매청구 시 (환매지급금)은 제 4영업일과 제5영업일 중에서 집합투자업자가 자율적으로 정함.

[개념 확인 문제 정답] ① **[실전 확인 문제 정답]** ③

7 이익분배금 및 상환금

개념 확인 문제

01 (　　　)은 집합투자재산의 회계기간의 종료 및 해지 또는 해산 등에 따라 동 기간 중 발생한 수익금 중 투자자에게 지급되는 금액을 의미한다.

① 이익분배금　　② 상환금

02 (　　　)는 이익분배금으로 집합투자증권을 매수하여 집합투자증권의 수를 늘려주는 것이다.

① 이익상환　　② 재투자

03 (　　　)은 투자신탁의 신탁계약기간의 종료 및 신탁계약의 해지 등에 따라 투자신탁을 결산하고 수익자에게 귀속되는 이익분배금을 제외한 원본해당금액을 의미한다.

① 이익분배금　　② 상환금

실전 확인 문제

▶ 다음 집합투자증권의 이익분배금에 대한 설명 중 틀린 것은?

① 투자회사가 이익금 전액을 새로 발행하는 주식으로 분배하려는 경우 이사회의 결의를 거쳐야 한다.
② 재투자 시 소득세법상 배당소득의 수입시기로 인식되어 세액을 징수한다.
③ 재투자는 집합투자기구 회계기간 종료일 익영업일의 기준가격으로 매수한다.
④ 이익금 초과분배 시, 투자회사는 순자산액에서 최고순자산액을 뺀 금액을 초과하여 분배할 수 없다.

정답해설 이익금 초과분배 시, 투자회사는 순자산액에서 최저순자산액을 뺀 금액을 초과하여 분배할 수 없다.
① 이사회 결의에서 발행할 주식의 수, 발행시기 등을 결정한다.

개념 짚어 보기

상환금의 지급

- 투자신탁을 임의해지 또는 법정해지 하는 경우 수익자 전원의 동의를 얻어 투자신탁재산에 속하는 자산을 수익자에게 지급할 수 있다.
- 자산 매각지연 등으로 인해 상환금 지급이 곤란한 경우 한국예탁결제원을 통해 수익자에게 사실을 통지하여야 한다.
- 이익분배금과 상환금의 시효는 지급개시일로부터 5년간이다. 시효가 완성되면 투자자는 권리를 상실하고 판매회사가 이를 취득할 수 있다.

[개념 확인 문제 정답] 01 ① 02 ② 03 ② [실전 확인 문제 정답] ④

8 수익증권저축거래

개념 확인 문제

01 (　　　)는 판매회사가 저축가입자로부터 받은 저축금으로 수익증권을 매입하고 보관 · 관리하는 제도이다.

① 수익증권현물거래　　② 수익증권저축거래

02 저축자가 저축금 인출요건, 저축기간, 저축금액을 정하지 않고 저축하는 방식은 (　　　)이다.

① 임의식　　② 목표식

실전 확인 문제

01 수익증권저축에 대한 설명으로 옳은 것은?

① 저축자로부터 가입신청과 저축금을 받으면 수익증권저축계약이 성립한다.
② 적립식과 목표식은 저축기간 중 일부인출이 가능하고, 그 경우 환매수수료를 징구한다.
③ 수익증권저축은 절차가 복잡하다는 단점이 있다.
④ 수익금액 범위 내에서 인출이 가능하다는 점이 임의식의 장점이다.

정답해설 ① 저축금을 받고, 수익증권 저축통장을 교부하여야 수익증권저축계약이 성립한다.
③ 수익증권의 저축은 수익증권현물의 양수도에 따른 번거로움을 덜기 위한 것으로 절차가 단순한 것이 장점이다.
④ 임의식은 동일계좌에 저축금의 추가납입과 일부인출이 가능하지만, 수익금의 범위 내에서의 인출은 불가능하다.

02 다음 중 목적식 수익증권에 해당하지 않는 것은?

① 거치식　　② 적립식　　③ 목표식　　④ 임의식

정답해설 수익증권은 저축기간과 저축금액을 미리 정하는 목적식과 임의로 정하는 임의식으로, 목적식은 다시 거치식, 적립식, 목표식으로 분류된다.

개념 짚어 보기

목적식 수익증권저축

- 거치식
  - 수익금 인출식 : 저축기간 중 수익금 범위 내에서 저축재산을 인출할 수 있는 방식
  - 일정금액 인출식 : 저축기간 중 사전에 정한 일정금액의 저축재산을 매월 인출할 수 있는 방식
- 적립식
  - 정액적립식 : 일정기간 동안(예 : 3년 이상, 5년 이상) 일정금액 또는 좌수를 정하여 매월 저축하는 방식
  - 자유적립식 : 일정기간 동안(예 : 3년 이상, 5년 이상) 금액에 제한 없이 수시로 저축하는 방식
- **목표식** : 목표금액을 정하여 일정기간 이상 수시로 저축하는 방식

[개념 확인 문제 정답] 01 ② 02 ① [실전 확인 문제 정답] 01 ② 02 ④

9 수익증권저축의 주요 내용

개념 확인 문제

01 저축금의 일부 지급 시, 판매회사는 ( )에 의해 지급한다.

① 선입선출법 ② 후입선출법

02 판매회사는 저축통장 및 가입신청서가 거래내용과 다르게 처리된 경우 ( )한다.

① 재계약 ② 정정처리

실전 확인 문제

01 수익증권저축거래의 내용에 대한 설명 중 틀린 것은?

① 개설한 영업점 이외의 다른 영업점이나 금융기관 및 전산통신기기를 통해 거래하는 것이 가능하다.

② 정액적립식 저축자가 6개월 이상 납입하지 아니한 때 판매회사는 6개월 만료 시 계약을 해지할 수 있다.

③ 저축자는 현금이나 즉시 추심할 수 있는 수표, 어음 등으로 저축금을 납입할 수 있다.

④ 판매회사가 저축금을 이용하는 경우 저축자에게 저축금이용료를 지급해야 한다.

정답해설 6개월 미납 시 즉시 해지할 수 있는 것은 아니다. 판매회사는 14일 이상의 정한 기간을 부여하여 저축금의 추가 납입을 요구하고 저축자가 이에 응하지 않을 때 해지할 수 있다

02 수익증권저축에서 저축재산의 인출과 관련하여 잘못된 내용은?

① 언제든 저축재산의 인출청구가 가능하지만, 신탁계약 시 환매가 제한된 경우는 그렇지 않다.

② 저축재산을 인출하지 않아도 저축기간이 끝나면 기간종료로 간주한다.

③ 저축기간 종료 이전에 인출을 하는 경우에는 환매수수료를 부담한다.

④ 저축자가 요구하는 경우에는 판매회사는 특별한 사유가 없는 한 수익증권현물로 지급해야 한다.

정답해설 저축기간 종료 후에도 저축재산의 인출청구가 있을 때까지는 저축기간의 계속을 간주한다.

개념 짚어 보기

수익증권의 만기지급일

- **일 단위 저축기간 지정 시(최초 매수일부터 계산)** : 만료일의 다음 영업일
- **월 또는 연 단위 저축기간 지정 시** : 만료되는 월의 최초 납입일(해당일이 없을 시 말일)
- **신탁계약 해지 시** : 해지결산 후 첫 영업일

[개념 확인 문제 정답] 01 ① 02 ② **[실전 확인 문제 정답]** 01 ② 02 ②

10 저축자에 대한 우대조치

개념 확인 문제

01 목적식 저축의 저축기간 종료 이후 환매를 신청하면 환매수수료는 (　　　)된다.

① 면제　　　② 50% 감면

02 세금정산을 위해 수익증권 전부를 환매하고 환매자금으로 당해 수익증권을 재매입하는 때에는 환매수수료 및 판매수수료가 (　　　) 면제된다.

① 월 2회　　　② 연 2회

실전 확인 문제

▶ 저축자에 대한 우대조치로 설명 중 틀린 것은?

① 거치식저축에서 저축기간 중 수익금 상당의 수익증권을 환매하거나 사전에 정한 일정금액에 상당하는 수익증권을 환매하는 때에는 환매수수료를 면제한다.

② 저축자 간 과세금액을 확정하기 위하여 수익증권 전부를 환매하고 그 자금으로 수익증권을 재매수하는 때에는 환매수수료를 면제한다.

③ 이익분배금으로 매수한 투자신탁의 수익증권을 환매하는 경우에는 환매수수료를 적용한다.

④ 소규모 펀드를 해지하고 그 상환금으로 판매회사가 지정한 펀드를 매수하는 경우 선취판매수수료를 면제한다.

정답해설 저축재산에서 발생한 이익분배금은 별도의 약정이 없는 한 당해 투자신탁의 수익증권을 매수하고 그 수익증권을 환매하는 경우 환매수수료를 면제한다.

② 저축자 A가 B에게 수익증권을 양도할 경우 과세금액을 확정하기 위해 양도 시점에서 수익증권을 전부 환매한 후 재매수하여 과표 및 세액을 확정하고 B에게 양도한다. 이때 A의 환매수수료는 면제된다.

④ 1년 경과 후 50억 원에 미달하는 소규모 펀드가 해지될 경우 판매회사로터 사전에 고지받은 수익증권을 매수하면 선취판매수수료를 면제하고, 그 수익증권을 환매할 때에도 후취판매수수료 및 환매수수료를 면제한다.

개념 짚어 보기

소규모 집합투자기구의 해지 시 우대

- 선취판매수수료 면제 대상 : 상환금으로 판매회사가 정한 수익증권을 매수하여 저축하는 경우
- 후취판매수수료 및 환매수수료 면제 대상 : 수익증권을 환매하는 경우

[개념 확인 문제 정답] 01 ① 02 ② [실전 확인 문제 정답] ③

11 수익증권 매매 시의 입금처리

개념 확인 문제

01 ( )은 현금 또는 판매회사가 인정하는 수표, 어음 등 추심할 수 있는 증권으로 저축금을 납입하는 것을 말한다.

① 금액입금 ② 현물입금

02 특정단체의 소속계좌 전체를 동시에 입금 처리하는 것은 ( )이다.

① 동시입금 ② 단체입금

실전 확인 문제

01 입금거래 유형에 해당하지 않는 것은?

① 금액입금 ② 단체입금 ③ 현물입금 ④ 개별입금

정답해설 입금거래 유형에는 금액입금, 단체입금, 현물입금이 있다.

02 기준가격 1125.36원, 100만 원의 저축금으로 매수하는 수익증권의 좌수는?

① 888,604좌 ② 888,605좌 ③ 889,604좌 ④ 889,605좌

정답해설 매수좌수＝저축금액÷(매수 시 기준가격/1000)
매수좌수＝1,000,000÷(1125.36/1000)＝888,604.53 ※ 좌 미만 절상

개념 짚어 보기

입금산식

- 금액을 좌수로 환산하는 경우
  - 저축금으로 매수하는 수익증권의 좌수 계산 시
    매수좌수＝저축금액÷(매수 시 기준가격/1,000) → 좌 미만 절상
  - 저축금을 지급하기 위한 수익증권의 좌수 계산 시
    환매좌수＝저축금액÷(환매 시 기준가격/1,000) → 좌 미만 절사
- 수익증권의 좌수를 금액으로 환산하는 경우
  - 수익증권의 좌수를 매수하기 위한 저축금액 계산 시
    저축금액＝매수좌수×(매수 시 기준가격/1,000) → 원 미만 절사
  - 수익증권의 좌수를 환매하여 지급하는 저축금액 계산 시
    지급금액＝환매좌수×(환매 시 기준가격/1,000) → 원 미만 절상
- 평가기준일 현재의 총잔고금액 계산 시
  평가금액＝잔고좌수×(평가일기준가격/1,000) → 원 미만 절상

[개념 확인 문제 정답] 01 ① 02 ② [실전 확인 문제 정답] 01 ④ 02 ②

12 수익증권 매매 시의 출금처리

개념 확인 문제

01 (　　　)은 거치식저축에서 환매수수료를 부담하지 않고 수익금을 출금한다.

① 상환금출금　　② 이익금출금

02 (　　　)은 현물환매, 현물지급, 현물보유수익자의 이익분배금 및 상환금 지급 등의 경우가 해당된다.

① 금액출금　　② 현물출금

실전 확인 문제

01 다음 중 출금거래 유형에 해당하지 않는 것은?

① 좌수출금　　② 이익분배금출금
③ 현물출금　　④ 단체출금

정답해설 출금거래 유형에는 금액출금, 좌수출금, 이익금출금(이익금전액출금, 이익금일부출금), 이익분배금 및 상환금출금, 현물출금이 있다.

02 출금거래에 대한 다음 설명 중 틀린 것은?

① 금액출금은 가장 일반적인 출금거래 형태로 일정금액을 정하여 출금하는 것을 말한다.
② 좌수출금은 금액이 아닌 일정 좌수를 기준으로 출금하는 것을 말한다.
③ 출금금액은 환매 시 평가금액에서 환매수수료와 세액을 빼고 계산한다.
④ 환매 시 평가금액은 원 미만 절사한다.

정답해설 환매시 평가금액=환매좌수×환매 시 기준가격/1000
원 미만 절상하여 계산한다.

개념 짚어 보기

출금산식

- 출금금액=환매 시 평가금액－환매수수료－세액
- 환매 시 평가금액=환매좌수×환매 시 기준가격/1,000 → 원 미만 절상
- 환매수수료=[환매좌수×(환매 시 기준가격－매수 시 기준가격)/1,000]×환매수수료율 → 원 미만 절사
- 세액=과세소득×적용세율 → 10원 미만 절사
  과세소득=환매좌수×(환매 시 과표기준가격－매수 시 과표기준가격)/1,000－환매수수료

[개념 확인 문제 정답] 01 ② 02 ② [실전 확인 문제 정답] 01 ④ 02 ④

13 집합투자기구와 세제 및 소득세법

개념 확인 문제

01 집합투자기구의 세제는 펀드단계와 투자자단계로 나누어지는데 펀드단계의 소득에 대한 과세는 없고, 투자자단계에서의 집합투자기구의 이익은 (　　　)으로 과세된다.

① 배당소득　　② 양도소득

02 금융상품을 통한 보유이익의 특성을 지니는 이자소득 및 배당소득은 (　　　)이라고 칭한다.

① 투자소득　　② 금융소득

실전 확인 문제

01 다음 중 배당소득에 해당하는 소득이 아닌 것은?

① 국내 또는 국외에서 받은 집합투자기구로부터의 이익
② 내국법인으로부터 받는 이익
③ 외국법인으로부터의 배당
④ 상호저축은행법에 의한 신용계 또는 신용부금으로 인한 이익

정답해설 상호저축은행법에 의한 신용계 또는 신용부금으로 인한 이익은 이자소득이다.

02 다음 중 이자소득에 해당하는 것이 아닌 것은?

① 보험차익 비영업대금의 이익
② 10년 미만인 저축성보험의 보험차익
③ 직장공제회 초과반환금
④ 법인으로 보는 단체로부터 받는 배당 또는 분배금

정답해설 법인으로 보는 단체로부터 받는 배당 또는 분배금은 이자소득이 아니라 배당소득이다.

개념 짚어 보기

배당소득

- 집합투자기구로부터의 이익
- 의제배당 및 인정배당(법인세법에 의하여 배당으로 처분된 금액)
- 국제조세조정에 관한 법률의 조세피난방지세제 규정에 따라 특정외국법인의 배당가능한 유보소득 중 내국인이 배당받는 것으로 간주되는 금액
- 주가연계증권(ELS)에서 발생하는 분배금, 파생결합증권(DLS)에서 발생하는 분배금

[개념 확인 문제 정답] 01 ① 02 ② [실전 확인 문제 정답] 01 ④ 02 ④

14 집합투자기구로부터의 이익

개념 확인 문제

01 변액보험은 자본시장법상 투자신탁에 해당되지만 소득세법상 저축성보험의 보험차익 즉, ( )으로 과세된다.

① 배당소득 ② 이자소득

02 집합투자기구의 경우 원칙적으로 소득이 ( ) 때가 수입시기이다.

① 신탁재산에 귀속되는 ② 투자자에게 분배되는 때

실전 확인 문제

01 소득세법상 집합투자기구로 보기 위한 요건으로 맞지 않는 것은?

① 자본시장법에 의한 집합투자기구일 것
② 매년마다 1회 이상 결산 · 분배할 것
③ 금전으로 위탁받아 금전으로 환급할 것
④ 투자자가 사실상 자산운용에 관해 의사결정을 할 것

정답해설 소득세법은 집합투자기구에 대해 ①, ②, ③의 요건을 두고 있다.
투자자가 사실상 자산운용에 관한 의사결정을 하는 사모펀드의 경우 펀드로 보지 않는다.

02 집합투자기구의 수입시기에 대한 내용으로 틀린 것은?

① 투자자에게 소득이 분배되는 때를 수입시기로 인정한다.
② 집합투자기구로부터의 이익을 지급받은 날 소득 배분이 이루어진 것으로 본다.
③ 원본에 전입하는 뜻의 특약이 있는 분배금은 그 특약에 의하여 원본에 전입되는 날을 수입시기로 인정한다.
④ 결산분배금을 받은 날은 제외된다.

정답해설 환매청구를 통하여 원리금을 수령하거나 현금으로 결산분배금을 수령하는 때 그리고 양도한 수익증권의 이익을 현금으로 수령하는 경우와 같이 그 이익에 대하여 현금으로 수령하는 날도 수입시기로 간주한다.

개념 짚어 보기

일부손익과세제외규정

- 증권시장에 상장된 증권과 그 증권을 대상으로 파는 장내파생상품
- 벤처기업육성에 관한 특별조시법에 의한 벤처기업의 주식 또는 출자지분

[개념 확인 문제 정답] 01 ② 02 ② **[실전 확인 문제 정답]** 01 ④ 02 ④

15 집합투자증권의 양도

개념 확인 문제

▶ 집합투자증권의 양도로 발생한 이익은 소득세법상의 집합투자기구로부터의 이익에 해당하는 것으로 함으로써 (   )으로 과세한다.

① 양도소득　　② 배당소득

실전 확인 문제

▶ 집합투자증권의 양도와 관련된 설명 중 틀린 것은?

① 집합투자증권의 양도를 통해 원금과 이익을 실현하는 것이 가능하다.
② 투자합자조합과 투자익명조합의 양도 시에도 배당소득으로 과세된다.
③ 집합투자증권 양도와 관련하여 채권 등 보유기간과세제도를 적용한다.
④ 개방형 투자펀드의 경우, 증여나 상속 또는 양도의 목적으로 집합투자증권 현물거래가 이루어지기도 한다.

정답해설 기존에는 원칙적으로 채권 등 보유기간과세제도를 적용하였으나, 세법 개정 이후 보유기간과세제도에서 집합투자증권 양도에 대한 규정이 삭제되었다.

개념 짚어 보기

집합투자증권의 양도와 세금(소득세법 시행령 제26조의2제5항)

자본시장법 제9조제21항에 따른 집합투자증권 및 같은 법 제279조제1항에 따른 외국 집합투자증권(다음 각 호의 어느 하나에 해당하는 것은 제외한다)을 계좌 간 이체, 계좌의 명의변경, 집합투자증권의 실물양도의 방법으로 거래하여 발생한 이익은 집합투자기구로부터의 이익에 해당한다.

- 법 제94조제1항제3호의 주식 · 출자지분, 제178조의2제2항에 따른 주식 등
- 자본시장법 제234조에 따른 상장지수집합투자기구로서 증권시장에서 거래되는 주식의 가격만을 기반으로 하는 지수의 변화를 그대로 추적하는 것을 목적으로 하는 집합투자기구의 집합투자증권
- 증권시장에 상장된 자본시장법률 제9조제18항제2호에 따른 집합투자기구(이전 사업연도에 법인세법 제51조의2제1항에 따른 배당가능이익 전체를 1회 이상 배당하지 아니한 것은 제외)의 집합투자증권

[개념 확인 문제 정답] ②　[실전 확인 문제 정답] ③

16 부동산집합투자기구 운용에 따른 과세

개념 확인 문제

01 부동산집합투자기구에서 집합투자재산으로 부동산을 취득하는 경우 (　　　)를 납부하여야 한다.

① 취득세 · 등록면허세　　② 부동산세 · 부가가치세

02 부동산집합투자기구에서 2014년 말까지 취득한 부동산의 취득세에 대해 (　　　)를 감면한다.

① 30%　　② 50%

실전 확인 문제

▶ 부동산집합투자기구 운용에 따른 과세에 대한 설명 중 틀린 것은?

① 집합투자기구가 투자목적으로 취득한 부동산을 보유하는 경우 재산세와 종합부동산세가 과세된다.
② 부동산집합투자기구가 투자목적을 달성한 부동산을 처분하는 경우 투자신탁은 예정신고의무 없이 법인의 익금으로 처리한다.
③ 부동산집합투자기구가 부동산을 취득 · 보유 · 처분할 때에 부가가치세가 과세될 수 있는데, 토지와 건물을 일체로 공급하는 경우 건물분에 대한 부가가치세를 납부해야 한다.
④ 투자회사는 결산기에 배당가능이익의 90% 이상을 투자자에게 배분한 경우, 이를 사업연도 소득금액에서 공제하여 과세소득을 구하도록 하고 있어 사실상 법인세 부담이 없다.

정답해설 예정신고의무없이 법인의 익금으로 처리하는 것은 법인인 투자회사에 적용된다. 투자신탁의 경우 개인이 아니고 투자신탁 자체가 납세주체도 아니기 때문에 소득세법상 예정신고의무가 없다.

개념 짚어 보기

부동산 보유에 따른 과세

재산세 과세대상
- 토지 : 종합합산과세대상, 별도합산과세대상, 분리과세대상으로 구분
- 건축물 : 골프장 · 고급오락장용 건축물 · 공장용 건축물 · 상가 등 기타 건축물로 구분
- 주택

종합부동산세 과세대상
- 토지 : 부동산집합투자기구가 종합합산과 세대상 토지(나대지 등)를 보유한 경우
- 주택 : 부동산집합투자기구가 소유한 주택

[개념 확인 문제 정답] 01 ① 02 ① **[실전 확인 문제 정답]** ②

17 투자단계에서의 과세(1)

개념 확인 문제

01 금융소득 종합과세와 관련된 내용에서 금융소득은 (　　　)과 (　　　)을 말한다.

① 이자소득, 배당소득　　　② 종합소득, 양도소득

02 금융소득을 지급할 때에는 (　　　)로 원천징수한다.

① 14%　　　② 15%

03 금융소득을 종합과세 할 때, 금융소득은 (　　　), 조건부종합과세, 무조건종합과세 대상 금융소득으로 구분한다.

① 조건부분리과세　　　② 무조건분리과세

실전 확인 문제

▶ 투자자가 거주자인 경우의 금융상품별 종합과세에 대한 내용 중 틀린 것은?

① 은행의 수신상품에 대해 발생한 소득은 이자소득으로 과세한다.
② 보험상품에서 발생한 소득은 보장성 보험의 보험차익의 경우 비과세한다.
③ 금융투자상품에서 발생한 소득은 이자소득, 배당소득, 그리고 양도소득으로 과세한다.
④ 저축성 보험의 보험차익의 경우 납입보험료 합계액이 2억 원 미만인 경우에 한하여 이자소득으로 과세한다.

정답해설 저축성 보험의 보험차익의 경우 납입보험료 합계액이 2억 원 초과 또는 저축기간이 10년 미만인 경우에 한하여 이자소득으로 과세한다.

개념 짚어 보기

금융소득 종합과세 방법

- 무조건분리과세 : 원천징수로서 납세의무 종결
- 조건부종합과세 : ⅰ)과 ⅱ) 중 큰 금액 적용(종합과세기준금액을 초과하지 않은 경우 ⅱ)를 적용한다.)
  ⅰ) (종합소득금액－금융소득)×누진세율＋2,000만 원 초과분×원천징수세율(14%)
  ⅱ) (종합소득금액－금융소득)×누진세율＋금융소득×원천징수세율(14%)
- 무조건종합과세 대상 금융소득 : 원천징수가 되지 않은 예외적인 금융소득에 대하여 적용

[개념 확인 문제 정답] 01 ① 02 ① 03 ② [실전 확인 문제 정답] ④

18 투자단계에서의 과세(2)

개념 확인 문제

▶ 내국법인에게 귀속되는 소득 중에서는 (   )에 대해서만 원천징수하고 그 외의 소득에 대해서는 원칙적으로 원천징수하지 않는다.

① 이자소득　　② 배당소득

실전 확인 문제

01 내국법인의 투자자에 대한 과세와 관련된 내용 중 틀린 것은?

① 투자회사의 이익은 예외적으로 원천징수대상소득이 된다.
② 원천징수된 투자신탁의 이익은 당해 법인의 익금에 합산하여 과세된다.
③ 원천징수된 세액은 법인세 신고 시 기납부세액으로 차감하여 납부하게 된다.
④ 금융기관 법인에게 귀속되는 이자소득이나 투자신탁의 이익은 원천징수하지 않는다.

정답해설 투자회사의 이익은 원칙에 따라 원천징수하지 않는다. 배당소득으로 구분되는 투자신탁의 이익은 예외적으로 원천징수대상소득이 된다.

02 집합투자기구 이익에 대한 과세적용에 대한 내용 중 틀린 것은?

① 금융소득 2천만 원 이하인 경우, 14% 원천징수로 과세가 종결된다.
② 투자신탁은 배당소득세액공제대상 배당소득에 해당하여 공제받을 수 있다.
③ 투자신탁이익이 세금우대종합저축상품 등에 해당하여 무조건 분리과세되는 경우, 원천징수로서 과세가 종결된다.
④ 무조건 분리과세 되는 경우 이외에는 투자신탁이익은 다른 금융소득과 합산하여 2천만 원을 초과하는 경우 종합소득에 합산하여 누진세율과 과세한다.

정답해설 종합소득금액에 배당소득이 포함되는 경우 배당소득세액공제를 받게 되는데 투자신탁은 배당소득세액공제대상 배당소득에 해당하지 않아 공제받을 수 없다.

개념 짚어 보기

거주자의 금융소득에 대한 과세방법

• 무조건 분리과세 소득 : 분리과세
• 조건부 종합과세
  – 무조건 분리과세소득 외 이자 · 배당소득 합계액이 2천만 원 이하 : 분리과세
  – 무조건 분리과세소득 외 이자 · 배당소득 합계액이 2천만 원 초과 : 종합과세(주)
• 무조건 종합과세
  – 원천징수대상이 아닌 이자 · 배당소득 : 종합과세

[개념 확인 문제 정답] ① [실전 확인 문제 정답] 01 ① 02 ②

핵심플러스

OX 문제

01 판매가격 결정방식 중 과거가격방식은 현재 집합투자재산의 가치와 판매가격 간의 불일치에 의한 무위험거래의 가능성을 제거할 수 있다. (　　)

02 투자기간에 따라 판매보수율이 감소하는 경우, 2년을 넘는 시점에 적용되는 판매보수율이 1% 미만일 때 그 시점까지는 1%에서 1.5%의 범위에서 정할 수 있다. (　　)

03 환매수수료는 환매대금 지급일의 익영업일까지 판매회사 재산에 편입된다. (　　)

04 신탁계약 종료 및 투자신탁 해지로 상환금을 지급할 때에 집합투자업자는 신탁업자로 하여금 판매회사를 경유하여 수익자에게 지급한다. (　　)

05 현물수납은 투자자가 수익증권의 매수대금을 납입하고 판매회사는 수익증권현물을 매각하는 가장 보편적인 거래형태이다. (　　)

06 수익증권저축계약의 당사자는 판매회사와 저축자이며, 저축자는 저축재산의 관리에 관련된 사항을 판매회사에 위임한다. (　　)

07 수익증권저축의 정액적립식에서 저축자가 6개월 이상의 저축금을 납입하지 않은 때에는 만기지급일을 연장한다. (　　)

08 판매회사는 저축자의 저축금을 지정한 종목 · 종류에 따라 매수 · 저축하며, 이때 수익증권은 1좌 단위로 매각 · 환매한다. (　　)

09 거치식저축의 저축기간 중, 수익금 상당의 수익증권을 환매하는 경우에는 환매수수료를 받는다. (　　)

10 이익금출금은 판매회사별로 해당 계좌의 예수금 등으로 일괄대체 하여 처리하기도 한다. (　　)

해설

01 미래가격방식에 대한 설명이다. 현재 모든 집합투자기구에 미래가격방식이 적용된다.

03 환매수수료는 집합투자재산에 귀속된다.

05 현물매각에 대한 설명이다. 현물수납은 현물보유수익자가 거래의 편의를 위해 판매회사에 수익증권현물을 반환하고 보관 · 관리를 의뢰하면 판매회사가 수익증권저축통장을 교부하여 계속 거래하는 업무이다.

07 6개월 이상 저축금을 납입하지 않은 때에는 일정기간 동안 추가납입을 요구하고, 그에 대해 저축자가 적절한 조치를 취하지 않으면 판매회사가 저축계약을 해지할 수 있다.

09 수익금 상당의 수익증권 환매 및 사전에 정한 일정금액의 수익증권 환매 시 환매수수료가 면제된다.

10 이익분배금 및 상환금출금에 대한 설명이다. 이익금출금은 거치식저축의 수익금을 환매수수료를 부담하지 않고 출금한다.

[정답] 01 × 02 ○ 03 × 04 ○ 05 × 06 ○ 07 × 08 ○ 09 × 10 ×

핵심플러스

OX 문제

11 금융상품 등에서 발생하는 이자소득과 배당소득 중 이자소득은 금전 사용의 대가로 받은 이자를, 배당소득은 지분투자에 대한 이익의 분배금을 의미한다. (   )

12 주가연계증권(ELS), 파생상품결합증권(DLS), 주식워런트증권(ELW)에서 발생한 수익의 분배금은 배당소득에 포함된다. (   )

13 토지 · 건물과 같은 부동산, 그리고 그에 대한 권리 · 주식 등 일정한 지분증권의 양도에서 발생한 소득을 양도소득이라 한다. (   )

14 집합투자기구의 세법상 요건을 모두 충족하지 못하는 경우 투자회사는 집합투자기구 외의 신탁의 이익으로 보아 과세한다. (   )

15 투자자의 과세소득을 계산할 때에 집합투자업자, 신탁업자, 투자매매업자 · 투자중개업자가 받는 보수와 각종 수수료들은 차감된다. (   )

16 현재 회사형 집합투자증권의 양도는 양도소득으로 과세한다. (   )

17 부동산집합투자기구가 분리과세 되는 토지를 소유한 경우, 종합부동산세가 과세된다. (   )

18 부동산집합투자기구는 부가가치세법에 따라 거래징수 당한 매입세액을 환급받는 것이 가능하다. (   )

19 보험상품에서 발생한 소득과 관련하여 보장성보험의 보험차익은 이자소득으로 과세되고, 저축기간 10년 미만인 저축성보험의 보험차익은 비과세된다. (   )

해설

12 ELS와 DLS에서 발생하는 소득은 배당소득에 해당하지만, ELW의 권리행사에 따른 소득은 이자소득, 배당소득 및 기타소득에 해당하지 않는다.

14 집합투자기구 외의 신탁의 이익으로 보아 과세하는 경우는 투자신탁, 투자조합, 투자익명조합이다. 투자회사, 투자유한회사, 투자합자회사의 이익은 배당 및 분배금으로 과세한다.

16 집합투자증권의 양도로 발생한 이익은 2011년 개정된 세법에 따라 집합투자기구로부터의 이익에 해당하는 것으로 하여 배당소득으로 과세한다.

17 재산세가 분리과세 되는 토지는 종합부동산세 과세대상이 아니다.

19 보장성보험의 보험차익은 비과세되고, 저축기간 10년 미만인 저축성보험의 보험차익은 이자소득으로 과세된다.

[정답] 11 ○ 12 × 13 ○ 14 × 15 ○ 16 × 17 × 18 ○ 19 ×

4장 펀드 구성 · 이해 1

대표 유형 문제

증권신고서와 투자설명서에 대한 내용으로 옳은 것은?

① 증권신고서는 사모투자신탁에 대해서도 적용된다.
② 증권신고서에 중요사항에 관한 거짓의 기재 또는 표시가 있을 경우에만 정정신고서를 요구할 수 있다.
③ 증권신고서 수리 후, 신고 효력 발생 전에는 간이투자설명서만 사용할 수 있다.
④ 중요사항이 기재 또는 표시되지 않아 증권 취득자가 손해를 입을 때에는 관계자가 책임을 진다.

정답해설 ④의 경우와 중요사항에 관하여 거짓의 기재 · 표시가 있을 때 배상의 책임을 가진다.

오답해설 ① 공모에만 적용되며 사모투자신탁과 모투자신탁은 증권신고서 대상에서 제외된다.
② 형식을 제대로 갖추지 않거나 중요사항이 기재 · 표시되지 않은 경우에도 정정할 것을 요구할 수 있다.
③ 간이투자설명서 및 예비투자설명서를 사용할 수 있다.

대표 유형 문제 알아 보기

거짓의 기재 등으로 인한 배상책임(자본시장법 제125조)

- 증권신고서와 투자설명서 중 중요사항에 관하여 거짓의 기재 또는 표시가 있거나 중요사항이 기재 또는 표시되지 아니함으로써 증권의 취득자가 손해를 입은 경우에는 다음 각 호의 자는 그 손해에 관하여 배상의 책임을 진다.
  - 그 증권신고서의 신고인과 신고 당시의 발행인의 이사
  - 그 증권신고서의 작성을 지시하거나 집행한 자
  - 그 증권신고서의 기재사항 또는 그 첨부서류가 진실 또는 정확하다고 증명하여 서명한 공인회계사 · 감정인 또는 신용평가를 전문으로 하는 자 등
  - 그 증권신고서의 기재사항 또는 그 첨부서류에 자기의 평가 · 분석 · 확인 의견이 기재되는 것에 대하여 동의하고 그 기재내용을 확인한 자
  - 그 증권의 인수계약을 체결한 자
  - 그 투자설명서를 작성하거나 교부한 자
  - 매출의 방법에 의한 경우 매출신고 당시의 그 매출되는 증권의 소유자
- 예측정보가 다음 각 호에 따라 기재 또는 표시된 경우에는 그 손해에 관하여 배상의 책임을 지지 않는다.
  - 그 기재 또는 표시가 예측정보라는 사실이 밝혀져 있을 것
  - 예측 또는 전망과 관련된 가정이나 판단의 근거가 밝혀져 있을 것
  - 그 기재 또는 표시가 합리적 근거나 가정에 기초하여 성실하게 행하여졌을 것
  - 그 기재 또는 표시에 대하여 예측치와 실제 결과치가 다를 수 있다는 주의문구가 밝혀져 있을 것

[대표 유형 문제 정답] ④

대표 유형 문제

상장지수집합투자기구(ETF)에 대한 설명 중 틀린 것은?

① ETF는 일반 주식과 같이 증권시장에서 거래되지만 회사의 주식이 아니라 특정 주가지수를 따라가는 수익을 실현하는 것을 목적으로 하는 인덱스펀드이다.
② ETF 일반 집합투자기구와 다른 속성으로 인해 배제되는 사항이 있으며, 회계감사인의 손해배상책임 의무와 신탁업자의 집합투자재산 운용 관련 운용행위감시 의무가 배제된다.
③ ETF가 추적할 수 있는 인덱스는 거래소, 외국 거래소 등에서 거래되는 종목의 가격 또는 다수 종목의 가격수준을 종합적으로 표시하는 지수일 것 등의 요건이 정해져 있다.
④ ETF의 추적오차가 해당 ETF의 추적 이익금보다 커서 ETF의 수익률이 추적지수 수익률보다 과도하게 높을 경우에는 집합투자업자는 누적 이익금을 초과하는 금액을 배당할 수 있다.

정답해설 회계감사인의 손해배상책임 의무와 신탁업자의 집합투자재산 운용 관련 운용행위감시 의무 배제는 사모집합투자기구에 적용되는 특례이다. 상장지수집합투자기구는 대주주와의 거래 제한 등의 특례가 적용된다.

대표 유형 문제 알아 보기

상장지수집합투자기구 적용 배제 사항(자본시장법 제234조 1항)

- 대주주와의 거래 등의 제한
  - 금융투자업자의 대주주가 발행한 증권을 소유하는 행위
  - 금융투자업자의 특수관계인이 발행한 주식, 채권 및 약속어음을 소유하는 행위
- 의결권 행사에 대한 제한
  - 의결권행사가 가능한 경우
    i) 집합투자재산에 속하는 주식을 발행한 법인의 합병, 영업의 양도 · 양수, 임원의 임면, 정관변경, 그 밖에 이에 준하는 사항으로서 집합투자재산에 손실을 초래할 것이 명백하게 예상되는 경우
    ii) 상호출자제한기업집단에 속하는 집합투자업자가 집합투자재산으로 그와 계열회사의 관계가 있는 주권상장법인이 발행한 주식을 소유하고 있고, 의결권을 행사하면 그 집합투자재산에 손실을 초래할 것이 명백하게 예상되는 경우
- 자산운용보고서의 교부
- 주식 등의 대량보유 등의 보고
- 내부자의 단기매매차익 반환
- 임원 등의 특정증권 등 소유상황 보고
- 환매청구 및 방법 등, 환매가격 및 수수료, 환매의 연기

[대표 유형 문제 정답] ②

1 증권신고서(1)

개념 확인 문제

01 집합투자기구 설정 시에는 (　　　) 제출과 금융위원회에 등록이 동시에 이루어져야 한다.

① 증권신고서　　② 투자신탁약관

02 증권신고서는 (　　　)에 적용되며, 모집 · 매출의 총액이 (　　　) 이상인 증권을 대상으로 한다.

① 공모펀드, 10억　　② 사모펀드, 50억

03 일괄신고서는 (　　　) 집합투자증권에 적용되며, 발행예정기간 중 (　　　) 이상 증권을 발행해야 한다.

① 폐쇄형, 1회　　② 개방형, 3회

실전 확인 문제

▶ 증권신고서 제출 시의 확인 및 검토 사항에 대한 설명 중 틀린 것은?

① 증권신고서의 기재사항 중 중요사항에 관하여 거짓의 기재 또는 표시가 없고, 중요사항의 기재 또는 표시가 빠져 있지 않다는 사실이 포함되어야 한다.

② 증권신고서 이용자로 하여금 중대한 오해를 일으키는 내용이 기재 또는 표시되어 있지 않다는 사실이 포함되어야 한다.

③ 증권신고서 기재사항에 대하여 상당한 주의를 다하여 직접 확인 · 검토하였다는 사실이 포함되어야 한다.

④ 투자자는 각 사항에 대하여 검토하고 이를 확인했다는 서명을 한다.

정답해설 발행인의 대표이사, 신고업무를 담당하는 이사가 증권신고서의 중요사항에 대한 기재 · 표시가 누락된 부분이 없고, 거짓 기재 · 표시가 없음을 검토하고 각각 서명한다. 이를 통해 자료에 대한 정확성을 높일 수 있다.

개념 짚어 보기

공모펀드와 사모펀드

- **공모펀드(Public Offering Fund)** : 자본시장법상 공모(모집 · 매출)의 방식으로 투자자를 모으는 펀드를 의미한다. 공모펀드의 경우에는 투자자 보호를 위하여 분산투자 등 자산운용규제, 투자설명서 설명 · 교부의무, 외부감사 등 엄격한 규제가 적용된다.
- **사모펀드(Private Placement Fund)** : 소수의 투자자로부터 사모방식으로 자금을 조성하여 주식, 채권 등에 운용하는 펀드로, 투자신탁업법에서는 100인 이하의 투자자, 증권투자회사법(뮤추얼펀드)에서는 49인 이하의 투자자를 대상으로 모집한다. 사모펀드의 운용은 비공개로 투자자들을 모집하여 자산가치가 저평가된 기업에 자본참여를 하여 기업가치를 높인 다음 기업주식을 되파는 전략을 취한다.

[개념 확인 문제 정답] 01 ① 02 ① 03 ② **[실전 확인 문제 정답]** ④

2 증권신고서(2)

개념 확인 문제

01 일반적인 환매금지형집합투자기구의 증권신고서 효력은 금융위에 제출되고 (　　　)이 지나 발생한다.

① 5일　　② 7일

02 개방형집합투자증권은 (　　　) 정정신고서의 제출이 가능하다.

① 발행예정기간 5일 전까지　　② 발행예정기간 종료 전까지

실전 확인 문제

01 증권신고서의 효력발생기간이 잘못 제시된 것은?

① 상장된 환매금지형집합투자기구 : 15일
② 비상장된 환매금지형집합투자기구 : 7일
③ ①, ② 이외의 집합투자기구 : 15일
④ 정정신고서 : 3일

정답해설 증권신고서는 금융위에 제출되어 수리된 날로부터 일정 기간이 경과한 날에 효력을 발생한다. 효력발생기간은 원칙적으로 15일이며, 상장된 폐쇄형펀드가 10일, 비상장된 폐쇄형펀드는 7일이다.

02 정정신고서를 반드시 제출해야 하는 경우에 해당하지 않는 것은?

① 모집가액 정정
② 최근 결산기의 재무제표가 확정된 때
③ 집합투자기구 간의 합병계약이 체결된 때
④ 집합투자재산에 중대한 영향을 미치는 손실이 발생한 때

정답해설 손실 여부와는 무관하며, ①, ②, ③ 외에 다음 내용이 해당된다.
- 매출가액, 발행예정기간, 발행예정금액 등 발행조건의 정정
- 인수인이 있는 경우로서 인수인의 정정
- 집합투자기구 등록 사항의 정정
- 모집 또는 매출되는 증권의 취득에 따른 투자위험 요소
- 집합투자재산 등에 중대한 영향을 미치는 소송이 제기된 때

개념 짚어 보기

금융위의 정정 요구가 가능한 경우(자본시장법 제122조)
- 증권신고서의 형식을 제대로 갖추지 않은 경우
- 그 증권신고서 중 중요사항에 관하여 거짓의 기재 또는 표시가 있는 경우
- 중요사항이 기재 또는 표시되지 않은 경우

[개념 확인 문제 정답] 01 ② 02 ② [실전 확인 문제 정답] 01 ① 02 ④

3 집합투자기구의 등록

개념 확인 문제

01 집합투자기구가 설정 · 설립된 경우 해당 집합투자기구를 (   )에 등록해야 한다.

① 금융위원회 ② 금융투자협회

02 집합투자기구의 설정 · 설립 시 자본금 또는 출자금은 (   )이상이어야 한다.

① 1억 ② 10억

실전 확인 문제

▶ 집합투자기구의 등록에 대한 설명으로 틀린 것은?

① 집합투자증권의 증권신고서를 제출했다면 집합투자기구의 등록은 생략이 가능하다.
② 집합투자기구를 등록 신청한 경우 금융위는 20일 이내에 등록 여부를 결정해야 하며, 등록신청서의 보완을 요구한 경우 보완기간은 20일에 포함되지 않는다.
③ 등록신청서 기재사항의 변경이 필요한 경우에는 2주 이내에 변경 등록해야 한다.
④ 단순한 자구수정이나 법령 · 금융위 명령에 따른 등록 사항을 변경할 때에는 변경 등록이 불필요하다.

정답해설 집합투자증권의 증권신고서 제출과 집합투자기구의 등록은 별도의 절차이다. 다만 업무의 간소화를 위해서 등록과 신고가 동시에 진행되는 경우 신고서가 효력을 발생하면 등록된 것으로 간주하고 있다.

개념 짚어 보기

집합투자기구의 등록 요건(자본시장법 제81조)

- 집합투자업자, 신탁업자, 투자매매업자 · 투자중개업자, 일반사무관리회사(투자회사인 경우) 등이 업무정지기간 중에 있지 아니할 것
- 집합투자기구가 자본시장법에 따라 적법하게 설정 · 설립되었을 것
- 집합투자규약이 법령을 위반하거나 투자자의 이익을 명백히 침해하지 아니할 것
- 투자회사의 경우 감독이사가 적격요건을 갖추고 자본금이 1억 원 이상일 것, 투자유한회사 · 투자합자회사 · 투자유한책임회사 · 투자합자조합 및 투자익명조합의 경우 자본금 또는 출자금이 1억 원 이상일 것

[개념 확인 문제 정답] 01 ① 02 ① [실전 확인 문제 정답] ①

4 투자설명서

개념 확인 문제

01 투자설명서의 제출시기는 (   )이다.

① 증권신고서 제출일　　② 증권신고의 효력 발생일

02 투자설명서는 (   ) 갱신해야 한다.

① 연 1회 이상　　② 연 2회 이상

실전 확인 문제

01 투자설명서 교부가 면제되는 경우에 해당하지 않는 것은?

① 회계법인
② 해당 발행 증권의 연고자
③ 신용평가업자
④ 투자설명서 수령 거부 의사를 구두로 표시한 자

정답해설 투자설명서 수령을 거부한다는 의사를 서면으로 표시한자가 해당한다. ①, ②, ③ 외에 발행인에게 회계, 자문 등의 용역을 제공하고 있는 공인회계사 · 감정인 · 변호사 · 변리사 · 세무사 등 공인된 자격증을 가지고 있는 자도 면제 대상이다.

02 증권신고서와 투자설명서의 내용이 거짓으로 기재되어 증권의 취득자가 손해를 입은 경우 배상 책임을 져야 한다. 이에 대한 예외에 해당하지 않는 것은?

① 기재된 내용이 예측정보라는 사실이 밝혀져 있을 것
② 예측과 관련된 가정이나 판단의 근거가 밝혀져 있을 것
③ 기재된 내용을 근거로 투자했을 경우 손해배상의 책임이 없다는 것을 명시할 것
④ 기재된 내용이 합리적 근거에 기초하여 성실하게 행하여졌을 것

정답해설 ①, ②, ④와 기재 · 표시에 대하여 예측치와 실제 결과치가 다를 수 있다는 주의문구가 밝혀져 있을 것이 해당된다.

개념 짚어 보기

투자설명서를 직접 교부하는 대신 전자문서로 대신할 수 있는 요건

- 전자문서 수신자가 전자문서를 받을 전자전달매체의 종류와 장소를 지정할 것
- 전자문서 수신자가 그 전자문서를 받은 사실이 확인될 것
- 전자문서의 내용이 서면에 의한 투자설명서의 내용과 동일할 것
- 전자문서에 의하여 투자설명서를 받는 것을 전자문서를 받을 자가 동의할 것

[개념 확인 문제 정답] 01 ② 02 ①　[실전 확인 문제 정답] 01 ④ 02 ③

5 투자신탁(1)

개념 확인 문제

▶ 투자신탁의 투자자가 (   )를 통하여 수익증권을 매수하고, 그 매수된 자금은 판매회사를 경유하여 (   )에게 납입되고, 그 자산을 (   )가 운용하게 된다.

① 판매회사, 집합투자업자, 신탁업자   ② 판매회사, 신탁업자, 집합투자업자

실전 확인 문제

▶ 다음 중 신탁업자의 역할을 모두 고른 것은?

㉠ 투자신탁의 설정 · 해지
㉡ 투자신탁재산의 보관 및 관리
㉢ 집합투자증권의 판매 및 환매
㉣ 자산의 취득 및 처분의 이행
㉤ 수익증권의 환매대금 및 이익금 지급
㉥ 투자신탁재산의 운용 · 운용지시
㉦ 운용지시 등에 대한 감시

① ㉠,㉡,㉢,㉤   ② ㉡,㉢,㉣,㉤
③ ㉡,㉣,㉤,㉦   ④ ㉢,㉣,㉤,㉦

정답해설 ㉠, ㉥은 집합투자업자의 역할이고, ㉢은 판매회사의 역할이다.

개념 짚어 보기

집합투자업자
- 투자신탁의 설정 · 해지
- 투자신택재산의 운용 · 운용지시
- 투자회사재산의 운용

판매회사
- 집합투자증권의 판매
- 집합투자증권의 환매

신탁업자
- 투자신탁재산의 보관 및 관리
- 집합투자업자의 투자신탁재산 운용지시에 따른 자산의 취득 및 처분의 이행
- 집합투자업자의 투자신탁재산 운용지시에 따른 수익증권의 환매대금 및 이익금의 지급
- 집합투자업자의 투자신탁 운용지시 등에 대한 감시
- 투자신탁에서 발생하는 이자 · 배당 · 수익금 · 임대료 등 수령
- 무상으로 발생되는 신주의 수령
- 증권의 상환금 수입
- 여유자금 운용이자의 수입

[개념 확인 문제 정답] ② [실전 확인 문제 정답] ③

6 투자신탁(2)

개념 확인 문제

▶ 수익자총회 결의는 출석한 수익자의 의결권의 과반수와 발행된 수익증권 총좌수의 (   ) 이상의 찬성으로 결의한다.

① 1/2　　② 1/4

실전 확인 문제

▶ 투자신탁과 관련된 내용 중 틀린 것은?

① 신탁계약을 변경할 경우, 집합투자업자는 신탁업자와 변경계약을 체결해야 한다.

② 투자신탁 수익자의 과반수 이상이 동의한 경우 집합투자업자는 금융위의 승인 없이 투자신탁을 해지할 수 있다.

③ 집합투자증권의 5% 이상을 소유한 수익자의 요구나 신탁업자의 요구에 의해 집합투자업자가 수익자총회를 열 수 있다.

④ 수익자에게 의결권 행사 통지가 있었으나 행사되지 않았을 경우 수익자가 소유한 총좌수의 결의 내용에 영향을 미치지 않도록 의결권을 행사한 것으로 본다.

정답해설 수익자 전원이 동의한 경우, 수익증권 전부에 대한 환매의 청구가 발생한 경우, 사모집합투자기구가 아닌 투자신탁으로 설정한 후 1년이 되는 날에 원본액이 50억 원 미만인 경우와 투자신탁을 설정하고 1년이 지난 후에 1개월간 계속하여 투자신탁의 원본액이 50억 원 미만인 경우 금융위의 승인 없이 해지할 수 있다.

개념 짚어 보기

수익자총회 결의사항

- 집합투자업자 · 신탁업자 등이 받는 보수, 그 밖의 수수료의 인상
- 신탁업자의 변경(합병 · 분할 · 분할합병 등)
- 신탁계약기간의 변경(투자신탁을 설정할 당시에 그 기간변경이 신탁계약서에 명시되어 있는 경우는 제외)
- 투자신탁의 종류 변경(투자신탁 설정 때부터 다른 종류의 투자신탁으로 전환하는 것이 예정되어 있고, 그 내용이 신탁계약서에 표시되어 있는 경우 제외)
- 주된 투자대상자산의 변경
- 집합투자업자의 변경
- 환매금지형투자신탁이 아닌 투자신탁의 환매금지형투자신탁으로 변경
- 환매대금지급일의 연장

[개념 확인 문제 정답] ②　[실전 확인 문제 정답] ②

7 회사형집합투자기구

개념 확인 문제

01 회사형집합투자기구에는 투자회사, 투자유한회사, (   ), 투자유한책임회사가 포함된다.

① 투자합자회사　　② 투자조합

02 투자회사는 (   )인 법인이사와 2인 이상의 감독이사로 이사회가 이루어진다.

① 집합투자업자　　② 신탁업자

03 (   )은(는) 일반사무관리회사를 반드시 필요로 한다.

① 투자신탁　　② 투자회사

실전 확인 문제

▶ 회사형집합투자기구에 대한 설명으로 적절하지 않은 것은?

① 투자회사의 자산소유자는 투자자, 즉 주주이다.
② 투자유한회사는 집합투자업자가 법인이사인 상법상의 유한회사 형태의 집합투자기구이다.
③ 투자합자회사는 이익배당 시 무한책임사원과 유한책임사원의 배당률 또는 배당순서 등을 달리 적용하는 것이 가능하다.
④ 투자합자회사는 손실을 배분함에 있어 무한책임사원과 유한책임사원의 배분율 또는 배당순서 등을 달리 적용하는 것이 불가능하다.

정답해설 투자회사의 자산소유자는 주주가 아닌 투자기구이다. 투자신탁의 자산소유자는 신탁업자이다.

개념 짚어 보기

투자회사

- 집합투자업자인 법인이사, 2인 이상의 감독이사로 이사회 구성
- 상법상 주식회사 형태의 집합투자기구
- 집합투자업자, 신탁업자는 투자신탁의 집합투자업자와 동일한 역할
- 일반사무관리회사가 이사회 및 주주총회 보조 · 대행
- **투자회사가 적합한 경우(특수유형펀드)**
  - 기업인수증권투자회사(M&A fund)
  - 부동산 및 선박펀드 투자회사
  - 사모투자전문회사(PEF : Private Equity Fund)

[개념 확인 문제 정답] 01 ① 02 ① 03 ② [실전 확인 문제 정답] ①

8 조합형집합투자기구

개념 확인 문제

▶ 투자합자조합의 설립은 조합계약을 작성하여 집합투자업자인 (　　　) 1인과 (　　　) 1인이 서명함으로써 이루어진다.

① 영업자, 무한책임조합원　　② 업무집행조합원, 유한책임조합원

실전 확인 문제

▶ 조합 형태의 집합투자기구에 대한 설명 중 틀린 것은?

① 투자익명조합은 익명조합계약을 작성하여 집합투자업자인 영업자 1인과 익명조합원 1인이 서명함으로써 이루어진다.

② 투자익명조합의 익명조합원은 영업수행과 이익분배의무를 지닌다.

③ 투자합자조합은 채무에 대하여 무한책임을 지는 집합투자업자인 업무집행조합원 1인과 출자액을 한도로 하여 유한책임을 지는 유한책임조합원으로 구성된다.

④ 투자합자조합을 청산할 경우, 청산인은 조합계약에 따라 투자합자조합재산을 조합원에게 지급할 수 있다.

정답해설 영업수행과 이익분배는 영업자의 의무이며, 익명조합원은 투자익명조합의 출자의무와 영업감시권을 갖는다.

개념 짚어 보기

투자조합의 조합계약 작성 내용(자본시장법 제218조)

- 목적
- 투자조합의 명칭
- 업무집행조합원의 상호 · 사업자등록번호
- 투자조합의 소재지
- 투자조합재산의 운용 및 관리에 관한 사항
- 존속기간 또는 해산사유를 정한 경우에는 그 내용
- 이익분배 및 환매에 관한 사항
- 공시 및 보고서에 관한 사항
- 그 밖에 조합원을 보호하기 위하여 필요한 사항

[개념 확인 문제 정답] ②　[실전 확인 문제 정답] ②

9 집합투자증권의 종류(1)

개념 확인 문제

01 증권집합투자기구란 집합투자재산의 (　　　)를 초과하여 증권에 투자하는 집합투자기구를 말한다.

① 50%　　　② 70%

02 와인, 그림, 날씨 등 예술품에 투자하는 집합투자기구는 (　　　)로 분류한다.

① 특별자산집합투자기구　　　② 혼합자산집합투자기구

실전 확인 문제

01 부동산과 관련된 증권에 속하지 않는 것은?

① 부동산 관련 자산이 유동화자산가액의 70% 이상인 유동화증권
② 부동산투자목적회사가 발행한 지분증권
③ 사회기반시설사업의 시행을 목적으로 하는 법인이 발행한 주식과 채권
④ 주택저당담보부채권 또는 주택저당증권

정답해설 부동산과 관련된 증권은 부동산에 자체를 목적으로 하거나 부동산에 관한 권리여야 한다.

02 다음은 무엇에 대한 설명인가?

> 보다 많은 투자기회와 수익이 가능하지만 그만큼 손실발생 가능성도 높다.

① 단기금융집합투자기구　　　② 특별자산집합투자기구
③ 증권집합투자기구　　　④ 혼합자산집합투자기구

정답해설 혼합자산집합투자기구는 어떤 자산이든 투자가 가능하므로 보다 많은 투자기회가 있지만, 그에 비례하여 손실 발생 가능성도 높아지게 된다.

개념 짚어 보기

기타 부동산과 관련된 증권

- 부동산, 지상권 · 지역권 · 전세권 · 임차권 · 분양권 등 부동산 관련 권리, 구조조정 촉진법에 따른 채권 금융기관이 채권자인 금전채권
- 부동산투자회사가 발행한 주식
- 부동산개발회사가 발행한 증권

[개념 확인 문제 정답] 01 ①　02 ①　[실전 확인 문제 정답] 01 ③　02 ④

10 집합투자증권의 종류(2)

개념 확인 문제

01 보유재산 평가 시 다른 집합투자기구는 (　　　)로 평가하고, MMF는 (　　　)로/으로 평가한다.

① 시가, 공정가액　　② 시가, 장부가

02 판매회사는 고유자금으로 MMF별 판매규모의 (　　　)와 (　　　) 중 큰 금액 내에서 MMF 수익증권을 당일 공고된 기준가격으로 매입하여 개인투자자에 한하여 그 환매청구에 응할 수 있다.

① 1%, 50억　　② 5%, 100억

실전 확인 문제

▶ 단기금융집합투자기구의 운용제한에 대한 설명이 잘못된 것은?

① 증권을 대여하거나 차입하지 아니할 것
② 남은 만기가 1년 이상인 국채증권에 집합투자재산의 5% 이내에서 운용할 것
③ 환매조건부매도는 해당 집합투자기구가 보유하는 증권총액의 10% 이내일 것
④ 해당 집합투자기구 집합투자재산의 남은 만기의 가중평균이 75일 이내일 것

정답해설 환매조건부매도는 해당 집합투자기구가 보유하는 증권총액의 5% 이내여야 한다. 이외에도 집합투자재산의 40% 이상을 채무증권에 운용해야 하고, 취득시점을 기준으로 채무증권의 신용평가등급이 상위 2개 등급 이내여야 한다.

개념 짚어 보기

단기금융집합투자기구의 운용제한

- 자산의 원리금 및 거래금액이 환율 · 증권의 가치 또는 증권지수의 변동에 따라 변동하거나 계약시점에 미리 정한 특정한 신용사건의 발생에 따라 확대 또는 축소되도록 설계된 것에 운용할 수 없으며, 이와 같이 원리금 또는 거래금액, 만기 또는 거래기간 등이 확정되지 않은 자산에도 운용할 수 없다.
- 취득시점을 기준으로 채무증권의 신용평가등급이 상위 2개 등급이어야 한다.
  - 예외의 경우(채무증권의 신용평가등급이 상위 2개 등급에 속하지 않아도 투자 가능)
    - i) 보증인의 신용평가등급이 상위 2개 등급 이내인 채무증권
    - ii) 담보 또는 처분옵션을 감안하여 집합투자재산평가위원회가 상위 2개 등급에 상응한다고 인정하는 경우
    - iii) 신용평가등급이 없는 채무증권으로서 집합투자재산평가위원회가 상위 2개 등급에 상응한다고 인정하는 경우
- 현금, 국채증권, 통화안정증권, 잔존만기가 1영업일 이내인 양도성 예금증서 등, 환매조건부매수, 단기대출, 수시입출금이 가능한 금융기관 예치 등에 대해 10% 이상을 투자하지 않는 행위

[개념 확인 문제 정답] 01 ② 02 ② [실전 확인 문제 정답] ③

11 특수한 형태의 집합투자기구(1) – 환매금지형 · 종류형

개념 확인 문제

01 환매금지형집합투자기구의 집합투자증권은 최초 발행 (　　　) 이내에 상장하여야 한다.

① 60일　　② 90일

02 종류형집합투자기구 설정 시에는 종류별 (　　　)에 대해 보고하여야 한다.

① 보수와 수수료　　② 보수와 배당금

실전 확인 문제

01 환매금지형집합투자기구에 대한 설명으로 틀린 것은?

① 환매청구를 통한 투자자금 회수가 불가능하다.
② 존속기간을 정한 집합투자기구에 대해서만 가능하다.
③ 기존 투자자 과반수 이상의 동의가 있는 경우 추가발행이 가능하다.
④ 부동산집합투자기구는 반드시 환매금지형으로 설정해야 한다.

정답해설 기존 투자자 전원의 동의를 받아야 추가발행이 가능하다. 또한 기존 투자자의 이익을 해할 우려가 없다고 신탁업자로부터 확인을 받은 경우, 환매금지형집합투자기구로부터 받은 이익분배금의 범위에서 그 집합투자기구의 집합투자증권을 추가로 발행하는 경우에도 환매금지형집합투자기구에서 예외적으로 추가발행이 가능하다.

02 종류형집합투자기구에 대한 설명으로 틀린 것은?

① 동일한 투자기구 내에서 다양한 판매보수 또는 수수료 구조를 가진 클래스를 만든다.
② 여러 종류의 집합투자증권 간에 전환할 수 있는 권리를 부여할 수 있다.
③ 전환에 따른 환매수수료가 부과된다.
④ 종류별 투자자만으로 총회를 개최할 수 있다.

정답해설 종류형집합투자기구는 여러 종류의 집합투자증권 간에 전환할 수 있는 권리를 부여할 수 있고, 이 경우 전환에 따른 환매수수료는 부과되지 않는다. 이때의 전환은 투자기구 간 전환이 아니므로 환매수수료 적용대상이 될 수 없다.

개념 짚어 보기

반드시 환매금지형집합투자기구로 설정 · 설립해야 하는 경우

- 부동산집합투자기구, 특별자산집합투자기구, 혼합자산집합투자기구 설정 · 설립 시
- 각 집합투자기구 자산총액의 20% 범위에서 일부 부동산 · 특별자산 · 증권 등에 대해 시장성 없는 자산에 투자할 수 있는 집합투자기구 설정 · 설립 시

[개념 확인 문제 정답] 01 ② 02 ①　**[실전 확인 문제 정답]** 01 ③ 02 ③

12 특수한 형태의 집합투자기구(2) – 전환형 · 모자형

개념 확인 문제

01 ( )는 각 집합투자기구의 투자자가 소유하고 있는 집합투자증권을 다른 집합투자기구의 집합투자증권으로 전환할 수 있는 권리를 투자자에게 부여한다.

① 전환형집합투자기구 ② Fund of Funds

02 모자형집합투자기구는 상하구조로 나누어 ( ) 투자기구의 집합투자증권을 투자자에게 매각하고, 매각된 자금으로 ( ) 투자기구에 투자한다.

① 상위, 하위 ② 하위, 상위

실전 확인 문제

01 전환형집합투자기구에 대한 설명으로 틀린 것은?

① 투자기구 세트 내에 속하는 다양한 투자기구 간에 교체투자가 가능하다.
② 투자기구 간 교체투자 시 환매수수료를 적용하지 않는다.
③ 사전에 정한 기간에 미치지 못하고 환매할 경우 환매수수료를 재징수한다.
④ 펀드에서 일정 수익이 달성되면 의무적으로 펀드를 해지하도록 하고 있다.

정답해설 ④는 목표달성형 펀드에 대한 설명이다. 목표달성형 펀드는 펀드 수익이 일정 수준을 달성하면 펀드를 해지하거나 그 투자전략을 변경하여 기존에 달성한 수익을 확보하고자 하는 펀드를 말한다.

02 모자형집합투자기구에 대한 설명으로 틀린 것은?

① 실제 증권에 대한 투자는 하위 투자기구(子투자기구)에서 발생한다.
② 자펀드와 모펀드를 운용하는 집합투자업자가 동일해야 한다.
③ 자펀드는 모펀드 외의 다른 펀드를 취득하는 것이 금지된다.
④ 자펀드 외의 자가 모펀드를 취득하는 것이 금지된다.

정답해설 모자형집합투자기구는 실제 증권에 대한 투자가 母투자기구에서 이루어진다.

개념 짚어 보기

전환형집합투자기구의 요건

- 복수의 집합투자기구 간에 공통으로 적용되는 집합투자규약이 있을 것
- 집합투자규약에 투자신탁, 투자회사, 투자유한회사, 투자합자회사, 투자조합, 투자익명조합, 사모투자전문회사 집합투자기구 간의 전환이 금지되어 있을 것

[개념 확인 문제 정답] 01 ① 02 ② **[실전 확인 문제 정답]** 01 ④ 02 ①

13 특수한 형태의 집합투자기구(3) – 상장지수집합투자기구(ETF) Ⅰ

개념 확인 문제

▶ **ETF는 추가형, 상장형 투자기구이며, (　　　)로 특정주가지수를 따르는 수익 실현을 목표로 한다.**

① 액티브펀드　　　② 인덱스펀드

실전 확인 문제

01 ETF의 특징과 투자과정에 대한 내용 중 틀린 것은?

① 증권실물로 투자기구를 설정하거나 해지할 수 있다.
② 증권시장에 상장되어 주식과 같이 편리하게 투자할 수 있다.
③ 기존의 인덱스펀드의 단점도 함께 지니고 있다.
④ 유통시장(Secondary Market)과 발행시장(Primary Market)이 동시에 존재한다.

정답해설 ETF는 인덱스펀드이지만 주식처럼 거래된다. 따라서 기존 인덱스펀드의 단점을 제거하는 것이 가능하며, 주식과 인덱스펀드의 장점을 함께 가지게 된다.

02 ETF에 대한 설명 중 틀린 것은?

① 회계결산 시점과 무관하게 신탁분배금을 분배할 수 있다.
② 집합투자기구 과세방법과 주식 과세방법이 혼합되어 있다.
③ 개인투자자는 해당 증권시장에서의 거래량이 투자판단에 중요한 기준이 되어야 한다.
④ 거래량은 특정기간을 정하여 주기적으로 파악한다.

정답해설 기관투자가의 대량거래가 많은 ETF에서, 특정일의 거래량만 점검하여 거래량을 파악한다면 개인투자자의 매매에 대해서는 파악하기 힘들다.

개념 짚어 보기

ETF의 과세

- 국내 주식형 ETF
  - 기존 과세방식과 동일하게 ETF 처분이익에 비과세
  - 보유기간 중 ETF 보유자산에서 발생한 이자소득 · 배당소득을 과세
- 채권형 ETF, 해외 주식형 ETF, 원자재 등 파생상품 ETF : ETF 처분이익과 보유기간 동안 발생한 ETF의 배당소득 과표상승분 중 적은 금액을 과표로 과세

[개념 확인 문제 정답] ②　[실전 확인 문제 정답] 01 ③　02 ④

14 특수한 형태의 집합투자기구(4) – 상장지수집합투자기구(ETF) II

개념 확인 문제

01 ETF는 의결권을 적극적으로 행사할 수 없으며, (　　　)만 가능하다.

① Shadow Voting　　② Cumulative Voting

02 ETF가 추적할 수 있는 인덱스는 지수를 구성하는 종목이 (　　　) 이상이어야 한다.

① 5종목　　② 10종목

실전 확인 문제

01 ETF에서 적용이 배제되는 규제사항에 해당하지 않는 것은?

① 대주주와의 거래제한　　② 자산운용보고서 제공의무
③ 공시의무　　④ 내부자의 단기매매차익 반환의무

정답해설 공시의무까지 배제되는 것은 아니다.

02 다음 중 ETF에 대한 설명이 잘못된 것은?

① 자산총액의 30%까지 동일종목의 증권에 운용이 가능하다.
② 동일법인이 발행한 지분증권 총수의 20%까지 운용이 가능하다.
③ 추적오차율이 10%를 초과하여 1개월 동안 지속되는 경우 상장을 폐지한다.
④ 이해관계인 간 거래제한에 대한 적용이 배제된다.

정답해설 추적오차율이 10%를 초과하여 3개월 동안 지속되는 경우, 또는 지수를 산정할 수 없거나 이용할 수 없게 되는 경우 상장이 폐지되고 잔여재산을 투자자에게 분배하여야 한다.

개념 짚어 보기

ETF에 대한 적용 배제 및 허용

- 대주주와의 거래 제한
- 자산운용보고서 제공 의무
- 주식 등의 대량보유 등의 보고
- 내부자의 단기매매차익반환 의무
- 임원 등의 특정증권 등 소유상황 보고 의무
- 환매청구 및 방법, 환매가격 및 수수료, 환매연기
- 집합투자기구 설정 · 추가설정 시 신탁원본 전액을 금전으로 납입
- 의결권행사에 대한 제한적 허용(집합투자재산에 속하는 주식을 발행한 법인의 합병, 영업의 양도 · 양수, 임원의 임면, 정관 변경 등의 사항으로서 집합투자재산에 손실을 초래할 것이 명백하게 예상되는 경우, 상호출자제한기업집단에 속하는 집합투자업자가 집합투자재산으로 그와 계역회사의 관계가 있는 주권상장법인이 발행한 주식을 소유하고 있고, 이를 shadow voting할 경우 그 집합투자재산에 손실을 초래할 것이 명백하게 예상되는 경우)

[개념 확인 문제 정답] 01 ① 02 ② [실전 확인 문제 정답] 01 ③ 02 ③

15 특수한 형태의 집합투자기구(5) – 사모집합투자기구

개념 확인 문제

01 사모집합투자기구는 투자자 수가 (　　　) 상대적으로 (　　　) 수준의 제약요건을 적용한다.

① 적기 때문에, 낮은　　② 많기 때문에, 높은

02 사모집합투자기구의 파생상품 매매에 따른 위험평가액은 각 사모집합투자기구 순자산총액의 (　　　)까지 가능하다.

① 200%　　② 400%

실전 확인 문제

▶ 사모펀드의 특징으로 틀린 것은?

① 공모펀드는 펀드 자산을 일정 이상으로 투자하지 못하도록 제한하고 있어, 사모펀드가 이용되기도 한다.
② 집합투자증권에 대한 투자를 각 집합투자기구 자산총액의 50%까지 할 수 있다.
③ 여러 가지 특례가 적용되는데, 투자설명서는 반드시 제공되어야 하므로 그 예외에 해당한다.
④ 기준가격의 산정이나 공고의무가 면제된다.

정답해설 투자설명서도 제공할 필요가 없다는 점이 그 특례 중 하나이다.
① 공모펀드는 다수의 투자자를 대상으로 하기 때문에 제약요건이 높다.
② 공모펀드의 경우 20%까지 가능하다.

개념 짚어 보기

사모집합투자기구에 대한 적용 배제 사항

투자광고 ‖ 자산운용보고서 작성 및 제공 의무 배제 ‖ 수시공시 의무 ‖ 집합투자재산에 관한 보고 의무 ‖ 집합투자규약의 인터넷 홈페이지를 통한 공시 의무 ‖ 파생상품의 운용 특례 ‖ 환매금지형집합투자기구의 집합투자증권 최초 발행일로부터 90일 내 증권시장 상장 의무 ‖ 기준가격 매일 공고 · 게시 의무 ‖ 결산서류의 본점, 영업소 비치, 비치 의무기간, 청구 시 등 · 초본 교부 의무 ‖ 집합투자재산의 외부회계감사 수감 의무 ‖ 회계감사인의 손해배상책임 의무 ‖ 신탁업자의 집합투자재산 운용 관련 운용행위감시 의무 ‖ 자산보관 · 관리보고서 작성 및 제공 의무 ‖ 집합투자자총회 및 그와 관련된 사항 ‖ 전체 투자자에게 통지함으로써 법에 의한 투자자에 대한 공시 공고 의무에 갈음 ‖ 집합투자업자가 부동산집합투자기구를 운용함에 있어 부동산개발사업을 영위하는 법인에 대하여 금전을 대출하고자 할 때 부동산에 대하여 담보권을 설정하거나 시공사 등으로부터 지급보증을 받는 등 대여금 회수를 위한 수단 강구 의무

[개념 확인 문제 정답] 01 ① 02 ②　[실전 확인 문제 정답] ③

16 성격에 따른 집합투자기구

개념 확인 문제

▶ 추가형 · 단위형의 경우 투자대상자산의 특성에 따라 달라지며, 장외파생상품의 경우 일반적으로 (   )로 설정한다.

① 추가형펀드 ② 단위형펀드

실전 확인 문제

▶ 성격에 따라 분류한 다음 펀드의 내용 중 틀린 것은?

① 장외파생상품은 장내파생상품에 대한 투자위험 외에 추가적으로 거래상대방 위험이 발생할 수 있다.
② 펀드를 폐쇄형으로 개발할 것이냐의 여부는 투자대상자산의 유동성에 의해서 결정된다.
③ 대부분의 펀드는 투자매매업자 · 투자중개업자의 자금 부담이 없는 모집식으로 판매된다.
④ 채권형펀드는 높은 수익을 기대할 수 있는 동시에 손실의 가능성도 크다.

정답해설 가격 변동성이 크기 때문에 높은 수익을 기대할 수 있는 동시에 손실의 가능성도 큰 것은 주식형펀드이다.

개념 짚어 보기

성격에 따른 집합투자기구 분류

- **추가형** : 최초 설정 후, 신탁원본 증액으로 수익증권을 추가로 발행할 수 있는 형태
- **단위형** : 추가로 증액하여 발행할 수 없으며, 일반적으로 신탁계약기간을 정하는 형태

- **개방형** : 계약기간 중도에 환매를 요구할 수 있는 펀드
- **폐쇄형** : 계약기간 중도에 환매를 요구할 수 없는 펀드

- **주식형** : 펀드재산의 60% 이상을 주식에 투자하는 펀드
- **채권형** : 펀드재산의 60% 이상을 채권에 투자하는 펀드
- **혼합형**
  - **주식혼합형** : 신탁계약서상 최대주식편입비율 50% 이상인 펀드
  - **채권혼합형** : 신탁계약서상 최대주식편입비율 50% 미만인 펀드

- **증권형** : 파생상품매매에 따른 위험평가액이 집합투자기구 자산총액의 10% 이하인 펀드
- **파생형** : 파생상품매매에 따른 위험평가액이 집합투자기구 자산총액의 10%를 초과하고 위험회피 이외의 목적인 경우

- **상장형** : 펀드의 수익증권을 증권시장 등에 상장하여 증권시장에서 거래할 수 있는 펀드
- **비상장형** : 펀드의 수익증권을 증권시장 등에 상장하지 않는 펀드

- **모집식** : 펀드 설정 전 미리 청약을 받고 청약대금을 확보한 후 설정 요청하는 펀드
- **매출식** : 판매회사의 보유현금으로 자금을 납입한 후 고객의 매입청구에 의해 보유 수익증권을 매각하는 펀드

[개념 확인 문제 정답] ② [실전 확인 문제 정답] ④

17 투자지역에 따른 집합투자기구

개념 확인 문제

▶ 이머징마켓 투자펀드, BRICs, 범중화권투자펀드, 동남아펀드는 (   )이다.

① Regional 투자펀드　　② Single country 투자펀드

실전 확인 문제

01 다음은 해외투자펀드 중 무엇에 해당하는 설명인가?

- 수익률의 변동성이 낮은 점이 특색이다.
- 해외투자펀드 중 가장 넓은 투자지역을 가지고 있지만, 주로 선진국 위주로 투자를 한다.

① 글로벌 투자펀드　　② 지역투자펀드
③ 개별국가투자펀드　　④ 섹터펀드

정답해설 ② 지역투자펀드는 특정지역(이머징마켓, 브릭스 등)에 투자하는 것이다.
③ 개별국가투자펀드는 개별국가(미국, 일본 등)를 전제로 한다.
④ 섹터펀드는 특정산업에 투자하는 것을 말한다.

02 해외투자펀드의 리스크에 대한 설명 중 틀린 것은?

① 환헤지로 환율변동에서 발생하는 리스크를 완전히 없앨 수 있다.
② 국내외 복잡한 결제과정 및 현금 운용과정에서 추가적인 리스크가 발생할 수 있다.
③ 국내와 다른 개 · 폐장 시간으로 인해 펀드보유 자산의 정확한 가치평가가 어렵다.
④ 투자대상국가가 프런티어마켓이면 국가정책에 따라 투자자금 송금이 곤란해질 수 있다.

정답해설 환헤지의 역할은 현재시점의 환율을 해당 환헤지거래의 계약기간 종료시점에 고정시켜 주는 것이다. 따라서 계약기간 동안 환 변동이 과도하게 나타날 경우, 환헤지에서 손실이 발생할 수 있다.

개념 짚어 보기

해외투자펀드의 투자전략
- 액티브펀드 : 정통형, 스타일투자, 테마투자
- 패시브펀드 : 인덱스펀드, 포트폴리오 보험전략 펀드
- 섹터펀드(액티브 또는 패시브 전략 적용 가능)

[개념 확인 문제 정답] ①　[실전 확인 문제 정답] 01 ①　02 ①

18 투자전략에 따른 집합투자기구

개념 확인 문제

01 (　　　)는 체계적인 거래기법을 이용하여 운용되며 시스템 펀드로 불리기도 한다.

① 패시브운용전략 펀드　　② 액티브운용전략 펀드

02 (　　　)는 인덱스펀드의 실적과 지수의 실적 차이를 말한다.

① multiple error　　② tracking error

실전 확인 문제

01 인덱스펀드의 장점이 아닌 것은?

① 액티브펀드보다 수수료가 낮고, 매매에 따른 비용이 저렴하다.
② 추적대상을 통해서 펀드의 수익률을 예상하기 수월하다.
③ 부도 등과 같은 개별종목의 리스크를 피하는 데에 유리하다.
④ 단기투자에서 높은 수익률을 실현할 수 있다.

정답해설 인덱스펀드는 장기투자 시에 유리하다.

02 추적오차(tracking error)가 발생하는 원인이 아닌 것은?

① 인덱스펀드의 포트폴리오 적용 시점
② 인덱스펀드의 포트폴리오를 구축하기 위한 거래 비용
③ 인덱스펀드의 포트폴리오와 추적대상지수 포트폴리오의 차이
④ 포트폴리오 구축 시 적용되는 가격과 실제 매매 가격과의 차이 등

정답해설 ②, ③, ④ 외에 인덱스펀드에 부과되는 보수 등 비용이 포함된다.

개념 짚어 보기

인핸스드 인덱스펀드의 인핸스 전략

- **알파(α) 추구 전략** : 인덱스펀드의 포트폴리오를 보다 효율적으로 구성하여, 그것을 바탕으로 추적대상 지수보다 좋은 수익을 내려는 전략
- **차익거래** : 투자대상자산과 해당 자산에서 파생된 상품 간의 가격차이를 이용하여 제한된 투자위험 상황에서 추가수익을 내려는 전략

[개념 확인 문제 정답] 01 ① 02 ② [실전 확인 문제 정답] 01 ④ 02 ①

핵심플러스

OX 문제

01 투자신탁약관을 금융위에 보고하면 집합투자기구 설립이 가능하다. (   )

02 모집가액, 매출가액, 발행이자율 등의 변경으로 인하여 정정신고서를 제출한 경우, 정정신고서 수리 후 3일이 지나야 증권신고의 효력이 발생한다. (   )

03 증권신고서와 투자설명서에 중요사항이 기재되지 않아 증권 취득자가 손해를 입었을 때에는 그에 해당하는 자가 배상한다. (   )

04 집합투자증권의 판매와 환매는 신탁업자의 업무이다. (   )

05 투자신탁의 수익자들이 해지에 대해 전원 동의한 경우 집합투자업자는 금융위의 승인을 받아 투자신탁을 해지한다. (   )

06 투자신탁과 회사형 집합투자기구는 경제적 실질 면에서 차이가 있다. (   )

07 투자신탁과 투자회사의 투자기구는 모두 실체가 없으며, 따라서 투자기구와 관련된 법률행위에 대해 그 주체가 될 수 없다. (   )

08 증권집합투자기구에서 부동산집합투자기구 및 특별자산집합투자기구는 포함하지 않는다. (   )

09 혼합자산집합투자기구는 집합투자기구 관련 규정의 제한을 받지 않지만, 환매금지형집합투자기구로 설정 · 설립한다. (   )

10 단기금융집합투자기구가 투자하는 단기금융상품에는 잔존만기 5년 이내인 양도성 예금증서 등이 있다. (   )

11 종류형집합투자기구에서 집합투자업자 및 신탁업자의 보수는 차별화하지 못한다. (   )

해설

01 해당 내용은 간접투자법에 의한 설정 절차이다. 현재 자본시장법하에서는 증권신고서, 등록신청서, 집합투자규약, 집합투자기구 관련 회사와의 각종 계약서 등을 제출해야 한다.

04 판매와 환매는 판매회사가 담당한다. 신탁업자는 투자신탁재산의 보관 및 관리 등을 수행한다.

05 수익자 전원이 동의한 경우, 수익증권 전부에 대한 환매청구가 발생한 경우는 금융위의 승인 없이 해지하는 것이 가능하다.

06 다수의 투자자에게 모집한 자금으로 투자하고, 그 결과를 투자자에게 돌려주는 방식에서 경제적 실질이 동일하다. 다만 법적 형태가 다르다는 점에서 차이점을 찾을 수 있다.

07 투자신탁의 투자기구는 실체가 없지만, 투자회사의 투자기구는 실체를 가지고 있다. 즉, 투자기구 관련 법률행위를 직접 수행할 수 있다.

10 잔존만기 6개월 이내인 양도성 예금증서, 또한 잔존만기 5년 이내인 국채증권, 잔존만기 1년 이내인 지방채증권, 특수채증권, 사채권 및 기업어음증권 등의 단기금융상품에 투자할 수 있다.

[정답] 01 × 02 ○ 03 ○ 04 × 05 × 06 × 07 × 08 ○ 09 ○ 10 × 11 ○

핵심플러스

OX 문제

12 전환형집합투자기구의 투자기구 간 전환은 투자기구 포트폴리오에 영향을 미치지 않는다. ( )

13 기존 집합투자기구를 모자형집합투자기구로 변경하는 것이 가능하고, 둘 이상의 집합투자기구 자산을 합쳐 하나의 모집합투자기구에 이전할 수 있다. ( )

14 모자형집합투자기구의 도입 목적은 효율적 운용에 있는 반면, Fund of Fund의 도입 목적은 운용회사의 운용능력 아웃소싱을 위한 것이다. ( )

15 ETF는 의사결정과 실제 투자 간의 차이가 발생한다. ( )

16 ETF는 원칙적으로 의결권을 적극적으로 행사할 수 없지만 법인의 합병, 영업의 양도 · 양수, 임원의 임면, 정관변경 등의 경우 의결권을 행사가 가능하다. ( )

17 사모집합투자기구에서 집합투자자총회 및 그와 관련된 사항은 공모집합투자기구와 동일하게 적용된다. ( )

18 사모집합투자기구는 투자자 전원의 동의가 있거나 금전 외의 자산을 집합투자재산평가위원회가 정하는 가격으로 납입할 경우 금전 외 자산의 납입이 가능하다. ( )

19 펀드 좌수에 대한 추가설정 가능 여부에 따라 개방형과 폐쇄형으로 구분한다. ( )

20 채권형펀드의 유동성은 주식형펀드의 유동성보다 높다. ( )

21 해외투자펀드에 투자할 경우 환율변동에 의한 리스크를 부담해야 하는데, 이를 위한 대비로 환헤지 거래를 할 경우 큰 손실이 발생할 수도 있다. ( )

22 액티브운용전략 펀드는 투자대상 종목의 저평가 여부만을 기준으로 하는 Bottom－up Approach와 경제 및 금융 전망에 따라 투자전략을 조절하는 Top－down Approach이 있다. ( )

해설

12 전환형집합투자기구의 전환은 전환권 행사로 집합투자증권 환매 및 매수가 원인이 되어 기존 투자기구의 포트폴리오에서 변화한다. 다만, 종류형집합투자기구의 종류 간 전환은 포트폴리오에 영향을 주지 않는다.

13 집합투자기구 자산을 합쳐서 하나의 모집합투자기구에 이전하는 것은 불가능하다.

15 증권시장에서 계속적으로 거래되며, 투자자가 원하는 가격과 시간에 시장에서 매매할 수 있다는 장점이 있다. 따라서 의사결정과 실제 투자 간의 차이가 발생하지 않는다.

17 집합투자자총회 및 그와 관련된 사항 또한 적용을 배제한다.

19 추가설정 가능 여부에 따라 구분하는 것은 추가형과 단위형 펀드이다. 개방형과 폐쇄형은 중도 환매 여부에 따라 분류이다.

20 모든 주식의 유동성이 항상 높은 것은 아니지만, 채권은 주식의 유동성에 비해 다소 낮다.

[정답] 12 × 13 × 14 ○ 15 × 16 ○ 17 × 18 ○ 19 × 20 × 21 ○ 22 ○

5장 펀드 구성 · 이해 2

대표 유형 문제

파생결합증권에 대한 설명 중 틀린 것은?

① 기초자산의 가격 · 이자율 · 지표 · 단위 또는 이를 기초로 하는 지수 등의 변동과 연계하여 미리 정해진 방법에 따라 지급금액 또는 회수금액이 결정되는 권리가 표시된 것이다.
② 파생결합증권은 파생상품의 성격이 강하지만 투자원금 이외의 추가적인 손실위험이 없다는 측면에서 증권으로 분류된다.
③ 주가연계파생결합증권, 금리연계파생결합증권, 환율연계파생결합증권 등으로 활용된다.
④ 수익구조보다 만기 이후 주가의 영향을 더 많이 받는다.

정답해설 만기 이후의 주가는 영향을 줄 수 없으며, 파생결합증권에서 가장 중요한 것은 수익구조이다. 수익구조는 원금보존 구조에 대한 것, 최대수익 및 예상 평균수익, 최대손실 및 손실발생 가능성 등을 고려하여 구성한다.

오답해설 ① 금융투자상품, 통화, 일반상품, 신용위험 등도 투자대상에 해당한다.
② 원본손실 가능성으로 금융투자상품과 비금융상품으로 분류되며, 금융투자상품의 원본초과손실가능성으로 증권과 파생상품으로 분류된다.

대표 유형 문제 알아 보기

파생결합증권

- **파생결합증권의 개념** : 기초자산의 가격 · 이자율 · 지표 · 단위 또는 이를 기초로 하는 지수 등의 변동과 연계하여 미리 정해진 방법에 따라 지급금액 또는 회수금액이 결정되는 권리가 표시된 것을 말한다.
- **파생결합증권의 기초자산**
  - 금융투자상품
  - 통화(외국의 통화를 포함한다)
  - 일반상품(농산물 · 축산물 · 수산물 · 임산물 · 광산물 · 에너지에 속하는 물품 및 이 물품을 원료로 하여 제조하거나 가공한 물품, 그 밖에 이와 유사한 것을 말한다)
  - 신용위험(당사자 또는 제삼자의 신용등급의 변동, 파산 또는 채무재조정 등으로 인한 신용의 변동을 말한다)
  - 그 밖에 자연적 · 환경적 · 경제적 현상 등에 속하는 위험으로서 합리적이고 적정한 방법에 의하여 가격 · 이자율 · 지표 · 단위의 산출이나 평가가 가능한 것
- **파생결합증권의 활용**
  - 현재와 미래의 변동성을 파악하여 매도와 매수를 결정한다.
  - 발행 구조 또는 시장전망 자료 등을 통해 가장 적합한 상품을 선택한다.
  - 기초자산과 수익구조의 적정성에 대한 점검을 거쳐 결정한다.

[대표 유형 문제 정답] ④

대표 유형 문제

신탁상품에 대한 설명 중 틀린 것은?

① 신탁관계인은 신탁에 대해 이해관계나 권리관계를 가진 자를 말하며, 위탁자 · 수탁자 · 신탁관리인 · 신탁재산관리인이 포함된다.
② 수탁자는 공동수익자의 1인이 아닌 한 신탁의 이익을 누릴 수 없도록 규정하고 있다.
③ 위탁자나 수탁자에게 채권을 가지고 있는 자는 신탁재산의 강제집행, 담보권 실행 등을 위한 경매 등을 수행하는 것이 가능하다.
④ 신탁상품에는 특정금전신탁, 연금신탁, 금전채권신탁, 부동산신탁 등이 있다.

정답해설 위탁자나 수탁자에게 채권을 가지고 있더라도, 신탁법의 특별 규정을 통해서 강제집행, 담보권 실행 등을 위한 경매를 비롯하여 보전 처분, 국세 등 체납 처분이 불가능함을 밝히고 있다.

오답해설 ① 위탁자와 수탁자가 신탁의 당사자가 된다.
② 신탁의 원본과 이익은 모두 수익자에게 귀속된다.

대표 유형 문제 알아 보기

신탁재산(신탁법 제3장)

- **강제집행 등의 금지** : 신탁재산에 대하여는 강제집행, 담보권 실행 등을 위한 경매, 보전처분 또는 국세 등 체납처분을 할 수 없다.
- **수탁자의 사망 등과 신탁재산** : 신탁재산은 수탁자의 상속재산에 속하지 않고, 수탁자의 이혼에 따른 재산분할의 대상이 될 수 없다.
- **수탁자의 파산 등과 신탁재산** : 신탁재산은 수탁자의 파산재단, 회생절차의 관리인이 관리 및 처분 권한을 갖고 있는 채무자의 재산이나 개인회생재단을 구성할 수 없다.
- **상계 금지**
  - 신탁재산에 속하는 채권과 신탁재산에 속하지 않는 채무는 상계하지 못한다.
  - 신탁재산에 속하는 채무에 대한 책임이 신탁재산만으로 한정되는 경우에는 신탁재산에 속하지 않는 채권과 신탁재산에 속하는 채무는 상계하지 못한다.
- **신탁재산에 대한 혼동의 특칙(혼동으로 인하여 권리가 소멸하지 않는 경우)**
  - 동일한 물건에 대한 소유권과 그 밖의 물권이 각각 신탁재산과 고유재산 또는 서로 다른 신탁재산에 귀속하는 경우
  - 소유권 외의 물권과 이를 목적으로 하는 권리가 각각 신탁재산과 고유재산 또는 서로 다른 신탁재산에 귀속하는 경우
  - 신탁재산에 대한 채무가 수탁자에게 귀속하거나 수탁자에 대한 채권이 신탁재산에 귀속하는 경우
- **신탁재산의 범위** : 신탁재산의 관리, 처분, 운용, 개발, 멸실, 훼손, 그 밖의 사유로 수탁자가 얻은 재산은 신탁재산에 속한다.

[대표 유형 문제 정답] ③

1 파생결합증권

개념 확인 문제

01 파생결합증권은 투자원금 이외의 추가적인 손실위험이 없으며, (   )에 속한다.

① 파생상품   ② 증권

02 파생결합증권에서 지급의무를 담당하는 주체는 (   )이다.

① 발행사   ② 운용사

실전 확인 문제

01 파생결합증권과 파생상품에 대해 잘못 설명한 것은?

① 두 가지 모두 동일한 기초자산으로 구성할 수 있어, 원본초과손실 가능성이 존재한다.
② 원본손실 가능성이 있다는 점에서 양자 모두 금융투자상품에 속한다.
③ 파생결합증권과 파생상품은 가격, 이자율, 지표 등을 기초자산으로 할 수 있다는 점에 대해 동일하다.
④ 파생결합증권은 자본시장법 도입과 함께 새로 만들어진 개념이다.

정답해설 원본초과손실 가능성을 기준으로 증권과 파생상품으로 나누며, 파생결합증권은 증권에 해당한다.

02 파생결합증권에 대한 설명으로 틀린 것은?

① 기초자산의 만기 이후 가격은 중요하지 않고 투자기간 중의 기초자산 가격만이 중요하다.
② 중도 이전에 조기상환이 불가능하다.
③ 투자자는 파생상품펀드의 운용사와 파생결합증권의 발행사를 확인해야 한다.
④ 환매는 가능하지만, 환매수수료는 부과된다.

정답해설 중도 이전에 기초자산 가격이 정한 조건을 만족할 때 조기상환을 할 수 있다.

개념 짚어 보기

파생결합증권의 구성 요소

- **발행사** : 파생결합증권 발행 주체, 지급의무 부담
- **기초자산** : 개별종목이나 주가지수 혹은 금리, 환율, 일반 상품, 멀티에셋 가능
- **만기 및 중도상환** : 만기가 있고, 만기 이전에 미리 정한 조건을 만족하면 상환 가능
- **환매가능성** : 투자자의 요청에 의한 환매 가능(중도환매수수료 발생)
- **수익구조** : 원금보존, 최대수익 및 평균수익, 최대손실 및 손실 발생 가능성 고려

[개념 확인 문제 정답] 01 ② 02 ① **[실전 확인 문제 정답]** 01 ① 02 ②

2 파생결합증권 사례

개념 확인 문제

01 ( )은 기초자산이 환율이므로 그 예측이 곤란하다는 단점이 있다.

① 환율연계파생결합증권 ② 주가연계파생결합증권

02 ( )은 만기를 장기로 하고, 발행자가 중도상환 옵션을 제공한다.

① 상품연계파생결합증권 ② 금리연계파생결합증권

실전 확인 문제

01 금리연계파생결합증권에 대한 설명으로 틀린 것은?

① 원금보존 구조가 가능하다.
② 금리의 변동성이 높아 예상수익이 높다.
③ 쿠폰을 향상시키기 위해서 만기를 장기로 한다.
④ 발행사에서 가격을 장기간 유지하기가 힘들다.

정답해설 만기가 길고 변동성이 작은 것이 일반적이다. 때문에 예상수익이 높지 않다.

02 개별종목주식 등을 기초자산으로 하고, 투스타형 · 양방향 워런트형 등이 있는 것은?

① 주가연계파생결합증권 ② 금리연계파생결합증권
③ 환물연계파생결합증권 ④ 상품연계파생결합증권

정답해설 개별종목인 주식을 기초자산으로 하는 결합증권이므로 주가연계파생결합증권에 해당한다.

개념 짚어 보기

상품연계파생결합증권
- 자산 간의 낮은 상관관계에 따른 분산투자의 효과가 있다.
- 상품가격은 물가에 연동되는 경향이 있다
- 기준이 되는 상품가격이 선물가격이 대부분이다.
- 상품가격은 인플레이션 헤지 기능을 한다.

[개념 확인 문제 정답] 01 ① 02 ② **[실전 확인 문제 정답]** 01 ② 02 ①

3 파생상품펀드

개념 확인 문제

01 (　　　)는 은행이 주가연계워런트를 예금에 편입하여 주가에 연동시킨 상품이다.

① ELS　　② ELD

02 (　　　)는 투자자금과 옵션의 비율을 의미한다.

① 리베이트　　② 참여율

실전 확인 문제

01 주가연계워런트에 대한 설명이 잘못된 것은?

① 펀드에서 주가연계워런트를 투자하면 원금보존추구형을 만들 수 있다.
② 상승형이든 하락형이든 일정한 쿠폰을 받거나 혹은 받지 못하는 구조를 디지털이라 한다.
③ 기초자산 가격이 일정수준에 도달하면 기존의 수익구조가 사라지는 것을 낙아웃이라 한다.
④ 기초자산이 특정 구간에 있을 때만 수익을 받고 그 외의 구간에서는 수익이 없는 구조를 스프레드라 한다.

정답해설 ④는 레인지에 대한 설명이다. 스프레드는 기초자산이 특정 구간에 있을 때는 지속적으로 수익이 상승하지만 특정 구간을 넘어서면 일정한 수익을 받는 구조이다.

02 장내파생상품 운용펀드에 해당하지 않는 것은?

① 리버스 컨버터블　　② 포트폴리오보험
③ 레인지　　④ 델타펀드

정답해설 레인지는 주가연계워런트에 해당한다.
① Reverse Convertible : 기초자산이 큰 폭으로 하락하는 경우만 없으면 안정적인 수익을 얻을 수 있다.

개념 짚어 보기

원금비보존형 구조에서 제시수익률(쿠폰)에 영향을 주는 요인

- 기초자산의 변동성이 크면 쿠폰이 상승한다.
- 상환조건이 높을수록 쿠폰이 상승한다.
- 두 종목의 상관관계가 낮을수록 쿠폰이 상승한다.
- KI(Knock In)이 높을수록 쿠폰이 상승한다.
- KO(Knock Out)이 높을수록 쿠폰이 상승한다.

[개념 확인 문제 정답] 01 ② 02 ② [실전 확인 문제 정답] 01 ④ 02 ③

4 부동산펀드(1)

개념 확인 문제

01 자본시장법은 ( )를 자본시장법의 적용을 받는 부동산간접투자상품의 하나로 인정하고 있다.

① 공모 REITs ② 사모 REITs

02 부동산펀드를 설정 · 설립하는 경우, 반드시 ( )으로 설정 · 설립하도록 의무화하고 있다.

① 개방형 ② 환매금지형

실전 확인 문제

01 부동산펀드의 운용제한에 대한 내용으로 틀린 것은?

① 국내 부동산 중 주택은 취득 후 1년이 경과해야 처분할 수 있다.
② 국외 부동산의 처분제한은 집합투자규약에서 정하는 기간 이내로 한다.
③ 부동산개발사업을 시행하기 전에 해당 토지를 처분할 수 없다.
④ 부동산펀드가 합병 또는 해산되는 경우 예외적으로 기간과 상관없이 처분할 수 있다.

정답해설 부동산펀드에서 취득한 부동산 중 주택은 3년, 주택에 해당하지 않는 경우는 1년 이내 처분이 제한된다.

02 부동산펀드에 대한 설명으로 틀린 것은?

① 만기가 짧다는 점에서 유동성 측면에서 장점이 있다.
② 부동산펀드는 반드시 환매금지형으로 설정해야 한다.
③ 집합투자재산의 50%를 초과하여 부동산에 투자해야 한다.
④ 공모부동산펀드는 공모펀드와 마찬가지로 자본시장법의 운용제한 규정을 적용받는다.

정답해설 부동산펀드는 만기가 길다는 점에서, 또한 환매가 금지된다는 점에서 유동성 측면에서 단점이 있다.

개념 짚어 보기

부동산펀드에서 취득한 부동산에 대한 처분제한

- 처분 행위를 할 수 없는 기간
  - 국내에 있는 부동산 중 주택은 3년 이내, 주택이 아닌 경우는 1년 이내
  - 국외에 있는 부동산은 집합투자규약에서 정하는 기간 이내
- 예외적으로 처분할 수 있는 경우
  - 부동산개발사업에 따라 조성하거나 설치한 토지 · 건축물 등을 분양하는 경우
  - 투자자 보호를 위하여 필요한 경우로서, 부동산펀드가 합병 · 해지 또는 해산되는 경우

[개념 확인 문제 정답] 01 ① 02 ② [실전 확인 문제 정답] 01 ① 02 ①

5 부동산펀드(2)

개념 확인 문제

01 집합투자업자가 펀드재산으로 부동산을 취득하거나 처분하는 경우 (　　　)를 작성해야 한다.

① 실사보고서　　② 사업보고서

02 부동산펀드에서 부동산을 취득함에 있어 금전을 차입하는 경우 그 한도는 (　　　)이다.

① 순자산총액의 100%　　② 순자산총액의 200%

실전 확인 문제

01 부동산 실사보고서에 포함되는 사항으로 잘못된 것은?

① 부동산의 거래가격
② 부동산의 거래비용
③ 부동산의 수익에 영향을 미치는 요소
④ 자금의 조달 · 투자 및 회수에 관한 사항

정답해설 자금의 조달 · 투자 및 회수에 관한 사항은 사업계획서에 포함되는 내용이다. ①~③ 외에 부동산 현황과 관련 재무자료가 실사보고서에 포함되어야 한다.

02 부동산펀드의 집합투자업자가 업무를 위탁할 수 없는 경우에 해당하는 것은?

① 펀드재산의 평가업무　　② 부동산의 개발 및 부수업무
③ 부동산의 관리 · 개량 및 부수업무　　④ 부동산의 임대 및 부수업무

정답해설 자본시장법에서는 집합투자업자의 본질적 업무에 대해 원칙적으로 제3자에의 위탁을 금지하고 있다. 본질적 업무에 해당하는 것은 투자신탁의 설정을 위한 신탁계약의 체결, 펀드재산의 운용 · 운용지시업무, 펀드재산의 평가업무 등이다. 부동산펀드의 집합투자업자는 업무의 일부를 위탁할 수 있도록 하고 있는데 ②, ③, ④가 이에 해당한다.

개념 짚어 보기

부동산개발사업 투자 시 사업계획서의 포함 내용
- 부동산개발사업에 대한 일정과 방법
- 건축계획 등이 포함된 사업계획에 관한 사항
- 자금의 조달 · 투자 및 회수에 관한 사항
- 추정손익에 관한 사항
- 사업의 위험에 관한 사항
- 공사시공 등 외부용역에 관한 사항

[개념 확인 문제 정답] 01 ①　02 ②　**[실전 확인 문제 정답]** 01 ④　02 ①

6 부동산펀드의 종류

개념 확인 문제

01 (　　　)는 부동산펀드의 가장 기본적인 형태로 부동산 자체에 투자하는 유형이다.

① 실물형부동산펀드　　② 권리형부동산펀드

02 (　　　)는 프로젝트형 파이낸싱(PF)형 부동산펀드라고도 불리기도 한다.

① 권리형부동산펀드　　② 대출형부동산펀드

실전 확인 문제

01 부동산펀드에 대한 설명으로 틀린 것은?

① 매매형부동산펀드는 매각차익에 따른 자본소득을 목적으로 한다.
② 임대형부동산펀드는 이자소득만을 목적으로 한다.
③ 형식적인 투자대상자산을 기준으로 할 때에는 부동산펀드에 해당하지 않지만 해당 펀드가 종국적으로 부동산과 관련된 자산이나 사업과 연계된 펀드를 준부동산펀드라 한다.
④ 펀드재산의 50%를 초과하여 채권금융기관이 채권자인 금전채권(부동산을 담보로 한 경우만 해당)을 취득하는 방법으로 투자하는 형태의 부동산펀드도 자본시장법에서 인정된다.

정답해설 매매형부동산펀드가 자본소득만을 목적으로 하는 데 비해, 임대형부동산펀드는 이자소득과 자본소득을 모두 획득할 수 있다.

02 다음 중 실물형부동산펀드의 종류에 속하지 않는 것은?

① 매매형부동산펀드　　② 임대형부동산펀드
③ 개발형부동산펀드　　④ 대출형부동산펀드

정답해설 실물형부동산펀드에는 총 5가지가 있는데 매매형, 임대형, 개량형, 경공매형, 개발형이 그것이다.

개념 짚어 보기

실물형부동산펀드

- 매매형부동산펀드 : 부동산 취득 → 가격상승 시 매각
- 임대형부동산펀드 : 부동산 취득 → 임대소득 확보 및 가격상승 시 매각
- 개량형부동산펀드 : 부동산 취득 → 개량을 통한 가치 증진 및 매각 또는 임대 후 매각
- 경공매형부동산펀드 : 경공매부동산 취득 → 매각 또는 임대 후 매각
- 개발형부동산펀드 : 부동산 취득 → 개발사업을 통해 분양 · 매각하거나 임대 후 매각

[개념 확인 문제 정답] 01 ① 02 ② **[실전 확인 문제 정답]** 01 ② 02 ④

7 특별자산펀드(1)

개념 확인 문제

01 자본시장법상에서는 특별자산펀드에 투자할 수 있는 특별자산을 규정하는 데에 (　　　)를 채택하였다.

① 포괄주의　　　② 열거주의

02 특별자산집합투자기구는 집합투자재산의 50%를 초과하여 증권과 (　　　)을 제외한 투자대상자산인 특별자산에 투자하는 집합투자기구를 말한다.

① 부동산　　　② 선박

실전 확인 문제

▶ 공모특별자산펀드에 대한 설명으로 틀린 것은?

① 사회기반시설사업의 시행을 목적으로 하는 법인이 발행한 주식은 펀드 자산총액의 100%까지 동일종목에 투자할 수 있다.
② 사회기반시설사업의 시행을 목적으로 하는 법인이 발행한 주식은 그 지분증권 총수의 30%까지만 투자할 수 있다.
③ 지적재산권도 특별자산펀드의 운용대상이 될 수 있다.
④ 특별자산펀드를 설정하는 경우엔 반드시 환매금지형펀드로 하도록 의무화하고 있다.

정답해설 공모특별자산펀드도 공모펀드처럼 투자자를 보호하기 위한 운용제한의 적용을 받지만 사회기반시설사업의 시행을 목적으로 하는 법인이 발행한 주식은 그 지분증권 총수의 100%까지 투자할 수 있다.

개념 짚어 보기

특별자산펀드의 운용대상

- 일반상품(농산물 · 축산물 · 수산물 · 임산물 · 광산물 · 에너지에 속하는 물품 및 이 물품을 원료로 하여 제조하거나 가공한 물품, 그밖에 이와 유사한 것)
- 선박, 항공기, 건설기계, 자동차 등과 같이 등기 · 등록 등의 공시방법을 갖추고 있는 동산
- 미술품, 악기
- 문화콘텐츠상품
- 특별자산에 해당하는 증권
- 통화, 일반상품, 신용위험, 그밖에 자연적 · 환경적 · 경제적 현상 등에 속하는 위험으로서 합리적이고 적정한 방법에 의하여 가격 · 이자율 · 지표 · 단위의 산출이나 평가가 가능한 것을 기초자산으로 하는 파생상품
- 어업권, 광업권, 탄소배출권, 지적재산권, 보험금지급청구권 등의 권리

[개념 확인 문제 정답] 01 ① 02 ① [실전 확인 문제 정답] ②

8 특별자산펀드(2)

개념 확인 문제

01 ( )에 투자하는 특별자산펀드에서 "( )"은 온실가스 감축의무를 적용받는 선진국들이 개도국이나 후진국에 온실가스 저감설비를 구축함으로써 줄어든 온실가스 분량만큼 자국에서 온실가스를 추가로 배출할 수 있는 권한을 의미한다.

① 탄소배출권 ② 에너지자원

02 자본시장법상 증권펀드에 해당하지만, 실질적 투자내용 및 경제적인 효과가 특별자산펀드에 속하는 증권펀드를 ( )라 한다.

① 실질특별자산펀드 ② 준특별자산펀드

실전 확인 문제

▶ 다음의 개발 가능한 특별자산펀드 중 잘못 짝지어진 것은?

① 일반상품에 직접투자 – 일반상품투자형 특별자산펀드
② 사회기반시설에 대한 민간투자법에 따른 사회기반시설사업 시행법인의 발행주식과 채권에 투자 – 인프라연계 증권투자형 특별자산펀드
③ 와인, 귀금속, 에너지자원에 투자 – 일반상품연계 파생상품투자형 특별자산펀드
④ 날씨, 재해에 투자 – 위험연계 파생상품투자형 특별자산펀드

정답해설 와인연계 회사주식, 귀금속연계 회사주식, 에너지자원연계 회사지분에 투자하는 증권은 일반상품연계 증권투자형 준특별자산펀드이다.
일반상품연계 파생상품투자형 특별자산펀드
– 커피 · 설탕연계 장외파생상품에 투자하는 특별자산펀드
– 원유연계 장외파생상품에 투자하는 특별자산펀드
– 일반상품연계 장내파생상품에 투자하는 특별자산펀드

개념 짚어 보기

특별자산에 해당하는 증권

- 특별자산이 신탁재산의 50% 이상을 차지하는 경우의 수익증권
- 특별자산이 펀드재산의 50% 이상을 차지하는 경우의 집합투자증권
- 특별자산이 유동화자산의 50% 이상을 차지하는 경우의 유동화증권
- 선박투자법에 따른 선박투자회사가 발행한 주식
- 사회기반시설에 대한 민간투자법에 따른 사회기반시설사업의 시행을 목적으로 하는 법인이 발행한 주식과 채권
- 사회기반시설에 대한 민간투자법에 따른 하나의 사회기반시설사업의 시행을 목적으로 하는 법인이 발행한 주식과 채권을 취득하거나 그 법인에 대한 대출채권을 취득하는 방식으로 투자하는 것을 목적으로 하는 법인의 지분증권

[개념 확인 문제 정답] 01 ① 02 ② [실전 확인 문제 정답] ③

9 신탁의 기본 개념

개념 확인 문제

▶ (　　　)이란 위탁자와 수탁자 간의 신임관계에 의해 위탁자가 수탁자에게 특정의 재산을 이전하거나 담보권의 설정 또는 그 밖의 처분을 하고 수탁자로 하여금 수익자의 이익 또는 특정의 목적을 위하여 그 재산의 관리, 처분, 운용, 개발, 그 밖에 목적의 달성을 위해 필요한 행위를 하게 하는 법률관계를 말한다.

① 대행　　　② 신탁

실전 확인 문제

▶ 신탁과 관련된 내용 중 틀린 것은?

① 신탁관계인에는 위탁자, 수탁자, 수익자 및 신탁관리인과 신탁재산관리인이 포함된다.
② 신탁계약에서 신탁계약의 효력이 미치는 범위는 계약당사자인 위탁자와 수탁자로 한정된다.
③ 신탁선언은 신탁법 개정을 통해 새롭게 허용된 신탁제도에 의한 것으로, 위탁자 자신을 수탁자로 지정하는 것을 말한다.
④ 신탁관리인은 수익자가 특정되어 있지 않은 경우 신탁행위로서 또는 법원이 이해관계인의 청구 및 직권으로써 수익자에 갈음하여 지정한 수익자 권리 행사자이다.

정답해설 민법에 의한 일반적인 계약에서는 계약당사자들에게만 계약의 효력이 미치지만, 신탁계약에서는 계약당사자인 위탁자 · 수탁자를 비롯하여 신탁계약에 의해 수익자로 지정된 자에게까지도 효력이 닿는다.

개념 짚어 보기

신탁의 설정(신탁법 제3조)

- 신탁은 다음의 어느 하나에 해당하는 방법으로 설정할 수 있다.
  - 위탁자와 수탁자 간의 계약
  - 위탁자의 유언
  - 신탁의 목적, 신탁재산, 수익자 등을 특정하고 자신을 수탁자로 정한 위탁자의 선언
- 위탁자는 신탁행위로 수탁자나 수익자에게 신탁재산을 지정할 수 있는 권한을 부여하는 방법으로 신탁재산을 특정할 수 있다.
- 수탁자는 신탁행위로 달리 정한 바가 없으면 신탁 목적의 달성을 위하여 필요한 경우에는 수익자의 동의를 받아 타인에게 신탁재산에 대하여 신탁을 설정할 수 있다.

[개념 확인 문제 정답] ② **[실전 확인 문제 정답]** ②

10 신탁재산의 법적 특성

개념 확인 문제

01 (　　　)은 신탁행위로 수탁자가 신탁재산에 속하는 채무에 대하여 신탁재산만으로 책임지는 신탁을 말한다.

① 유한책임신탁　　② 무한책임신탁

02 (　　　)으로 신탁재산의 독립성을 법적으로 보장하여 신탁재산은 위탁자 및 수탁자의 파산위험으로부터 격리된다.

① 신탁독립기능　　② 도산격리기능

실전 확인 문제

▶ 신탁재산의 법적 특성으로 틀린 것은?

① 신탁재산에 대한 강제집행이 금지된다.
② 수탁자의 상속 및 파산으로부터 독립적이다.
③ 신탁재산에 속하는 채무와 신탁재산에 속하지 않는 채권은 상계할 수 없다.
④ 신탁재산에 대한 혼동의 원칙이 적용되지 않는다.

정답해설 신탁재산에 속하는 채권과 신탁재산에 속하지 않는 채무는 상계할 수 없다.
① 신탁재산에 대해 강제집행, 경매, 국세 등 체납처분을 할 수 없다.
② 신탁재산은 수탁자의 고유재산과 독립된 재산이므로, 파산재단이나 상속재산에 포함되지 않는다.
④ 신탁재산은 수탁자의 고유재산 및 다른 신탁재산으로부터 독립되어 있다. 따라서 민법의 혼동의 원칙을 적용하여 대립되는 권리를 소멸시키는 것은 적용되지 않는다.

개념 짚어 보기

상계 금지(신탁법 제25조)

- 신탁재산에 속하는 채권과 신탁재산에 속하지 않는 채무는 상계하지 못한다. 다만, 양 채권 · 채무가 동일한 재산에 속하지 아니함에 대하여 제3자가 선의이며 과실이 없을 때에는 그러하지 않는다.
- 신탁재산에 속하는 채무에 대한 책임이 신탁재산만으로 한정되는 경우에는 신탁재산에 속하지 않는 채권과 신탁재산에 속하는 채무는 상계하지 못한다. 다만, 양 채권 · 채무가 동일한 재산에 속하지 않는 것에 대하여 제3자가 선의이며 과실이 없을 때에는 그러하지 않는다.

[개념 확인 문제 정답] 01 ① 02 ② **[실전 확인 문제 정답]** ③

11 신탁의 기본 원칙

개념 확인 문제

▶ 선관의무는 수탁자가 선량한 관리자의 주의로 신탁사무를 처리해야 함을, (   )는 수탁자가 수익자의 이익을 위하여 신탁사무를 처리해야 함을 의미한다.

① 충실의무 ② 주의의무

실전 확인 문제

▶ 신탁의 기본 원칙에 대한 설명 중 틀린 것은?

① 신탁은 수탁자가 수익자를 위하여 신탁재산을 관리운용할 뿐 신탁을 통해 발생하는 이익을 보장해 줄 수 없다.

② 수탁자의 권한남용을 방지하기 위하여 민법상의 주의의무에 추가하여 특별히 충실의무를 부여한다.

③ 이익상반행위금지, 공평의무, 이익향수금지, 분별관리의무 등으로 충실의무를 구체적으로 규정하고 있다.

④ 수탁자가 충실의무를 위반한 경우, 수탁자에게 원상회복의 책임을 부담시킨다.

정답해설 수탁자가 일반의무를 위반하여 신탁재산에 손해가 생긴 경우 수탁자에게 신탁재산의 원상회복의 책임을 부담시킨다. 충실의무를 위반한 경우에는 신탁재산에 손해가 생기지 않았더라도 수탁자나 제3자가 얻은 이득 전부를 신탁재산에 반환하여야 한다.

개념 짚어 보기

신탁법

이익에 반하는 행위의 금지(제34조)
- 신탁재산을 고유재산으로 하거나 신탁재산에 관한 권리를 고유재산에 귀속시키는 행위
- 고유재산을 신탁재산으로 하거나 고유재산에 관한 권리를 신탁재산에 귀속시키는 행위
- 여러 개의 신탁을 인수한 경우 하나의 신탁재산 또는 그에 관한 권리를 다른 신탁의 신탁재산에 귀속시키는 행위
- 제3자의 신탁재산에 대한 행위에서 제3자를 대리하는 행위

공평의무(제35조) : 수익자가 여럿인 경우 수탁자는 각 수익자를 위하여 공평하게 신탁사무를 처리하여야 한다.

수탁자의 이익향수금지(제36조) : 수탁자는 누구의 명의로도 신탁의 이익을 누리지 못한다.

수탁자의 분별관리의무(제37조)
- 수탁자는 신탁재산을 수탁자의 고유재산과 분별하여 관리하고 신탁재산임을 표시하여야 한다.
- 여러 개의 신탁을 인수한 수탁자는 각 신탁재산을 분별하여 관리하고 서로 다른 신탁재산임을 표시하여야 한다.
- 위 항의 신탁재산이 금전이나 그 밖의 대체물인 경우에는 그 계산을 명확히 하는 방법으로 분별하여 관리할 수 있다.

[개념 확인 문제 정답] ① [실전 확인 문제 정답] ④

12 신탁상품의 종류(1) – 특정금전신탁

개념 확인 문제

01 (　　　)은 단독운용 신탁상품으로, 고객(위탁자)이 신탁회사에게 신탁재산 운용방법에 대한 내용을 지시하고 신탁회사는 지시에 따라 운용한 후 실적배당한다.

① 특정금전신탁　　② 연금신탁

02 신탁회사는 신택재산의 관리, 운용의 대가로 신탁계약으로 정한 바에 따라 일정한 금액을 (　　　)로 취득한다.

① 특정보수　　② 신탁보수

실전 확인 문제

▶ 특정금전신탁에 대한 설명으로 틀린 것은?

① 추가입금이 가능하여 적립식 상품 활용이 가능하다.
② 가입기간에는 특별한 제한이 없어서 단기와 장기 모두 가능하다.
③ 위탁자 본인이 아닌 제3자를 수익자로 지정하는 것은 허용되지 않는다.
④ 신탁재산 중 위탁자가 지정한 방법대로 운용할 수 없는 잔액이 있는 경우 만기 1일의 단기자산인 고유계정대출이나 콜론으로 일시 운용할 수 있다.

정답해설 위탁자 본인이 아닌 제3자를 수익자로 지정할 수 있으나, 이때 증여세가 부과된다.

개념 짚어 보기

특정금전신탁 상품의 종류

- **확정금리형** : 확정금리를 지급하는 자산에 투자
- **주식형 상품** : 주식운용으로 매매차익 실현
- **자문형 상품** : 투자자문사의 자문을 받아 주식운용
- **구조화 상품** : 기대수익을 구조화하거나 파생결합증권에 투자
- **해외투자형 상품** : 해외의 주식 · 채권 · 부동산에 투자
- **단기자금관리 상품** : 단기자금을 관리하기 위한 상품
- **자사주신탁상품** : 경영권 방어, 주가관리 등을 위해 자기회사 주식에 투자
- **분리과세형 상품** : 분리과세를 목적으로 장기 채권에 투자

[개념 확인 문제 정답] 01 ① 02 ② [실전 확인 문제 정답] ③

13 신탁상품의 종류(2) – 연금신탁

개념 확인 문제

▶ (   )은 합동운용에 의한 높은 기대수익률과 원금보장의 안정성을 갖춘 상품으로, 세금혜택이 특히 높은 금융상품이다.

① 부동산신탁 ② 연금신탁

실전 확인 문제

▶ 연금신탁에 대한 내용으로 틀린 것은?

① 위탁자와 수익자가 동일한 자익신탁으로만 가입할 수 있다.
② 적립기간은 5년 이상 연단위로 정할 수 있고, 지급기간은 적립기간이 만료된 때부터 10년 이상 연단위로 정할 수 있다.
③ 연금지급금액은 신탁잔액과 신탁평가액을 잔여 연금지급횟수로 분할하여 지급한다.
④ 신규일로부터 5년 이내에 해지하는 경우 기타소득세에 해지가산세가 징수된다.

정답해설 적립기간은 10년 이상 연단위로, 지급기간은 5년 이상 연단위로 정할 수 있다.

개념 짚어 보기

연금신탁의 과세방법

• 연금지급 시 과세

연금소득＝연금수령액×{1－(실제 소득공제 받은 금액을 초과하여 불입한 금액의 누계액÷연금지급개시일 현재의 원리금합계액)}

• 해지가산세 징수

해지가산세＝매년 불입한 금액(연 400만 원 한도)×2.2%(주민세 포함)

– 해지가산세가 면제되는 경우(특별중도해지사유)
 i) 위탁자의 사망, 해외이주, 퇴직
 ii) 위탁자가 근무하는 사업장의 폐업
 iii) 위탁자가 영위하는 사업장이 폐업한 경우
 iv) 위탁자가 3개월 이상의 입원치료 또는 요양을 요하는 상해 · 질병 발생 시
 v) 천재 · 지변

[개념 확인 문제 정답] ② [실전 확인 문제 정답] ②

14 신탁상품의 종류(3) – 금전채권신탁 및 부동산신탁

개념 확인 문제

01 (　　　)은 신탁재산으로 금전의 급부가 목적인 금전채권을 인수하고, 신탁회사가 신탁계약에 의해 신탁된 금전채권의 관리 · 추심업무 · 추심자금 운용 등을 수행한다.

① 부동산금전신탁　　② 금전채권신탁

02 (　　　)이란 위탁자로부터 토지와 그 정착물, 즉 부동산을 신탁 받아서 위탁자의 지시 또는 신탁계약에서 정한 바에 따라 신탁회사가 그 부동산을 관리 · 운용 · 처분 및 개발하는 신탁상품을 말한다.

① 부동산신탁　　② 부동산채권

실전 확인 문제

▶ 금전채권신탁 및 부동산신탁에 대한 설명으로 틀린 것은?

① 금전채권신탁은 주로 금전채권의 추심관리를 목적으로 이용하는 경우가 많다.
② 금전채권신탁에서 신탁회사는 위탁자가 신탁한 금전채권신탁의 수익권을 증권화하여 그 수익증권을 위탁자에게 교부한다.
③ 부동산신탁상품은 부동산신탁회사를 중심으로 은행, 증권 등의 신탁겸영금융회사들도 많이 취급하고 있다.
④ 부동산신탁에는 담보신탁, 관리신탁, 처분신탁, 개발신탁, 관리형 개발신탁, 분양관리신탁이 이용된다.

정답해설 금전채권의 추심관리를 목적으로 금전채권신탁을 이용하는 경우는 거의 없으며 금전채권신탁의 수익권을 제3자에게 양도함으로써 자금을 조달하는 자산유동화의 목적으로 주로 이용된다.

개념 짚어 보기

금전채권신탁을 통한 자산유동화의 기본구조

- 위탁자(금전채권 보유자)가 신탁회사에게 유동화할 금전채권으로 신탁
- 신탁회사는 수익증권(금전채권신탁의 수익권을 증권화)을 위탁자에게 교부
- 수익증권을 교부받은 위탁자는 증권시장을 통해 제3자에게 매도
- 신탁회사는 금전채권 채무자에게 원금 및 이자 회수
- 수익자인 수익증권 소지자에게 원금 및 이자를 지급

[개념 확인 문제 정답] 01 ② 02 ① [실전 확인 문제 정답] ①

15 신탁상품의 판매(1)

개념 확인 문제

01 원본보전신탁상품과 관리신탁상품과 같은 (　　　)은 자본시장법에서 요구되는 투자권유절차가 적용되지 않는다.

① 금융투자상품인 신탁상품　　② 비금융투자상품인 신탁상품

02 파생상품 등이 포함된 신탁상품의 투자권유에 대한 특칙에 의해 (　　　) 이상이고 파생상품 등에 대한 투자경험이 (　　　) 미만인 일반투자자인 개인고객에게는 파생상품 등에 대한 투자권유를 할 수 없다.

① 만 60세, 6개월　　② 만 65세, 1년

실전 확인 문제

▶ 신탁상품 투자권유절차 중, 신탁상품 및 운용자산 설명 시의 주요 사항이 아닌 것은?

① 신탁상품의 명칭 및 종류와 투자원금보장에 관한 사항
② 신탁의 중도해지방법, 중도해지제한, 중도해지수수료에 관한 사항
③ 신탁재산의 운용방법, 운용제한 등에 관한 사항
④ 신탁보수, 투자소득의 과세에 관한 사항

정답해설 투자원금이 보장되지 않는다는 사실 등 투자위험에 관한 사항이 포함되어야 한다.

개념 짚어 보기

신탁상품 판매의 단계별 투자권유절차

- **투자자 정보 파악** : 위탁자가 일반투자자인지 전문투자자인지 파악, 일반투자자일 경우 투자자정보확인서를 통해 투자목적 및 재산상황 및 투자경험 등의 정보를 파악
- **투자자 유형분류** : 파악한 위탁자의 정보를 활용하여 위탁자의 위험성향을 위험등급분류체계에 따라 일정 유형으로 분류
- **적합한 신탁상품과 운용자산의 선정 및 권유** : 고객에 성향에 비추어 적합하다고 인정되는 상품만을 투자권유
- **신탁상품 및 운용자산의 설명** : 위탁자에게 상품설명서를 교부하고 신탁상품의 주요사항을 일반투자자가 이해할 수 있도록 구체적으로 설명
- **위탁자 의사확인 및 계약체결** : 고객의 신탁상품 가입의사를 최종적으로 확인한 후 신탁계약을 체결
- **사후관리** : 매분기 1회 이상 주기적으로 자산운용보고서를 작성하여 제공

[개념 확인 문제 정답] 01 ② 02 ② [실전 확인 문제 정답] ①

16 신탁상품의 판매(2)

개념 확인 문제

▶ **실적배당신탁을 판매하거나 운용 중인 신탁업자는 실적배당신탁상품에 대하여 (　　　) 배당률 또는 기준가격을 영업장에 비치해야 한다.**

① 매일의　　　② 매주의

실전 확인 문제

▶ **신탁상품의 판매관련 불건전 영업행위에 대한 설명 중 틀린 것은?**

① 여러 신탁재산의 집합운용은 금지되며 위탁자를 유형화하여 운용할 경우, 반드시 각 유형별 가중평균수익률과 최고 · 최저수익률을 함께 제시해야 한다.

② 성과보수를 수취하는 경우 금융위원회에서 정한 3가지 요건을 충족하는 기준지표에 연동하여 산정해야 하며, 신탁업자와 위탁자 간 합의에 의해 달리 정하는 것은 가능하다.

③ 신탁업을 겸영하는 투자중개업자가 신탁업무와 투자중개업무를 결합한 자산관리계좌를 운용함에 있어서 위탁매매수수료를 부과하는 행위는 허용된다.

④ 위탁자가 서면으로 수령을 거절하지 않는 한, 금전신탁고객에 대해 분기 1회 이상 신탁재산의 운용내역을 신탁계약에서 정하는 바에 따라 통지해야 한다.

정답해설 신탁업을 겸영하는 투자중개업자가 신탁업무와 투자중개업무를 결합한 자산관리계좌를 운용함에 있어서 신탁재산에 비례하여 산정하는 신탁보수 외에 위탁매매수수료 등 다른 수수료를 부과하는 행위는 금지된다.
② 성과보수를 수취하는 경우의 조건
- 증권시장 또는 파생상품시장에서 널리 사용되는 공인된 지수를 사용할 것
- 성과를 공정하고 명확하게 보여줄 수 있는 지수를 사용할 것
- 검증가능하고 조작할 수 없을 것

개념 짚어 보기

특정금전신탁인 경우 추가로 설명해야 할 사항(특정금전신탁 업무처리 모범기준)

- 위탁자가 신탁재산인 금전의 운용방법을 지정하고, 신탁회사는 지정된 운용방법에 따라 신탁재산을 운용한다는 사실
- 특정금전신탁계약을 체결한 위탁자는 신탁계약에서 정한 바에 따라 특정금전신탁재산의 운용방법을 변경지정하거나 계약의 해지를 요구할 수 있으며, 신탁회사는 특별한 사유가 없는 한 위탁자의 운용방법 변경지정 또는 계약의 해지 요구에 대하여 응할 의무가 있다는 사실
- 특정금전신탁계약을 체결한 위탁자는 자기의 재무상태, 투자목적 등에 대하여 신탁회사의 임직원에게 상담을 요청할 수 있으며, 신탁회사의 임직원은 그 상담요구에 대하여 응할 준비가 되어 있다는 사실
- 특정금전신탁의 운용내역 및 자산의 평가가액을 위탁자가 조회할 수 있다는 사실

[개념 확인 문제 정답] ①　[실전 확인 문제 정답] ③

핵심플러스

OX 문제

01 선물 및 선도는 장래의 일정기간 동안 일정한 가격으로 기초자산이나 기초자산의 가격 · 이자율 · 지표 · 단위 또는 이를 기초로 하는 지수 등에 의하여 산출된 금전 등을 교환할 것을 약정하는 계약이다. ( )

02 파생상품은 장내파생상품과 장외파생상품으로 구분되는데, 장내파생상품은 국내외 파생상품시장에서 거래되는 파생상품이고 그 이외의 것이 장외파생상품이다. ( )

03 파생상품펀드의 운용사는 발행사와의 협의를 통해 수익구조를 만들고 가격에 대한 적정성 평가를 거쳐 투자제안서를 구성해 판매사에 제안한다. ( )

04 금리연계 파생결합증권에는 투스타(만기 3년)와 양방향 워런트(만기 1년)이 있다. ( )

05 수익구조에 대해 상승형을 콜, 하락형을 풋이라고 한다. ( )

06 평가일에 대해 워런트의 수익을 결정하는 데, 만기에 한 번만 관찰하면 미국형이라고 한다. ( )

07 부동산펀드는 집합투자재산의 50%를 초과하여 부동산에 투자하며, 부동산 이외의 투자는 불가능하다. ( )

08 부동산펀드에서 운용특례로 요건을 충족하여 금전을 대여하는 경우, 그 대여금의 한도는 해당 부동산펀드 자산총액에서 부채총액을 뺀 가액의 200%로 한다. ( )

09 부동산펀드의 펀드재산을 시가에 따라 평가하되, 평가일 현재 신뢰할 만한 시가가 없는 경우에는 공정가액으로 평가한다. ( )

10 프로젝트 파이낸싱형 부동산펀드는 시행사 등으로부터 대출이자를 지급받고, 대출원금을 상환받는 것이 운용목적이다. ( )

11 선박투자회사법에 따라 공모방식으로 설립되는 공모선박투자회사를 특별자산펀드로 인정한다. ( )

12 특별자산펀드의 운용대상으로는 일반상품을 비롯하여 미술품, 문화콘텐츠상품, 통화, 탄소배출권 등도 가능하다. ( )

해설

01 스왑에 대한 설명이다. 선물 및 선도는 기초자산이나 기초자산의 가격 · 이자율 · 지표 · 단위 또는 이를 기초로 하는 지수 등에 의하여 산출된 금전 등을 장래의 특정 시점에 인도할 것을 약정하는 계약이다.

04 투스타와 양방향 워런트는 주가연계 파생결합증권에 속한다. 금리연계 파생결합증권에는 CD레인지가 있다.

06 만기에 한 번만 관찰하면 유럽형, 만기 전 어느 때라도 관찰하여 확정하면 미국형, 만기 전 특정 평가일들을 정하여 수익률을 결정하고 최종적으로 평균하여 결정하면 아시아형이다.

07 부동산 외에도 부동산을 기초자산으로 하는 파생상품, 부동산 개발과 관련한 법인에 대한 대출, 그 밖에 부동산 및 관련 증권에 대한 투자도 가능하다.

08 해당 부동산펀드 자산총액에서 부채총액을 뺀 가액의 100%로 한다.

[정답] 01 × 02 ○ 03 ○ 04 × 05 ○ 06 × 07 × 08 × 09 ○ 10 ○ 11 ○ 12 ○

핵심플러스

OX 문제

13 수탁자가 신탁사무를 수행하는 것이 적절하지 않은 경우에 법원이 이해관계인의 청구에 의해 수탁자에 갈음하여 신탁재산을 관리할 자로 신탁관리인을 선임한다. ( )

14 신탁계약의 효력은 계약당사자인 위탁자와 수탁자에 한한다. ( )

15 신탁재산과 관련하여 신탁 전 원인에 의해 발생한 권리 및 신탁사무의 처리상 발생한 권리에 기한 경우도 강제집행이 금지된다. ( )

16 연금신탁에서 손실이 발생하여도 실적배당원칙에 의해 신탁회사가 원금을 보장하여 줄 수 없다. ( )

17 집합투자는 간접투자상품이라는 점에서 신탁과 유사하지만, 투자자의 재산을 집합하여 운용한다는 점에서 구분하여 운용하는 신탁과 구분된다. ( )

18 특정금전신탁의 최저가입금액은 다른 금융상품에 비해 낮은 편이다. ( )

19 연금신탁은 최고한도 400만 원까지 연간 적립금액을 종합소득금액에서 소득공제 받는 혜택이 부여된다. ( )

20 금전채권신탁은 주로 수익권을 제3자에게 양도함으로써 자금을 조달하는 자산유동화의 목적으로 이용된다. ( )

21 금전채권신탁은 담보신탁, 관리신탁, 처분신탁, 개발신탁으로 구분된다. ( )

22 만 65세 이상이고 파생상품 등에 대한 투자경험이 3년 이상이거나 만 65세 미만이고 파생상품 등에 대한 투자경험이 1년 이상인 일반투자자인 개인에게는 원금손실률이 20% 이내로 제한되는 파생결합증권에만 투자권유 할 수 있다. ( )

23 여러 신탁재산의 집합 운용은 금지되며, 신탁상품의 판매 시 집합 운용한다는 내용으로 투자권유 하거나 투자광고 할 수 없다. ( )

해설

13 신탁관리인이 아닌 신탁재산관리인을 선임한다.

14 위탁자와 수탁자뿐만 아니라 수익자에게도 효력이 미친다.

15 신탁재산이지만 신탁설정 전에 저당권이 설정된 경우나 신탁설정 후 수탁자가 신탁사무를 처리하면서 저당권을 설정하여 준 경우는 강제집행이 가능하다.

16 신탁의 실적배당원칙에 의해 신탁재산에서 손실이 발생했을 경우 모두 투자자에게 귀속되는 것이 원칙이다. 하지만 예외로 연금신탁의 경우 신탁회사가 보장한다.

18 특정금전신탁은 단독운용 신탁상품이다. 고객별로 신탁재산을 구분하여 관리 · 운용하기 때문에 최저가입금액이 다른 금융상품보다 높다.

21 부동산신탁의 상품종류에 대한 내용이다.

22 장외파생상품 이외의 모든 파생상품 등에 대한 투자권유가 가능하다.

[정답] 13 × 14 × 15 × 16 × 17 ○ 18 × 19 ○ 20 ○ 21 × 22 × 23 ○

6장 펀드운용

대표 유형 문제

다음 보기의 운용전략에 해당하는 것들만 묶은 것은?

보기

시장이 비효율적이라는 가정을 하고 포트폴리오의 위험허용치 대응 수익률을 상회하는 초과수익 실현을 목적으로 하는 운용전략

㉠ 듀레이션조절전략 ㉡ 만기보유전략 ㉢ 사다리형만기전략
㉣ 수익률곡선타기전략 ㉤ 채권면역전략 ㉥ 현금일치전략
㉦ 바벨형채권운용전략 ㉧ 탄환형채권운용전략 ㉨ 크레딧운용전략
㉩ 채권인덱싱전략

① ㉠, ㉡, ㉤, ㉥, ㉦
② ㉡, ㉢, ㉣, ㉧, ㉩
③ ㉠, ㉣, ㉦, ㉧, ㉨
④ ㉡, ㉣, ㉦, ㉧, ㉨

정답해설 보기는 적극적 운용전략에 대한 내용이다.
- 적극적 채권운용전략 : 듀레이션조절전략, 수익률곡선타기전략, 바벨형채권운용전략, 탄환형채권운용전략, 크레딧운용전략
- 소극적 채권운용전략 : 만기보유전략, 사다리형만기전략, 채권면역전략, 현금일치전략, 채권인덱싱전략

대표 유형 문제 알아 보기

채권인덱싱(Indexing) 전략

- 채권시장 전체의 흐름을 따르는 포트폴리오를 구성하여 채권시장 전체의 수익률을 달성하려는 전략
- 장점
  - 시장평균적 투자성과를 확보할 수 있으며, 투자자가 불확실한 미래에 대한 예측을 하지 않아도 된다.
  - 적극적 투자전략과 비교할 때 자문료와 같은 비용이 절약된다.
  - 실질평가에 대한 객관성을 높일 수 있다.
- 단점
  - 채권지수의 투자성과가 최적의 투자성과를 의미하는 것은 아니다.
  - 투자자의 부채구조를 고려한 유동 및 위험 등을 관리하는 목적으로는 적합하지 않다.
  - 포트폴리오 구성 방법이 기계적이다.

[대표 유형 문제 정답] ③

대표 유형 문제

다음 내용의 괄호 안에 적절한 것은?

(　　　　　)는 기업의 시장가치를 세전영업이익으로 나눈 값으로, 기업의 적정 주가를 판단하는 데 사용된다. 투자원금을 회수하는 데 걸리는 기간을 나타내며, 이 수치가 낮다는 것은 기업의 주가가 낮으면서(저평가됨) 영업현금흐름(영업력과 재무구조가 좋음)이 좋다는 것을 의미하게 된다.

① PER 평가모형　　② PBR 평가모형
③ PSR 평가모형　　④ EV/EBITDA 모형

정답해설 EV/EBITDA 모형에 대한 설명이다.

대표 유형 문제 알아 보기

주가배수를 활용한 상대가치평가

- PER 평가모형
  - 기업의 단위당 수익가치에 대한 상대적인 주가수준을 나타낸 것
  - 장점 : 간단한 회계정보를 이용하여 실제 투자결정에 쉽게 활용할 수 있다.
- PBR 평가모형
  - 자산가치에 대비한 상대적 주가수준을 측정한 지표
  - 장점 : 부(−)의 EPS기업에도 적용이 가능하며 유동자산이 많은 산업에 유용하다.
- PSR 평가모형
  - 기업의 외형적인 성과척도인 주당매출액에 비교한 상대적 주가수준을 평가하는 지표
  - 장점
    i) 분모의 매출액 측정이 회계처리방법에 가장 덜 영향받는다.
    ii) 왜곡이나 조작 가능성이 상대적으로 낮다.
    iii) 부(−)의 이익을 낸 기업에도 적용이 가능하다.
    iv) 가치평가가 쉽지 않은 성숙기업, 경기순환기업, 적자기업의 평가에 적절하다.
- EV/EBITDA 모형
  - 현금의 크기를 감안할 경우 기업가치가 상대적으로 얼마나 높은지를 측정
  - 장점
    i) 자본구조에 차이가 있는 기업들을 서로 비교할 수 있다.
    ii) 감가상각방법 등의 회계처리방법과 영업외적 요인에 의해서 별로 영향을 받지 않는다.
    iii) 철강업 등 자본집약산업에 유용성이 높다.

[대표 유형 문제 정답] ④

1 채권에 대한 이해

개념 확인 문제

01 채권은 ( )에 따라 국채 · 지방채 · 은행채 · 회사채 등으로 분류하고, ( )에 따라 이표채 · 할인채 · 복리채 등으로 분류한다.

① 발행주체, 원리금지급방법 ② 발행기관, 수익률

02 ( )는 서울도시철도채, 지역개발공사채, 도로공채, 상수도공채 등이 발행되며 정부의 지원을 받아 안전성이 높다.

① 국채 ② 지방채

실전 확인 문제

01 다음 중 회사채의 특징이 아닌 것은?

① 상법상의 주식회사가 발행한다.
② 정부가 간접적으로 지원하여 안전성이 높다.
③ 일반적으로 3개월마다 이자를 지급받고 만기에 원금을 상환한다.
④ 일반적으로 무보증채로 발행한다.

정답해설 정부가 간접적으로 지원하여 안전성이 높은 것은 지방채의 특징이다.

02 다음은 무엇에 대한 설명인가?

이자 지급일에 쿠폰과 이자를 교환하며, 대부분 등록발행 방식으로 발행한다.

① 이표채 ② 할인채 ③ 담보채 ④ 복리채

정답해설 쿠폰을 이표라고도 하며, 이표채는 정기적으로 이자를 지급하는 방식으로 현재는 등록발행이 대부분이다.

개념 짚어 보기

채권의 특성
- 만기가 고정되어 있고, 고정금리를 지급한다.
- 만기 이전에 매매가 가능하다.
- 채권은 채무불이행 가능성이 낮고, 선순위 청구권이 있으므로 주식보다 안전하다.

[개념 확인 문제 정답] 01 ① 02 ② **[실전 확인 문제 정답]** 01 ② 02 ①

2 채권수익률과 채권가격

개념 확인 문제

01 (　　　)은 일반적인 채권수익률, 할인율, 채권금리를 지칭하는 것으로, 채권의 현재가격과 미래 현금흐름을 일치시키도록 할인하는 한 개의 수익률을 말한다.

① 내재이자율　　② 만기수익률

02 (　　　)은 할인채의 만기수익률로 중간에 현금이 없는 채권의 수익률을, (　　　)은 현재의 채권금리에 내포되어 있는 미래의 일정기간에 대한 금리를 말한다.

① 현물이자율, 내재이자율　　② 내재이자율, 만기수익률

실전 확인 문제

01 채권수익률과 관련된 다음 설명 중 틀린 것은?

① 채권수익률(할인율)이 하락하면 채권가격은 상승한다.
② 채권의 가격계산은 현금흐름할인법(DCF)을 사용한다.
③ 만기수익률은 만기 이전에 현금흐름이 발생하여도 만기까지 단일수익률을 적용한다.
④ 내재이자율은 대부분 미래의 채권수익률과 일치한다.

정답해설 실질적으로 형성되는 미래의 채권수익률은 내재이자율과 일치하지 않는 경우가 많다.

02 91일 후 40,000,000원을 지급받는 양도성예금증서의 매매금리가 5.5%라면 매매가격은 얼마인가? 현금흐름할인법을 사용하여 계산하시오.

① 39,459,406원　　② 39,559,406원
③ 49,459,406원　　④ 49,559,406원

정답해설 $PV = FV/\{(1+r)^n \times (1+r \times d/365)\} = 40{,}000{,}000/(1+0.055 \times 91/365)$

개념 짚어 보기

무이표채의 가격계산

$$PV = FV/\{(1+r)^n \times (1+r \times d/365)\}$$

* PV : 현재가격, FV : 미래현금흐름, n : 잔존년수, r : 할인율, d : 1년 이내의 잔존일수, t : 총잔존일수

[개념 확인 문제 정답] 01 ② 02 ① [실전 확인 문제 정답] 01 ④ 02 ①

3 채권수익률곡선과 듀레이션(1)

개념 확인 문제

▶ (　　　)은 채권금리 변화에 대한 채권가격변동의 민감도로, 채권의 투자위험 및 투자성과를 사전에 파악하는 데 유용하게 사용된다.

① 컨벡시티　　　② 듀레이션

실전 확인 문제

01 채권수익률곡선에 대한 설명으로 틀린 것은?

① 신용도가 동일한 무이표채권의 만기수익률과 만기와의 관계를 확인할 수 있다.
② 우상향하는 수익률곡선을 활용한 전략으로는 숄더효과, 롤링효과 활용전략이 있다.
③ 상승형, 하락형, 굴곡형, 수평형 등의 형태를 지닌다.
④ 수익률곡선의 기울기가 평평한 것은 금리상승의 기대가 반영된 것으로 본다.

정답해설 기울기가 평평한 것은 향후 금리하락에 대한 기대가, 기울기가 가파른 것은 금리상승에 대한 기대가 반영된 것이다.

02 듀레이션에 대한 설명으로 옳은 것은?

① 듀레이션은 가중평균만기를 의미하며, 매 분기 발생하는 이자를 고려하지 않는다.
② 표면이자율이 높아질수록 듀레이션은 길어진다.
③ 채권의 현금흐름과 현금흐름의 시간가치를 고려한다는 것이 특징이다.
④ 할인채와 복리채는 채권의 만기와 듀레이션이 일치한다.

정답해설 ① 매 분기 발생하는 이자를 고려한 가중평균만기에 해당한다.
② 표면이자율이 높이진다는 것은 잔존만기가 짧아지므로, 듀레이션은 짧아진다.
③ 현금흐름은 고려하지만, 현금흐름의 시간가치는 고려하지 않는다.

개념 짚어 보기

듀레이션을 활용한 채권금리변화와 채권가격변동의 관계

$$dp/p = (-) \times \text{듀레이션} \times dY$$

* (dp/p : 채권가격 변동률, dY : 금리변화율)

[개념 확인 문제 정답] ② [실전 확인 문제 정답] 01 ④ 02 ④

4 채권수익률곡선과 듀레이션(2)

개념 확인 문제

▶ ( )을 통해 투자 전 할인율별 투자성과에 대해 예측할 수 있다.

① 금리민감도분석 ② 금리성과도측정

실전 확인 문제

01 말킬의 채권가격 정리에 대한 설명으로 틀린 것은?

① 장기채가 단기채보다 일정한 수익률변동에 대한 가격변동폭이 크다.

② 이자율변동에 따른 채권가격 변동폭은 만기가 길수록 증가하나, 그 증가율은 체감한다.

③ 만기가 일정할 때 수익률 하락으로 인한 가격상승폭이, 같은 폭의 수익률 상승으로 인한 가격하락폭보다 작다.

④ 표면이자율이 낮은 채권이 표면이자율이 높은 채권보다 일정한 수익률 변동에 따른 가격 변동률이 크다.

정답해설 만기가 일정할 때 수익률 하락으로 인한 가격상승폭이, 같은 폭의 수익률 상승으로 인한 가격하락폭보다 크다. 또한 채권가격과 채권수익률이 반비례의 관계에 있다는 내용도 포함된다.

02 채권의 컨벡시티과 관련된 내용으로 틀린 것은?

① 채권가격과 채권수익률 간의 관계는 곡선이다.

② 컨벡시티는 듀레이션을 미분한 값으로, 듀레이션으로 측정한 직선과 실제의 곡선과의 오차를 줄이기 위해 사용되는 개념이다.

③ 채권금리상승으로 채권가격이 하락할 때의 채권가격은 듀레이션으로 계산한 가격보다 낮다.

④ 듀레이션만 사용할 경우, 실제 채권가격 움직임을 정확하게 계산하지 못한다는 단점이 있다.

정답해설 컨벡시티는 항상 양이기 때문에 채권금리상승으로 채권가격이 하락할 때의 채권가격은 듀레이션으로 계산한 가격보다 높다.

개념 짚어 보기

채권가격변동률 계산 공식(듀레이션에 컨벡시티 추가)

$$채권가격변동률=(-)\times 듀레이션\times dY+Convexity\times (dY)^2$$

[개념 확인 문제 정답] ① [실전 확인 문제 정답] 01 ③ 02 ③

5 채권투자위험(1)

개념 확인 문제

01 (   )은 만기가 되기 전에 채권에 대한 매도를 시도할 경우, 채권금리상승으로 인한 채권가격 하락 발생 위험을 뜻한다.

① 가격변동위험 ② 금리변동위험

02 채권 투자자들이 (   )를 중요하게 생각하는 것은 채권의 부도 시 회수 가능성 예측을 위해서다.

① 대차대조표 ② 사업계획서

실전 확인 문제

▶ 신용위험에 대한 설명으로 틀린 것은?

① 부도위험을 피하기 위해서는 크레딧물을 매도하거나 신용파생상품을 활용해야 한다.
② 채권의 신용등급이 하락하면 채권수익률이 상승하여 채권가격이 하락하는 위험을 신용등급 하향위험이라고 한다.
③ 경기가 좋은 경우에는 신용스프레드가 감소한다.
④ 회사채 투자자는 주주들보다 후순위로 청구권을 갖는다.

정답해설 회사채 투자자는 주주들보다 우선하여 청구권을 갖는다.

개념 짚어 보기

신용채권의 신용평가등급표

회사채등급(3년 이상)	기업어음등급(1년 이하)	비고
AAA	A1	투자적격등급
AA(+, 0, −)		
A(+, 0, −)	A2(+, 0, −)	
BBB(+, 0, −)	A3(+, 0, −)	
BB(+, 0, −)	B(+, 0, −)	투기등급
B(+, 0, −)		
CCC	C	
CC		
C		
D	D	부도등급

[개념 확인 문제 정답] 01 ① 02 ① [실전 확인 문제 정답] ④

6 채권투자위험(2)

개념 확인 문제

01 (　　　)은 채권투자의 위험 중 채권을 매도할 때 그 채권에 대한 매수하는 세력 유입이 부족해서 제 가격을 받지 못하는 위험을 뜻한다.

① 유동성위험　　② 콜위험

02 만기가 되기 전, 채권의 발행인이 상환하는 것이 가능한 채권을 (　　　)이라 한다.

① 콜옵션부채권　　② 풋옵션부채권

실전 확인 문제

01 유동성위험에 대한 내용으로 틀린 것은?

① 유동성위험은 매수매도 호가 간격이 좁을 때 높고, 넓을 때 작아진다.
② 국채는 유동성이 풍부하여 매수－매도 간격이 좁다.
③ 신용등급이 낮을수록 스프레드가 확대된다.
④ 신용등급이 낮은 종목은 채권수익률이 높게 평가된다.

정답해설 유동성위험은 매수매도 호가 간격이 좁을 때 낮고, 넓을 때 커진다.

02 콜옵션부채권에 대한 내용으로 틀린 것은?

① 수의상환채권이라고도 한다.
② 콜옵션가치만큼 채권가치가 하락한다.
③ 채권가격은 금리상승 시 하락하고, 금리하락 시 행사가격 이상으로 상승한다.
④ 콜옵션부채권가치는 일반채권가치에서 콜옵션가치를 뺀 것과 같다.

정답해설 금리상승 시 채권가격이 하락하지만, 금리하락 시 행사가격 이상으로 채권이 올라가지 않아서 위험성을 지닌다.

개념 짚어 보기

채권투자위험

- 가격변동위험
- 신용위험(부도위험, 신용등급하향위험, 신용스프레드확대위험, 청구권, 신용평가)
- 유동성위험
- 콜위험

[개념 확인 문제 정답] 01 ① 02 ①　**[실전 확인 문제 정답]** 01 ① 02 ③

7 주식관련사채와 금리예측

개념 확인 문제

01 주식관련사채는 전환사채, 신주인수권부사채, 교환사채 등과 같이 (　　　)에 연동된 채권을 이른다.

① 주가　　② 행사가격

02 (　　　)은 보유채권을 주식 1주로 전환할 때의 금액을 뜻한다.

① 전환가격　　② 전환주가

실전 확인 문제

01 다음 중 용어해설이 잘못된 것은?

① 전환비율은 주식으로 전환할 수 있는 전환사채 액면의 비율을 말한다.
② 전환청구기간은 전환사채를 주식으로 전환할 수 있는 기간을 말한다.
③ 교환가격은 전환사채의 주식측면의 이론가격을 말한다.
④ 만기보장수익률을 보장하기 위해서 원금에 할증하는 프리미엄률을 만기상환율이라고 한다.

정답해설 전환사채의 주식측면의 이론가격은 패리티가격이다.
패리티가격 계산 : 주가/전환가격×10,000원

02 금리예측에 대한 다음 설명 중 틀린 것은?

① 정책금리를 인상하면 채권금리가 하락한다.
② 환율하락은 물가하락으로 이어져 금리를 하락시키는 요인이 된다.
③ 생산자 물가의 상승은 경제에 악영향이 된다.
④ 순수출의 흑자는 금리상승의 요인이 된다.

정답해설 정책금리를 인상하면 단기 차입금리가 상승하므로 채권금리가 상승한다.

개념 짚어 보기

주식관련사채
- 일반회사채에 주식콜옵션이 추가된 것
- 투자수익
  - 주가 하락 시 : 채권으로 원리금 확보
  - 주가 상승 시 : 주식으로 전환 혹은 신주인수를 통해서 차익 확보

[개념 확인 문제 정답] 01 ① 02 ① [실전 확인 문제 정답] 01 ③ 02 ①

8 경제분석과 산업분석

개념 확인 문제

01 이자율이 상승하면 요구수익률이 높아져 주가는 ( )하고, 이자율이 하락하면 요구수익률이 낮아져 주가는 ( )할 가능성이 높다.

① 상승, 하락 ② 하락, 상승

02 실질 GDP성장률과 물가상승률을 더한 값이 ( )이 된다.

① 경제성장률 ② 주가상승률

실전 확인 문제

01 주가에 영향을 주는 국민경제적 요인들에 대한 일반적 설명으로 적절하지 못한 것은?

① 장기간의 주가상승률은 명목 GDP 성장률에 접근한 것이다.
② 인플레이션은 언제나 주가하락의 원인이 된다.
③ 환율의 상승은 단기적으로 수출비중이 높은 기업에게 유리하다.
④ 주가는 경기변동에 선행하는 측면이 있다.

정답해설 일정한 수준 이내의 인플레이션은 기업의 매출액과 순이익을 크게 하므로 긍정적 영향을 주기도 한다.

02 포터는 산업의 경쟁구조 분석을 위해 진입장벽, 대체가능성, 기존경쟁업체 간 경쟁강도, 구매자와 공급자의 교섭력을 들고 있다. 개별 요소들이 기업의 경영성과에 미치는 일반적 영향이 아닌 것은?

① 기존업체의 경우 진입장벽은 낮을수록 좋다.
② 대체가능성은 낮을수록 좋다.
③ 기존 경쟁업체 간의 경쟁 치열도는 낮을수록 유리하다.
④ 구매자의 입장에서 높은 교섭력이 있을수록 좋다.

정답해설 기존에 산업에 진입해 있는 업체의 경우 신규 진입장벽은 높아야 유리하다.

개념 짚어 보기

주식의 가치에 영향을 주는 기업의 이익흐름 요인
- 기업적 요인 : 기업의 경쟁력, 생산성, 자산이용의 효율성, 재무효율성
- 산업적 요인 : 수요성장률, 시장규모, 경쟁구조, 비용구조, 정부의 지원, 노사관계
- 경제적 요인 : 경제순환, GDP 성장률, 1인당 국민소득, 환율, 인플레이션, 이자율

[개념 확인 문제 정답] 01 ② 02 ② [실전 확인 문제 정답] 01 ② 02 ①

9 기업가치분석(1)

개념 확인 문제

01 (　　　)은 배당을 전혀 하지 않거나, 극히 적게 하는 기업의 주식을 평가할 경우 주당이익을 기초로 하여 내재가치를 구하는 평가 방법이다.

① 배당평가모형　　② 이익평가모형

02 자산가치평가모형을 이용하여 주식가치를 평가할 때에는 (　　　)을 계산하여 평가해야 한다.

① 주당순자산　　② 주당잔여재산

실전 확인 문제

01 배당평가모형에 대한 설명 중 틀린 것은?

① 미래투자수입을 요구수익률로 할인, 현재가치를 추정하여 보통주의 내재가치를 구한다.
② 정률성장모형은 미래배당흐름의 일정한 성장을 가정하여 주식의 내재가치를 구한다.
③ 제로성장모형은 배당과 요구수익률의 성장폭이 일정하지 않은 기업에 대한 평가모형이다.
④ 다단계성장모형은 미래배당흐름이 제품의 라이프사이클에 따라 변화한다는 점을 감안한다.

정답해설 제로성장모형은 배당과 요구수익률이 일정할 것으로 예상되는 기업에 대한 평가모형이다.

02 잉여현금흐름모형에 대한 설명으로 틀린 것은?

① 현금유입과 유출의 차이에서 현금흐름을 구하는 유형이다.
② 현금유입은 영업현금흐름으로, 현금유출은 신규 총투자액으로 측정한다.
③ 기업이 배당을 지급하지 않은 경우나 배당지급능력과 실제 배당 간 차이가 있는 경우 유용한 방법이다.
④ 재무활동으로 인한 현금흐름도 고려한다.

정답해설 영업활동과 연관된 현금흐름을 중심으로 추정하므로, 재무활동으로 인한 현금흐름은 제외한다.

개념 짚어 보기

잉여현금흐름(FCF) 모형

- 순현금흐름＝현금유입(영업현금흐름)－현금유출(신규총투자액)
- 기업가치에 영향을 주는 현금유출입을 추정할 때 핵심경영활동, 즉 생산, 판매, 관리의 주된 영업활동과 연관된 현금흐름을 중심으로 추정
- 미래가치창출에 필요한 신규투자액까지 차감한 금액으로 추정

[개념 확인 문제 정답] 01 ② 02 ①　[실전 확인 문제 정답] 01 ③ 02 ④

10 기업가치분석(2)

개념 확인 문제

▶ (　　　)은 주가를 주당순이익으로 나눈 것으로 기업의 단위당 수익가치에 대한 상대적인 주가수준을 나타내고, (　　　)은 자산가치에 대비한 상대적 주가수준을 측정한 지표이다.

① PBR, PER　　② PER, PBR

실전 확인 문제

01 PER 모형에 대한 설명으로 틀린 것은?

① 현재주가를 주당이익으로 나눈 것이다.
② 경기순환에 취약한 기업의 PER은 변동성이 커져서 신뢰성이 떨어진다.
③ 기대되는 배당성향이 클수록 커진다.
④ 회계처리방법과 무관하므로 그 장점으로 인해 신뢰성이 높다.

정답해설 PER 모형은 회계처리방법에 따라 회계이익이 달라진다.

02 주가배수를 활용한 상대가치평가 방법에 대한 설명으로 틀린 것은?

① 적정한 PER에 주당순이익을 곱하면 적정주가를 계산할 수 있다.
② PER이 주가와 특정시점의 수익을 나타내는 데 비해 PBR은 주가와 일정기간의 순자산을 나타낸다.
③ 적정 PBR은 유사기업 PBR, 산업평균 PBR, 과거평균 PBR을 사용하여 구한다.
④ PBR은 부(－)의 EPS기업에도 적용이 가능하다.

정답해설 PER이 주가와 일정기간 동안 수익이라는 유량(flow)관계를 나타내는 데 비해 PBR은 주가와 특정시점 순자산의 저량(stock)관계를 나타낸다.

개념 짚어 보기

주가배수를 활용한 상대가치평가방법(1)

- PER 평가모형

PER(주가수익비율)＝주가/주당순이익

- PBR 평가모형

PBR(주가순자산비율)＝주가/주당순자산

[개념 확인 문제 정답] ②　[실전 확인 문제 정답] 01 ④　02 ②

11 기업가치분석(3)

개념 확인 문제

▶ (　　　)은 기업의 외형적인 성과척도인 주당매출액에 비교한 상대적 주가수준을 평가하는 데에 쓰이고, (　　　)은 현금의 크기를 감안할 경우 기업가치가 상대적으로 얼마나 높은지를 측정(경제악화 상황에서 유용)하는 데 쓰인다.

① PBR, PSR　　　② PSR, EV/EBITDA

실전 확인 문제

01 PSR에 대한 설명으로 틀린 것은?

① 부(－)의 이익을 낸 기업에는 적용할 수 없다.
② PER모형 등으로는 가치평가가 쉽지 않은 성숙기업, 경기순환기업, 적자기업의 평가에 적절하다.
③ 주당이익이나 현금흐름 사정이 불량하더라도 높은 매출액 성장을 달성하는 기업이 존재하게 된다.
④ 매출액 인식의 회계방법에 따라 약간의 왜곡 여지가 남을 수 있다.

정답해설 부(－)의 이익을 낸 기업에도 적용이 가능하다.

02 EV/EBITDA 모형에 대한 설명이 틀린 것은?

① EBITDA는 주식의 시가총액, 우선주 시장가치, 순차입금을 합한 금액이다.
② 자본구조에 차이가 있는 기업들을 서로 비교할 수 있다.
③ 감가상각방법 등의 회계처리방법과 영업외적 요인에 의해 별로 영향을 받지 않는다.
④ 운전자본 증가 시에 실제의 현금사정과 다르게 현금흐름을 과대계상할 수 있다.

정답해설 주식의 시가총액, 우선주 시장가치, 순차입금을 합한 금액은 EV이다. EBITDA는 세전영업이익(EBIT) 수준에 비현금성비용 항목인 감가상각비를 더한 것이다.

개념 짚어 보기

주가배수를 활용한 상대가치평가방법(2)

• PSR 평가모형

PSR(주가매출액비율)＝주가/주당매출액

• EV/EBITDA 모형

EV/EBITDA＝기업가치/이자, 세금, 감가상각비 차감 전 이익

[개념 확인 문제 정답] ② [실전 확인 문제 정답] 01 ① 02 ①

12 기술적 분석(1)

개념 확인 문제

01 (   )은 주가와 거래량에 모든 정보가 반영된다는 조건을 가정한다.

① 기본적 분석 ② 기술적 분석

02 (   )은 상당기간 동일한 방향성을 지속하려는 주가의 특성을 이용한 기법이다.

① 추세분석 ② 통계분석

실전 확인 문제

01 기술적 분석의 장점으로 적절하지 않은 설명은?

① 주가변동의 패턴을 관찰하여 그 변동을 미리 예측할 수 있다.
② 차트를 통하여 쉽고 짧은 시간에 이해할 수 있다.
③ 한꺼번에 여러 주식의 가격변동을 분석할 수 있다.
④ 이론적 검증이 용이하다.

정답해설 기술적 분석은 이론적 검증이 어렵다는 점이 한계점이다.

02 기술적 분석의 한계에 대한 설명으로 틀린 것은?

① 과거의 주가 패턴이 미래에 그대로 반복되지 않는다.
② 시장의 변화요인을 정확히 분석할 수 없다.
③ 추세의 기간은 명확하게 구분할 수 있지만 차트 해설이 분석자에 따라 달라질 수 있다.
④ 과거 주가의 동일한 양상을 놓고 어느 시점이 주가변화의 시발점인가에 관한 해석이 각각 다를 수 있다.

정답해설 단기, 중기, 장기 추세 등의 추세의 기간을 명확하게 구분하기 어렵다.

개념 짚어 보기

기술적 분석의 종류

- **추세분석** : 동일한 방향성을 지속하려는 특징을 지닌 주가를 이용
- **패턴분석** : 주가변동패턴을 정형화시켜 실제 주가의 움직임을 맞추어 추이를 예측
- **지표분석** : 추세성향의 반복 가능성을 수치화하여 주가를 예측
- **심리분석** : 경기동향, 자금사정, 투자자들의 정보 차이 등의 영향을 받는 투자심리를 분석
- **목표치분석** : 차트 분석으로 과거 주가흐름을 파악하고 장래의 상승 또는 하락 수준을 예측

[개념 확인 문제 정답] 01 ② 02 ① [실전 확인 문제 정답] 01 ④ 02 ③

13 기술적 분석(2)

개념 확인 문제

01 지표분석은 (   )을 참고하여 과거 기간 특정주식에 맞는 지표를 관찰한다.

① 표준해석기법　　② 우수사례해석

02 (   )은 대중과는 반대로 행동하는 투자심리전법이다.

① 미래예측심리전법　　② 선견역행심리전법

실전 확인 문제

01 추세분석에 대한 내용으로 틀린 것은?

① 추세순응전략은 최근의 추세를 파악한 후 매매에 임하는 기법이다.
② 고점에서 매도하고 저점에서 매수하는 전략을 역추세순응전략이라고 한다.
③ 추세분석의 경우, 설정된 추세선이 붕괴된 경우 새로운 추세선 예측이 필요하다.
④ 장기적으로는 추세순응전략을, 단기적으로는 역추세순응전략을 적용한다.

정답해설 단기적으로는 추세순응전략을, 장기적으로는 역추세순응전략을 적용하는 것이 적절하다.

02 다음 패턴분석 중 반전형이 아닌 것은?

① 헤드앤숄더형　　② 이중삼중 천정형
③ 원형반전형　　④ 패넌트형

정답해설 패넌트형은 지속형에 속한다.

개념 짚어 보기

패턴분석 종류

- **반전형** : 헤드앤숄더형, 이중삼중 천정(바닥)형, 원형반전형, V자 패턴형 등
- **지속형** : 삼각형, 이등변삼각형, 깃발형, 패넌트형, 쐐기형, 직사각형 등
- 확대형, 다이아몬드형, 갭(보통갭, 돌파갭, 급진갭, 소멸갭, 섬꼴반전갭)

[개념 확인 문제 정답] 01 ① 02 ② [실전 확인 문제 정답] 01 ④ 02 ④

14 펀드운용과정

개념 확인 문제

01 (   )은 과거의 통계자료 및 시장예측을 통해 기대수익률과 투자위험을 예상하고 장기적으로 적합한 자산 투자비율을 결정한다.

① 전략적 자산배분전략 ② 적극적 자산배분전략

02 (   )은 자산구성을 변화시키는 전략으로, 시장 변화를 예상하여 단기적인 관점에서 사전적으로 자산을 구성한다.

① 포트폴리오 보험전략 ② 전술적 자산배분전략

실전 확인 문제

▶ 다음은 펀드운용의 3단계 중 계획단계에 해당하는 내용이다. 빈칸에 들어갈 단계와 관련된 것은?

> A: 투자목적과 제약요인 파악 → B: 투자방침 설정 → C: 투자대상자산의 위험 및 기대수익률 계산
> → D: (   ) 결정

① 수익목표 및 위험허용수준을 파악해야 한다.
② 유동성, 투자기간, 세제, 법규 및 약관 등을 고려해야 한다.
③ 거시변수분석과 미시변수분석이 함께 이루어져야 한다.
④ 전통적 평균-분산분석이 기초가 된다.

정답해설 D에는 '전략적 자산배분'이 들어가야 한다. 그와 관련된 내용은 ④이다.
① 투자목적 파악 ② 제약요인 파악 ③ 자산위험과 기대수익률 계산

개념 짚어 보기

성과평가단계

- 성과측정(Performance Measurement)
  - 벤치마크와(BM, Benchmark)의 비교
  - 동류그룹(Peer)과의 비교
  - 샤프비율(Sharpe Ratio) 활용
- 성과요인분석(Performance Attribution) : 마켓타이밍, 종목선정 등으로 나누어 전략별로 성과를 배분

[개념 확인 문제 정답] 01 ① 02 ② [실전 확인 문제 정답] ④

15 펀드운용전략 – 적극적(Active) 운용전략(1)

개념 확인 문제

01 적극적 운용전략은 포트폴리오의 위험허용치에 대응하는 (　　　)을 실현하는 것이 목적이다.

① 수익률을 상회하는 초과수익　　② 평균기대수익률

02 듀레이션조절전략은 듀레이션이 (　　　) 채권금리변화에 따른 채권가격변동폭이 크다는 점을 활용한다.

① 길수록　　② 짧을수록

실전 확인 문제

01 채권운용전략 중 단기금리가 상승하고 장기금리가 하락할 것이라 예상될 때 유효한 투자전략은?

① 탄환형채권운용전략　　② 바벨형채권운용전략
③ 사다리형만기전략　　④ 채권면역전략

정답해설 바벨형은 단기채권과 장기채권만 보유하고 중기채권은 보유하지 않는 전략으로 단기금리 상승, 장기금리 하락 시 유리하다.

02 중기채 중심의 채권으로 포트폴리오를 구성하며, 금리상승 시 장기채보다 자본손실이 적으며, 향후 금리상승이나 하락의 예측이 어려운 경우에 유용한 채권운용전략을 무엇이라고 하는가?

① 탄환형운용전략　　② 수익률곡선타기전략
③ 바벨형운용전략　　④ 크레딧운용전략

정답해설 탄환형운용전략에 대한 설명이다.
② 수익률곡선타기전략은 수익률곡선에 따라(우상향 시 채권가격이 상승함을 이용) 채권을 운용한다.
③ 바벨형 운용전략은 단기채와 장기채만 보유하는 전략이다.
④ 크레딧운용전략은 국고채 등 우량등급과 비우량등급 채권을 시장에 맞게 운용하는 전략이다.

개념 짚어 보기

적극적 채권운용전략

- **듀레이션조절전략(금리예측전략)** : 듀레이션을 조절하여 펀드의 수익률을 높이는 전략
- **수익률곡선타기 전략(Yield curve riding strategy)** : 수익률곡선이 우상향의 기울기를 가진 경우에 사용
- **바벨((Barbell)형 채권운용전략** : 단기채로 유동성을 확보하고 장기채로 수익성을 확보
- **탄환(Bullet)형 채권운용전략** : 중기채 중심의 채권으로 포트폴리오 구성
- **크레딧운용전략** : 크레딧물과 국고채 또는 우량등급과 비우량등급을 적절히 운용

[개념 확인 문제 정답] 01 ① 02 ① [실전 확인 문제 정답] 01 ② 02 ①

16 펀드운용전략－적극적(Active) 운용전략(2)

개념 확인 문제

01 (　　　) 투자전략 종목은 장부가 대비 주가가 낮고 배당수익률은 높다.

① Value　　② Growth

02 (　　　) 투자전략은 인덱스＋알파(초과수익) 전략 중 하나이다.

① Market－Oriented　　② Small－cap

실전 확인 문제

01 적극적 주식운용전략에 대한 설명 중 틀린 것은?

① 가치주투자전략은 현재의 저평가상태가 구조적이라는 이유로 주가회복이 어려운 것이 곧 위험요인이 된다.
② 가치주투자전략은 고PER, 고PBR, 저배당의 특징을 지닌다.
③ 시장투자전략은 적정 PER수준에서 성장성이 높은 주식에 투자하여 수익률을 높인다.
④ 중소형주투자전략의 종목은 배당수익률이 낮고 시장보다 변동성이 크다.

정답해설 고PER, 고PBR, 저배당의 특징을 지닌 것은 성장주이다. 성장이 높은 기술주 등이 여기에 속한다.

02 미래에 성장세가 이어지지 못하거나 예상치 못하게 PER이 하락하게 되는 위험요인을 지니고 있는 것은?

① 채권면역 전략　　② 현금흐름일치전략
③ 성장주투자전략　　④ 가치주투자전략

정답해설 성장주투자전략에 대한 설명이다.
①, ②는 소극적 채권운용전략에 해당한다.

개념 짚어 보기

적극적 주식운용전략

- 가치주투자전략(Value) : 소비산업, 성숙기의 산업에 해당되는 저PER주에 초점을 둔다.
- 성장주투자전략(Growth) : 기업의 이익성장성에 초점을 둔다.
- 시장투자전략(Market－Oriented) : 시장 평균수준의 포트폴리오를 구성한다.
- 중소형주투자전략(Small－cap) : 중소형주에 집중적으로 투자한다.

[개념 확인 문제 정답] 01 ① 02 ①　[실전 확인 문제 정답] 01 ② 02 ③

17 펀드운용전략 – 소극적(Passive) 운용전략

개념 확인 문제

01 (　　　)에는 만기보유전략, 사다리형만기전략, 채권면역전략, 현금흐름일치전략, 채권인덱싱전략이 해당된다.

① 소극적 채권운용전략　　　② 소극적 주식운용전략

02 (　　　)은 채권별 보유량을 동일하게 유지하여 시세변동의 위험을 평준화시키고 수익성을 확보한다.

① 만기보유전략　　　② 사다리형만기전략

실전 확인 문제

▶ **소극적 채권운용전략에 대한 내용 중 맞는 것은?**

① 만기보유전략은 미래에 대한 금리예측을 필요로 한다는 점이 단점이다.

② 채권 포트폴리오로부터 발생되는 현금 유입액이 향후 예상되는 현금유출액과 일치하도록 포트폴리오를 구성하는 것을 현금흐름일치전략이라고 한다.

③ 목표 투자기간과 채권 포트폴리오의 듀레이션을 일치시킴으로써 면역상태를 유도하는 전략을 채권인덱싱전략이라고 한다.

④ 채권인덱싱전략은 투자자의 부채구조를 고려한 유동성 및 위험관리에 적합하다.

정답해설 ① 만기까지 보유하면 되므로, 미래 금리예측이 필요 없다.
③ 채권면역전략에 대한 설명이다.
④ 채권인덱싱전략은 채권시장 전체의 흐름을 그대로 따르는 포트폴리오를 구성하므로, 유동성과 위험관리에 부적합하다.

개념 짚어 보기

소극적 운용전략

- 소극적 채권운용전략
  - 만기보유전략 : 매입 채권을 만기까지 보유하여 투자 수익을 미리 확정
  - 사다리형만기전략 : 잔존기간마다 채권별 보유량을 동일하게 하여 수익성 확보
  - 채권면역전략 : 매입 시 설정한 최선의 수익률을 목표기간 말에 실현하도록 유도
  - 현금흐름일치전략 : 포트폴리오에서 발생되는 현금유입액이 향후 예상 현금유출액과 일치하도록 포트폴리오 구성
  - 채권인덱싱(Indexing)전략 : 채권시장 전체의 흐름을 따르는 포트폴리오를 구성하여 채권시장 전체의 수익률을 달성
- 소극적 주식운용전략
  - 인덱싱 전략 : 시장평균 수익 추구, 추적오차 최소화가 목표

[개념 확인 문제 정답] 01 ① 02 ② [실전 확인 문제 정답] ②

18 리스크 관리(1)

개념 확인 문제

01 (   )는 시장가격의 변화에서 발생할 수 있으며, 시가평가가 가능한 금융투자상품의 보유 시 발생한다.

① 시장리스크 ② 통화리스크

02 리스크 관리자는 한도 배분 시 (   ) 기법을 활용한다.

① 리스크조정성과측정 ② 리스크조정한도측정

실전 확인 문제

▶ 시장리스크에 대한 내용 중 틀린 것은?

① 시장리스크에서 시장가격은 특정 상품의 가격수준, 변동성, 타상품 혹은 시장과의 상관관계 등 모든 변수를 포함한 가격을 말한다.
② 시장리스크를 측정할 때에는 표준방법과 내부모형법을 활용할 수 있다.
③ 표준방법은 각 리스크 요인별 분산투자를 감안하여 측정한다는 장점이 있다.
④ 내부모형법으로 측정한 결과는 표준방법보다 리스크의 양이 작아 적정자기자본비율을 유지하는 데에 도움을 준다.

정답해설 표준방법은 각 리스크에 대한 요인별 분산투자를 감안하지 않고 있는데다가 각 범주의 변동성을 일률적으로 재단한다는 단점으로 인해 실행하기 쉽다는 장점이 있음에도 비판을 받고 있다.

개념 짚어 보기

시장리스크 측정

- 표준방법 : 이자율 · 주가 · 외환 · 상품 · 옵션의 다섯 가지 범주의 리스크로 자산을 나누고 리스크의 양을 부과, 각각의 리스크 양을 합산하여 전체 리스크 양을 측정
- 내부모형법(VaR) : 일정한 질적 조건을 충족하고 검증절차를 거쳐 감독당국의 승인을 얻어 시장리스크 측정방식으로 사용

[개념 확인 문제 정답] 01 ① 02 ① **[실전 확인 문제 정답]** ③

19 리스크 관리(2)

개념 확인 문제

01 (　　　)는 거래상대방의 채무불이행으로 발생할 수 있고, (　　　)는 내부절차의 불완전성, 인력과 시스템, 외부사건 등의 손실에 의해 발생할 수 있다.

① 거래리스크, 시스템리스크　　　② 신용리스크, 운영리스크

실전 확인 문제

01 신용리스크에 대한 내용 중 틀린 것은?

① 신용리스크 측정 방법에는 표준방법과 내부등급법이 있다.
② 신용리스크에서 장외파생상품의 거래상대방에 대한 가중치는 내부등급법과 같다.
③ 신용리스크를 관리하기 위해서는 각 신용등급별 한도는 물론 거래상대방별 한도까지 부여하여 관리해야 한다.
④ 부외항목이었던 장외파생상품도 1차 바젤협약안에서 신용리스크를 위험가중자산으로 계산하기 시작했다.

정답해설 장외파생상품의 거래상대방에 대한 가중치는 표준방법과 동일하다.

02 운영리스크와 관련된 다음 내용 중 틀린 것은?

① 운영리스크란 내부절차의 불완전성, 인력과 시스템과 관련되어 있다.
② 한 기관의 운영리스크는 다른 기관의 운영리스크와 직접 비교하기 힘들다.
③ 운영리스크 관련 손실은 매우 드물게 일어나 높은 신뢰수준을 갖춘 유의미한 숫자 산출이 어렵다.
④ 시장 · 신용리스크와 달리 운영리스크는 금융기관 내부의 문제이기 때문에 손실 자료 등을 축적하기 용이하다.

정답해설 운영리스크는 손실자료를 축적하기 힘들다. 금융기관이 자신들의 실수를 외부에 드러내려 하지 않기 때문이다. 이런 이유로 운영리스크는 다른 기관과의 직접 비교가 용이하지 않다.

개념 짚어 보기

신용리스크 측정

- **표준방법** : 외부 신용평가기관에서 부여하는 신용등급을 기준으로 리스크의 가중치를 달리하는 방식
- **내부등급법** : 내부에서 책정하는 신용등급과 부도 확률 등의 일부 변수들을 입력하여 리스크의 양을 측정하는 방식

[개념 확인 문제 정답] ② [실전 확인 문제 정답] 01 ② 02 ④

20 리스크 관리(3)

개념 확인 문제

01 유동성리스크 중 (   )는 현재의 포지션을 정상가격으로 처분하는 것이 불가능함을 내포한다.

① 자금유동성리스크 ② 상품유동성리스크

02 (   )는 시장리스크가 신용리스크를 증폭시키는 것을 뜻한다.

① Wrong−way trade ② Carry−Trade

실전 확인 문제

01 유동성리스크와 통합리스크에 대한 설명으로 틀린 것은?

① 유동성리스크는 크게 자금유동성리스크와 상품유동성리스크로 분류된다.
② Tightness, Depth와 Resiliency 등의 척도로 상품유동성리스크의 정도를 가늠한다.
③ 통합리스크는 회사 전체의 리스크 양을 측정하여 산정한다.
④ 파생상품거래 시의 담보부거래는 신용리스크를 축소시키고 운영리스크와 유동성리스크를 증가시킨다.

정답해설 통합리스크의 경우, 이론상으로는 전체의 양을 측정해야 하지만 실무상으로는 시장, 신용, 운영리스크가 단순합산된다.
② Tightness : 실거래가격과 호가와의 괴리 정도
Depth : bid/offer의 크기
Resiliency : 가격변동이 흡수되는 속도

02 금융기관의 리스크에 해당하지 않는 것은?

① 콜리스크 ② 운영리스크
③ 유동성 리스크 ④ 시장리스크

정답해설 콜리스크는 채권운용위험에 해당한다.

개념 짚어 보기

매입자의 리스크 관리

- 기관투자자와 집합투자기구가 대상이 된다.
- 매입자의 리스크 회피는 투자 자체를 무의미하게 한다.
- 주식, 채권 어느 쪽이든 투자자는 기본적으로 해당 시장의 체계적 리스크를 지닌다.

[개념 확인 문제 정답] 01 ② 02 ① **[실전 확인 문제 정답]** 01 ③ 02 ①

핵심플러스

OX 문제

01 국채는 정부에서 발행하는 채권으로, 만기가 다양하며 6개월 단위로 이자를 지급한다. (   )

02 후순위채의 청구권은 주식과 선순위채 다음이다. (   )

03 내재이자율은 현재 시점에서 적용되고 있는 만기까지의 이자율을 의미한다. (   )

04 채권수익률곡선에서 신용등급이 낮으면 높은 할인율로 할인하게 되고, 국채금리와는 멀리 떨어지게 된다. (   )

05 채권의 투자성과는 이자수익과 자본손익으로 구분하여 효율적으로 측정할 수 있다. (   )

06 유동성 위험은 채권금리 상승 예측 시 보유채권 매도 및 국채선물 매도를 통해서 회피할 수 있다. (   )

07 전환사채를 발행한 이후에 주식배당 및 유 · 무상 증자 등으로 주식을 발행한다면, 전환비율 조정을 통하여 전환권 가치 희석을 차단한다. (   )

08 이자율 평형이론을 통해 두 나라 간의 환율을 정확하게 예측하는 것이 가능하다. (   )

09 하이퍼인플레이션은 주가에 긍정적인 영향을 주기도 한다. (   )

10 인구증가율과 연령분포 등 인구통계적 변화가 주식시장에 미치는 영향은 미미하다. (   )

11 산업분석에서 분석대상기업의 산업에 대해, 도입기 · 성장기 · 성숙기 · 쇠퇴기의 4단계로 구분되는 제품수명주기를 이용하여 산업의 유망성을 확인할 수 있다. (   )

12 기업가치분석의 잉여현금흐름모형에서 잉여현금흐름은 세후영업이익에서 신규투자액을 차감한 현금흐름을 뜻한다. (   )

해설

02 후순위채의 청구권은 선순위채와 주식 사이에 있다. 후순위채는 선순위채 상환 후, 남은 재산에 청구권이 있는 채권이다.

03 만기수익률은 현재 시점에서 적용되고 있는 만기까지의 이자율을, 내재이자율은 현재시점에서 요구되는 미래기간에 대한 이자율을 말한다.

06 해당 내용은 채권가격변동위험 회피에 대한 방법이다. 위의 내용을 포함하여 이자율스왑에서 고정금리 지급 포지션을 취하거나, 변동금리부채권 매입 등으로도 회피 가능하다.

07 전환비율 조정이 아닌, 전환가격 조정을 통해서 전환권의 가치 희석을 막는다.

08 이론적으로는 이자율 평형이론과 같이 양국의 금리 차이에 의해 결정되어야 하지만, 차익거래의 장애요인으로 인하여 맞지 않는 경우가 대부분이다.

09 인플레이션이 적정 수준을 넘어설 경우 하이퍼인플레이션이 발생할 수 있다. 이는 시중금리의 급격한 상승과 투자자의 실질 수익 감소를 불러일으켜 주식가격의 하락을 초래하기도 한다.

10 베이비부머의 다양한 활동들이 사회를 비롯한 주식시장에도 영향을 미친다는 점에서 인구통계학적 변화는 주가와 관련 있다는 점을 알 수 있다.

[정답] 01 ○ 02 × 03 × 04 ○ 05 ○ 06 × 07 × 08 × 09 × 10 × 11 ○ 12 ○

핵심플러스

OX 문제

13 자산가치에 근거한 보통주 평가방법에서 주당순자산을 계산하여 평가할 때 장부가치기준으로 추정된 순자산가치가 실제와 차이를 보일 수 있다는 문제점은 순자산의 대체원가 추정으로 보완할 수 있다. ( )

14 PER 평가모형에서 주당이익자료를 최근주당이익(실적PER)이나 예측된 주당이익(기대PER)을 사용할 수 있는데 최근주당이익을 사용하는 것이 적절하다. ( )

15 PBR 평가모형에서 주식가치는 비즈니스 모델의 차이보다 보유자산의 질적 차이에 영향을 받는다. ( )

16 PSR 평가모형은 왜곡과 조작 가능성이 상대적으로 낮지만, 기업 간 비용구조의 차이를 반영하지 못한다는 한계가 있다. ( )

17 주가수준이 낮아진 때에는 주당이익과 주당순자산에 기초한 상대가치평가가 유용하다. ( )

18 기술적 분석에서 지표분석은 정형화시킨 주가변동 패턴에 실제 주가의 움직임을 맞춰보며 미래의 주가 추이를 예측하는 방법이다. ( )

19 경제나 경기동향, 자금사정, 수급관계, 투자자 정보격차 등은 투자심리에 영향을 준다. ( )

20 펀드운용 FLOW의 가장 마지막 단계는 모니터링 및 포트폴리오 재조정이다. ( )

21 펀드의 자산배분전략 중, 전술적 자산배분전략은 위험자산의 투자비율을 변동시키는 전략이다. ( )

22 수익률곡선타기전략의 롤링효과는 단기채, 숄더효과는 장기채에서 각각 발생한다. ( )

23 채권인덱싱 전략은 시장평균적 투자성과를 확보할 수 있으며, 실적평가의 객관성을 높일 수 있다는 장점을 지닌다. ( )

24 신용리스크 관리 중 장외파생상품은 (+)인 '시가평가+잠재적 익스포저'로 계산하여 위험가중자산화한다. ( )

해설

14 예측된 차기의 주당이익을 사용하는 것이 합당하다.

15 보유자산의 질적 차이보다는 비즈니스 모델의 차이에 의해서 더 영향을 받는다.

17 주당이익, 주당순자산, 주당매출액에 기초한 상대가치평가는 주가수준이 낮아진 때에는 중요한 역할을 하지 못한다. 이러한 상황에서는 EV/EBITDA 비율의 유용성이 높아진다.

18 해당 설명은 패턴분석에 대한 내용이다. 지표분석은 과거 추세성향의 반복 가능성을 수치화하여 주가를 예측한다.

21 포트폴리오 보험전략에 대한 설명이다. 투자수익 달성과 주가상승 이익 참여가 가능하도록 하는 전략이다.

22 롤링효과는 잔존만기가 5년 이상 장기인 채권, 숄더효과는 잔존만기가 2~3년의 단기채에서 발생한다.

[정답] 13 ○ 14 × 15 × 16 ○ 17 × 18 × 19 ○ 20 ○ 21 × 22 × 23 ○ 24 ○

7장 펀드평가

대표 유형 문제

위험의 측정에 대한 설명으로 옳지 않은 것은?

① 위험측정치에는 표준편차와 베타가 있는데, 베타는 상대적 위험, 표준편차는 절대적 위험을 나타낸다.

② 베타는 펀드가 시장수익률의 변동에 어느 정도 반응했는가의 문제로 1보다 높으면 위험도가 높다.

③ 샤프비율은 수익률구간(일간, 주간, 월간수익률)에 따라 상이한 평가결과를 도출할 수 있다.

④ 젠센의 알파에서 알파값이 0보다 크면 위험이 높은 집합투자기구이다.

정답해설 특정 집합투자기구의 알파가 0보다 크다면, 성공적 운용에 의해 집합투자기구의 수익률이 높았다는 것을 드러낸 것과 같다. 따라서 알파값이 큰 집합투자기구가 양호한 집합투자기구라고 할 수 있다.

오답해설 ② '베타>1'의 경우 상당히 위험성이 높게 공격적으로 운용한 집합투자기구
'베타<1'의 경우 방어적으로 운용한 집합투자기구

대표 유형 문제 알아 보기

위험조정성과의 측정

- **샤프비율** : 위험대비 수익성을 의미한다. 특정 기간에 대한 펀드수익률에서 무위험수익률(이자율)을 뺀 값을 펀드수익률의 표준편차값(위험도)으로 나누어 구한다. 위험 한 단위당 초과수익률이 얼마나 발생할 수 있는지를 측정하는 데 유용하게 쓰인다. 높을수록 위험에 비해 초과수익이 크다는 뜻이다.
- **트레이너비율** : 무위험 수익률(CD금리)에 비해 얼마나 좋은 성과를 달성했는지를 알아보는 지표를 말한다.
트레이너 지수는 펀드수익률에서 무위험 이자율을 차감한 후에 펀드 수익률의 민감성, 즉 베타로 나누어 산출한다. 트레이너 지수가 높을수록 펀드 성과가 좋은 것으로 평가한다.
- **젠센의 알파** : 개별펀드의 실제수익률이 시장균형 가정 시의 수익률보다 얼마나 높은지를 나타내는 지표로, 펀드의 수익률에서 시장균형하에서의 기대수익률을 차감한 값을 의미한다. 따라서 α값이 클수록 실제 투자가 성공적이었다는 것을 나타낸다.
- **트래킹 에러** : 증권사 등이 현물 및 선물의 비정상적 가격차이를 통한 거래차익을 얻기 위해 프로그램 매매를 행하고 있을 때, KOSPI200 지수 추이를 쫓는 과정을 거친다. 그 과정에서 우선적으로 시가총액 상위종목들을 바스켓에 편입시켜야 하는데 편입해야 할 대형주를 빠트리거나 잘못된 종목이 편입될 경우 프로그램 매매에 대해 실패하거나 손실 발생을 불러일으키는 것을 뜻한다.
- **정보비율** : 펀드매니저의 능력을 측정할 수 있는 지표로 초과수익률을 추적 오차로 나눈 값을 말한다.

[대표 유형 문제 정답] ④

대표 유형 문제

개별집합투자기구 수익률 계산에 대한 설명 중 틀린 것은?

① 개별집합투자기구의 수익률은 측정기간 동안의 기준가격 등락률을 이용한다.
② 개별집합투자기구의 기준가격으로 집합투자기구 수익률을 측정하는 것은 시간가중수익률 측정 방식과 동일하다.
③ 시간가중수익률은 투자자 또는 펀드투자상담사의 의사결정으로 인한 수익효과를 배제하고 순수하게 집합투자기구 자체의 수익효과만을 측정하기 위함이다.
④ 시간가중수익률은 총수익금을 총투자원금으로 나누어 계산한다.

정답해설 총수익금을 총투자원금으로 나누어 계산하는 것은 금액가중수익률이다.
시간가중수익률은 운용기간 중 현금흐름에 영향 없고, 벤치마크 및 Peer group 간 상대비교가 가능한 데 비해 금액가중수익률은 운용기간 중 현금흐름에 영향을 받고 벤치마크 및 Peer group 간 비교가 어렵다.

대표 유형 문제 알아 보기

시간가중수익률과 금액가중수익률

• 시간가중수익률(Time Weighted Rate of Return)

$$TWR = \Pi \frac{P_{ti+1}}{P_{ti} + CF_i} - 1$$

단, CF_i : i 번째 현금흐름
T : 총투자기간
t_i : i 번째 현금흐름이 발생한 시점
P : i 번째 현금흐름 발생시점의 자산가치(i 번째 현금흐름은 제외)

• 금액가중수익률(Dollar Weighted Rate Return)

$$\sum_i = \frac{CF_i}{(1+DWR)^{ti/T}} = 0$$

단, CF_i : i 번째 현금흐름
T : 총투자기간
t_i : i 번째 현금흐름이 발생한 시점

[대표 유형 문제 정답] ④

1 투자프로세스와 성과평가의 종류

개념 확인 문제

01 펀드의 투자프로세스는 (　　　)로 정리할 수 있다.

① 상담 → 투자실행 → 피드백　　② 계획 → 투자실행 → 평가

02 펀드의 성과평가는 투자자가 해당 펀드에 일시불로 투자한 경우 (　　　)의 성과평가와 동일하다.

① 투자자 관점　　② 투자중개업자 관점

실전 확인 문제

01 펀드투자 과정에서 투자자가 양호한 성과를 달성하는 데 영향을 주는 요소가 아닌 것은?

① 투자대상 유형별 자산배분의 선택
② 시장예측을 통한 투자시점의 결정
③ 투자한 펀드의 운용수익률
④ 적절한 성과평가방법의 결정

정답해설 성과평가방법의 선택이 성과달성에 영향을 주는 것은 아니다.

02 관점에 따른 성과평가에 대한 설명이 적절하지 못한 것은?

① 투자자의 투자목표가 성공적으로 달성되고 있는지 평가하는 것을 투자자 관점의 성과평가라고 한다.
② 투자자 관점의 성과평가는 투자자의 실제 수익규모를 측정하는 것을 기반으로 한다.
③ 펀드의 성과평가는 투자자가 재무목표를 효과적으로 달성하였는지를 판단하도록 해준다.
④ 집합투자기구에 대한 선택만이 투자자 성과에 영향을 준다.

정답해설 자산배분의 선택, 투자시점의 결정, 집합투자기구의 선택이 투자자 성과에 영향을 준다.

개념 짚어 보기

펀드의 성과평가

- 펀드의 성과평가는 펀드의 운용결과가 양호했는지 여부에 초점을 맞춘다.
- 펀드의 성과평가는 펀드를 운용하는 펀드 운용자와 운용회사의 운용능력을 평가하기 위한 것이다.
- 투자자는 펀드를 선택한 이후에 그 운용에 간섭할 수 없기 때문에 운용결과는 운용자와 운용회사의 운용능력에 따라 달라진다.

[개념 확인 문제 정답] 01 ② 02 ① [실전 확인 문제 정답] 01 ④ 02 ④

2 펀드분석 및 평가(1)

개념 확인 문제

01 (　　　)은 특정 펀드의 특성에 대해 파악하는 과정을 뜻한다.

① 펀드분석　　② 펀드분류

02 (　　　)은 특정 펀드가 운용된 성과를 측정하고, 그에 대한 결과를 정리하여 우열을 가리는 것을 뜻한다.

① 펀드측정　　② 펀드평가

실전 확인 문제

01 펀드분석 및 평가정보를 이용하는 경우에 해당하지 않는 것은?

① 모니터링을 통해 집합투자기구의 운용이 이상 없이 진행되고 있는지 판단하기 위해서 이용한다.
② 성과가 좋지 않은 집합투자기구에 대해 소송을 진행하기 위해 이용한다.
③ 좋은 집합투자기구를 선정하고 효율적 투자를 이끌어내기 위해서 이용한다.
④ 집합투자기구 운용에 대한 결과를 종합하여 운용의 성패를 파악하고 재투자를 결정하는 데 이용한다.

정답해설 펀드분석 및 평가정보는 ①, ③, ④에 대한 내용을 목적으로 이용된다.

02 집합투자기구를 선정하는 일반적(계량적 · 정량적) 기준으로 적절하지 못한 것은?

① 수익률이 높은 집합투자기구
② 위험이 낮은 집합투자기구
③ 위험조정성과가 낮은 집합투자기구
④ 평가등급이 높은 집합투자기구

정답해설 위험조정성과가 높은 집합투자기구를 선정해야 한다.

개념 짚어 보기

질적 · 정성적 평가

- 계량적 · 정량적 분석 내용에서 운용사 및 운용자의 체계적인 프로세스로 인해 성과가 이루어진 것인지 확인
- 성과에 대한 근본적 양호함이 인정되어 지속적인 성과를 이끌어낼 수 있는 집합투자기구를 예측하여 선택
- 많은 시간과 노력이 필요한 질적 · 정성적 평가의 특성으로 인해 많은 집합투자기구를 분석하는 것이 불가능, 계량적 성과가 양호한 일부를 선정하여 정성평가 등을 진행
- 성과요인 및 포트폴리오 분석, 해당 운용회사에 대한 정성 정보를 종합하여 최종 선택

[개념 확인 문제 정답] 01 ① 02 ② [실전 확인 문제 정답] 01 ② 02 ③

3 펀드분석 및 평가(2)

개념 확인 문제

01 집합투자기구 모니터링에서 성과에 대한 항목은 (　　　)과 (　　　)에 초점을 맞춘다.

① 수익률, 성과순위　　② 시장상황, 성과원인

02 집합투자기구의 분석 및 평가를 위해서는 (　　　), 포트폴리오정보, 운용회사 · 운용자의 정보가 필요하다.

① 가격정보　　② 투자자정보

실전 확인 문제

01 집합투자기구 모니터링의 항목이 아닌 것은?

① 집합투자기구 성과
② 집합투자기구 보유자산과 매매현황
③ 집합투자기기의 자금흐름
④ 집합투자기구 신탁회사

정답해설 투자자 및 펀드 판매인은 위 ①, ②, ③ 외에 집합투자기구의 운용자 및 운용회사를 정기적으로 점검하여야 한다.

02 집합투자기구 평가의 프로세스에서 성과의 우열을 가리기 위해 이용하는 것만으로 묶인 것은?

① 집합투자기구유형 분류, 벤치마크 설정
② 수익률 측정, 등급(Rating) 부여
③ 수익률 측정, 포트폴리오 분석
④ 위험 측정, 운용회사/운용자 정성평가

정답해설 집합투자기구의 수익률측정, 위험측정, 위험조정성과측정, 등급(Rating) 부여를 통해서 집합투자기구 및 운용회사에 대해 평가하여 우열을 가릴 수 있다.

개념 짚어 보기

집합투자기구의 평가 프로세스

- 성과평가의 기준 : 집합투자기구 유형 분류, 벤치마크 설정
- 성과의 질적 특성 파악하기 : 성과요인 분석, 포트폴리오 분석, 운용회사/운용자 정성평가

[개념 확인 문제 정답] 01 ① 02 ① [실전 확인 문제 정답] 01 ④ 02 ②

4 집합투자기구평가 세부사항

개념 확인 문제

01 (　　　)은 집합투자기구의 성과에 대한 비교 및 측정을 위하여 투자목적, 투자자산, 투자전략, 투자스타일 등이 유사한 집합투자기구들을 묶어 정리한 동류집단(peer group)이다.

① 집합투자기구 유형　　② 집합투자기구 동형

02 집합투자기구의 (　　　)은/는 운용지침, 투자지침, 성과평가 기준 역할을 한다.

① 지침가격　　② 벤치마크

실전 확인 문제

01 바람직한 벤치마크의 특성이 아닌 것은?

① 벤치마크의 구성종목과 방법 및 그 비중 등의 명확한 표시
② 투자자의 현재 투자견해가 반영되어야 함
③ 원하는 기간마다 수익률에 대한 확인과 계산이 가능해야 함
④ 평가기간이 시작되는 동시에 정의되어야 함

정답해설 평가기간이 시작되기 전, 사전에 정의되어야 한다.

02 벤치마크의 종류 중 2개 이상의 시장지수나 섹터지수를 합성하여 별도로 계산하는 것은?

① 섹터지수　　② 정상포트폴리오
③ 합성지수　　④ 시장지수

정답해설 합성지수에 대한 설명이다. 합성지수는 복수의 자산 유형에 투자하는 경우에 적합하다.

개념 짚어 보기

벤치마크의 종류

- 시장지수(maket index) : 자산유형에 해당되는 모든 대상 포함
- 섹터/style지수(sector index) : 자산유형 중 특정분야 · 특정성격을 지니는 대상만 포함
- 합성지수(synthesized index) : 2개 이상의 시장지수 및 섹터지수를 합성, 별도계산
- 정상포트폴리오(nomal portfolio) : 투자가능 종목만으로 구성
- 맞춤포트폴리오 (customized portfolio) : 특정 집합투자기구를 대상으로 운용 · 평가

[개념 확인 문제 정답] 01 ① 02 ② [실전 확인 문제 정답] 01 ④ 02 ③

5 수익률 계산

개념 확인 문제

01 (　　　)은 측정기간 동안의 수익률을 곱하는 방식으로 수익률을 도출한다.

① 시간가중수익률　　② 금액가중수익률

02 (　　　)은 투자자 수익의 효율성을 정확하게 표현해 주는 수익률이다.

① 시간가중수익률　　② 금액가중수익률

실전 확인 문제

01 시간가중수익률에 대한 설명으로 틀린 설명은?

① 운용기간 중 현금흐름에 영향이 없다.
② 벤치마크 및 유형(Peer group) 간 상대비교가 가능하다.
③ 투자자 관점의 수익률이다.
④ 기하수익률이다.

정답해설 시간가중수익률은 운용회사 관점의 수익률이다. 운용자의 운용능력을 가장 정확하게 나타낼 수 있다.

02 금액가중수익률에 대한 설명으로 틀린 것은?

① 내부수익률이다.
② 운용기간 중 현금흐름에 영향을 받는다.
③ 투자자 관점의 수익률이다.
④ 벤치마크 간 비교가 용이하다.

정답해설 금액가중수익률은 투자자의 실제수익을 가장 적절하게 표현하며, 벤치마크 및 유형 간 비교가 어렵다.

개념 짚어 보기

개별 집합투자기구의 수익률

$$\text{집합투자기구수익률} = \frac{\text{비교시점의 기준가격} \times \pi(1+\text{분배율 } t)}{\text{기준시점의 기준가격}} - 1$$

$$\text{단, 분배율 } t = \frac{\text{분배금액 } t}{\text{분배일 기준가격 } t}$$

[개념 확인 문제 정답] 01 ① 02 ② [실전 확인 문제 정답] 01 ③ 02 ④

6 위험의 측정

개념 확인 문제

01 (　　　) 척도는 수익률의 안정성을 중시하는 전략에 적합하다.

① 상대적 위험　　② 절대적 위험

02 상대적 위험 척도에는 공분산, 초과수익률, 베타, (　　　)이 포함된다.

① VaR　　② 상대 VaR

실전 확인 문제

01 일정기간 동안의 수익률이 동일 기간의 평균수익률과 대비하여 변동한 범위를 측정한 것은 무엇인가?

① 표준편차　　② 베타　　③ 초과수익률　　④ 공분산

정답해설 표준편차는 최대와 최저의 폭을 말한다고 할 수 있다. 평균수익률과의 편차가 작은 펀드가 위험이 작다는 가정하에 사용되며 수식은 다음과 같다.

$$\text{표준편차} = \sqrt{\frac{\sum(\text{펀드주간수익률} - \text{평균수익률})^2}{\text{표본수} - 1}}$$

02 위험을 측정하는 방법인 베타에 대한 설명이 적절하지 못한 것은?

① 베타는 펀드수익률의 시장과의 민감도를 나타낸다.

② 베타는 펀드의 상대적 위험을 나타낸다.

③ 베타가 큰 펀드가 상대적으로 위험이 작은 펀드로 간주한다.

④ 베타가 1보다 큰 경우 상당히 공격적으로 운용한 펀드이다.

정답해설 베타가 작은 펀드가 상대적으로 위험이 작은 좋은 펀드로 간주한다.

개념 짚어 보기

베타

$$(R_i - R_f) = a_i + b_i \times (R_m - R_f) + \varepsilon_i$$

단, R_i : 집합투자기구 i의 수익률

R_f : 무위험 수익률

R_m : 집합투자기구의 베타

ε_i : 잔차항

[개념 확인 문제 정답] 01 ② 02 ② [실전 확인 문제 정답] 01 ① 02 ③

7 위험조정성과의 측정(1)

개념 확인 문제

▶ (　　　)는 수익률과 위험을 동시에 고려하여 집합투자기구의 성과평가에 적용하는 지표이다.

① 위험조정성과지표　　② 균형성과평가제도

실전 확인 문제

01 샤프비율을 통한 성과분석 시 유의할 점이 아닌 것은?

① 평가기간이 동일하고 동일한 유형의 펀드들 간에만 비교하여야 한다.
② 수익률 구간에 따라 상이한 평가결과를 도출할 수 있다.
③ 단기수익률을 측정하는 것이 바람직하다.
④ 초과수익률이 부(－)의 수익률일 경우에는 설명이 어렵다.

정답해설 정규분포의 통계적 속성에 따라 장기수익률을 측정하는 것이 바람직하다.

02 체계적 위험 한 당위당 무위험 초과수익률을 나타내는 지표로 알맞은 것은?

① 트레이너(Treynor)비율　　② 트래킹 에러(Tracking Error)
③ 젠센의 알파(Jensen's alpha)　　④ 정보비율(Information Ratio)

정답해설 트레이너비율에 대한 설명이다. 체계적 위험이 초과수익에 기여한다고 보고 있다.

개념 짚어 보기

위험조정성과의 측정

• 샤프(Sharpe Ratio)비율

$$S_P = \frac{R_P - R_f}{\sigma_P} = \frac{\text{포트폴리오 평균수익률} - \text{무위험 평균이자율}}{\text{포트폴리오 수익률의 표준편차}}$$

단, $R_P - R_f$: 초과수익률

• 트레이너(Treynor)비율

$$S_P = \frac{R_P - R_f}{\beta_P} = \frac{\text{포트폴리오 평균수익률} - \text{무위험 평균이자율}}{\text{포트폴리오의 체계적 위험}}$$

단, $R_P - R_f$: 초과수익률

[개념 확인 문제 정답] ①　[실전 확인 문제 정답] 01 ③　02 ①

8 위험조정성과의 측정(2)

개념 확인 문제

▶ (　　　)는 집합투자기구 수익률에서, 시장균형하에서의 기대수익률을 차감한 값을 의미한다. 그리고 (　　　)은 적극적 투자활동으로 발생한 초과수익률과 집합투자기구 초과수익률의 표준편차의 비율을 뜻한다.

① 젠센의 알파, 정보비율　　　② 트레킹 에러, 트레이너비율

실전 확인 문제

01 젠센의 알파에 대한 내용으로 틀린 것은?

① 개별펀드의 실제수익률이 시장균형을 가정한 경우의 수익률보다 얼마나 높은지 나타낸다.
② 크기가 클수록 양호한 집합투자기구라고 볼 수 있다.
③ 시장예측활동과 종목선택활동을 모두 활용할 때 적절하다.
④ 운용자의 종목선택 및 시장 움직임에 대한 정보 분석능력을 측정할 수 있다.

정답해설 종목선택정보와 시장예측정보를 명확히 구분할 수 없는 성격을 지닌 젠센의 알파는 종목선택활동과 시장예측활동을 함께 활용하는 집합투자기구의 평가지표로는 부적절하다.

02 트래킹 에러와 정보비율에 대한 내용으로 틀린 것은?

① 트래킹 에러는 펀드의 수익률과 지수(벤치마크) 수익률의 차이를 측정하는 지표이다.
② 트래킹 에러의 평가에서는 위험에 상응하는 초과수익률을 얻었는지가 중요하다.
③ 정보비율은 평가비율(Appraisal Ratio)로 부르기도 한다.
④ 정보비율에 의한 운용자 능력 평가 시 단기간의 측정으로도 파악이 가능하다.

정답해설 정보비율에 근거하여 운용자의 능력을 평가할 때는 성과측정기간이 충분해야 한다.

개념 짚어 보기

젠센의 알파

$$a_p=(R_p-R_f)-\beta_p\times(R_m-R_f)$$

단. R_p : 집합투자기구 수익률
R_f : 무위험 수익률
β_p : 집합투자기구의 베타
R_m : 시장 수익률

[개념 확인 문제 정답] ①　[실전 확인 문제 정답] 01 ③　02 ④

9 성과요인, 포트폴리오, 운용회사의 분석

개념 확인 문제

01 (　　　)은 성과요인분석에서 시장의 흐름을 예측하여 저점에 매수하고 고점에 매도하는 전략이다.

① 시장예측능력(Market Timing)　　② 종목선정(Stock Selection)

02 (　　　)은 포트폴리오분석에서 성과에 가장 큰 요인을 주는 변수를 골라내 이를 기준으로 집합투자기구를 분류하는 기법이다.

① 시스템분석　　② 스타일분석

실전 확인 문제

01 성과요인 분석방법에 해당되지 않는 것은?

① Treynor－Mazuy의 이차항 회귀분석모형
② Henriksson의 옵션모형
③ 가상포트폴리오를 이용하는 방법
④ 평균신용등급을 이용하는 방법

정답해설 평균신용등급은 포트폴리오 자산 및 거래분석 시 파악한다.

02 운용회사의 질적 특성을 확인할 수 있는 요소가 아닌 것은?

① 매매수수료율
② 운용 관련 인력수와 경력
③ 운용회사의 수익성, 재무구조, 지배구조 등
④ 위험관리능력 및 컴플라이언스

정답해설 ②, ③, ④ 외에 운용프로세스, 운용규모, 고객지원 서비스 등으로 질적 특성을 파악할 수 있다.

개념 짚어 보기

집합투자기구등급

- 집합투자기구 수익률과 위험 또는 위험조정지표 등을 활용하여 종합적으로 판단할 수 있도록 산출한 평가결과물
- 기호로 표시된 이미지(태극모양, 별모양 등)를 이용하여 집합투자기구의 순위를 나타냄
- 집합투자기구 운용기간이 일정기간 이상 경과된 집합투자기구들에 대해 부여
- 과거 계량적인 성과에 대한 측정 결과일 뿐 성과보장과 직결되는 것이 아님에 유의

[개념 확인 문제 정답] 01 ① 02 ② **[실전 확인 문제 정답]** 01 ④ 02 ①

10 집합투자기구 평가보고서

개념 확인 문제

▶ (　　　)는 개별 집합투자기구에 대해 수익률, 위험, 위험조정성과 등을 평가하고 집합투자기구의 투자스타일이나 성과요인 판단을 위해 포트폴리오를 분석한 보고서를 말한다.

① 집합투자기구 평가보고서　　② 집합투자기구 위험지표 분석보고서

실전 확인 문제

01 집합투자기구 평가보고서에 대한 설명 중 틀린 것은?

① 운용회사의 정량적인 특성 및 정성적인 특성을 한눈에 파악할 수 있다는 장점이 있다.
② 주기적으로 체크해야 하며, 장기간의 성과에 대한 평가보고서를 활용하는 것이 바람직하다.
③ 판매 집합투자기구에 대해 충분한 분석을 할 수 있고, 적합한 집합투자기구 선정으로 불완전 판매에 따른 폐해를 줄일 수 있다.
④ 판매 후에도 지속적으로 평가보고서를 제공하는 등 사후 서비스를 통해 장기적으로 투자자의 신뢰를 높일 수 있다.

정답해설 일반적인 평가보고서는 계량정보로 구성되기 때문에 운용회사의 정성적인 특성에 대해서는 알기 어렵다는 한계가 있다.

02 집합투자기구 평가보고서 주요사항 중 집합투자기구 내 자산의 투자비중을 분석하고, 집합투자기구 전체의 자산별 배분 현황을 분석하는 것은?

① 집합투자기구 등급 분석　　② 기간누적수익률 분석
③ 스타일 분석　　④ 포트폴리오 분석

정답해설 포트폴리오 분석에 대한 설명이다.
① 집합투자기구 등급 분석 : 집합투자기구의 성적을 급수로 나눠 평가한 것
③ 스타일 분석 : 집합투자기구가 가지고 있는 주식과 채권의 성격을 규정함으로써 집합투자기구의 위험 및 수익성을 용이하게 예측하기 위한 것

개념 짚어 보기

집합투자기구 평가보고서 내용

- **성과분석** : 집합투자기구 기본정보, 수익률 · 위험 정보(벤치마크, 유형비교 포함), 성과추이 분석 등
- **포트폴리오분석** : 종목분석, 업종분석, 포트폴리오 특성 분석(스타일 분석 등)
- **기타** : 성과요인 분석, 분석의견 등

[개념 확인 문제 정답] ① **[실전 확인 문제 정답]** 01 ① 02 ④

핵심플러스

OX 문제

01 시장분석을 통한 자산별 기대수익률 및 위험 추정은 평가 단계에서 실행한다. ( )

02 투자자는 집합투자기구 운용결과를 분석하여 실패에 대한 개선 여부에 대해 직접 참여하여 방법을 모색하는 것이 가능하다. ( )

03 집합투자기구 평가회사는 기관투자자, 투자매매업자, 투자중개업자, 운용회사, 개인투자자 등에게 집합투자기구평가 및 분석정보를 생성 · 제공한다. ( )

04 집합투자기구의 유형이 같을 경우, 해당 집합투자기구는 수익 · 위험의 구조, 벤치마크가 유사하다. ( )

05 벤치마크는 집합투자기구의 투자대상상품, 운용목표, 운용전략 등의 특성을 반영해야 한다. ( )

06 중소형주, 가치주, 성장주, 국공채, 회사채의 경우 시장지수를 벤치마크로 사용하는 것이 좋다. ( )

07 집합투자기구의 수익률을 계산할 때 순수하게 집합투자기구 자체의 수익효과만을 측정하기 위해서는 시간가중수익률 방식을 적용한다. ( )

08 유형평균수익률과 집합투자기구의 수익률을 비교하면 집합투자기구가 절대적으로 운용을 잘했는지 판단할 수 있다. ( )

09 사전에 자산배분이 정해지고, 실제운용단계에서는 벤치마크를 추구하는 경우 절대적 위험지표를 적용하는 것에 적합하다. ( )

10 집합투자기구 투자대상의 기준가 등락이 큰 경우 표준편차가 크고, 기준가 등락이 작은 경우 표준편차가 작다. ( )

11 샤프비율이 높으면 위험조정 후 성과가 좋은 것이고 낮으면 성과가 부진했음을 의미한다. ( )

해설

01 계획 수립 과정에 대한 설명이다. 평가 단계에서는 투자결과가 피드백되어 투자계획이나 투자실행을 조정한다.

02 투자자는 집합투자기구 운용에 간섭할 수 없다. 다만, 결과 분석을 통해서 환매 또는 재투자 여부를 결정할 수 있다.

06 섹터/스타일지수를 벤치마크로 사용하는 것이 좋다. 시장지수는 운용에 특이한 제약조건이 없는 경우에 적합하며 종합주가지수, 종합채권지수 등의 벤치마크로 사용하는 것이 좋다.

08 절대적 판단을 위해 중요한 것은 벤치마크 수익률이다. 유형평균수익률과 집합투자기구의 수익률을 비교하는 것은 상대적 판단을 위해 중요하다.

09 상대적 위험을 적용하는 것이 적합하다. 절대적 위험지표는 수익률의 안정성을 중시하는 전략에 적합하다.

[정답] 01 × 02 × 03 ○ 04 ○ 05 ○ 06 × 07 ○ 08 × 09 × 10 ○ 11 ○

핵심플러스

OX 문제

12 트레이너비율은 포트폴리오의 위험으로 총위험인 표준편차를 사용한다. ( )

13 베타위험을 가지는 집합투자기구의 기대수익률보다 해당 집합투자기구의 수익률이 더 높을 때, 알파가 0보다 크다. ( )

14 트레킹 에러가 클수록 투자종목의 구성 및 편입비가 벤치마크에 근접하다는 것을 의미한다. ( )

15 정보비율에서는 집합투자기구 운용자의 고유정보가 벤치마크 초과수익을 얻는 원천이라 여긴다. ( )

16 집합투자기구등급은 집합투자기구의 수익률과 위험 또는 위험조정지표 등을 활용한 평가결과물로, 미래의 성과를 보장해 준다. ( )

17 성과요인에서 종목선정능력은 시장의 흐름을 참고하고 그에 적절한 종목을 선택하여 성과를 올리려는 방법이다. ( )

18 포트폴리오 분석 중 스타일 분석은 좋은 수익률의 집합투자기구를 고를 수 있도록 돕는 동시에 과거 성과원인에 대해 적절한 설명을 해 준다. ( )

19 운용회사의 질적 특성은 계량적 변수와 비계량 변수로 분류되는데, 계량정보 실사나 면접 등을 통해 평가한다. ( )

20 집합투자기구 평가보고서는 정해진 특정 시점에 대한 성과만을 바탕으로 작성한다. ( )

해설

12 분산투자가 가능한 경우 체계적인 위험만이 초과수익에 기여한다는 관점에서 체계적 위험인 베타를 사용한다.

14 트레킹 에러가 크다는 것은 펀드의 수익률이 벤치마크와 크게 다르게 나타났다는 것을 뜻한다.

16 집합투자기구 등급은 과거의 계량적 성과만을 드러내준다. 즉, 미래의 성과를 보장할 수 없기 때문에 투자판단에 참고하는 정도로 활용해야 한다.

17 시장의 흐름과 무관하며, 상대적으로 저평가되었거나 향후 상승가능성이 높은 종목을 선택하는 것이다.

19 계량정보는 상호비교로, 비계량적인 정보는 실사나 면접 등을 통해 평가한다.

20 집합투자기구의 성과가 일정하지 않기 때문에 특정시점에 제한하여 작성할 경우 해당 집합투자기구의 특성을 완전히 반영할 수 없다. 따라서 주기적으로 체크해야 한다.

[정답] 12 × 13 ○ 14 × 15 ○ 16 × 17 × 18 ○ 19 × 20 ×

2과목

파생상품펀드

1장 파생상품펀드 법규

대표 유형 문제

다음 중 자본시장법상 파생상품펀드에 대한 설명으로 옳지 않은 것은?

① 공모펀드는 투자유한회사, 투자합자회사의 형태로도 가능하다.
② 파생상품 매매에 따른 위험평가액이 펀드 자산총액의 10%를 초과할 수 있는 펀드를 포함한다.
③ 반드시 환매금지형으로 해야 한다.
④ 펀드 재산의 50%를 초과하여 파생결합증권에 운용하는 펀드를 포함한다.

정답해설 반드시 환매금지형으로 해야 하는 것은 아니다. 자본시장법은 ②와 ④를 동일하게 '파생형'으로 동일하게 취급하고 있다.

대표 유형 문제 알아 보기

자본시장법상 투자대상 유형별 구분

자본시장법 제229조에서는 펀드 종류를 기존 간접투자법상의 7개에서 5개로 변경하였다. 펀드 종류별 운용대상 자산 제한을 폐지하고, 다양한 운용전략 구사가 가능하도록 하였다.

대상자산	증권펀드	부동산펀드	특별자산펀드	MMF	혼합자산펀드
증권	○	○	○	○	○
파생상품	○	○	○	×	○
부동산	○	○	○	×	○
특별자산	○	○	○	×	○

[대표 유형 문제 정답] ③

대표 유형 문제

자본시장법상 파생상품등에 대한 설명으로 옳지 않은 것은?

① 파생상품의 특성에 따라 선도, 옵션, 스왑으로 구분하고 있고, 파생상품시장에서의 거래 여부에 따라 장내파생상품과 장외파생상품으로 구분하고 있다.
② 현 시점에 주식을 매매하기로 약정하면서 그 주식의 인도와 대금의 결제를 미래의 어느 특정 시점에 하기로 정하는 경우는 선도거래이다.
③ 선도거래는 거래 자체가 약정 시점에 성립되고, 옵션은 거래의 성립 여부가 나중에 결정된다.
④ 자본시장법은 파생결합증권을 파생상품으로 분류하고 있다.

정답해설 자본시장법에서는 파생결합증권을 증권으로 분류하고 있다.

대표 유형 문제 알아 보기

자본시장법상 금융투자상품

금융투자상품	증권	채무증권, 지분증권, 수익증권, 투자계약증권, 증권예탁증권, 파생결합증권
	파생상품	장내파생상품, 장외파생상품

[대표 유형 문제 정답] ④

1 금융투자상품(1)

개념 확인 문제

01 (　　　)은 투자자가 취득과 동시에 지급한 금전 등 외에 추가로 지급의무를 부담하지 않는다.

① 증권　② 파생상품

02 (　　　)이란 기초자산의 가격 · 이자율 · 지표 · 단위 또는 이를 기초로 하는 지수 등의 변동과 연계하여 미리 정하여진 방법에 따라 지급금액 또는 회수금액이 결정되는 권리가 표시된 것으로 증권에 속한다.

① 파생결합증권　② 증권예탁증권

실전 확인 문제

01 다음 내용과 관련 없는 것은?

> 이익을 얻거나 손실을 회피할 목적으로 현재 또는 장래의 특정 시점에 금전 등을 지급하기로 약정함으로써 취득하는 권리이며 그 권리를 취득하기 위하여 지급하였거나 지급하여야 할 금전 등의 총액이 그 권리로부터 회수하였거나 회수할 수 있는 금전 등의 총액을 초과하게 될 위험이 있는 것

① 증권　② 장내파생상품
③ 장외파생상품　④ 원화표시 양도성정기예금

정답해설 주어진 내용은 자본시장법에서 정의하고 있는 금융투자상품에 관한 것이다. 원화로 표시된 양도성정기예금과 신탁법상의 관리형신탁 수익권, 상법상의 주식매수선택권은 명시적으로 배제된다.

02 특정 투자자가 그 투자자와 타인 간의 공동사업에 금전 등을 투자하고 주로 타인이 수행한 공동사업의 결과에 따른 손익을 귀속받는 계약상의 권리가 표시된 것은?

① 수익증권　② 투자계약증권　③ 채무증권　④ 지분증권

개념 짚어 보기

증권의 종류

- **채무증권** : 국채증권, 지방채증권, 특수채증권, 사채권, 기업어음증권, 그 밖에 이와 유사한 것으로서 지급청구권이 표시된 것
- **지분증권** : 주권, 신주인수권이 표시된 것, 법률에 의하여 직접 설립된 법인이 발행한 출자증권, 상법에 따른 합자회사 · 유한책임회사 · 유한회사 · 합자조합 · 익명조합의 출자지분, 그 밖에 이와 유사한 것으로서 출자지분 또는 출자지분을 취득할 권리가 표시된 것
- **수익증권** : 신탁의 수익증권, 투자신탁의 수익증권, 그 밖에 이와 유사한 것으로서 신탁의 수익권이 표시된 것
- **증권예탁증권** : 증권을 예탁받은 자가 증권 발행 국가 외의 국가에서 발행한 것으로 그 예탁받은 증권 관련 권리가 표시된 것

[개념 확인 문제 정답] 01 ① 02 ①　[실전 확인 문제 정답] 01 ④ 02 ②

2 금융투자상품(2)

개념 확인 문제

01 (　　　)은 선도, 옵션, 스왑의 어느 한 가지에 해당하는 투자성 있는 것을 의미한다.

① 파생상품　　　② 파생결합증권

02 (　　　)은/는 기초자산이나 기초자산의 가격 · 이자율 · 지표 · 단위 또는 이를 기초로 하는 지수 등에 의하여 산출된 금전 등을 장래의 특정 시점에 인도할 것을 약정하는 계약이다.

① 선도　　　② 스왑

실전 확인 문제

▶ 파생상품에 대한 내용 중 틀린 것은?

① 선도는 이행기가 장래의 특정시점인 매매계약이다.
② 스왑의 거래 형태로는 통화스왑, 이자율스왑, TRS 등이 있다.
③ 파생상품으로서 장내상품이 아닌 것을 장외파생상품이라고 한다.
④ 옵션은 계약상의 권리의무에 반드시 따라야 한다.

정답해설 옵션은 조건을 정하고 미래시점에 그 조건에 따라 거래가 성립된다는 면에서 선도와 유사해 보이지만 선도는 미래시점에서 이행의 문제만 남는 데 비해, 옵션은 거래성립 여부 자체가 나중에 결정된다는 것이 다르다. 즉, 거래성립 여부를 결정할 수 있고 권리만 있으며, 의무가 없다.

③ 파생상품시장과 해외파생상품시장에서 거래가 이루어지는 것이 장내파생상품이며, 그 외 파생상품을 장외파생상품이라고 한다.

개념 짚어 보기

옵션과 스왑

- **옵션** : 당사자 어느 한쪽의 의사표시에 의하여 기초자산이나 기초자산의 가격 · 이자율 · 지표 · 단위 또는 이를 기초로 하는 지수 등에 의하여 산출된 금전 등을 수수하는 거래를 성립시킬 수 있는 권리를 부여하는 것을 약정하는 계약
- **스왑** : 장래의 일정기간 동안 미리 정한 가격으로 기초자산이나 기초자산의 가격 · 이자율 · 지표 · 단위 또는 이를 기초로 하는 지수 등에 의하여 산출된 금전 등을 교환할 것을 약정하는 계약

[개념 확인 문제 정답] 01 ① 02 ① [실전 확인 문제 정답] ④

3 파생상품펀드 개요

개념 확인 문제

▶ **파생상품매매에 따른 위험평가액이 자산총액의 (　　　)를 초과하여 투자할 수 있는 펀드가 파생상품에 투자하는 경우, 파생상품펀드의 위험지표를 인터넷 홈페이지 등을 이용하여 공시해야 한다.**

① 10%　　　② 50%

실전 확인 문제

▶ **자본시장법상 파생상품펀드에 대한 설명 중 틀린 것은?**

① 자본시장법에서는 간접투자법하의 '파생상품펀드'를 승계한 별도의 '파생상품펀드'를 규정하고 있다.
② 펀드재산의 50%를 초과하여 파생결합증권에 운용하는 펀드를 파생상품펀드로 볼 수 있다.
③ 파생상품매매에 따른 위험평가액이 펀드자산총액의 10%를 초과하여 투자할 수 있는 펀드를 파생상품펀드로 볼 수 있다.
④ 단기금융펀드를 제외한 증권 · 부동산 · 특별자산 · 혼합자산펀드는 모두 파생결합증권 및 파생상품에 투자할 수 있다.

정답해설 자본시장법에서는 간접투자법하의 '파생상품펀드'를 승계한 별도의 '파생상품펀드'를 규정하고 있지 않다. 즉, 자본시장법은 '파생상품펀드'를 다른 펀드와 구분되는 독립된 하나의 펀드로 명시적으로 인정하지 않는다는 의미이다.

개념 짚어 보기

파생형 펀드

금융감독원의 '펀드명칭 표기기준'에 의해 다음 조건을 갖춘 경우 '파생형'이라는 사용하도록 하였다. 이는 펀드가 집합투자증권, 파생상품에 일정비율을 초과하여 운용할 경우 일반 펀드와 구분할 필요가 있기 때문이다.

- 파생상품 매매에 따른 위험평가액이 10%를 초과하여 투자할 수 있는 펀드
- 파생결합증권(ELS)이 주된 투자대상자산인 펀드

[개념 확인 문제 정답] ①　[실전 확인 문제 정답] ①

4 파생상품펀드 운용규제

개념 확인 문제

▶ 펀드재산으로 파생상품매매를 하는 경우, 파생상품매매에 따른 위험평가액이 각 펀드의 순자산총액의 (　　　)를 초과하여 투자하는 행위가 금지된다.

① 100%　　　② 50%

실전 확인 문제

▶ 파생결합증권 및 파생상품 투자 시의 운용 규제에 대한 설명 중 틀린 것은?

① 장외파생상품매매를 하는 경우 적격 요건을 갖추지 못한 자와의 매매는 금지된다.
② 동일종목의 파생결합증권에 투자하는 경우에는 각 펀드자산총액의 10%까지 투자할 수 있다.
③ 동일법인 등이 발행한 증권의 가격변동으로 인한 위험평가액이 각 펀드자산총액의 10%를 초과하여 투자하는 행위는 금지된다.
④ 같은 거래상대방과의 장외파생상품매매에 따른 거래상대방 위험평가액이 각 펀드자산총액의 10%를 초과하여 투자하는 행위는 금지된다.

정답해설 펀드재산으로 동일종목의 증권에 투자하는 경우 원칙적으로 각 펀드자산총액의 10%를 초과하여 투자하는 행위가 제한되나, 파생결합증권에 투자하는 경우에는 예외적으로 30%까지 투자할 수 있다. 또한 사모펀드의 경우 펀드자산총액의 100%까지 투자할 수 있다.
① 장외파생상품 매매상대방에 대한 규제는 사모펀드의 경우에도 동일하게 적용된다.

개념 짚어 보기

장외파생상품 매매상대방 적격요건

전문투자자가 다음 중 어느 하나에 해당하는 요건을 충족해야 한다.
- 신용평가회사(외국 법령에 따라 외국에서 신용평가업무에 상당하는 업무를 수행하는 자 포함)에 의하여 투자적격 등급 이상으로 평가받은 경우
- 신용평가회사에 의하여 투자적격 등급 이상으로 평가받은 보증인을 둔 경우
- 담보물을 제공한 경우

[개념 확인 문제 정답] ①　[실전 확인 문제 정답] ②

5 파생상품투자 시 위험평가액 산정

개념 확인 문제

01 파생상품 매매에 따른 위험평가액은 장내파생상품 또는 장외파생상품의 거래에 따른 (　　　)으로 한다.

① 명목계약금액　　② 실질계약금액

02 (　　　)의 위험평가액은 기초자산가격에 거래량(계약수)과 승수를 곱하여 산정한다.

① 선도거래　　② 옵션거래

실전 확인 문제

▶ 파생상품 종류별 명목계약금액 산정방식에 대한 설명으로 옳지 않은 것은?

① 선도의 경우 기초자산 가격에 계약수와 승수를 곱하여 산정한다.
② 통화스왑의 경우 지급하기로 한 통화의 명목원금으로 산정한다.
③ 옵션매수의 경우 기초자산 가격에 계약수와 승수 및 델타를 각각 곱한 금액(델타위험액)으로 산정한다.
④ 옵션매도의 경우 델타위험액에 추가로 감마위험액을 더하고 베가위험액을 차감하여 산정한다.

정답해설 옵션매도의 경우 델타위험액에 추가로 델타변화에 따른 위험액(감마위험액)과 기초자산 변동액 변화에 따른 위험액(베가위험액)을 모두 합산한 금액으로 산정한다.

개념 짚어 보기

장외파생상품 매매상대방 적격요건

펀드재산으로 장외파생상품의 매매를 하는 경우 적격요건을 갖추지 못한 자와의 매매는 금지된다. 장외파생상품 매매 상대방은 전문투자자에 해당하는 자가 아래의 어느 하나의 요건을 충족하는 것을 말한다.

- 신용평가회사에 의하여 투자적격등급 이상으로 평가받은 경우
- 신용평가회사에 의하여 투자적격등급 이상으로 평가받은 보증인을 둔 경우
- 담보물을 제공한 경우

[개념 확인 문제 정답] 01 ① 02 ①　[실전 확인 문제 정답] ④

6 파생상품펀드의 위험지표 공시

개념 확인 문제

01 (   )은 일정한 보유기간에 일정한 신뢰구간 범위 안에서 시장가격이 펀드에 대하여 불리하게 변동될 경우 파생상품거래에서 발생할 수 있는 최대손실예상금액을 뜻한다.

① CFAR ② VaR

02 위험지표 중 시장상황변동에 따른 펀드재산의 손익구조변동과 최대손실예상금액은 (   ) 공시한다.

① 거래익일까지 ② 매일

실전 확인 문제

▶ 공시대상 위험지표 내용으로 틀린 것은?

① 공시대상은 파생상품 거래에 따른 만기시점의 손익구조, 시장상황변동에 따른 펀드재산의 손익구조변동, VaR, 계약금액이다.

② 계약금액은 명목계약금의 총액을 매수, 매도, 순포지션으로 구분하여 기재해야 한다.

③ 계약금액과 파생상품 거래에 따른 만기시점의 손익구조는 파생상품 거래후 공시한다.

④ 시장상황변동에 따른 펀드재산의 손익구조변동은 이익발생 구간, 손실발생 구간, 손익 없는 구간으로 구분한다.

정답해설 손익에 따라 구간을 구분하여 도표로 나타내는 것은 파생상품 거래에 따른 만기시점의 손익구조이다. 시장상황변동에 따른 펀드재산의 손익구조변동에서는 시나리오법에 따라 산정하며, 그 구체적인 내용은 금융감독원장이 정한다.

개념 짚어 보기

최대손실예상금액(VaR)(금융투자업규정 제4-71)

- 보유포지션의 시장가치 × 신뢰구간에 따른 표준편차의 배수 × 포지션의 변동성(표준편차) × $\sqrt{\text{보유기간}}$ 으로 산정
  - 최대손실예상금액(VaR)은 10영업일의 보유기간 및 99%의 단측 신뢰구간을 적용하여 일일단위로 측정되어야 한다. 다만, 10영업일보다 짧은 보유기간을 사용하여 최대손실예상금액(VaR)을 산정한 후 이를 10영업일에 상당하는 수치로 전환시켜 산정할 수 있으며, 이 경우 10영업일간의 최대손실예상금액(VaR)은 1일간의 최대손실예상금액(VaR) × $\sqrt{10}$ 으로 산정한다.
  - 최대손실예상금액(VaR)은 1년 이상의 자료관측기간을 기초로 하여 측정되어야 하며, 시장상황에 따라 최소한 3개월에 1회 이상 자료구성을 수정 · 보완시키되, 시장가격의 중대한 변동이 있는 경우에는 수정 · 보완기간을 단축하여야 한다.
  - 옵션포지션에 대한 최대손실예상금액(VaR)은 간편법 또는 델타플러스법에 따라 산정하며, 그 구체적인 내용은 금융감독원장이 정한다.

[개념 확인 문제 정답] 01 ② 02 ② [실전 확인 문제 정답] ④

핵심플러스

OX 문제

01 자본시장법상 파생상품 펀드는 반드시 환매금지형으로 해야 하는 것은 아니다. (　　)

02 자본시장법상 투자대상 유형별 구분은 증권펀드, 부동산펀드, 특별자산펀드, 혼합자산펀드, 파생상품펀드의 5가지이다. (　　)

03 파생상품매매에 따른 위험평가액이 펀드 순자산총액의 200%를 초과할 수 없다. (　　)

04 기초자산 중 동일법인등이 발행한 증권의 가격 변동으로 인한 위험평가액은 펀드 자산총액의 20%까지 허용된다. (　　)

05 장외파생상품의 매매 상대방 적격요건은 일반투자자로의 전환청구를 할 수 있는 전문투자자도 포함된다. (　　)

06 파생상품시장에서 거래되는 파생상품은 장내파생상품이다. (　　)

07 장외파생상품은 파생상품으로서 장내파생상품이 아닌 것을 말한다. (　　)

08 장래의 일정기간 동안 미리 정한 가격으로 기초자산의 가격을 기초로 하는 지수 등에 의하여 산출된 금전 등을 교환할 것을 약정하는 계약은 옵션이다. (　　)

09 장외파생상품은 적격요건을 갖춘 자와만 해야 한다. (　　)

10 공모펀드는 투자신탁이나 투자회사 형태만 허용된다. (　　)

해설

02 자본시장법상 투자대상 유형별 구분은 증권펀드, 부동산펀드, 특별자산펀드, 혼합자산펀드, MMF의 5가지이다.

03 파생상품매매에 따른 위험평가액이 펀드 순자산총액의 100%를 초과할 수 없다.

04 기초자산 중 동일법인등이 발행한 증권의 가격 변동으로 인한 위험평가액은 펀드 자산총액의 10%까지 허용된다.

05 장외파생상품의 매매 상대방 적격요건은 일반투자자로의 전환청구를 할 수 없는 전문투자자도 포함된다.

08 장래의 일정기간 동안 미리 정한 가격으로 기초자산의 가격을 기초로 하는 지수 등에 의하여 산출된 금전 등을 교환할 것을 약정하는 계약은 스왑이다.

10 투자유한회사, 투자합자회사, 투자유한책임회사, 투자합자회사, 투자익명조합 등이 모두 허용된다.

[정답] 01 ○　02 ×　03 ×　04 ×　05 ×　06 ○　07 ○　08 ×　09 ○　10 ×

Notes

2장 파생상품펀드 영업

대표 유형 문제

파생상품펀드의 특성과 활용전략에 대한 설명 중 틀린 것은?

① 선물, 옵션, 장외파생상품 등 다양한 파생상품을 활용하여 다양한 수익구조를 만들어낼 수 있다.

② 베이시스와 변동성을 중심으로 한 다양한 수익원과 위험요인에 파악이 요구된다.

③ 포트폴리오 자산배분전략 중 핵심－주변부(core－satellite)전략에서 핵심포트폴리오는 공격적 투자자에 적합하다.

④ 펀드 포트폴리오를 구성할 때에는 파생상품펀드의 비중, 기초자산의 선택, 투자기간, 원금보존 여부, 수익구조의 선택 등을 고려한다.

정답해설 핵심포트폴리오는 시장과 비교했을 때 높은 수익보다 시장의 평균이 되는 시장수익률을 선호하는 보수적 투자자에게 적합하다. 공격적 투자자에게 적합한 것은 주변부포트폴리오이다.

오답해설 ① 다양한 파생상품 활용은 투자자에게 다양한 투자전략을 통한 수익을 제공할 수 있고, 주식시장 전망을 토대로 기초자산의 범위를 확대할 수 있으며, 수익구조 또한 다양하게 만들 수 있다.
② 장내파생상품 활용 시(레버리지 사용) 베이시스위험, 변동성위험 등에 대한 고려가 필요하고, 장외파생상품이 편입된 펀드의 경우 거래상대방의 신용위험을 고려해야 한다.

대표 유형 문제 알아 보기

포트폴리오 투자

• Static Allocation Strategies : 위험 자산과 무위험 자산에 투자 초기 정해진 비율대로 포트폴리오 자산을 배분하고, 만기까지 유지한다.
• Constant Mix Strategies : 위험 자산에 투자 초기 정해진 금액만큼 배분하고, 위험 자산 배분금액을 일정하게 유지한다.
• 핵심－주변부(core－satellite)전략

핵심 포트폴리오	목적	벤치마크 수익률 달성
	구성	시장움직임에 연동되는 상품인 주식형 인덱스펀드 또는 ETF로 구성
	대상	시장과 비교했을 때 높은 수익보다 시장의 평균이 되는 시장수익률을 선호하는 보수적 투자자
주변부 포트폴리오	목적	시장대비 초과수익 추구
	구성	초과수익이 예상되는 펀드 또는 자산 등으로 구성
	대상	시장대비 초과수익을 추구하기 때문에 펀드의 위험 또한 감수할 수 있는 공격적 투자자

[대표 유형 문제 정답] ③

대표 유형 문제

다음 파생상품펀드에 대한 내용 중 설명이 잘못된 것은?

① 주가연계파생상품펀드는 파생상품펀드의 수익이 주가에 연계하여 결정되는 펀드를 말한다. 주가연동예금(ELD), 주가연계증권(ELS), 주가연계펀드(ELF) 등이 제공된다.

② 원금비보존형 구조는 기초자산의 변동성이 쿠폰에 가장 많은 영향을 주며, 변동성이 작아질수록 쿠폰이 상승한다.

③ 금리연계파생상품펀드에서, 금리는 주가에 비해 변동성이 낮고 제시된 가격 조건의 유지가 어려워 공모펀드설정에 어려움이 많다.

④ 멀티에셋(Multi－Asset)파생상품펀드는 여러 자산에 분산투자한다는 점에서 최적화된 투자라고 말할 수 있지만, 투자자 파악, 시간 · 공간적 문제, 투자금액의 제약 등으로 인해 분산투자의 어려움이 발생한다.

정답해설 원금비보존형 구조에서는 기초자산의 변동성이 클수록 쿠폰이 상승한다. 변동성이 큰 기초자산으로 상품을 만들 때 델타복제 과정에서 수익 확보가 용이해지기 때문이다.

오답해설 ① 주가연동예금과 주가연계증권은 은행과 증권회사의 신용으로 원금보장 구조의 발행이 가능하다. 주가연계펀드는 원금보장이 안 되고 또한 펀드로서 실적배당상품이기 때문에 원금보존추구형으로 상품을 구성한다.
③ 레버리지를 이용하여 일정수익률을 보장해야 하나 규정의 제약과 위험이 증대된다.
④ 최초 투자시점에 자산배분의 원칙을 정하고 원칙대로 운용하는 멀티에셋, 하이브리드 펀드로 이와 같은 문제를 해결한다.

대표 유형 문제 알아 보기

원금비보존형구조에서 제시수익률에 영향을 주는 요소

- 상환조건(행사가격)이 높을수록 쿠폰이 상승한다.
  - 상환조건이 높으면 상환가능성이 낮아지므로 쿠폰을 올려준다.
  - 상환조건이 낮으면 상환가능성이 높아지므로 쿠폰을 낮춘다.
- KI(Knock－In : 낙인) 수준이 높을수록 쿠폰이 상승한다.
  - KI 조건이 낮을수록 안정적이고 손실위험이 작아 쿠폰이 낮아진다.
  - KI 조건이 높으면 손실위험이 커져서 쿠폰이 높아진다.
- KO(Knock－Out : 낙아웃) 수준이 높을수록 쿠폰이 상승한다.
  - KO 조건이 높을수록 상환가능성이 낮아지므로 쿠폰이 올라간다.
  - KO 조건이 낮을수록 상환가능성이 높아지므로 쿠폰이 낮아진다.
- 기초자산 간의 상관관계가 낮을수록 쿠폰이 높아진다.
  - 상관관계가 낮으면 하나의 종목이 손실률이 크더라도 나머지 종목이 수익을 Cover 하기 때문이다.
  - 상관관계가 높으면 두 종목이 같이 상승하거나 같이 하락할 가능성이 높아 상환가능성이 커져서 쿠폰이 낮아진다.

[대표 유형 문제 정답] ②

1 주가연계파생상품펀드의 특성

개념 확인 문제

01 (   )는 일정 비율 이상의 파생상품과 파생결합증권을 편입한 펀드를 말한다.

① 파생상품펀드 ② 파생상품연계펀드

02 (   )은 파생상품의 수익이 주가(개별종목의 가격 혹은 주가지수)에 연계되어 결정되는 파생상품이다.

① 장내파생상품 ② 주가연계파생상품

실전 확인 문제

▶ 주가연계파생상품에 대한 내용으로 틀린 것은?

① 개별종목의 기초자산 선택 시 유동성과 주가변동성 등을 판단해야 한다.
② 장내파생상품과 같이 거래소를 통한 거래 및 장외파생상품과 같이 계약 형태의 거래가 가능하다.
③ 은행에서는 ELD(주가연동예금)를 판매하고, 투자매매업자는 ELS(주가연계증권)를 발행하며, 집합투자업자는 ELF(주가연계펀드)를 제공한다.
④ ELD, ELS, ELF 모두 원금보장 구조로 발행할 수 있다.

정답해설 ELD, ELS은 원금보장 구조로 발행하는 것이 가능하나, ELF는 실적배당 상품이기 때문에 '원금보장'이 아닌 '원금보장추구형'으로 알려야 한다.

개념 짚어 보기

주가연계펀드(ELF ; Equity Linked Fund)

- 구조
  - 워런트를 편입한 원금보존추구형
  - 파생결합증권이나 장외파생상품을 편입하는 형태
  - 장내파생상품에 주로 투자하는 형태
- 안전자산, 즉 국공채 · 우량 회사채 등에 대부분의 자산을 투자하고 만기 시 원금 확보
- 잔여재산은 ELS에 편입, 주가 펀드수익률이 연동되도록 설계
- 수익률이 주가 · 주가지수에 의해 결정되는 구조화된 수익구조를 지니게 됨

[개념 확인 문제 정답] 01 ① 02 ② [실전 확인 문제 정답] ④

2 워런트투자형(1)

개념 확인 문제

01 (   )은/는 이자 수준의 프리미엄만 지급하여 손실을 제한할 수 있어서, 원금보존추구형으로 분류된다.

① 워런트 ② 클리켓

02 (   )은 워런트의 가격을 뜻하는 말이다.

① 프리미엄(premium) ② 콜

실전 확인 문제

▶ 워런트 투자에 대한 내용으로 틀린 것은?

① 워런트에 투자하게 되면 선형구조의 수익구조만 가능하다.
② 적은 자본을 가지고 큰 자본을 투자하는 효과를 얻을 수 있다.
③ 원금보존 추구형으로 만드는 것이 가능하다.
④ 수익을 결정하는 것은 기초자산가격의 움직임이다.

정답해설 선형구조의 수익구조는 선물투자에서 가능하며, 워런트 투자에서는 다양한 비선형구조의 수익구조 추구가 가능하다.
② 워런트는 펀드자산의 연 3~5%를 투자하는 것이 보통이다.
④ 투자자는 기초자산가격에 대한 예상을 투자수익으로 연결시킬 수 있다.

개념 짚어 보기

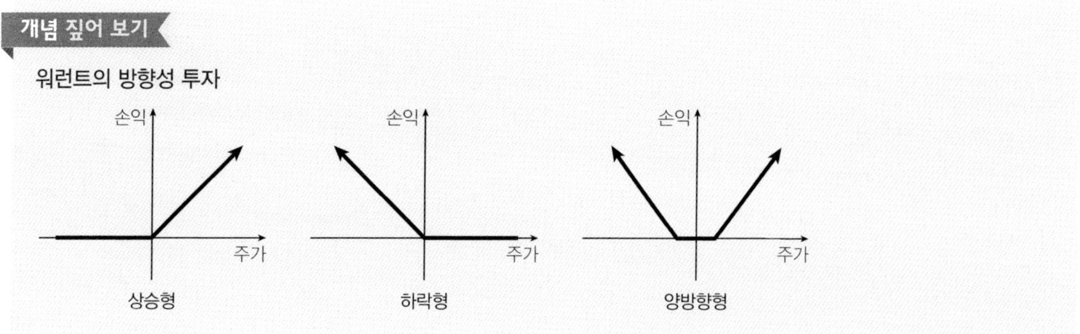

[개념 확인 문제 정답] 01 ① 02 ① [실전 확인 문제 정답] ①

3 워런트투자형(2)

개념 확인 문제

01 (   )는 기초자산이 특정구간에 있을 때에는 지속적인 수익 상승을 보이는 반면, 구간을 넘어설 때는 일정 수익만 받는 구조를 보인다.

① 스프레드(Spread)　　② 리베이트(Rebate)

02 (   )는 기초자산이 특정 구간에 있을 때만 일정한 수익을 받고 그 외의 구간에서는 수익이 없는 구조를 보인다.

① 낙인(Knock in)　　② 레인지(Range)

실전 확인 문제

▶ 다음 중 약세스프레드를 나타내는 그래프는?

①
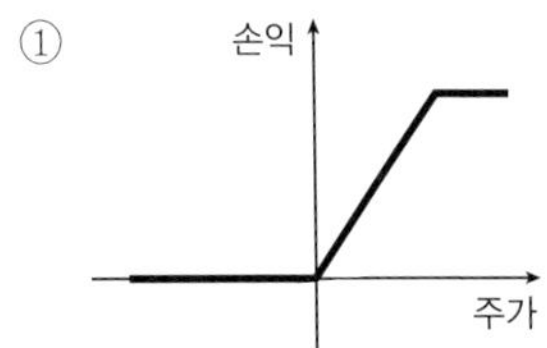

②
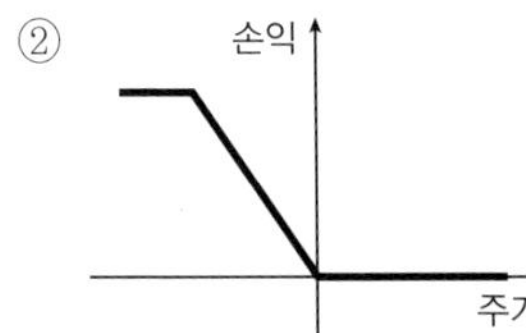

③
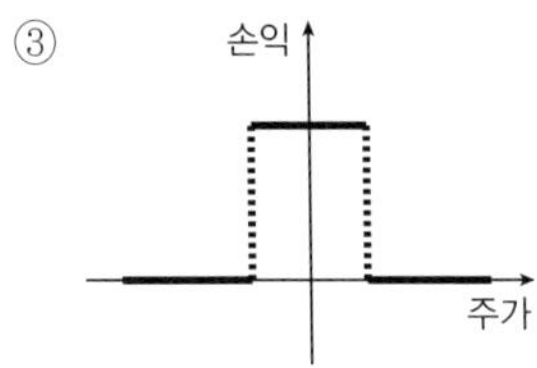

④
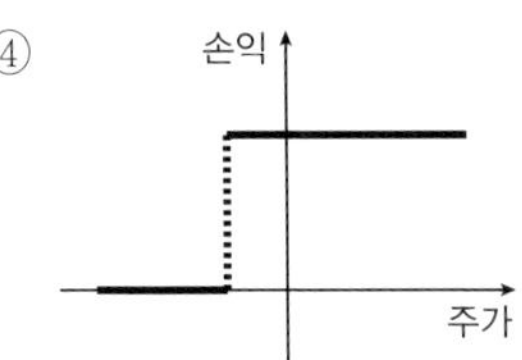

정답해설 ① 강세스프레드 ② 약세스프레드 ③ 양레인지 ④ 디지털

개념 짚어 보기

워런트투자형의 주요용어

- 콜(Call) : 상승형 수익구조
  풋(Put) : 하락형 수익구조
  디지털(Digital) : 일정한 제시수익률(쿠폰)을 받거나 받지 못하는 구조
- 강세스프레드(Bull Spread) : 상승형 수익구조
  약세스프레드(Bear Spread) : 하락형 수익구조

[개념 확인 문제 정답] 01 ① 02 ② **[실전 확인 문제 정답]** ②

4 워런트투자형(3)

개념 확인 문제

01 특정 조건을 충족시켜, 기존 수익구조가 사라질 때 보상해 주는 수익구조를 (　　　)라고 한다.

① 리베이트　　② 참여율

02 (　　　)은 옵션가격과 투자자금의 비율을 드러낸다.

① 참여율　　② 옵션비율

실전 확인 문제

01 기초자산이 일정수준에 도달하면 손익구조가 새롭게 발생하는 구조를 설명하는 용어는?

① Knock out　　② Digital
③ Rebate　　④ Knock in

정답해설 Knock in에 대한 설명이다. Knock out은 반대로 손익구조가 사라지는 구조이다. 리베이트는 일정한 보상을 의미하며 디지털은 2개 중에 하나를 선택하는 형태이다.

02 주어진 조건을 통해서 도출해낼 수 있는 참여율은?

- 쿠폰 이자율 10%
- 기초자산 상승율 20%

① 10%　　② 20%
③ 50%　　④ 100%

정답해설 참여율＝(쿠폰 이자율/기초가격)×100(%)
＝(10/20)×100(%)＝50%이다.

개념 짚어 보기

유럽형(European) · 미국형(American) · 아시아형(Asian)

워런트 수익에 대해
- 만기 때 한 번만 관찰하여 결정하면 유럽형
- 만기 전에 어느 때라도 관찰하여 수익을 확정한다면 미국형
- 평가일을 정해 수익률을 결정하고 평균하여 최종 결정하면 아시아형

[개념 확인 문제 정답] 01 ① 02 ① [실전 확인 문제 정답] 01 ④ 02 ③

5 원금비보존형과 장내파생상품 운용형

개념 확인 문제

01 (   )는 시뮬레이션 등을 통해 산출된 목표수익 구조를 사전에 제시하고 금융공학 기법으로 운용하는 펀드로 인덱스형, 델타복제구조화형 등이 있다.

① 금융공학펀드　　② 수익공학펀드

02 (   )는 개별종목, 복수종목, 주식바스켓 혹은 인덱스 선물의 풋옵션 매도 포지션의 델타를 참고하여 운용한다.

① 델타복제펀드　　② 델타대칭펀드

실전 확인 문제

01 중도상환이 가능한 상승형 원금비보존형 구조의 쿠폰(제시수익률)에 대한 다음 설명 중 틀린 것은?

① 기초자산의 변동성이 높으면 쿠폰이 크다.
② 상환조건(행사가격)이 높으면 쿠폰이 크다.
③ 상관관계가 낮으면 쿠폰이 크다.
④ KO가 높으면 쿠폰이 크지만 KI가 높으면 쿠폰이 작다.

정답해설 KO 및 KI는 모두 높을수록 쿠폰이 크다.

02 장내파생상품 운용형 펀드에 대한 설명 중 틀린 것은?

① 금융공학펀드가 대표적이다.
② 인덱스 연동 수익률을 추구하거나 옵션 수익구조 복제 및 차익거래 기법을 사용한다.
③ 레버리지 컨버터블 전략은 풋매도 성과도를 복제하는 형태이다.
④ 포트폴리오 보험 상품은 콜옵션 매수의 성과를 복제하는 형태이다.

정답해설 풋매도 성과도를 복제하는 형태를 지닌 것은 리버스 컨버터블 전략이다.

개념 짚어 보기

델타복제펀드의 장단점

- 장점 : 설정 이후 변동성 증가 및 시장의 큰 폭의 하락이 없을 때에는 수익이 발생할 가능성이 크며, 상장된 주식이나 선물의 매매이익에 대해 비과세 된다.
- 단점 : 개별펀드별로 운용해야 하며 변동성 감소 및 바스켓 성과 부진 시, 시장이 큰 폭으로 하락하면 투자손실이 발생할 수 있다.

[개념 확인 문제 정답] 01 ① 02 ①　[실전 확인 문제 정답] 01 ④ 02 ③

6 금리연계파생상품펀드

개념 확인 문제

01 (　　　)의 쿠폰은 금리가 일정 범위 안에 머문 날짜를 계산하여 결정하며, 예상 범위에 머물 때 수익을 확보한다.

① 레인지 어크루얼　　② 복수 기초자산 상품

02 (　　　)은 만기가 다른 두 종목 또는 신용도가 다른 두 종목의 금리차를 활용한다.

① 복수 기초자산 상품　　② 스프레드

실전 확인 문제

▶ 다음의 금리연계파생상품펀드에 대한 설명 중 틀린 것은?

① 레인지 어크루얼(Range Accrual)형은 금리 변동성이 커야 유리하다.
② 스프레드형(Spread)은 만기나 신용도에 따라 두 종목의 금리차이를 기초자산으로 할 수 있다.
③ 국내 IRS 5년물 금리와 1년물 금리의 차이를 이용하여 스프레드 상품 등을 만들 수 있다.
④ Dual Index란 쿠폰을 결정하는 데 2개의 변수가 사용된다는 것을 의미한다.

정답해설 레인지형은 금리 변동이 일정 범위 내에서 움직여야 유리하다. 금리가 일정 범위 안에서 움직이면, 머문 일수를 누적 계산하고 수익률(쿠폰)을 결정한다.
③ IRS(Interest Rate Swap) : 동종통화에서 변동금리와 고정금리를 교환하는 것
④ Dual Index FRN : 기초자산이 2개이며, 각각 기초자산별로 쿠폰발생 조건이 생김

개념 짚어 보기

금리연계파생상품펀드의 특징

- 헤지목적이 많고 투기적인 수요가 적다.
- 금리는 주가에 비하여 변동성이 낮기 때문에 공모펀드로 만들기가 어렵다.
- 레버리지를 이용해야 높은 수익률을 기대할 수 있다.(규정의 제약 및 위험이 증가할 수도 있다.)
- 금리는 정부의 통화정책에 따라 움직이는 경향이 강하다.
- 만기가 긴 점과 중도상환권리 내재로 인해 투자자 리스크가 발생한다.

[개념 확인 문제 정답] 01 ① 02 ② [실전 확인 문제 정답] ①

7 상품연계파생상품펀드

개념 확인 문제

▶ (　　　)은 매수 선물 만기에 실물 인수를 하지 않으려는 목적으로 해당 월물의 만기 전에 보유 선물을 청산하고 미래의 다른 만기의 선물을 매수하는 것이다.

① 만기이월(롤오버)　　　② 만기이연

실전 확인 문제

01 상품연계파생상품펀드에 대한 다음의 설명 중 틀린 것은?

① 2000년 이후 상품 관련 파생펀드투자가 계속 줄어드는 추세이다.
② 주식, 채권과는 낮은 상관관계를 가지고 있다.
③ 상품의 거래 방식은 주로 선물을 기준으로 거래한다는 점을 유의해야 한다.
④ 상품에 대한 투자는 물가에 대한 헤지 기능이 있다.

정답해설 2000년 이후 투자자금이 증가하였고 상품 관련 파생펀드투자가 계속 늘고 있다.

02 인덱스형 상품에 대한 설명 중 틀린 것은?

① 개별 품목은 가격에 대한 등락 발생 시 그 폭이 크다.
② 개인투자자들 직접 시장에서 투자하여 좋은 성과를 이끌어낼 수 있다.
③ 상품 관련 인덱스들은 특성에 따라 다양한 성과가 나타날 수 있다.
④ 상품 인덱스 투자는 액티브적 요소가 포함되어 있다.

정답해설 일부 단위가 매우 큰 거래가 있기도 하고, 개별 품목의 가격 변동이 크다는 점에서 소규모 개인투자자들은 상품과 관련된 섹터 인덱스나 시장 인덱스 등에 투자하는 것이 좋다.

개념 짚어 보기

대표적인 상품 관련 인덱스펀드

- Dow Jones−UBS : 벤치마크로 사용, 4개 섹터 및 19가지 품목, 분산이 가장 잘 되어 있음
- S&P Goldman Sachs Commodity Index : 벤치마크로 사용, 4개 섹터 및 24가지 품목, 에너지 의존도가 높음
- Reuters−Jefferies CRB Index : 19개 품목, 가장 오래된 상품지수
- Rogers International : 36개 품목, 세계 원료가격을 대표

[개념 확인 문제 정답] ①　[실전 확인 문제 정답] 01 ①　02 ②

8 파생형인덱스펀드

개념 확인 문제

▶ (　　　)는 특정 지수의 움직임을 추종하여 수익률을 내도록 만든 펀드이다.

① 인덱스펀드　　② 액티브펀드

실전 확인 문제

01 파생형인덱스펀드에 대한 내용으로 틀린 것은?

① 지수에 대한 구성종목을 활용하여 지수를 추종할 수 있다.
② 추종 대상은 주식의 지수로 한정된다.
③ 위험성은 액티브펀드에 비해 상대적으로 낮다.
④ 지수를 기초자산으로 하는 장내파생상품 활용 시, 만기 전에 롤오버 해야 한다.

정답해설 파생형인덱스펀드의 추종 지수는 주식, 채권, 부동산, 상품, 헤지펀드 등 매우 다양하다.

02 추종지수의 정배수의 수익률 추구를 목적으로 하는 상품을 말하는 것은?

① ETF 펀드　　② 리버스(reverse) 인덱스펀드
③ 레버리지(leverage) 인덱스펀드　　④ 인버스(inverse) 인덱스펀드

정답해설 레버리지 인덱스펀드에 대한 설명이다.
②, ④ 리버스 인덱스 혹은 인버스 인덱스펀드는 추종지수와 반대 방향의 수익률을 추구한다.

개념 짚어 보기

파생형인덱스펀드의 종류

기준	운용목표	추종지수	운용방식
종류	• 순수(pure) 인덱스펀드 • 알파추구형(enhanced) 인덱스펀드	• 개별주식으로 구성된 지수 추종 유형 • 채권지수 추종 유형 • 상품지수 추종 유형	• 일반 인덱스펀드 • 리버스 인덱스펀드 혹은 인버스 인덱스펀드 • 레버리지 인덱스펀드

[개념 확인 문제 정답] ①　[실전 확인 문제 정답] 01 ②　02 ③

9 포트폴리오보험형펀드

개념 확인 문제

▶ (　　　)은 시장가격이 불리할 때 포트폴리오 가치하락 위험을 일정수준으로 제한하며, 시장가격이 유리할 때는 가치상승의 일정부분을 확보한다.

① 포트폴리오 보험　　② 포트폴리오 가치조정

실전 확인 문제

01 다음의 파생상품 용어에 대한 설명 중 틀린 것은?

① 포트폴리오보험의 노출치는 완충치×승수이다.
② 포트폴리오보험의 노출치는 위험자산 투자금액과 같다.
③ 포트폴리오보험의 승수는 위험자산 투자를 위한 배수이다.
④ 포트폴리오보험의 완충치는 포트폴리오의 보장치(플로어)에서 현재가치를 뺀 가격이다.

정답해설 포트폴리오보험의 완충치는 포트폴리오의 현재가치에서 보장치를 뺀 가격이다.

02 포트폴리오보험형펀드에 해당하지 않는 것은?

① 방어적 풋 전략　　② 방어적 콜 전략
③ 일정비율 보험전략　　④ 시간불변 포트폴리오 보존전략

정답해설 방어적 풋 전략과 함께 콜옵션을 이용한 이자추출전략이 해당된다.
③ 일정비율 보험전략 : PI기법을 단순화하여 최초 투자금액의 일정비율을 방어하도록 설계
④ 시간불변 포트폴리오 보존전략 : 투자 개시 이후 포트폴리오 최고가치의 일정비율을 방어하도록 설계

개념 짚어 보기

옵션복제전략(Constant Proportion Portfolio Insurance)

- 일정비율 보험전략

보장치=투자원금×최초보장치비율(1+무위험이자율)^{경과기간}

- 시간불변 포트폴리오 보존전략(Time Invariant Portfolio Protection)

보장치=Max[직전 보장치, NAV×최초 보장치 비율]

[개념 확인 문제 정답] ①　[실전 확인 문제 정답] 01 ④　02 ②

10 시장중립형펀드

개념 확인 문제

01 (   )은 물건가격이 일시적으로 고(저)평가 되었을 때 매도(수)하고, 상대적으로 저(고)평가되었을 때 매수(도)한다.

① 손익거래　　② 차익거래

02 시장중립형펀드는 (   ) – (   ) 유형에 속한다.

① 저위험 – 저수익　　② 고위험 – 고수익

실전 확인 문제

▶ 다음의 시장중립형펀드에 대한 설명 중 틀린 것은?

① 정해진 목표수익률을 추구하는 절대수익 추구형 펀드이며 차익거래를 이용하여 절대수익을 추구한다.

② 무위험 차익거래의 기회가 적어, 일정한 범위 내에서 위험을 감수한 준차익거래나 스프레드 거래를 통해 주로 수익을 추구한다.

③ 시장의 움직임과 무관하게 매매하는 펀드이다.

④ 보수적 투자자는 회피하는 펀드이다.

정답해설 주식 등의 위험자산에 투자하지만 채권투자에 근접하기 때문에 보수적 투자자가 선호한다.
② 준차익거래나 스프레드거래 시, 무위험이자율 이하의 수익률 실현에 대해 주의해야 한다.

개념 짚어 보기

시장중립형펀드의 종류

- 주식형 : 저평가 주식 매수 – 주가지수 선물 매도, 선물 주가지수보다 매수한 주식 · 포트폴리오가 좋을 때 절대수익 발생
- 인덱스(Index) 차익거래 : 현물 포트폴리오 · 선물 · 옵션 간 가격차를 이용하여 수익 추구, 베이시스 범위 예측으로 일정한 수익추구 가능
- 합병(Merger) 차익거래 : 인수합병 시 인수기업 및 피인수기업 간 주식교환비율과 실제 시장가격비율 차이를 이용
- 전환사채(Convertible Bond) 차익거래 : 전환사채, 워런트, 전환우선주 등의 가격괴리를 이용하여 수익 추구

[개념 확인 문제 정답] 01 ② 02 ① [실전 확인 문제 정답] ④

11 구조화형펀드(금융공학형펀드)

개념 확인 문제

01 구조화형펀드는 장내파생상품 및 주식을 활용한 (   ) 기법을 이용한다.

① 델타헤징 ② 선물환헤징

02 구조화형펀드는 주어진 조건하에서 일정 수익률을 목표로 한다는 점에서 (   )와 비슷한 성격을 가지고 있다.

① ETF ② ELF

실전 확인 문제

▶ 다음 중 구조화형펀드에 대한 설명 중 틀린 것은?

① 주식, 채권, 통화, 상품 등 현물과 여기에서 파생된 상품들을 수학적 도구로 결합하며 다양한 수준의 위험과 기대 수익률을 갖춘 상품을 고안할 수 있다.

② 채권+초과수익을 추구하려는 목적으로 구성되는 형태가 대부분이고 이벤트 발생과 같은 경우에는 손실규모가 커질 수 있다.

③ 장내파생상품 혹은 델타헤징의 기법을 사용하며 불확실한 장세에서도 꾸준히 수익을 낸다는 장점이 있다.

④ 중도환매가 가능하고 운용전략의 수정이 불가능하다.

정답해설 구조화형펀드는 운용전략의 수정이 가능하다.

개념 짚어 보기

ELF와 구조화펀드의 차이점

구분	ELS(ELF)	구조화펀드
중도환매 수수료	높은 해지수수료 발생	(일정기간 이후) 수수료 없이 환매 가능
과세	수익 전체가 과세대상	상장주식 또는 파생상품의 자본이득 비과세
수익구조	다양한 수익구조	수익구조가 단순

[개념 확인 문제 정답] 01 ① 02 ② [실전 확인 문제 정답] ④

12 시스템운용형펀드

개념 확인 문제

01 (   )은 가격이 상대적으로 상승하는 품목을 정하여 상승흐름에 동참하고 추세추종한다.

① 모멘텀 전략　　② 추세전환 전략

02 (   )은 가격이 상대적으로 적게 상승한 품목을 정하여 가격이 상대적으로 낮은 품목을 사들이는 전략이다.

① 저가책정 전략　　② 역발상 전략

실전 확인 문제

01 다음의 시스템운용형펀드에 대한 설명 중 틀린 것은?

① 펀드매니저의 주관이 배제되고 매매신호에 따라 기계적으로 거래하는 구조이다.
② 시장이 등락을 반복하거나 하락 시 성과가 부진할 가능성이 있다.
③ 매도신호가 발생할 때는 손실이 발생하면 손절매를 포기할 수도 있다.
④ 자산배분전략을 사용하여 사전에 정해진 규칙에 따라 대상품목을 정한다.

정답해설 시스템상에서 매도신호가 발생할 때는 손절매에 들어가 손실폭을 줄인다.

02 다음의 시스템운용형펀드의 운용기법에 대한 설명 중 틀린 것은?

① 모멘텀 전략과 역발상 구조 전략으로 구별된다.
② 변동성을 통제한 후, 변동성 낮은 선물 매수 · 높은 선물 매도로 수익을 추구하기도 한다.
③ 원금보존추구가 불가능하다.
④ 대안 포트폴리오로써 활용가치가 높다.

정답해설 이자수준을 최대손실로 정하고 위험관리를 통해 원금보존추구가 가능하다.

개념 짚어 보기

시스템운용형펀드의 종류

- **국내 자산배분형** : 국내 시장에 상장된 주가지수선물, 국채선물, 외환선물, 상품선물 등을 활용하여 고유의 거래 전략 등을 통해 수익을 추구하는 펀드
- **글로벌 자산배분형** : 금융선물(주가지수, 채권, 외환) 및 비금융선물에 대한 롱숏포지션을 취하여 수익을 취하는 유형

[개념 확인 문제 정답] 01 ① 02 ② [실전 확인 문제 정답] 01 ③ 02 ③

13 파생상품펀드의 특성

개념 확인 문제

01 (　　　)은 한국거래소가 산출 · 발표하는 것으로 주식시장의 변동성을 파악할 수 있는 지표이다.

① 변동성지수　　② 내재변동성

02 (　　　)은 현물가격과 선물가격의 차인 베이시스가 변동하는 위험이다.

① 가격변동위험　　② 베이시스위험

03 (　　　) 구조는 두 개의 기초자산에서 수익률이 낮은 자산을 택하는 것을 의미한다.

① Worst Performer　　② low Performer

실전 확인 문제

▶ 파생상품의 다양한 수익구조에 대한 내용으로 틀린 것은?

① 선물 등의 파생상품은 양방향 투자가 불가능하다.
② 기초자산 가격의 하락 시, 파생상품의 매도포지션으로 수익추구가 가능하다.
③ 개별주식 선물을 활용한다면, 종목 간 롱숏 매매도 가능하다.
④ 옵션은 시장이 반대 방향으로 움직일 때 손실의 폭을 제한할 수 있게 한다.

정답해설 선물 등의 파생상품은 양방향 투자 및 시장중립 투자를 가능하게 한다.
④ 옵션은 시장이 예상 방향으로 움직일 때 이익이 발생하며, 반대 방향으로 움직이 때에는 손실폭을 제한할 수 있다.

개념 짚어 보기

다양한 수익원 및 위험요인

- 베이시스위험
  - 인덱스 차익거래자들은 베이시스 범위 예측을 통해 거래 시행
  - 베이시스의 확대 혹은 축소로 투자자에게 손익 제공
  - 가격의 등락은 직접적인 영향을 주지 않음
- 변동성위험
  - 변동성 매매 운용 전략 제공(기초자산가격 등락이 수익에 영향)
  - 변동성지수는 KOSPI200 지수가 하락할 경우 상승하는 역의 상관관계를 지님
- 장외파생상품 편입 펀드의 위험 : 거래상대방의 신용위험 발생 가능

[개념 확인 문제 정답] 01 ① 02 ② 03 ①　[실전 확인 문제 정답] ①

14 파생상품펀드 활용전략(1)

개념 확인 문제

01 (　　　)은 포트폴리오를 핵심 포트폴리오와 주변부 포트폴리오로 구성한다.

① 원형 포트폴리오 전략　　② 핵심－주변부 포트폴리오 전략

02 투자 초기에 정해진 비율대로 만기까지 위험자산과 무위험 자산을 그대로 유지하는 것을 (　　　)이라고 한다.

① Static Allocation Strategies　　② Constant Mix Strategies

실전 확인 문제

01 핵심－주변부 전략에 대한 내용으로 틀린 것은?

① 핵심 포트폴리오는 벤치마크 수익률 달성을 목표로 한다.
② 주변부 포트폴리오는 시장대비 초과수익 추구를 목표로 한다.
③ 위험선호도와 기대수익에 맞는 포트폴리오를 구성할 수 있다.
④ 보수적 투자자는 주변부 포트폴리오의 비중을 높인다.

정답해설 보수적 투자자는 인덱스펀드로 구성된 핵심 포트폴리오만 가져가게 되고 공격적 투자자일수록 주변부 포트폴리오의 비중이 올라가게 된다.

02 초기에 정해진 금액만큼 위험자산에 배분한 후 일정하게 금액을 유지하는 전략은?

① Constant Mix Strategies　　② Static Allocation Strategies
③ core－satellite　　④ long short strategy

정답해설 Constant Mix Strategies에 대한 설명이다.

개념 짚어 보기

파생상품 활용전략

- 파생상품의 거래 기법은 효율적 투자를 가능하게 한다.
- 파생상품펀드는 기초자산의 가격을 보상받게 한다.
- 파생상품펀드는 변동성 및 상관관계 등 다른 시장변수에 대해서 보상받게 한다.
- 파생상품펀드는 비선형적 수익구조를 가지고 있어서 위험을 경감시키는 데에 상대적으로 유리하다.

[개념 확인 문제 정답] 01 ② 02 ①　[실전 확인 문제 정답] 01 ④ 02 ①

15 파생상품펀드 활용전략(2)

개념 확인 문제

01 포트폴리오 구성의 최대 목적은 (　　　　)을/를 위한 것이다.

① 위험 분산　　　　② 수익 극대화

02 자산 간의 (　　　　)을/를 파악해야 분산투자를 통한 투자효율을 증대를 이끌어낼 수 있다.

① 상관관계　　　　② 투자 비중

실전 확인 문제

▶ 포트폴리오 구성 시 고려할 사항으로 적절하지 않은 것은?

① 기초자산은 시장전망 가능성과 과거가격 흐름을 중심으로 투자자의 이해도와 예측 가능성을 고려하여 선택한다.
② 투자기간은 고객의 자금흐름을 우선하여 판단해야 한다.
③ 위험선호 및 원금보존에 대한 의견을 감안하여 비중을 결정해야 한다.
④ 판매사가 달라도 동일한 구조의 상품이라면 투자자의 성향이 같은 것으로 인정한다.

정답해설 동일한 구조의 상품이라도 판매사에 따라 투자자의 성향이 달라짐을 파악해야 한다.
① 투자자에게 시장전망에 대한 자료들을 정리해 주어야 한다.

개념 짚어 보기

포트폴리오 구성 시 고려사항

- 원금보존추구 여부
- 투자 가능 상품의 구조
- 투자 만기와 분포의 적합성
- 투자대상자산 선택과 투자 기준
- 전체 자산 중 파생상품펀드의 비중
- 현재의 경기상황 및 미래의 시장전망

[개념 확인 문제 정답] 01 ① 02 ① [실전 확인 문제 정답] ④

16 펀드고객상담관리(1) – 수익구조

개념 확인 문제

01 (　　　)은 조건이 충족되지 못할 때는 0의 수익률을, 충족되면 일정수익률을 올리는 구조를 지닌다.

① 디지털 옵션　　② 베리어 옵션

02 (　　　)은 특정수준에 다다르면 풋옵션이 생성되어 손실이 발생하는 구조를 지닌다.

① 낙아웃 옵션　　② 낙인 옵션

실전 확인 문제

01 주가연계파생결합증권에 대해 고객에게 설명해야 하는 중요한 수익구조의 내용으로 볼 수 없는 것은?

① 기초자산의 만기　　② 기초자산 간의 상관관계

③ 상환조건　　④ 원금손실 가능수준

정답해설 중요한 수익구조의 내용은 ②, ③, ④와 기초자산의 변동성을 들 수 있다.

02 파생상품펀드의 수익구조에 대한 내용으로 틀린 것은?

① 주가연계파생결합증권에는 디지털 옵션과 낙인 옵션이 내재되어 있다.

② 이자율연계파생결합증권은 기초자산 및 파생상품의 유동성이 높다.

③ 금리연계파생상품펀드는 승수(mulipliler)를 이용한다.

④ 금리연계파생상품펀드에는 투자자의 범위를 제한하는 요소가 첨가되어 있다.

정답해설 이자율연계파생결합증권은 변동성이 낮고 유동성이 떨어져 수익구조 창출이 쉽지 않아서 공모펀드로 만드는 것이 힘들다.

개념 짚어 보기

제시수익률에 영향을 미치는 조건

- 기초자산의 변동성이 크면 제시수익률이 상승한다.
- 두 종목의 상관관계가 낮을수록 제시수익률이 상승한다.
- 상환조건이 높을수록 제시수익률이 상승한다.
- 원금손실가능수준이 높을수록 제시수익률이 상승한다.

[개념 확인 문제 정답] 01 ① 02 ② [실전 확인 문제 정답] 01 ① 02 ②

17 펀드고객상담관리(2) – 기초자산

개념 확인 문제

01 상품시장은 ( )을 기준으로 거래되는 경우가 많다.

① 선물 ② 현물

02 ( )은 신용위험방지 요소가 결합된 채권인 신용연계채권을 의미한다.

① CLN ② FLN

실전 확인 문제

01 상품 및 멀티에셋펀드의 기초자산에 대한 설명으로 틀린 것은?

① 상품 관련 펀드는 파생상품펀드인 동시에 기초자산가격에 대한 투자임을 설명해야 한다.
② 선물거래 이용 시, 만기이월 과정에서 비용이 발생할 수 있다.
③ 개별 상품가격은 규칙적인 분포를 보인다.
④ 자산배분 유형의 경우 부동산지수에 대한 투자도 가능하다.

정답해설 계절성과 외부사건에 대한 반응 등으로 인하여 가격 변동성이 매우 불규칙한 분포를 보인다.

02 다음의 신용파생상품에 대한 설명 중 틀린 것은?

① 신용연계채권의 경우 여러 개의 기업 중 하나라도 파산되면 책임지는 구조를 FTD–CLN이라고 한다.
② FTD–CLN 구조에서 여러 개의 기업을 Reference Basket이라고 한다.
③ CDS는 다양한 채권들을 합성 CDO로 대체한 것이다.
④ CDO는 CBO와 CLO로 구분할 수 있다.

정답해설 다양한 채권들을 CDS로 대체한 것이 합성 CDO이다.

개념 짚어 보기

관련 용어

- CDS : 신용사건 발생시 원금을 보장받는 Unfunded 구조
- CDO : 기초자산이 부채인 구조의 신용파생상품
  - CBO : 기초자산이 부채의 하나인 채권 구조의 신용파생상품
  - CLO : 기초자산이 부채의 하나인 대출 구조의 신용파생상품

[개념 확인 문제 정답] 01 ① 02 ① [실전 확인 문제 정답] 01 ③ 02 ③

18 펀드고객상담관리(3) – 운용전략, 환리스크 헤지

개념 확인 문제

01 (   )은 파생결합증권에 내재된 파생상품 부분만 따로 떼어 체결하는 방식이다.

① unfunded swap ② funded swap

02 (   )은/는 외환(외국환)을 보유 · 운용하는 과정에서 발생하는 위험이다.

① 환리스크 ② 환차손

실전 확인 문제

▶ 운용전략 중 **Unfunded Swap** 유형에 대한 내용으로 틀린 것은?

① 원금보존 추구형은 국고채, 통안채 등에 투자하며 신용리스크와 이자율리스크를 없앤다.

② 원금보존 추구형이 아니라면 시장, 신용리스크를 감수하며 채권형펀드와 유사한 리스크 관리 전략을 구사하게 된다.

③ 스왑거래는 거래상대방과 현금흐름을 주고받는 교환거래로, 상호 간의 신용리스크가 발생한다.

④ Unfunded 형태로 펀드운용사의 운용리스크는 경감될 수 있으나 발행사, 장외파생상품거래 상대방의 신용리스크를 증폭시킨다.

정답해설 Unfunded 형태로 발행사, 장외파생상품거래 상대방의 신용리스크는 경감될 수 있으나 펀드운용사의 운용리스크를 증폭시킨다.

개념 짚어 보기

환리스크 헤지

- 비율
  - 채권이나 채권형펀드 투자 시, 전액 헤지하는 경우가 많다.
  - 주식이나 상품 등 기초자산 투자 시, 50%~70% 헤지하며 과소헤지를 활용한다.
  - 전세계적으로 분산투자된 펀드는 헤지가 불필요한 경우도 있다.
- 방법

  헤지방법으로는 현물환매입/선물환매도의 FX SWAP이 많이 쓰이고, 현물환매입/선물매도 Bloc Deal, 통화옵션 등을 이용할 수 있다.

[개념 확인 문제 정답] 01 ① 02 ① [실전 확인 문제 정답] ④

핵심플러스

OX 문제

01 워런트는 장외파생상품으로서 가격위험과 신용위험에 동시에 노출된다. ( )

02 워런트 투자형에서 주가상승 예상 시에는 하락형에, 주가하락 예상 시에는 상승형에 투자해야 한다. ( )

03 레인지는 큰 폭의 이익을 포기하는 반면 손실 위험을 줄일 수 있는 구조로, 안정적이며 보수적인 투자전략이다. ( )

04 유럽형 구조는 원자재상품에 연계된 파생상품에서 주로 이용된다. ( )

05 워런트 편입 펀드는 중도상환이 불가능하다. ( )

06 원금보존추구형 구조는 기초자산의 가격변동과 투자한 채권의 운용 결과에 의해 펀드의 수익률이 결정된다. ( )

07 델타복제펀드는 그 실적이 확정적인 장점이 있는 반면, 조기상환이 안 될 때에는 높은 중도환매수수료로 인해 자금인출에 대한 부담이 증가하는 단점이 있다. ( )

08 복수 기초자산 상품의 경우, 두 개의 기초자산이 각각 해당 조건에 만족하는 비율을 산출하고 두 값을 곱하여 수익률을 계산한다. ( )

09 상품연계파생상품펀드는 가격에 대한 예측이 어렵고 변동성 및 변동폭이 크다는 단점이 있다. ( )

10 상품 관련 인덱스 중에서 Reuters－Jefferies CRB Index는 그 비중이 생산량과는 관계없이 국제 상거래의 상대적 중요도에 따라 산정된다. ( )

11 상품 관련 워런트는 유럽형 옵션을 선택하여 파생결합증권을 매입하거나 장외파생상품을 계약할 수 있다. ( )

해설

02 주가상승 예상 시에는 상승형에, 주가하락 예상 시에는 하락형에 투자해야 한다. 또한 방향성에 대한 확신이 없을 때에는 양방향형을 선택한다.

03 스프레드에 대한 설명이다. 레인지는 제한적 범위 내에서 움직일 것으로 예상하는 경우 적절하다.

04 원자재상품에 연계된 파생상품에서 주로 이용되는 것은 아시아형이다. 아시아형은 가격이 낮아 참여율이 좋다는 장점을 가진다.

05 일반적인 워런트는 중도상환 조건이 없지만, 중도상환 시의 잔존기간과 금리변동을 반영하여 중도상환조건을 추가하는 것이 가능하다.

07 파생결합증권 편입 펀드의 장단점에 대한 설명이다.

10 Rogers International(RICI)에 대한 설명이다.

11 기초자산의 특성상 일반적으로 가격이 높은 상품 관련 워런트는 가격이 낮은 아시아형 및 강세 스프레드 옵션을 선택할 수 있다.

[정답] 01 ○ 02 × 03 × 04 × 05 × 06 ○ 07 × 08 ○ 09 ○ 10 × 11 ×

핵심플러스

OX 문제

12 멀티에셋 또는 하이브리드 펀드들은 경험이 많거나 고수익을 추구하는 투자자에게 적합하다. ( )

13 장외파생상품 계약을 활용하여 파생형 인덱스펀드의 지수를 추종할 때에는 지수복제를 위한 기초자산의 매매와 포트폴리오 관리 비용을 없앨 수 있다. ( )

14 파생형 인덱스펀드에서 알파추구형 인덱스펀드는 '지수수익률+알파'를 추구한다. ( )

15 옵션 복제 전략에서 주가하락 시 콜옵션 가치는 제로가 되고, 주가상승 시 콜옵션의 높은 수익이 투자자 몫이 된다. ( )

16 일정비율 보험전략은 옵션 같은 복잡한 상품을 다루어야 하는 불편함이 있다. ( )

17 선물가격이 이론가격에다 거래비용을 가감한 가격범위를 벗어날 경우에만 실제 차익거래가 일어난다. ( )

18 시장중립형펀드에서 주식형의 경우, 베이시스 위험 및 가격위험과 같이 선물 매도에 따른 위험이 존재하게 된다. ( )

19 델타헤징 기법은 델타값이 떨어지면 주식 편입 비율을 높이고 델타값이 올라가면 주식을 일부 팔아 차익을 실현한다. ( )

20 시스템운용형펀드에서 국내 자산배분형의 경우 시스템 트레이딩을 통해 안정적인 수익률을 추구하기도 한다. ( )

21 신용연계채권의 경우, 다른 여러 회사들의 신용리스크와 그 상관관계에 대해 파악하고 있어야 한다. ( )

22 스왑거래의 신용리스크 경감 방안으로 보증 혹은 담보부 거래 형식을 취한다. ( )

23 환리스크 헤지의 FX SWAP는 장내거래이므로 신용리스크 부담 없이 환리스크 헤지가 가능하다. ( )

해설

12 멀티에셋 또는 하이브리드 펀드는 최초 투자시점에 자산배분의 원칙을 정하고 그 원칙대로 운용한다. 펀드 투자 경험이 없거나 안정성을 추구하는 투자자에게 적합하다.

15 이자추출전략에 대한 설명이다. 옵션 복제 전략은 옵션 대신 선물이나 주식을 사용하여 옵션구조를 복제하는 전략을 말한다.

16 따로 다루지 않아도 된다. 다만, 투자 잔여기간의 이자액수 조정을 계속해 주어야 한다.

19 델타값이 올라갔을 때 주식 편입 비율을 높이고 델타값이 떨어졌을 때 주식을 팔아 차익을 실현한다.

23 현물환매입/선물매도의 Bloc Deal에 대한 설명이다. FX SWAP은 현물환매입/선물환매도의 방식을 취한다.

[정답] 12 × 13 ○ 14 ○ 15 × 16 × 17 ○ 18 ○ 19 × 20 ○ 21 ○ 22 ○ 23 ×

3장 파생상품펀드 투자 1

대표 유형 문제

선물시장의 전략 유형에 대한 설명 중 틀린 것은?

① 투기적 거래는 만기 이전에 선물가격 상승을 예상하여 개시증거금을 납부를 통해 선물계약에 매수포지션을 취하고, 상승했을 때 매도포지션으로 이익을 실현한다.
② 헤지거래에서 보유현물과 선물포지션을 선물 만기시점까지 가서 청산하는 경우를 랜덤베이시스 헤지(random basis hedge)라고 한다.
③ 스프레드 거래는 시간스프레드(calender spread)와 상품간스프레드(inter−commodity spread)로 구분된다.
④ 주가지수 차익거래는 현물지수와 선물가격의 차이가 이론적인 수준을 벗어날 경우 현물지수와 선물가격의 차이만큼을 이익으로 취하는 거래를 말한다.

정답해설 랜덤베이시스헤지(random basis hedge)는 보유현물과 선물포지션을 선물 만기시점 이전에 청산하는 경우를 말하는 것이고, 보유현물과 선물포지션을 선물 만기시점까지 가서 청산하는 경우는 제로베이시스헤지(zero basis hedge)이다.

오답해설 ① 선물계약에는 만기가 있는데, 만기 시까지 가격이 오르지 않을 때는 원하는 이익을 실현할 수 없다.
③ 시간스프레드(calender spread)는 강세스프레드(bull spread)와 약세스프레드(bear spread) 전략이 가능하다.
④ '현물매수/선물매도'의 매수차익거래 '현물매도/선물매수'의 매도차익거래로 구분할 수 있다.

대표 유형 문제 알아 보기

헤지비율

- **헤지비율** : 랜덤베이시스헤지 시, 현물가격 변화 및 선물가격 변화가 일정한 폭을 가지지 않는다. 그러한 이유로 현물포지션 및 선물포지션 사이에 괴리가 발생한다. 여기서, 선물포지션의 적합한 크기를 산정하기 위해서 헤지비율이 사용된다.
- **적용 단계**
  - 1단계 : 현물포지션 시가를 선물 한 계약의 액면금액으로 나눈다.
  - 2단계 : 1단계를 통해 얻게 된 계약수에 헤지비율을 곱한다.
- **헤지비율을 정하는 방법**
  - 주식포트폴리오의 베타값(포트폴리오 포함 주식종목들의 베타값을 가중평균) 이용
  - 최소분산헤지비율(minimum variance hedge ratio : MVHR) 이용

$$h^* = \frac{Cov(\Delta S,\ \Delta F)}{Var(\Delta F)} = \rho \Delta S,\ \Delta F \times \frac{\rho \Delta S}{\rho \Delta F}$$

- Var : 분산
- Cov : 공분산
- ρ : 상관계수
- σ : 표준편차
- ΔS : 현물가격변화율
- ΔF : 선물가격변화율

[대표 유형 문제 정답] ②

대표 유형 문제

옵션 스프레드 전략에 대한 설명으로 옳은 것은?

① 수평스프레드(horizontal spread)는 행사가격이 서로 다른 두 개 이상의 옵션에 대해 매수 및 매도를 동시에 취하는 경우이다.
② 강세스프레드는 시간가치감소에 대해 많은 영향을 받는다.
③ 레이쇼버티컬스프레드(Ratio Vertical Spread)와 백스프레드(Back Spread)는 매입 · 매도에 있어서 그 비율을 다르게 한다.
④ 스트래들(Straddle)은 서로 다른 행사가격을 가진 콜옵션과 풋옵션을 동시에 매수하는 전략이다.

정답해설 레이쇼버티컬스프레드와 백스프레드는 행사가격이 낮은 콜옵션과 높은 콜옵션을 매입하고 매도할 때에 그 비율을 다르게 할 경우에 나타나는 포지션이다.

오답해설 ① 수평스프레드(horizontal spread)는 만기가 서로 다른 두 개의 옵션에 대해 매수 및 매도가 동시에 취해지는 경우이다. 행사가격이 서로 다른 두 개 이상의 옵션에 대해 매수 및 매도를 동시에 취하는 경우는 수직스프레드(vertical spread)이다.
- 대각스프레드(diagonal spread) : 만기도 다르고 행사가격도 다른 두 개 이상의 옵션을 가지고 스프레드 포지션을 구축한 경우

② 강세스프레드는 시간가치감소로부터 자유로운 편이며, 매도대상 옵션의 시간가치감소가 투자자에게 유리하게 작용한다.
④ 스트래들(Straddle)은 동일한 만기와 동일한 행사가격을 가지는 두 개의 옵션, 즉 콜과 풋옵션을 동시에 매수함으로써 구성되는 포지션이다. 서로 다른 행사가격을 가진 콜옵션과 풋옵션을 동시에 매수하는 전략은 스트랭글(Strangle)이다.

대표 유형 문제 알아 보기

옵션 스프레드 전략

- 강세스프레드와 약세스프레드
  - 콜강세스프레드 : 낮은 콜옵션 매수, 높은 콜옵션 매도
  - 풋강세스프레드 : 낮은 풋옵션 매수, 높은 풋옵션 매도
  - 콜약세스프레드 : 낮은 콜옵션 매도, 높은 콜옵션 매수
  - 풋약세스프레드 : 낮은 풋옵션 매도, 높은 풋옵션 매수
- 레이쇼버티컬스프레드와 백스프레드
  - 콜레이쇼버티컬스프레드 : 프리미엄이 비싼 콜옵션 한 계약 매수와 프리미엄이 싼 콜옵션 두 계약 매도
  - 풋레이쇼버티컬스프레드 : 프리미엄이 비싼 풋옵션 한 계약 매수와 프리미엄이 싼 풋옵션 두 계약 매도
  - 콜백스프레드 : 콜옵션 레이쇼버티컬스프레드와 반대로 매수 · 매도
  - 풋백스프레드 : 풋옵션 레이쇼버티컬스프레드와 반대로 매수 · 매도

[대표 유형 문제 정답] ③

1 선물거래

개념 확인 문제

01 (　　　)는 미래에 특정 시점을 정하여 그 때의 자산이나 상품가격에 대한 예상을 기초하여 매수 · 매도계약을 하는 거래이다.

① 선물거래　　② 옵션거래

02 (　　　)는 투자자가 충분한 현금 및 유가증권을 가지고 있어야 하며, 보유액수에 비례하여 선물 포지션을 보유할 수 있도록 하는 제도이다.

① 일일정산제도　　② 증거금제도

실전 확인 문제

01 선물거래의 경제적 기능이 아닌 것은?

① 미래의 가격발견 기능　　② 절차 축소 기능
③ 효율성 증대 기능　　④ 거래비용 절약 기능

정답해설 ①, ③, ④ 외에 리스크 전가 기능이 포함된다.

02 다음 조건의 추가증거금을 계산한 것은?

- 개시증거금 : 100만 원
- 유지증거금 : 70만 원
- 일일정산 후 증거금 : 65만 원

① 35만 원　　② 40만 원　　③ 45만 원　　④ 50만 원

정답해설 100만 원－65만 원＝35만 원

개념 짚어 보기

증거금

- 개시증거금(initial margin) : 고객이 선물 포지션을 취할 때 요구되는 증거금
- 유지증거금(maintenance margin) : 선물거래를 하는 데 필요한 최소한의 증거금
- 추가증거금(Variation Margin) : 증거금 수준을 회복시키기 위해 필요한 금액
- 마진 콜(Margin Call) : 추가증거금을 요구하는 것

[개념 확인 문제 정답] 01 ① 02 ② [실전 확인 문제 정답] 01 ② 02 ①

2 선도거래

개념 확인 문제

01 (   )는 현재 시점에서 계약을 체결하고 일정 기간이 지난 후 수도 결재하는 거래를 뜻한다.

① 선도거래   ② 미래거래

02 (   )는 두 시점인 계약시점과 집행시점에 걸쳐 이루어진다.

① 선물환거래   ② 계약집행거래

실전 확인 문제

01 빈칸에 알맞은 말을 순서대로 나열한 것은?

> 선도거래에서 현재시점(=t)은 (   )시점이고, 만기시점(=T)은 (   )시점이 된다.

① 매수, 매도   ② 계약, 집행
③ 거래, 정산   ④ 거래, 평가

정답해설 현재시점에서는 세부 내용을 결정하여 계약을 체결하고, 만기에는 계약 내용을 집행한다.

02 선도거래의 특징 중 틀린 것은?

① 가격을 미리 정해 놓아 위험회피효과를 거둘 수 있다.
② 기업의 파산위험을 줄여주는 효과가 있다.
③ 사후 현물시세에 대한 거래 평가 시, 사후적 제로섬 게임이 되어 한쪽 당사자가 손실을 볼 수 있다.
④ 사후적 제로섬 게임에 거래량위험(volume risk)이 존재한다.

정답해설 사후적 제로섬 게임은 손해를 입은 자가 계약을 이행하지 않을 "계약불이행위험(default risk)"이 존재한다.

개념 짚어 보기

제로섬게임(zero-sum game)

승자의 득점과 패자의 실점의 합계가 영이 되는 게임. 승패의 합계가 항상 일정한 일정합게임(constant sum game)의 하나이다. 이 게임에서는 승자의 득점은 항상 패자의 실점에 관계하므로 심한 경쟁을 야기시키는 경향이 있다.
이에 반해 승패의 합계가 제로가 아닌 경우의 게임을 넌 제로섬 게임이라 하며, 게임의 결과에 따라 달라지는 것을 변동합 게임(variable sum game)이라 한다. 한 쪽에 이득이 생겼어도 다른 쪽에 별로 손해가 없는 관계는 넌 제로섬 게임이 되는 것이다.

[개념 확인 문제 정답] 01 ① 02 ① [실전 확인 문제 정답] 01 ② 02 ④

3 선물의 균형가격

개념 확인 문제

01 (　　　)은 현물환시장과 선물환시장에 대해 선물환시세가 형성되어 차익거래 이익을 낼 수 없는 것을 이른다.

① 균형재정　　② 균형가격

02 (　　　)는 기초자산을 빌려다가 현물시장에서 매각하는 것을 뜻한다.

① 공매도　　② 공매수

실전 확인 문제

01 KOSPI200 현물주가지수가 100point이고 이자율은 8%(연율), 배당률은 연 6%, 잔여만기 91이라고 할 때 주가지수선물이론가격은?

① 100　　② 100.5　　③ 101　　④ 101.5

정답해설 $100\left[1+(0.08-0.06)\times\frac{91}{365}\right]=100.5$

02 다음은 균형가격을 이용한 매수차익거래 전략이다. 빈칸에 들어갈 내용은?

> 선물환시세가 균형보다 높아진다. → '선물환(　　　)+현물환(　　　)'를 취한다. → 선물환가격이 하락하는 동시에 현물환시세가 올라간다. → 균형이 회복된다.

① 매도, 매도　　② 매수, 매수　　③ 매도, 매수　　④ 매수, 매도

정답해설 매수차익거래에서는 선물환 매도, 현물환 매수가 이루어진다.

개념 짚어 보기

균형선물가격

$$F=S\times\left[1+(r-d)\times\frac{t}{365}\right]$$

F : 선물이론가격, S : 주가지수, r : 시장이자율, d : 배당수익률, t : 잔존기간

[개념 확인 문제 정답] 01 ② 02 ① [실전 확인 문제 정답] 01 ② 02 ③

4 헤징

개념 확인 문제

01 (　　　)는 주식시장의 전체적인 가격변동에 따른 투자위험을 효과적으로 회피하기 위해 주가지수 선물시장에서 주식시장과 반대되는 포지션을 취하는 것을 뜻한다.

① 스프레드거래　　② 헤지거래

02 (　　　)은 랜덤베이시스헤지에서 현물가격 및 선물가격 변화의 폭이 일정하지 않아 발생하는 현물포지션과 선물포지션 간의 괴리에 대해 적정한 선물포지션을 산정하는 데에 활용된다.

① 헤지비율　　② 선물비율

실전 확인 문제

01 베이시스헤지에 대한 내용으로 틀린 것은?

① 제로베이시스헤지는 보유현물과 선물포지션을 선물 만기시점까지 가서 청산하는 것을 말한다.
② 제로베이시스헤지에서 선물 만기시점의 베이시스는 0이 되므로 베이시스 위험이 사라진다.
③ 랜덤베이시스헤지는 보유현물과 선물포지션을 선물 만기시점 이전에 청산하는 것을 말한다.
④ 랜덤베이시스헤지를 할 경우 베이시스리스크가 사라진다.

정답해설 랜덤베이시스헤지를 할 경우 베이시스리스크에 노출된다.

02 100억 현물을 보유한 (주)시스컴의 베타는 1.0이고, 코스피 200 지수 선물 가격은 250p이다. 목표 조정 베타가 2.0이다. 헤지를 위한 추가로 필요한 선물 매매 계약 수는?

① 160계약 매수　　② 160계약 매도　　③ 100계약 매수　　④ 100계약 매도

정답해설 [(2.0－1.0)×100억 원]÷(250×승수25만 원)＝160 → 160계약 매수

개념 짚어 보기

헤지 관련 용어

- **매도헤지** : 선물환 매도계약을 통해 환위험을 헤지
- **매수헤지** : 선물환 매수계약을 통해 리스크를 회피
- **베이시스** : 임의의 거래일에 있어서 현물가격과 선물가격의 차이
- **보유비용** : 현물을 보유한 채 선물매도계약을 체결한 후 계약 만기일까지 보유하였다가 매도계약을 이행할 경우 만기일까지 부담해야 하는 비용

[개념 확인 문제 정답] 01 ② 02 ① [실전 확인 문제 정답] 01 ④ 02 ①

5 스프레드 거래

개념 확인 문제

01 스프레드 거래는 둘 이상의 선물계약에 대해 (   ) 포지션을 설정하는 형태의 거래를 말한다.

① 반대되는　　　② 동일한

02 스프레드 거래에는 (   ) 스프레드와 (   ) 스프레드가 있다.

① 시간, 상품 간　　　② 풋, 콜

실전 확인 문제

01 스프레드 거래에 대한 설명 중 틀린 것은?

① 가격이 비슷하게 움직이는 두 개의 선물계약을 대상으로 한다.
② 두 선물가격의 움직임의 차이를 이용하여 이익을 획득하려는 투자전략이다.
③ 다른 전략에 비해 위험이 크다.
④ 가격차의 움직임에 대한 방향성 거래라고 할 수 있다.

정답해설 스프레드 거래는 다른 전략에 비해 위험이 적다.

02 다음의 시간 스프레드의 전략거래에 대한 설명 중 틀린 것은?

① 기초자산이 서로 다른데도 두 가격이 연관되어 움직이는 경우에 가능하다.
② 만기가 다른 선물계약의 가격들이 서로 변동폭이 다르다는 것을 전제로 하여 포지션을 구축한다.
③ 강세스프레드 전략과 약세스프레드 전략을 사용한다.
④ 상품 내 스프레드(intra-Commodity spread)라고 불리기도 한다.

정답해설 기초자산이 서로 다른 상태에서 두 가격이 서로 밀접하게 연관되어 움직이는 경우 가능한 스프레드 거래는 상품 간 스프레드이다.

개념 짚어 보기

시간스프레드(Calender Spread) 전략
- 강세스프레드(Bull Spread) : 근월물매입＋원월물매도(근월물강세)
- 약세스프레드(Bear Spread) : 근월물매도＋원월물매입(근월물약세)

[개념 확인 문제 정답] 01 ① 02 ① **[실전 확인 문제 정답]** 01 ③ 02 ①

6 옵션

개념 확인 문제

▶ 옵션은 기초자산을 미리 정한 가격으로 미래 시점에 사거나 팔 수 있는 권리를 말한다. (   )은 행사가격 대비 오른 만큼 이익을 볼 수 있는 권리이고, (   )은 행사가격 대비 떨어진 만큼 이익을 볼 수 있는 권리이다.

① 콜옵션, 풋옵션　　② 풋옵션, 콜옵션

실전 확인 문제

▶ 옵션의 발행 및 매수에 대한 설명 중 틀린 것은?

① 당첨 시, 매수자는 당첨금 수취권리가 발생하고 발행자는 당첨금 지급의무가 발생한다.
② 발행자가 당첨금을 지급하지 못하는 사태를 해결하기 위해 거래소는 증거금제도를 운영한다.
③ 옵션을 발행하려면 옵션프리미엄 만큼의 증거금을 계좌에서 징구한다.
④ 증거금 범위 내에서 발행자=공급, 매수자=수요, 측면을 형성하면서 옵션시장이 형성된다.

정답해설 옵션을 발행하려면 옵션프리미엄보다 훨씬 많은 규모의 증거금을 계좌에서 징구하게 된다.

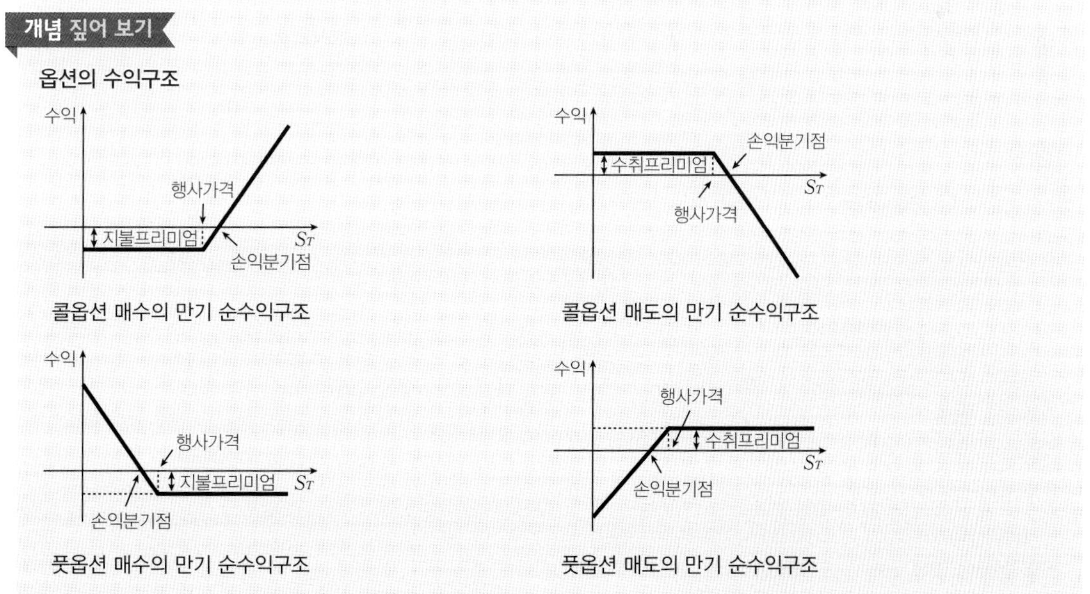

[개념 확인 문제 정답] ①　[실전 확인 문제 정답] ③

7 만기일 이전의 옵션거래

개념 확인 문제

01 (　　　)는 옵션매입자가 기초자산의 가격변동으로 만기까지 이익이 실현될 가능성에 대해 지불할 가치이다.

① 시간가치　　　　② 교환가치

02 (　　　)는 기업이 보유하고 있는 내재가치로, 자산가치와 수익가치를 감안한다.

① 본질가치　　　　② 상대가치

실전 확인 문제

01 만기일 이전의 옵션거래에 대한 내용으로 틀린 것은?

① 만기일 이전의 불확실한 상황에서 옵션가치는 거래량에 따라 변동한다.
② 옵션 프리미엄의 변화율은 기초자산의 변화율보다 상당히 크다.
③ 만기일 이전에 거래가 활발하게 일어나는 옵션은, 각각의 상태를 반영하여 프리미엄이 계속 변하게 된다.
④ 만기일 이전 거래일에 기초자산을 기준으로 내가격, 등가격, 외가격으로 구분할 수 있다.

정답해설 만기일 이전의 불확실한 상황에서 옵션가치는 기초자산인 주식의 움직임에 따라 변동한다.

02 다음 내용을 보고 옵션의 시간가치를 구하라.

• 풋옵션의 가격 : 7	• 기초자산 가격 : 40	• 행사가격 : 45

① 2　　② 5　　③ 7　　④ 10

정답해설 옵션의 가격은 내재가치+시간가치이고, 풋옵션의 내재가치=(행사가격 45+기초자산가격 40=5)이므로, 따라서 시간가치는 7+5=2가 된다.

개념 짚어 보기

내가격, 등가격, 외가격
- 내가격상태(in－the－money : ITM) : 기초자산의 현재가를 기준으로 당첨 상태
- 외가격상태(out－of－the－money : OTM) : 기초자산의 현재가를 기준으로 낙첨 상태
- 등가격(at－the－money : ATM) 옵션 : 행사가격과 기초자산의 현재가격이 동일한 성격

[개념 확인 문제 정답] 01 ① 02 ①　[실전 확인 문제 정답] 01 ① 02 ①

8 옵션 스프레드 전략

개념 확인 문제

▶ (　　　) 스프레드는 행사가격이 '낮은 풋옵션 매수 · 높은 풋옵션 매도', (　　　) 스프레드는 행사가격이 '낮은 풋옵션 매도 · 높은 풋옵션 매수'의 전략을 이용한다.

① 풋강세, 풋약세　　② 풋약세, 풋강세

실전 확인 문제

▶ **콜약세스프레드 전략에 대한 설명 중 틀린 것은?**

① 최초 포지션 구성 시 옵션의 프리미엄 차액을 지불하는 구조이다.
② 행사가격이 높은 콜옵션을 매수하고 행사가격이 낮은 콜옵션을 매도한다.
③ 만기가 같은 동일상품의 옵션을 매수 및 매도한다.
④ 기초자산의 가격이 약세일 때 이익을 얻으려고 취하는 포지션이다.

정답해설 행사가격이 높은 콜옵션을 매수(낮은 프리미엄)하고 행사가격이 낮은 콜옵션(높은 프리미엄)을 매도하므로 옵션의 프리미엄 차액을 수취하는 구조이다.

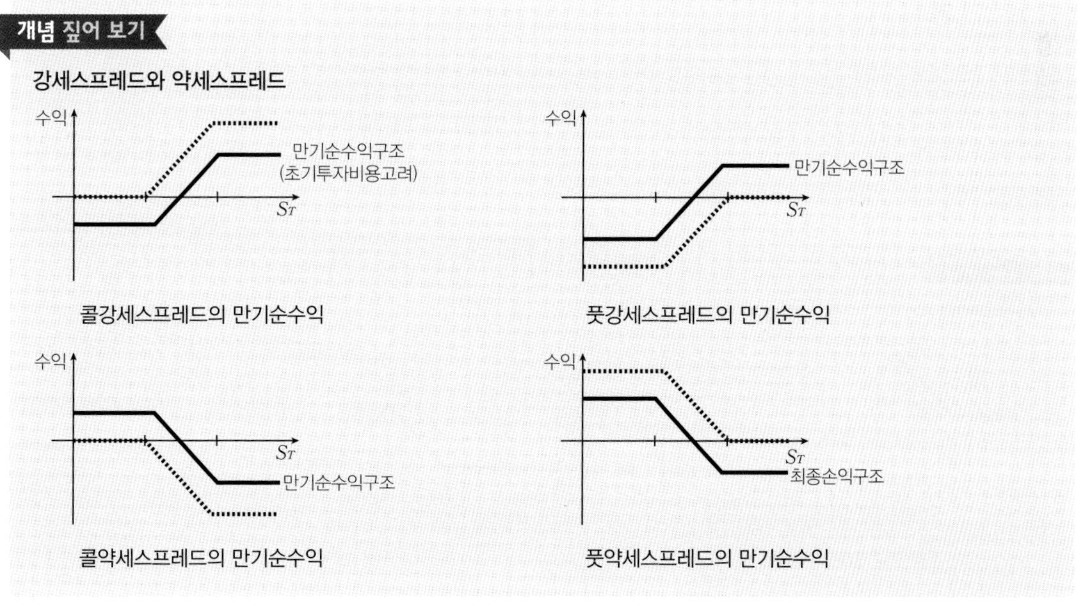

[개념 확인 문제 정답] ①　[실전 확인 문제 정답] ①

9 레이쇼버티컬스프레드와 백스프레드

개념 확인 문제

01 레이쇼버티컬스프레드와 백스프레드는 행사가격이 (　　　) 콜옵션과 (　　　) 콜옵션을 매입 또는 매도하는 과정에서 그 비율을 다르게 하여 나타난다.

① 높은, 낮은　　② 낮은, 높은

02 (　　　)는 프리미엄이 비싼 콜옵션 한 계약 매수와 프리미엄이 싼 콜옵션 두 계약 매도하는 것을 말한다.

① 콜레이쇼버티컬스프레드　　② 풋레이쇼버티컬스프레드

실전 확인 문제

▶ **레이쇼버티컬스프레드와 백스프레드에 대한 내용으로 틀린 것은?**

① 콜레이쇼버티컬스프레드는 순지출 혹은 순수입의 여부가 불확실하다.
② 콜레이쇼버티컬스프레드는 두 행사가격 사이에서 횡보할 때 가장 큰 이익을 본다.
③ 콜백스프레드는 콜옵션레이쇼버티컬스프레드와, 풋백스프레드는 풋옵션레이쇼버티컬스프레드와 정반대로 매수 · 매도를 취하면 된다.
④ 콜백스프레드는 횡보 시 이익, 상승 시 손실의 구조이다.

정답해설 콜백스프레드는 횡보 시 손실, 상승 시 이익, 하락 시 손익제로의 구조이다.

개념 짚어 보기

순수익구조(콜레이쇼버티컬스프레드)

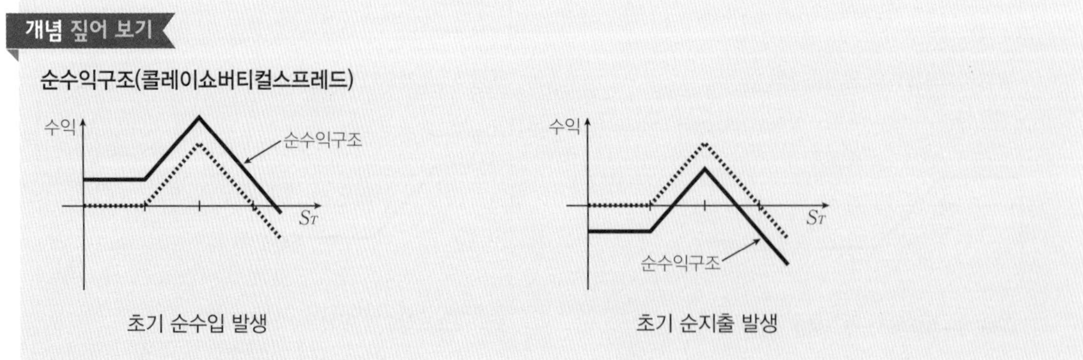

[개념 확인 문제 정답] 01 ②　02 ①　[실전 확인 문제 정답] ④

10 스트래들과 스트랭글

개념 확인 문제

▶ **스트래들은 기초자산에 대하여 동일한 (　　　)과 동일한 (　　　)을 가진 풋과 콜을 동시에 매수한다.**

① 환매가격, 계약일　　② 행사가격, 만료일

실전 확인 문제

▶ **스트래들과 스트랭글에 대한 내용 중 틀린 것은?**

① 스트래들은 기초자산가격이 현재에 비해 상승 · 하락 시 이익을, 횡보 시 손실을 본다.
② 스트래들 포지션은 기초자산의 방향성보다 변동성의 크고 작음이 중요하다.
③ 스트랭글이 스트래들과 다른 점은 매수대상 콜과 풋옵션의 만기일이 다르다는 점이다.
④ 스트랭글은 스트래들보다 초기투자비용이 절약된다.

정답해설 스트랭글은 스트래들과 유사한 포지션으로, 콜옵션과 풋옵션을 동시에 매수한다. 스트랭글이 스트래들과 다른 점은 매수대상 콜 · 풋옵션의 행사가격이다.

개념 짚어 보기

스트래들과 스트랭글

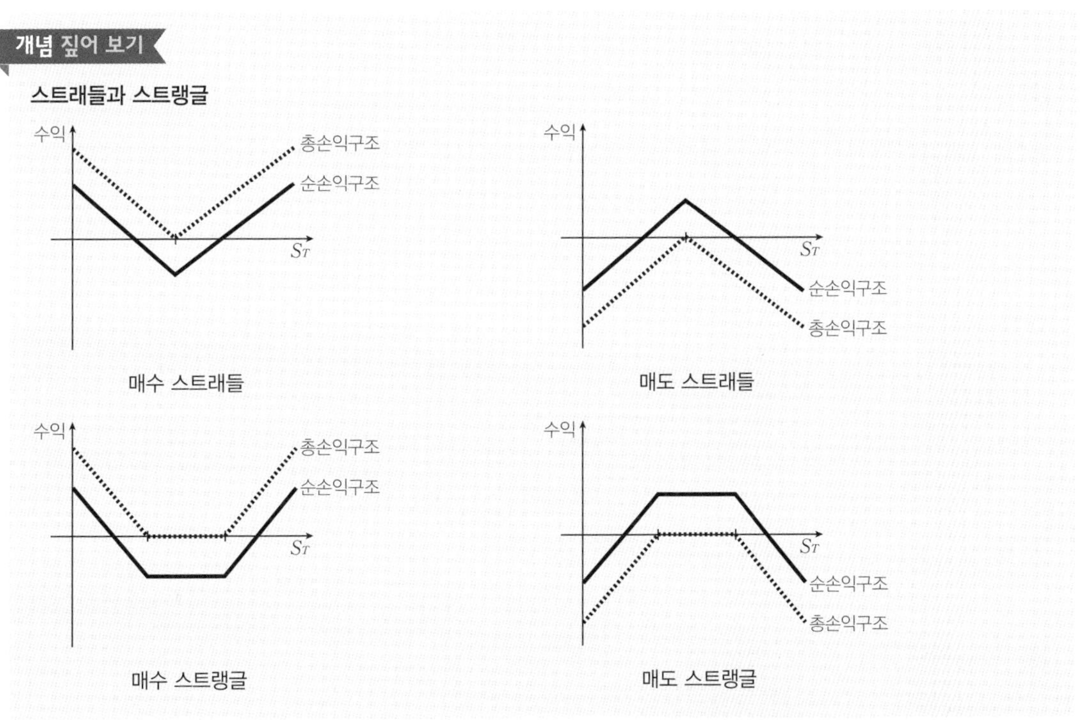

[개념 확인 문제 정답] ②　**[실전 확인 문제 정답]** ③

11 옵션 민감도 분석(1)

개념 확인 문제

01 (　　　)는 기초자산의 변화에 대한 옵션가격의 변화 정도를 말한다.

① 베가　　② 델타

02 (　　　)는 기초자산의 변화에 대한 델타가격의 변동 정도를 말한다.

① 감마　　② 로

실전 확인 문제

01 옵션의 델타에 관한 다음 설명 중 틀린 것은?

① 옵션의 프리미엄이 기초자산의 변화를 반영하는 속도로 해석된다.
② 델타의 절댓값은 ATM일 때 최대이다.
③ 기초자산의 가격이 하락 시 풋옵션의 델타는 −1에 접근한다.
④ 콜옵션의 델타는 (+)의 값을 갖고 풋옵션의 델타는 (−)의 값을 갖는다.

정답해설 델타의 절댓값은 ITM일 때 최대이다. ATM일 때 최대인 것은 세타, 감마, 베가 등이다.

02 콜옵션의 델타가 0.6이라면 동일한 만기와 행사가격의 풋옵션 델타는 얼마인가?

① −0.6　　② +0.6　　③ −0.4　　④ +0.4

정답해설 콜과 풋의 델타값은 반대 부호이고, 두 개의 절댓값의 합은 1이 되어야 하므로 풋의 델타는 −0.4가 된다.

개념 짚어 보기

수식표현

• 델타(Δ)

$$\Delta = \frac{\delta c}{\delta S} | s_t, X, r, \sigma, \tau$$

• 감마(Υ)

$$\frac{\delta \Delta}{\delta S}, \frac{\delta}{\delta S}\left(\frac{\delta c}{\delta S}\right) = \frac{\delta^2 c}{\delta S^2}$$

[개념 확인 문제 정답] 01 ② 02 ①　[실전 확인 문제 정답] 01 ② 02 ③

12 옵션 민감도 분석(2)

개념 확인 문제

01 (　　　)는 시간의 변화분에 대한 옵션가격의 변화분을 뜻한다.

① 쎄타　　② 델타

02 (　　　)는 기초자산의 변동성에 대한 옵션 프리미엄 증가분을 뜻한다.

① 베가　　② 감마

03 (　　　)는 금리변화에 대한 옵션 프리미엄의 민감도를 뜻한다.

① 로　　② 쎄타

실전 확인 문제

01 옵션 민감도 분석에 대한 내용으로 틀린 것은?

① 쎄타값은 옵션의 시간가치감소(time decay)를 나타낸다.
② 기초자산의 변동성이 증가하면 콜옵션과 풋옵션 모두 가치가 상승하게 된다.
③ 금리상승은 콜옵션에 상승요인이고 풋옵션에 하락요인이 된다.
④ 금리상승이 기초자산 가격을 상승 또는 하락시키는 것은 로값과 관계 깊다.

정답해설 금리상승이 기초자산의 가격을 상승 또는 하락시키는 것은 로값과 무관하다.

02 다음 옵션의 기존 포지션에 대한 민감도에 대한 설명이 틀린 것은?

① 풋옵션 매도 : 감마 －, 세타 ＋　　② 콜옵션 매입 : 감마 －, 베가 ＋
③ 풋옵션 매입 : 델타 －, 베가 ＋　　④ 콜옵션 매도 : 로 －, 세타 ＋

정답해설 콜옵션 매입의 감마 ＋, 베가 ＋이다.

개념 짚어 보기

수식표현

• 쎄타(θ), 베가(Λ), 로(ρ)

$$\text{쎄타}(\theta)=\frac{\delta c}{\delta S},\quad \text{베가}(\Lambda)=\frac{\delta c}{\delta \sigma},\quad \text{로}(\rho)=\frac{\delta c}{\delta S}$$

[개념 확인 문제 정답] 01 ① 02 ① 03 ① **[실전 확인 문제 정답]** 01 ④ 02 ②

13 금리선도계약

개념 확인 문제

01 (   )은 미래의 일정시점에 행해지는 자금조달·운용에 대해 그에 따르는 금리를 미리 정해 놓은 계약을 뜻한다.

① Interest Rate Option　　② Foward Rate Agreement

02 (   )는 현금결제선물환, 역외선물환시장 또는 여기서 거래되는 차액결제 선물환을 뜻한다.

① Range Foward　　② Non－Deliverable Forward

실전 확인 문제

01 3개월 후부터 3개월 기간의 FRA를 매수할 경우 필요한 포지션은?

① 3×3 FRA 매수　　② 3×6 FRA 매수
③ 0×3 FRA 매수　　④ 3×0 FRA 매수

정답해설 3×6 FRA 매수가 3개월 후 3개월 기간의 FRA 매수 시 필요한 포지션이다.

02 금리선도계약에 대한 내용 중 틀린 것은?

① 만기에 가서 거래 당사자 간에 자금 인수도가 일어난다.
② FRA 매수자는 자금의 조달자, 자금차입자이다.
③ FRA 매도자는 자금의 운용자, 대여자이다.
④ 고정금리수준은 해당 기간에 해당하는 내재선도금리가 된다.

정답해설 만기에 만기시점의 실현금리와 미리 계약한 계약금리 간의 차액만 결제한다.

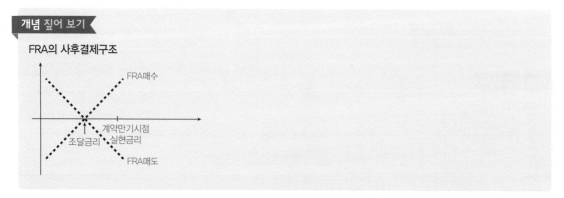

[개념 확인 문제 정답] 01 ② 02 ② [실전 확인 문제 정답] 01 ② 02 ①

14 장외금리옵션

개념 확인 문제

▶ (　　　)은 금리가 kf 이하로 하락해도 kf의 하한금리를 내도록 계약하는 것을 의미하며, 금리가 떨어져도 일정 액수를 받게 된다.

① 금리캡 계약　　② 금리플로어 계약

실전 확인 문제

▶ 장외금리옵션에 대한 내용 중 틀린 것은?

① 금리상승을 우려하는 자금 차입자는 금리캡 매수를 시도할 수 있다.
② 금리하락을 우려하는 자금 공여자는 금리플로어 매수를 시도할 수 있다.
③ 금리칼러 계약은 금리캡과 금리플로어를 동시에 합성해 놓은 계약이다.
④ 금리칼러 계약은 결제구조의 상한을 도입한 것이다.

정답해설 금리칼러 계약은 만기시점 변동금리 결제구조에 제로코스트 옵션을 부가시켜 결제구조의 상한과 하한을 동시에 도입한 것이다.

개념 짚어 보기

금리캡, 금리플로어, 금리칼러

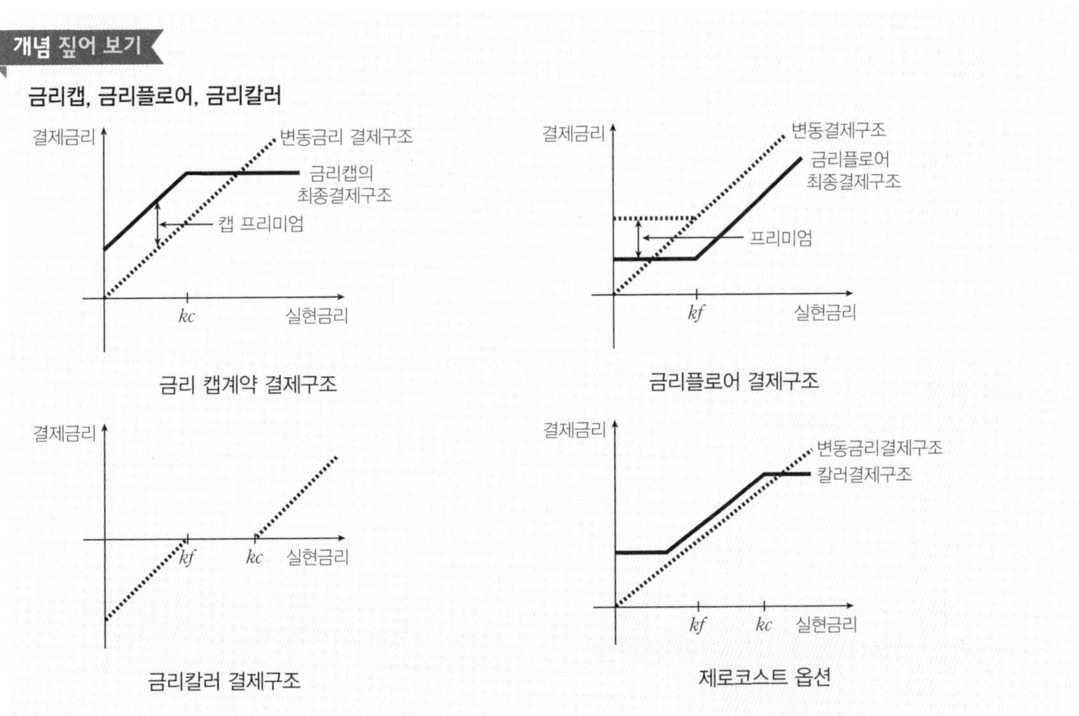

[개념 확인 문제 정답] ②　[실전 확인 문제 정답] ④

15 금리스왑

개념 확인 문제

01 (　　　)은 금융차입비용을 절감하기 위해 거래 당사자가 일정기간 동안 원금은 바꾸지 않은 채 동일 통화의 이자지급 의무만을 서로 바꾸는 거래를 뜻한다.

① 금리스왑　　② 통화스왑

02 금리스왑에서 고정지불은 곧 변동(　　　)을/를 의미하고 고정수취는 변동(　　　)이/가 된다.

① 수취, 지급　　② 지급, 수취

실전 확인 문제

01 LIBOR +1.0% 변동금리 채권을 발행한 시스컴 기업이 위험을 회피하기 위하여 스왑을 활용하고자 한다. 스왑딜러의 고시율이 5.25%−5.50%라면 결과적으로 시스컴 기업이 부담하는 금리는?

① 5.50　　② 5.75　　③ 6.00　　④ 6.50

정답해설 변동금리로 채권을 발행한 시스컴 기업이 스왑딜러와 고정금리 지급스왑을 체결하면 5.50%를 스왑딜러에게 지급하고 Libor를 수취하므로 결과적으로 (5.50+1.0)인 6.5%의 고정차입 효과가 발생한다.

02 금리스왑의 원금이 2,000만 달러이고, 결제주기는 6개월, 스왑고정금리는 5%이다. 변동금리가 4%가 되었다면 고정금리 수취자가 수취 혹은 지급하게 되는 액수로 맞는 것은?

① 10만 달러 수취　　② 10만 달러 지급
③ 5만 달러 수취　　④ 5만 달러 지급

정답해설 $2{,}000\text{만} \times (0.04-0.05) \times \frac{6}{12} = -10\text{만}$

개념 짚어 보기

스왑계약에서 t 시점의 결제액수

$$C_t = A \times |L_{t-1} - k| \times \frac{D}{12}$$

A : 스왑의 계약원금
k : 미리 정한 고정금리
D : 결제시점 간의 간격(개월 수)
L_{t-1} : $t-1$ 시점에서 실현된 $LIBOR$ 금리

[개념 확인 문제 정답] 01 ① 02 ① [실전 확인 문제 정답] 01 ④ 02 ②

16 신용부도스왑

개념 확인 문제

01 (　　　)은/는 기초자산으로부터 보유자가 부담하게 되는 신용위험을 분리, 파생상품 형태로 구성한다.

① CDS　　　② CLN

02 (　　　)는 준거자산에서 발생하는 모든 총수익을 일정한 현금흐름과 교환하는 계약이다.

① TRS　　　② TRQ

실전 확인 문제

01 신용부도스왑(CDS)에 대한 내용으로 틀린 것은?

① 위험을 전가하는 쪽은 보장매도자, 위험을 수취하는 쪽은 보장매입자이다.
② 거래의 만기, 거래 상대방의 신용등급, 준거자산의 회수율의 영향을 받는다.
③ 채무불이행 가능성이 높아질수록 프리미엄이 높아진다.
④ 준거자산 신용과 거래 상대방 신용 간의 상관관계가 낮을수록 프리미엄이 높아진다.

정답해설 위험을 전가하는 쪽은 보장매입자, 위험을 수취하는 쪽은 보장매도자이다.

02 총수입스왑(TRS)에 대한 다음 설명 중 틀린 것은?

① TRS 지급자는 TRS 수취자에게 특정한 자산에서 발생하는 총수익을 지불한다.
② 채권의 가치변화가 생길 경우 전부를 넘기고 고정수익을 받는 거래이다.
③ 신용사건이 발생할 경우 TRS 수취자는 손실금(채무원금－회수금액)을 TRS 지급자에게 지불한다.
④ TRS는 현금흐름의 복제가 불가능하다.

정답해설 TRS는 현금흐름의 복제가 가능하다는 특징이 있다.

개념 짚어 보기

신용사건(Credit Event) – 부도가 난 것으로 인정하는 경우

- 발행기업의 부도(Bankruptcy)
- 채권이자 미지급(Failure to Pay)
- 채무구조조정(Restructuring)(기존 채무의 원리금 지급조건 변경)
- 채권계약에 정한 기한이익 상실(Repayment Acceleration on Default)
- 국가 부도 또는 대외 채무 부인(Repudiation/Moratorium)

[개념 확인 문제 정답] 01 ① 02 ①　[실전 확인 문제 정답] 01 ① 02 ④

핵심플러스

OX 문제

01 선물거래에서 일일정산제도를 도입한 경우, 투자자에게 불리한 가격변화가 일어났을 때 다음날 반대로 움직이는 것이 불가능하다. ( )

02 선물거래에서 거래량과 미결제약정은 모두 누적 계산한다. ( )

03 선도거래를 할 때에 현재시점에서는 거래대상, 만기, 수량, 가격, 매수자, 매도자가 정해지고 만기에는 이에 대한 내용을 집행한다. ( )

04 선물시장의 선물균형가격은 차익거래 가능조건으로부터 구해진다. ( )

05 선물시장의 투기적 거래에서, 만기 이전에 가격이 오르지 않을 경우 선물계약에서 원하는 이익을 실현하는 것은 불가능하다. ( )

06 헤지비율을 결정할 때에는 주식포트폴리오의 베타값을 이용하거나 최소분산헤지비율을 사용할 수 있다. ( )

07 상품 내 스프레드는 기초자산이 서로 다른데도 두 가격이 서로 밀접하게 연관되어 움직이는 경우 가능한 스프레드 거래이다. ( )

08 차익거래는 현물과 선물의 일시적 가격 차이를 이용한 거래이며, '현물매수+선물매도'의 매도차익거래와 '현물매도+선물매수'의 매수차익거래가 가능하다. ( )

09 콜옵션의 프리미엄은 기초자산가격 하락 시 가치가 급하게 상승하는 구조이다. ( )

10 수평스프레드(horizontal spread)는 행사가격이 서로 다른 두 개 이상의 옵션에 대해 동시에 매수·매도를 취하는 것을 말한다. ( )

해설

01 만기 전 매수·매도를 취한 후, 반대매매 없이 포지션을 다음날로 넘길 경우 당일 선물종가까지 정산하는 제도이다. 불리한 가격변화가 일어났을 때 다음날 반대로 움직일 수 있지만, 손해 부분은 정산한다.

02 거래량은 일정시점까지의 누적 거래량이 발표되지만, 미결제약정은 일정시점을 기준으로 정의되며 누적이 되지 않는다.

04 차익거래 불가능조건으로부터 구해진다. 두 시장 간 가격이 정상적인 상태일 때에는 차익거래가 불가능한 상황과 같다.

07 상품 간 스프레드에 대한 설명이다.

08 '현물매수+선물매도'의 매수차익거래와 '현물매도 + 선물매수'의 매도차익거래가 가능하다.

09 콜옵션은 기초자산가격 상승 시 가치가 급하게 상승한다. 기초자산가격 하락 시 가치가 상승하는 구조를 지닌 것은 풋옵션이다.

10 수직스프레드(vertical spread)에 대한 설명이다. 수평스프레드는 만기가 서로 다른 두 개의 옵션에 대해 동시에 매수·매도를 취하는 것이다.

[정답] 01 × 02 × 03 ○ 04 × 05 ○ 06 ○ 07 × 08 × 09 × 10 ×

핵심플러스

OX 문제

11 콜 강세 스프레드와 풋 강세 스프레드는 투자비용 및 수익제한을 통해 내재된 위험관리장치가 작동하도록 한다. ( )

12 매수 계약수보다 매도 계약수가 많으면 레이쇼버티컬스프레드, 매도 계약수보다 매수 계약수가 많으면 백스프레드이다. ( )

13 콜옵션이나 풋옵션의 경우 프리미엄구조가 기초자산 변화에 대해 아래로 볼록하므로 감마값은 음수가 된다. ( )

14 콜옵션이나 풋옵션을 보유한 상태에서 시간이 경과할 경우, 변화를 주지 않아도 이득을 보게 된다. ( )

15 FRA매수자는 금리를 받고 자금의 사용권을 내주고 만기에 원금을 되돌려 받는다. ( )

16 금리캡 매수를 시도할 경우 최종결제금리는 줄어드는 효과를 볼 수 있다. ( )

17 금리칼라에서 상환금리와의 조절을 통해서 두 옵션의 프리미엄이 같아지도록 조절했을 때, "콜매수 + 풋매도" 혹은 "콜매도+풋매수"의 제로코스트옵션이 된다. ( )

18 스왑거래에서 은행 · 투자은행 등은 스왑계약의 상대방을 찾아주는 시장조성자 역할로 한정된다. ( )

19 스왑 등의 계약에서 고객에 대해 반대되는 포지션을 취할 준비가 되어 있다는 것을 웨어하우징이라고 표현한다. ( )

20 금리스왑은 유리한 조건으로 통화를 조달하여 교환하고, 상대방의 이자를 지급하며 운용하고, 만기시 자금을 재교환한다. ( )

21 신용연계증권(CLN)과 CDS 계약은 유사하지만, CLN에서는 원금이 최초에 지불되는 것에 비해 CDS 계약은 프리미엄만 오간다는 것이 다르다. ( )

해설

13 아래로 볼록하므로 감마값은 양수가 된다.

14 콜옵션 또는 풋옵션을 보유한 상태에서 변화 없이 시간 경과만 있을 때에는 시간가치 감소로 손실을 입는다. 시간가치감소는 세타값을 통해 드러난다.

15 자금의 사용권을 내주고 만기에 원금을 되돌려 받는 것은 FRA매도자이다. FRA매수자는 금리비용을 지불하고 자금을 사용하여 만기에 원금을 상환한다.

16 금리캡을 매수하는 데에 따른 보험료인 캡 프리미엄을 지급하기 때문에 결제액수는 늘어난다. 최종정산액수가 줄어드는 것은 금리플로어 계약이다.

18 상대방을 찾아주는 역할을 비롯하여, 직접 스왑거래의 상대방이 되는 역할까지 포함한다.

20 통화스왑에 대한 설명이다. 실제 원금이 교환된다는 점에서 금리스왑과 다르다.

[정답] 11 ○ 12 ○ 13 × 14 × 15 × 16 × 17 ○ 18 × 19 ○ 20 × 21 ○

4장 파생상품펀드 투자 2

대표 유형 문제

다음 보기와 관련된 옵션이 내용 중 틀린 것은?

> 최종수익이 옵션 만기시점의 기초자산가격 수준에 의해서 결정되는 것이 아니라 현재시점부터 만기시점까지 가격이 어떤 경로를 거쳤느냐가 중요하다.

① 경계옵션에서 기초자산가격이 배리어가격을 건드릴(knock) 때, 녹아웃옵션은 유효화 상태에서 무효화(out)되고 녹인옵션은 무효화 상태에서 유효화된다.

② 룩백콜옵션은 "해당기간 내 최고치", 룩백 풋옵션은 "해당기간 내 최소치"에 기초자산을 매도할 수 있는 권리이다.

③ 평균기초자산옵션(average rate option)은 기초자산의 만기시점가격이 옵션수익구조의 기본이 되는 일반적인 옵션과는 달리 일정기간 동안의 기초자산의 평균가격이 옵션의 수익구조를 결정한다.

④ 이색옵션은 일반적인 옵션과 달리 다양한 구조와 투자목적에 사용할 수 있다.

정답해설 보기에 주어진 내용은 경로의존형(Path-Dependent Option) 옵션에 대한 설명이다. 경로의존형 옵션에는 경계옵션, 룩백옵션, 래더옵션, 클리켓 또는 래칫옵션, 샤우트 옵션, 평균기초자산옵션 및 평균행사가격옵션이 있다.
룩백콜옵션은 "해당기간 내 최소치"에 기초자산을 매수할 수 있는 권리를 말하고, 룩백풋옵션은 "해당기간 내 최고치"에 기초자산을 매도할 수 있는 권리를 말한다.

대표 유형 문제 알아 보기

옵션의 수익구조

- **경로의존형** : 경계옵션, 룩백옵션, 래더옵션, 클리켓 또는 래칫옵션, 샤우트옵션, 평균기초자산옵션 및 평균행사가격옵션
- **첨점수익구조형** : 조건부프리미엄옵션, 디지털옵션(이항옵션, 올오어낫싱옵션, 정액수수옵션), 디지털 배리어
- **시간의존형** : 미국식옵션, 버뮤다옵션, 선택옵션, 행사가격결정유예옵션
- **다중변수옵션** : 무지개 콜옵션, 포트폴리오옵션, 스프레드옵션, 바스켓옵션, 퀀토옵션
- **복합옵션**
- **레버리지형**

[대표 유형 문제 정답] ②

1 파생결합증권

개념 확인 문제

▶ (　　　)은 채권을 사들이는 동시에 옵션을 매도하는 형태이다.

① 리버스플로터　　　② 리버스컨버터블

실전 확인 문제

▶ 파생결합증권의 특징에 대한 다음 설명 중 틀린 것은?

① 파생결합증권은 원금회복과 복합상품을 기초로 하고 있다.
② 녹아웃옵션을 이용한 파생결합증권은 다양한 경우가 가능해진다.
③ 리버스컨버터블 구조는 채권매수에 풋옵션매도 포지션이 첨가된다.
④ 리버스컨버터블 형태는 주가지수 상승 시에는 손실이 크게 발생할 수 있다.

정답해설 리버스 컨버터블 형태는 주가지수 하락 시에는 손실이 크게 발생할 수 있다.

개념 짚어 보기

파생결합증권의 대표적 옵션 포지션

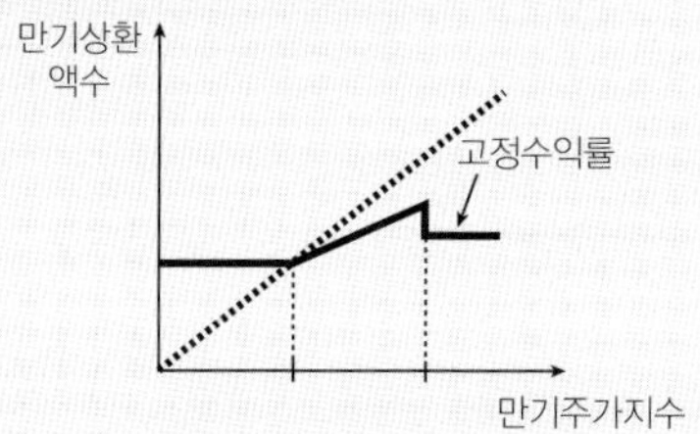

녹아웃옵션이 부가된 파생결합증권

- 만기시점의 기초자산인 주가지수가 행사가격보다 높은 경계지수 이상 상승한 적이 없는 경우 : 주가지수상승률×참여율
- 만기시점의 기초자산인 주가지수가 한 번이라도 행사가격 이상 상승한 경우 : 고정수익률 지급
- 만기시점의 기초자산인 주가지수가 행사가격보다 낮은 경우 : 원금보장(0%)

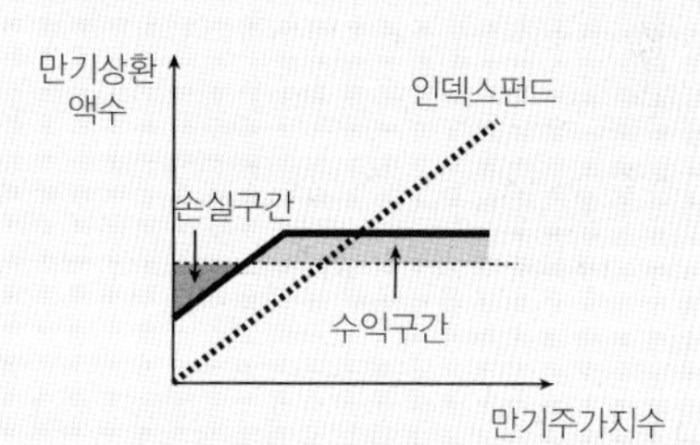

채권에 풋옵션매도가 첨가된 경우(리버스 컨버터블)

- 특정가격 선 이하로 하락할 경우 : 원금손실
- 특정가격 선 이상에 있을 경우 : 원금보장+수익률 달성

[개념 확인 문제 정답] ②　[실전 확인 문제 정답] ④

2 경로의존형(1)

개념 확인 문제

01 (　　　)은 옵션의 최종수익을 결정하는 데 있어서, 가격이 만기시점까지 거친 경로를 주요하게 여긴다.

① 경로의존형　　　② 만기관찰형

02 룩백옵션은 행사가격을 (　　　)에서 결정한다.

① 계약시점　　　② 만기시점

실전 확인 문제

01 시스컴 기업은 수출대금을 6개월 후에 받기로 되어 있다. 현물환율은 1달러=1,150원이고 3개월 선물환율은 1달러=1,200원이다. 이런 상황에서 다음 중 헤지도 하고 비용절감도 되는 적절한 전략은?

① 환율 상승 시 무효 콜옵션　　　② 환율 상승 시 무효 풋옵션
③ 환율 하락 시 유효 콜옵션　　　④ 환율 하락 시 유효 풋옵션

정답해설 환율의 하락 리스크를 보유하고 있으므로 풋옵션을 매수하여 헤지하고, 환율 상승 시는 풋옵션이 무효(녹아웃)가 되는 구조를 매수한다. 실제로 수취하는 수출대금은 상승된 달러 가격으로 현물시장에서 매도하여 수익을 거양한다.

02 룩백옵션에 대한 내용 중 틀린 것은?

① 행사가격은 만기일까지의 기초자산 가격 중 매입자에게 유리한 가격으로 결정된다.
② 만기일 당일에 외가격 상태가 될 수도 있다.
③ 수익이 표준옵션의 수익보다 크기 때문에 프리미엄이 비싸다.
④ 옵션 발행기관은 리스크 관리에 대한 어려움이 존재한다.

정답해설 룩백옵션은 만기일 당일에 외가격 상태가 되는 경우는 없다.

개념 짚어 보기

옵션이 내가격상태일 때 배리어가 작동하는 경우 주로 리베이트가 책정

- 가격하락 시 무효 콜(풋)옵션(down－and－out call(put) option)
- 가격하락 시 유효 콜(풋)옵션(down－and－in call(put) option)
- 가격상승 시 무효 콜(풋)옵션(up－and－out call(put) option)
- 가격상승 시 유효 콜(풋)옵션(up－and－in call(put) option)

[개념 확인 문제 정답] 01 ①　02 ②　**[실전 확인 문제 정답]** 01 ②　02 ②

3 경로의존형(2)

개념 확인 문제

01 (   )은 미리 정한 가격수준에 대한 도달 또는 통과 여부에 의해 행사가격이 결정된다.

① 래더옵션 ② 래칫옵션

02 (   )은 행사가격 재조정시점을 사전에 정한다.

① 클리켓 ② 스텝록 래더

03 (   )은 옵션보유자가 행사가격과 재확정시점이 유리하다고 생각되는 시점에서 샤우트하여 행사가격을 재확정한다.

① 시점확정 옵션 ② 샤우트 옵션

04 (   )은 기초자산가격과 평균가격의 차액으로 수익이 결정된다.

① 평균표준자산옵션 ② 평균행사가격옵션

실전 확인 문제

▶ 샤우트 옵션의 경우 다음 표에 의거 수익을 구하라.

> 초기의 행사가격이 100인 샤우트 콜옵션에서 기초자산가격이 110일 때 샤우트하고, 만기에 기초자산가격이 120이 되었을 경우

① 0 ② 10 ③ 20 ④ 30

정답해설 110일 때 10의 이익(110－100)이 확보되고 만기에는 기초자산가격 120과 새롭게 형성된 행사가격 110과의 차이인 10을 추가로 확보하여 계 20이 총수익이다.

개념 짚어 보기

수익구조

- 평균기초자산옵션

$$max(0, \widetilde{S}_A - X)$$

- 평균행사가격옵션

$$max(0, S_T - \widetilde{S}_A)$$

[개념 확인 문제 정답] 01 ① 02 ① 03 ② 04 ② **[실전 확인 문제 정답]** ③

4 첨점 수익구조형과 시간의존형

개념 확인 문제

▶ (　　　)은 내가격상태의 옵션에 프리미엄을 지불한다.

① 조건부프리미엄옵션　　　② 디지털옵션

실전 확인 문제

01 다음 중 첨점 수익구조형 옵션들로만 묶인 것은?

㉠ 행사가격결정유예옵션	㉡ 디지털배리어	㉢ 조건부 프리미엄옵션
㉣ 버뮤다옵션	㉤ 선택옵션	㉥ 디지털옵션

① ㉠, ㉡, ㉢　② ㉡, ㉢, ㉣　③ ㉠, ㉣, ㉤　④ ㉡, ㉢, ㉥

정답해설
- 첨점수익구조형 : 조건부프리미엄옵션(후불옵션), 디지털옵션, 디지털배리어
- 시간의존형 : 미국식옵션, 버뮤다옵션, 선택옵션, 행사가격결정유예옵션

02 선택옵션에 대한 내용 중 틀린 것은?

① 시간의존형 옵션에 속한다.
② 풋 · 콜 선택 전에는 스트래들 매수와 비슷하지만, 선택 후에는 스트래들보다 불리하다.
③ 풋 · 콜 선택 시 옵션 보유자는 선택시점에 내가격 상태의 옵션으로 전환시키게 된다.
④ 특정시점에서 당일의 기초자산가격과 같도록 행사가격이 설정된 또 다른 옵션을 획득할 수 있다.

정답해설 ④는 행사가격결정유예옵션에 대한 내용이다.

개념 짚어 보기

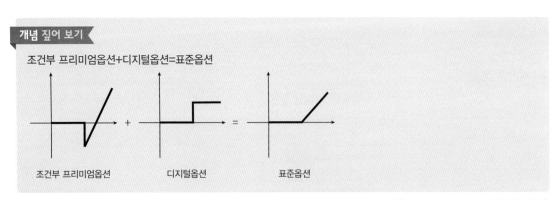

조건부 프리미엄옵션+디지털옵션=표준옵션

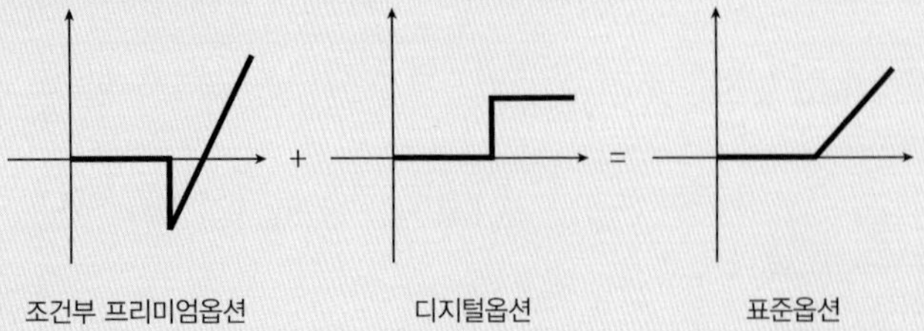

[개념 확인 문제 정답] ①　[실전 확인 문제 정답] 01 ④　02 ④

5 다중변수옵션과 복합옵션

개념 확인 문제

01 (　　　)은 옵션의 최종수익금이 둘 또는 그 이상 기초자산의 가격수준에 의해서 결정된다. 무지개콜옵션, 포트폴리오옵션, 스프레드옵션, 바스켓옵션, 퀀토옵션이 해당된다.

① 다중변수옵션　　　② 레버리지형옵션

02 (　　　)의 수익은 하나의 기초자산가격에 의해서 결정되지만, 위험에 노출된 정도나 크기는 다른 자산의 가격에 의해 결정된다.

① 바스켓옵션　　　② 퀀토옵션

03 (　　　)은 또 다른 하나의 옵션(기초옵션)이 옵션의 기초자산이 된다.

① 중첩옵션　　　② 복합옵션

실전 확인 문제

▶ 다중변수옵션과 복합옵션에 대한 설명 중 틀린 것은?

① 무지개 콜옵션은 둘 이상의 기초자산의 가격 중에서 가장 높은 가격에 의해 수익이 결정된다.
② 포트폴리오 옵션은 수익금이 두 기초자산가격 차이에 의해서 결정되는 옵션이다.
③ 퀀토옵션은 한 통화로 표시된 기초자산에 대한 옵션의 수익이 다른 통화로 표시되는 경우가 주종을 이룬다.
④ 복합옵션은 기초옵션 매입보다 비용이 적게 들어가며, 위험 노출 여부가 불확실한 상황에서 사용가능한 대비책이다.

정답해설 수익금이 두 기초자산가격 차이에 의해서 결정되는 것은 스프레드 옵션에 대한 내용이다.

개념 짚어 보기

다중변수옵션의 수익구조

- 무지개콜옵션 : $Max(0, Max(S_1, S$ㄹ$, \cdots\cdots S_n)-X$
- 포트폴리오옵션 : $Max[\sum_{i=1}^{m} n_i S_{i,T} - K]$
- 스프레드옵션 : $Max[(\widetilde{S_{1,T}} - \widetilde{S}$ㄹ$_{,T}) - X, 0]$
- 바스켓옵션 : $Max[\sum_{i=1}^{n} \omega_i S_{i,T}, -K, 0]$

[개념 확인 문제 정답] 01 ① 02 ② 03 ② [실전 확인 문제 정답] ②

6 포트폴리오 보험전략

개념 확인 문제

01 (　　　)은 주식포트폴리오를 보유한 상태에서 풋옵션을 매입하는 전략이다.

① 방어적 풋 전략　　② 공격적 풋 전략

02 (　　　)은 채권매수와 동시에 콜옵션 매수 전략을 병행하는 것이다.

① 동시매수 전략　　② 이자추출전략

실전 확인 문제

01 다음 중 포트폴리오 보험전략이 아닌 것은?

① 이자추출 전략　　② 보호 풋 전략
③ 정적자산배분 전략　　④ 동적헤징 전략

정답해설 동적자산배분전략이 포트폴리오 보험전략의 하나이다.

02 동적자산배분전략에 대한 내용 중 틀린 것은?

① 주식과 채권을 통한 자금운용으로 상승 가능성과 하락위험 방어를 동시에 달성하는 전략이다.
② 주식이 오르면 채권을 팔고 주식을 사들여 주식의 편입비율을 늘려나간다.
③ 주가가 하락하면 주식을 팔고 채권을 사들인다.
④ 주식편입비율($W_S(S_t)$)과 채권편입비율($W_B(S_t)$)을 더하면 0이 된다.

정답해설 $W_S(S_t)+W_B(S_t)=1$이 성립한다.

개념 짚어 보기

동적자산배분전략의 특징

- 포트폴리오 전체를 주식과 채권으로 운용함으로써 따로 프리미엄을 지급할 필요가 없다.
- 주식가격 상승 시 주식편입비율을 늘리고 하락 시 주식 편입비율을 줄이면서 상황에 따라 조정한다.
- 주식가격 상승비율과 편입비율 간의 조절을 어떻게 하느냐가 중요하다.

[개념 확인 문제 정답] 01 ① 02 ② [실전 확인 문제 정답] 01 ③ 02 ④

핵심플러스

OX 문제

01 파생결합증권은 어떤 채권을 첨가하느냐에 따라 각각 다른 상품이 된다. ( )

02 배리어옵션은 표준형보다 저렴한 프리미엄 비용으로 인해 다양하게 활용하면 안정적 수익을 얻을 수 있다. ( )

03 수정룩백은 일반 룩백과 다르게 행사가격을 미리 정해 놓는다. ( )

04 스텝록 래더는 행사가격이 재조정되는 구조로, 중간에 미리 정한 래더를 건드리면 상금을 미리 받는다. ( )

05 샤우트옵션에서 행사가격 재조정 시 그 시점에서의 옵션 내재가치가 이미 실현된 것으로 간주한다. ( )

06 조건부 프리미엄옵션은 프리미엄보다 내재가치가 높을 때 행사한다. ( )

07 디지털옵션은 올오어낫싱(all－or－nothing) 방식과 원터치(one－touch) 방식의 두 가지 형태가 있다. ( )

08 배리어를 안 건드리면 받는 상금이 미리 정해진 디지털옵션을 정액수수옵션이라고 한다. ( )

09 버뮤다옵션은 유럽식옵션과 미국식옵션의 중간 형태로, 미리 정한 특정 일자들 중 한 번 행사할 수 있다. ( )

10 바스켓옵션의 수익금은 옵션 기초자산가격들의 가중평균으로 계산된다. ( )

11 대부분의 복합옵션은 내가격상태가 되도록 행사조건을 설정한다. ( )

12 레버리지형 옵션은 옵션의 수익구조를 곱하기 또는 제곱 형태로 크게 부풀려져 있다. ( )

13 이자율추출전략은 기초자산가격 하락 시, 풋옵션을 통한 이익이 발생해 행사가격 수준에서 방어한다. ( )

해설

01 파생결합증권에서 자금 전체의 이자 정도에 해당하는 돈이 위험한 장외옵션으로 투입되는데, 채권 투입부분은 다 똑같지만 이러한 옵션이 달라지면 상품이 완전히 달라진다.

02 녹아웃옵션은 배리어가격이 뚫리면 위험에 노출되게 되며, 녹인옵션은 만기일까지 발효되지 못할 수도 있다. 즉, 배리어옵션은 비용 관련 검토보다 전략에 부합되는지를 먼저 파악해야 한다.

05 클리켓옵션(래칫옵션)에 대한 설명이다.

06 조건부 프리미엄옵션은 프리미엄보다 내재가치가 적더라도 반드시 행사해야 한다.

08 디지털 배리어에 대한 설명이다. 정액수수옵션, 이항옵션은 모두 디지털옵션과 같은 말이다.

11 복합옵션은 등가격상태가 되도록 행사조건을 설정한다.

13 이자율추출전략은 기초자산가격 하락 시 채권을 통해 원금보존을 추구한다. 기초자산가격 하락 시 풋옵션을 통한 이익이 발생해 행사가격 수준에서 방어하는 것은 방어적 풋전략이다.

[정답] 01 × 02 × 03 ○ 04 ○ 05 × 06 × 07 ○ 08 × 09 ○ 10 ○ 11 × 12 ○ 13 ×

5장 파생상품펀드 리스크 관리

대표 유형 문제

파생결합증권과 발행사의 리스크 관리에 대한 설명 중 틀린 것은?

① BTB 거래는 시장리스크를 제거하기 때문에 발행사의 시장리스크는 없다.

② 파생결합증권 발행사는 발행 증권에 대한 신용리스크를 가지고 있다.

③ 법률적리스크 검토 시 파생결합증권과 장외파생상품거래는 상이한 양식의 계약서로 이루어져 있으므로 내용이 상충되지 않는지 충분히 검토를 하여야 한다.

④ 유동성리스크 BTB 거래에서 자금유동성에는 문제가 없지만, 파생상품시장에서의 전형적인 상품유동성 리스크에 직면할 수 있다.

정답해설 파생결합증권의 발행사는 발행 증권에 대한 신용리스크가 없으며, 파생결합증권을 매입한 운용사의 펀드가 발행 증권사의 신용리스크를 부담한다.
그러나 장외파생상품 거래상대방의 채무불이행 위험이 존재하며, 이와 같은 신용리스크는 증권사의 영업용 순자본비율에 영향을 준다.
- 신용리스크＝(시가평가액＋잠재적 익스포저)×거래상대방의 위험가중치

오답해설 ① 발행사의 영업용순자본비율(NCR) 산정 시에도 시장리스크에 의한 위험액이 없다.
③ 파생결합증권은 유가증권발행신고서 등에 의해 거래내용을 반영하며, 장외파생상품거래는 'ISDA MasterAgreement', 'Schedule', 'Confirmation(매거래 시 체결)'의 표준계약방식과 'Long Form Confirmation'의 양식방식이 있다.

대표 유형 문제 알아 보기

자체헤지 시 발행사의 리스크 관리

- 파생결합증권의 발행사가 시장리스크를 조절하면서 헤지북을 운용하는 경우를 말한다.
- **시장리스크** : 기본적으로 기초자산의 가격, 변동성, 상관관계를 비롯하여 헤지북의 리스크 관리기법은 모두 동원된다고 볼 수 있으며, 리스크 관리부서와 협의하여 정해진 각종 한도에 제한을 받는다.
- **신용리스크** : 장외파생상품 거래상대방에 대한 신용리스크 관리는 BTB 거래 시와 동일한 절차와 방법을 따른다.
- **법률적리스크** : BTB 거래와 동일하며, 시장리스크의 관리행위는 Dynamic Hedging, 즉 활발한 매매활동을 전제로 한다.
- **유동성리스크**
  - 자금유동성리스크(현금흐름) : 현금흐름표 등을 작성하여 관리하며 기간구조에 따른 유동성 갭 분석을 통해 전사적인 자금 유동성을 통제한다.
  - 특정상품의 유동성 : 측정하기가 힘들며, 특정 상품의 호가가 너무 벌어졌을 경우처럼 상대적인 리스크 정도를 사안별로 주시해야 한다.

[대표 유형 문제 정답] ②

대표 유형 문제

효율적인 포트폴리오 관리와 특정 위험 회피에 대한 내용 중 옳은 것은?

① 인덱스펀드를 활용하여 현물 포트폴리오 대신 파생상품을 편입하거나, 파생상품 편입비를 수시로 조절하는 것이 가능하다.

② 시장중립형 펀드에는 매입, 매도 포지션의 양을 서로 다르게 하는 Pair-Trading 전략, 상관관계가 음(-)인 상품의 가격차이를 활용한 Long-Short 전략이 있다.

③ 주가지수 선물 매도분은 펀드의 총위험액을 증가가 시킬 수 있으므로 주의해야 한다.

④ 포트폴리오 듀레이션 조절을 위해 국채선물 매수 포지션을 취한다면 위험회피 거래로 간주된다.

정답해설 콘탱고 · 백워데이션, 풋 · 콜 패리티, 리스크 관리를 할 수 있다.

오답해설 ② 매입, 매도 포지션의 양을 서로 다르게 하는 것은 Long-Short 전략이고, 상관관계가 음(-)인 상품의 가격차이를 활용한 것은 Pair-Trading 전략이다. 시장중립형펀드(Maket Neutral Fund)를 통해서 매입포지션과 매도포지션의 양을 조절하여 시장변동과 무관한 절대수익을 추구한다.

③ 주가지수 선물 매도분은 위험회피로 분류된다. 따라서 펀드의 총위험액을 증가시키지 않는다. 주식현물에 대한 최소보유비중이 있다면, 시장 침체기에 주가지수선물을 매도하여 리스크 관리와 현물보유비중을 동시에 관리할 수 있다.

④ 포트폴리오 전체의 듀레이션 조절용으로 국채선물 매도 혹은 이자율 스왑 매입 포지션을 취한다면 위험회피 거래로 간주되어 펀드의 위험총액은 증가하지 않는다.

대표 유형 문제 알아 보기

인덱스 펀드

- **콘탱고 · 백워데이션**
  - 백워데이션(backwardation) 상태 : 주가지수선물 매입, 주식 포트폴리오 매도
  - 콘탱고(contango) 상태 : 주가지수산물 매도, 주식 포트폴리오 매입
  - 인덱스인 주가지수를 추종하면서 현 · 선물 가격의 괴리의 변동을 이용한 추가수익을 추구
- **풋 · 콜 패리티**
  - 동일 행사가격의 콜옵션 매입 및 풋옵션의 매도로 합성선물을 만들 수 있다.
  - 수급 등 제반요인으로 합성선물의 가격이 주가지수선물보다 저렴할 수 있어, 합성선물을 활용하기도 한다.
- **리스크 관리**
  - 장기간의 성과평가를 통해 성장형(active형) 및 순수인덱스펀드와의 비교우위를 판단하여야 한다.
  - 추적오차(tracking error)에 있어서는 순수인덱스펀드보다 높게 나타나는 것이 일반적이나 성장형 주식형펀드보다는 낮은 수준이다.
  - 벤치마크 대비 초과수익률을 추적오차로 나눈 정보비율(information rato)로 주식형펀드들의 비교우위를 검토하는 것도 리스크 관리가 될 수 있다.

[대표 유형 문제 정답] ①

1 파생결합증권과 발행사의 리스크 관리(1)

개념 확인 문제

01 (　　　)는 발행사가 파생결합증권을 매각하고 동일구조의 장외파생상품거래를 하는 것이다.

① BTB 거래　　② 대체거래

02 (　　　)는 증권사의 재무건전성을 보여주는 지표로 영업용순자본비율을 뜻한다.

① Net Capital requirement　　② Net Capital Ratio

실전 확인 문제

01 발행사의 BTB거래 시 리스크 관리 방안에 대한 내용으로 틀린 것은?

① BTB 거래 시, 시장리스크의 제거는 불가능하다.
② 발행사는 신용리스크가 없지만, 파생결합증권을 매입한 운용사의 펀드는 증권사의 신용리스크를 가지고 있다.
③ 신용리스크로 인해 증권사의 영업용순자본비율(NCR)에 영향을 끼친다.
④ 신용리스크의 양은 (시가평가액＋잠재적 익스포저)×거래상대방의 위험가중치로 계산된다.

정답해설 BTB 거래 시, 시장리스크를 완벽하게 제거할 수 있다.

02 BTB거래 시의 신용리스크에 대한 내용으로 틀린 것은?

① 2008년 전후로 거래 형식이 Unfunded Swap에서 funded Swap으로 전환되었다.
② Unfunded Swap과 담보제공계약으로 신용리스크를 최소화할 수 있었다.
③ 담보제공계약을 신용리스크를 경감하지만 운영리스크를 증대시킬 수 있다.
④ 발행사는 장외파생상품 거래상대방의 신용등급별 최대 거래규모 한정 등 사전적 리스크 관리 및 신용등급 모니터링 등의 사후적 리스크 관리를 실행한다.

정답해설 2008년 전후로 거래 형식이 funded Swap에서 Unfunded Swap으로 전환되었다.

개념 짚어 보기

- **Fully Paid Swap 혹은 funded Swap(2008년 이전)** : 국내 증권사가 발행한 파생결합증권 원금의 대부분을 외국계 투자은행과의 장외파생상품 거래 시 초기원금으로 제공했다가 상환시점에 원금과 수익을 상환 받았다.
- **Unfunded Swap 혹은 CD Swap을 통한 BTB거래(2008년 이후)** : 파생결합증권 발행원금의 대부분을 직접 이자자산에 투자하고 외국계 투자은행과는 분기별로 이자를 지급하고 상환시점에서 수익을 상환 받는다.

[개념 확인 문제 정답] 01 ① 02 ② **[실전 확인 문제 정답]** 01 ① 02 ①

2 파생결합증권과 발행사의 리스크 관리(2)

개념 확인 문제

01 장외파생상품거래의 ( ) 계약서는 ISDA Master Agreement, Schedule, Confirmation이 있다.

① 표준계약방식 ② 약식방식

02 2008년 리먼 브라더스 사태는 대표적인 ( )의 사례이다.

① 유동성리스크 ② 법률적리스크

실전 확인 문제

01 법률적리스크 및 유동성리스크에 대한 내용 중 틀린 것은?

① 파생결합증권은 유가증권발행신고서 등 표준양식에 의해 거래내용을 반영한다.
② ISDA MasterAgreement는 한 번만 체결하고, Confirmation는 매 거래 시마다 내용에 대한 점검 후 계약을 체결한다.
③ BTB 거래는 자금유동성리스크가 발생할 수 있다.
④ 파생상품시장는 전형적인 상품유동성리스크에 직면할 수 있다.

정답해설 BTB 거래는 수익구조와 현금흐름의 주기가 동일하여 자금유동성에는 문제가 없다.

02 다음 중 ISDA의 표준약관인 Master Agreement의 내용에 해당하지 않는 것은?

① 세금 관련 진술
② 의무, 진술 및 동의 사항들
③ 채무불이행(Event of Default) 및 계약종료(Termination) 사유들
④ 조기종료(Early Termination) 사유 및 대책

정답해설 세금 관련 진술은 부속계약인 Schedule to Master Agreement에 해당되는 내용이다.

개념 짚어 보기

자체 헤지 거래의 리스크 관리

- **시장리스크** : 모든 시장 리스크를 감당하기 때문에 관리기법 또한 모두 동원해야 한다.
- **신용리스크** : 자체헤징 방법으로 장외파생상품 거래 시 거래상대방에 대한 신용리스크가 발생할 수 있다.
- **유동성리스크** : 자금유동성리스크와 상품유동성리스크도 발생 가능하다.
- **법률적리스크** : 장외파생상품 거래에 따른 계약서와 관련하여 BTB 거래와 동일하게 법률적 리스크가 존재한다.

[개념 확인 문제 정답] 01 ① 02 ① [실전 확인 문제 정답] 01 ③ 02 ①

3 파생결합증권과 운용사의 리스크 관리

개념 확인 문제

01 **파생상품펀드는 가격산정 내역을 매일 공시하여야 하며, 2개 이상의 채권평가사가 제공하는 가격을 기준으로 하여 (　　　)으로 산정하도록 하고 있다.**

① 공정가액　　　　② 감정가액

02 **파생결합증권은 발행사의 신용리스크에 대해 투자하는 것이 아니라 (　　　)에 투자한다.**

① 시장구조　　　　② 수익구조

실전 확인 문제

▶ **파생결합증권과 운용사의 리스크 관리 사항에 대한 내용 중 틀린 것은?**

① 적정가격은 시장형성 초기의 과도한 가격괴리현상 때문에 발행사, 운용사, 채권평가사 간 수많은 협의가 있었고 대체로 가격산정모델에는 결정적인 차이가 없는 쪽으로 수렴되었다.

② '계약금액' 및 '대통령령으로 정하는 위험에 관한 지표'를 인터넷 홈페이지에 공시하며 투자설명서에도 위험지표 내용을 기재하여야 한다.

③ 장외파생상품 거래의 경우 법률적 리스크가 발생하지 않는다.

④ 유동성리스크에 대해 자금유동성에는 문제가 없지만 파생상품시장에서의 전형적인 상품 유동성 리스크에 직면할 수 있다.

정답해설 장외파생상품 거래의 경우 펀드의 법인격에 대한 문제가 발생할 수 있다.

개념 짚어 보기

대통령령으로 정하는 위험에 관한 지표

- 파생상품 매매에 따른 만기시점의 손익구조
- "시장상황의 변동에 따른 펀드재산의 손익구조의 변동" 또는 "일정한 보유기간에 일정한 신뢰구간 범위에서 시장가격이 펀드에 대하여 불리하게 변동될 경우에 파생상품거래에서 발생할 수 있는 최대손실예상금액(VaR)"
  - VaR은 "보유포지션의 시장가치×신뢰구간에 따른 표준편차의 배수×포지션의 변동성(표준편차)×$\sqrt{\text{보유기간}}$으로 산정한다."로 규정하며, 내부모형법을 준용하고 있다.
- 그 밖에 투자자의 투자판단에 중요한 기준이 되는 지표로서 금융위원회가 정하여 고시하는 위험에 관한 지표

[개념 확인 문제 정답] 01 ① 02 ② [실전 확인 문제 정답] ③

4 효율적인 포트폴리오 관리

개념 확인 문제

01 (　　　) 상태일 때 주가지수선물을 매도하고, 주식 포트폴리오를 매입하게 된다.

① 백워데이션　　② 콘탱고

02 (　　　)는 동일한 기초증권과 만기 및 행사가격을 가지고 있는 콜옵션과 풋옵션의 가격이 균형하에서 갖는 일정한 관계를 뜻한다.

① 풋－콜 패리티　　② 옵션패리티

03 (　　　)은 초과수익률을 추적오차(tracking error)로 나눈 것을 뜻한다.

① 레버리지비율　　② 정보비율

실전 확인 문제

▶ 인덱스펀드의 포트폴리오 관리에 대한 설명 중 틀린 것은?

① 기본적으로 백워데이션일 때 지수선물을 매입하고 주식 포트폴리오를 매도한다.
② 풋 콜 패러티의 이론은 ITM일 때 옵션 프리미엄이 비슷하다.
③ 장기간의 성과평가를 통해 성장형 및 순수 인덱스펀드와의 비교우위를 판단해야 한다.
④ 리스크 관리에는 추적오차와 정보비율 등을 활용한다.

정답해설 풋 콜 패러티의 이론은 ATM일 때 옵션 프리미엄이 비슷하다.

개념 짚어 보기

시장중립형펀드(Maket Neutral Fund)

- 매입포지션과 매도포지션의 양을 조절하여 시장변동과 무관한 절대수익을 추구한다.
- 현물 바스켓을 구성하고 그만큼을 주가지수선물을 매도하여 현물 바스켓이 주가지수대비 초과 성과를 내어 거래비용을 커버하도록 하는 것이다.
- 실제 거래에서는 현물 바스켓이 사후적으로 주가지수의 성과에 미치지 못한다.
- 매입, 매도 포지션의 양을 서로 다르게 하는 방식을 Long－Short 전략이라고 한다.

[개념 확인 문제 정답] 01 ② 02 ① 03 ② [실전 확인 문제 정답] ②

5 특정 위험의 회피

개념 확인 문제

▶ (　　　) 시 위험회피에 대한 부분을 인정받지 못해 파생상품투자로 간주된다.

① Overhedge　　　　② cross hedge

실전 확인 문제

01 외환리스크 헤지 이후 발생할 수 있는 외화표시 펀드의 주요 리스크 원인에 대한 내용 중 틀린 것은?

① 펀드 채무불이행과 거래상대방의 신용리스크 문제가 발생할 수 있다.
② 펀드재산의 범위를 넘어서는 과다헤지는 손실을 불러일으킨다.
③ 통화선물은 시장의 변동성 문제로 인해 불리한 거래를 이끌어낸다.
④ 펀드만기와 일치하지 않는 선물환거래를 만기이월 할 경우 유지증거금이 소요되어 가용현금이 부족하게 된다.

정답해설 통화선물은 시장의 유동성 문제로 인해 불리한 거래를 이끌어낸다.

02 채권형펀드와 주식형 펀드의 일반적인 환헤지 규모로 적절한 것은?

	채권형펀드	주식형펀드
①	투자원금규모	투자원금의 50%~70%
②	투자원금규모	투자원금의 80%~120%
③	투자원금의 10%~30%	투자원금규모
④	투자원금의 50%~70%	투자원금규모

정답해설 채권형은 대체로 투자원금규모 정도가 보통이며, 주식형의 경우 투자원금의 50% 혹은 70% 정도로 하여 가격 등락폭에 대비해야 한다.

개념 짚어 보기

파생상품의 활용에 대한 위험회피 운용전략

- 주식형 펀드에서의 비중 유지
- 채권형 펀드에서의 듀레이션 조절
- 환리스크의 헤지

[개념 확인 문제 정답] ①　[실전 확인 문제 정답] 01 ③　02 ①

6 파생상품과 운용사의 리스크 관리

개념 확인 문제

01 기업회계기준상 위험회피 회계의 적용대상이 되는 거래, 대상자산의 델타를 중립으로 하는 위험회피거래는 (　　　)에서 제외된다.

① 위험평가액 산정대상　　② 부적격 거래대상

02 같은 거래 상대방과의 장외파생상품 매매에 따른 거래상대방 위험평가액은 각 펀드 자산총액의 (　　　)를 초과하여 투자할 수 없다.

① 10%　　② 30%

실전 확인 문제

▶ 파생상품에 대한 운용사의 리스크 관리 내용 중 틀린 것은?

① 장외파생상품 거래를 할 때도 거래상대방에 대한 신용리스크는 투자자의 몫이다.
② 파생상품은 펀드에서 매매활동을 통해 다양한 위험평가액들이 가감된다.
③ 담보제공계약으로 신용보강을 할 때에는 계약서 관련 법률리스크만 발생한다.
④ 장외파생상품을 활용하는 증권사 · 운용사로서는 특정상품의 유동성리스크에 따른 불리함을 감수하게 된다.

정답해설 표준계약서 외에 담보제공계약으로 신용보강을 한다면 계약서 관련 법률리스크와 담보관리에 따른 운영리스크가 동시에 발생한다.

개념 짚어 보기

평가가격 · 공정가격의 공시

- **만기시점의 손익구조** : 파생결합증권은 펀드 설정 시 한 번 공시하고, 파생상품은 거래할 때마다 위험지표를 공시하고 포지션의 중도 혹은 만기청산 시까지 계속한다.
- **시나리오법에 따른 옵션위험액 및 최대손실예상금액** : 파생상품의 경우에도 펀드에 보유 포지션이 있다면 매일 공시되어야 한다.

[개념 확인 문제 정답] 01 ① 02 ① **[실전 확인 문제 정답]** ③

7 판매사의 리스크 관리

개념 확인 문제

01 CLN은 ( ), 합성 CDO는 ( )을 뜻한다.

① 금리연계채권, 채권담보부증권 ② 신용연계채권, 자산담보부증권

02 기초자산, 발행사, 시장에 문제가 발생하면 계약조건 변경 및 ( )이 이루어진다.

① 강제조기상환 ② 권유조기상환

실전 확인 문제

01 판매회사의 리스크 관리에 대한 내용 중 틀린 것은?

① 투자자에게 새로운 수익원과 수익구조를 제시하여 투자를 유치해야 한다.
② 기초자산과 관련해서는 실질적으로 주가연계파생결합증권(ELS)이 주종을 이루며, 파생결합증권(DLS)을 활용하기도 한다.
③ 상품 및 기타자산을 활용한 파생상품펀드의 경우 주식, 채권 등에 대한 투자의 대안으로 활용된다.
④ 신용 관련 시장의 파생상품에서 현재 활용가능성이 있는 것은 거의 없다.

정답해설 CLN, 합성 CDO 등은 직접 투자가 불가능한 채권을 조합해 낼 수 있기 때문에 펀드에서의 활용가능성이 상존한다.

02 환매수수료와 평가가격에 대한 내용 중 틀린 것은?

① 파생결합증권을 편입한 펀드의 경우 대부분 중간평가일 혹은 만기시점에 상환조건을 만족하면 상환이 이루어진다.
② 투자자가 상환 이전 환매를 요청하는 경우 부분환매가 이루어진다.
③ 중간평가일 혹은 만기시점에만 투자설명서의 수익구조에 맞는 손익이 가능하다는 점을 설명해야 한다.
④ 기초자산 가격수준으로 옵션가격을 결정할 수 있다.

정답해설 가격결정변수는 기초자산 가격수준의 영향을 가장 많이 받지만, 변동성 및 상관관계 등 복잡하게 연결되어 있다.

개념 짚어 보기

평판리스크

- **운용사** : 고수익 · 고위험 펀드에 주력하는 회사가 있을 수 있기 때문에 운용사의 평판을 고려해야 한다.
- **발행사 · 거래상대방** : 파생결합증권과 장외파생상품의 경우 발행사의 평판리스크는 크게 문제가 되지 않지만, 신용리스크는 투자자의 손익과 관계된다.

[개념 확인 문제 정답] 01 ② 02 ① [실전 확인 문제 정답] 01 ④ 02 ④

핵심플러스

OX 문제

01 장외파생상품 거래상대방의 신용리스크 급증으로 인하여 파생결합증권의 파생상품만을 따로 거래하는 방식을 Unfunded SWAP이라고 한다. ( )

02 장내파생상품 거래의 성립을 위해서는 담보 제공 등의 신용보강이 있어야 한다. ( )

03 선도거래는 장외파생상품거래에 따른 펀드의 신용리스크로 인하여 거래가 활성화되지 못했다. ( )

04 장외파생상품거래의 약식방식 계약서로는 Confirmation이 있다. ( )

05 ISDA의 부속계약에는 관할 법령 및 관할 지역에 대한 내용이 포함된다. ( )

06 자체헤징의 자금 유동성 리스크는 현금흐름표 작성 · 관리 및 기간구조에 따른 유동성 갭 분석을 통해 통제한다. ( )

07 파생결합증권의 적정가격 산정 시 채권과 옵션으로 나누어 산정한다. ( )

08 채권평가의 제공 가격과 별개로, 발행사는 투자자의 요청 또는 중도환매 시 해지가격(unwinding value)을 제공한다. ( )

09 시장상황의 변동에 따른 펀드재산의 손익구조변동은 시나리오법에 따른 옵션위험액 산정방법을 준용하되, 그에 대한 구체적인 내용은 금융감독원장이 정한다. ( )

10 Funded SWAP과 Unfunded SWAP 중에서 신용보강계약이 필요한 것은 Funded SWAP이다. ( )

11 파생결합증권의 동일종목 투자한도는 30%까지 가능하며, 공모파생상품펀드에서는 4개 이상의 회사가 발행하는 파생결합증권에 투자하여야 한다. ( )

해설

02 신용보강이 필요한 거래는 장외거래이다. 장내파생상품 거래는 증거금 제도, 일일정산 등을 통해 신용리스크를 상쇄하여 활발한 거래 유지가 가능하다.

04 Confirmation은 표준계약방식 중 하나이다. 약식방식 계약서로는 Long FormConfirmation이 있다. 다소 복잡하고 검토 사항이 많은 ISDA 계약체결이 어려울 경우 Long FormConfirmation 형식의 약식계약서를 이용하기도 한다.

05 관할 법령 및 관할 지역에 대한 내용은 표준약관인 Master Agreement에 포함된다. 부속계약은 Schedule to Master Agreement로 주요 내용으로는 계약종료사유의 구체화, 세금관련 진술, 교환할 각종 서류, 기타 등이 있다.

07 파생결합증권은 채권과 옵션으로 단순히 나눌 수 없으며, 옵션이 분해되어도 하나의 증권 안에 존재하는 수많은 옵션으로 인해 단순히 개별옵션가격을 합산하여 산정하는 것은 적절하지 않다.

10 Funded SWAP의 형태에서는 운용사만이 장외파생상품 거래상대방의 신용리스크를 부담하는 데 반해, Unfunded SWAP의 형태의 경우 펀드와 거래상대방이 모두 신용리스크를 부담하게 될 수도 있다. 따라서 Unfunded SWAP의 형태의 경우에 신용보강 계약이 필수적이다.

[정답] 01 ○ 02 × 03 ○ 04 × 05 × 06 ○ 07 × 08 ○ 09 ○ 10 × 11 ○

핵심플러스

OX 문제

12 파생결합증권 매입 시의 유가증권발행신고서, 장외파생상품 거래 시의 ISDA 계약서 등이 투자설명서 내용이 상충되지 않도록 검토해야 한다. ( )

13 현물 포트폴리오 대신 파생상품 편입하거나, 파생상품 편입비를 수시로 조절하여 인덱스 대비 초과성과를 낼 수 있는 효과적인 포트폴리오를 구성한다. ( )

14 풋-콜 패리티는 동일 행사가격의 콜옵션 매도 및 풋옵션 매입으로 합성선물을 만들 수 있다. ( )

15 추적오차는 순수인덱스펀드보다는 높게 나타나고, 성장형 주식형펀드보다는 낮게 나타난다. ( )

16 시장중립형펀드에서 롱/숏 전략은 상관관계가 음인 상품의 가격 차이를 활용한다. ( )

17 주가지수 선물 매도분은 펀드의 총위험액을 증가시킨다. ( )

18 원자재 등의 상품의 경우 파생상품의 형태보다는 현물거래로 거래가 활성화되고 있다. ( )

19 파생상품펀드 유형 중 자산배분형의 경우, 자산배분기능이 내재되어 있는 펀드로 최초 투자 시점에 자산 배분의 원칙을 정한다. ( )

20 상품 및 기타자산, 자산배분형 파생상품펀드는 특정 수익구조를 제시한다. ( )

21 신용에 대한 투자가 신용 관련 파생상품을 통해 다양한 형태로 조합되면서 투자자의 투자가능 범위가 확대된다. ( )

22 거래소가 정상적으로 거래가격을 제공하지 못하는 경우에는 거래가 일정기간 중단된다. ( )

23 운용사의 파생상품펀드 중도상환비율을 비교하여 운용사의 평판 리스크를 최소화시킬 수 있다. ( )

해설

14 콜옵션 매입 및 풋옵션 매도로 합성선물을 만들 수 있다.

16 시장중립형펀드의 페어트레이딩 전략에 대한 설명이다.

17 주가지수 선물 매도분은 위험회피로 분류된다. 따라서 시장 침체기에 주가지수선물 매도를 통해 리스크 관리 및 현물보유 비중 관리가 가능하다.

18 현물거래보다는 파생상품의 형태로 거래가 활성화되고 있다.

20 두 가지 유형은 특정 수익구조를 제시하고자 하는 것이 아니며, 기초자산 및 거래방식의 특이성으로 파생상품을 활용하는 것이다.

22 기초자산, 발행사 또는 시장에 문제가 발생하는 경우 계약조건의 변경이나 조기종결이 이루어진다. 위의 경우를 비롯하여 기초자산이 되는 회사의 합병, 영업 양도, 공개매수 국유화, 파산, 상장폐지가 발생하는 경우, 기초자산 또는 기초자산과 관련한 선물, 옵션의 거래가 제한되거나 지연되는 경우 등이 있다.

[정답] 12 ○ 13 ○ 14 × 15 ○ 16 × 17 × 18 × 19 ○ 20 × 21 ○ 22 × 23 ○

금융상식

매물벽

주가상승 과정에서 팔자 매물이 많이 몰려있는 가격대. 주가가 조정기에 들어가기 전에 주식을 고점에서 팔지 못한 투자자들은 시장가격이 매수가로 다시 올라오면 팔려는 욕구가 높아진다. 이로 인해 이전에 거래량이 많이 이뤄졌던 가격대는 매물벽도 두터워지는 것이다.

크라운주얼 [Crown Jewel]

왕관의 보석으로 일컫는 이 말은 매수대상 회사의 가장 가치 있는 자산을 뜻한다. 이 자산을 처분할 경우 매수 타깃 회사의 가치는 떨어지고 기업매수합병(M&A) 대상으로서의 매력도 크게 감소한다. 수익성 또는 성장성이 높은 사업 등을 가리키기도 하는데, 이러한 매력으로 인해 오히려 M&A의 대상이 되기도 한다.

데이트레이더 [Day Trader]

주가의 움직임만을 보고 차익을 노리는 주식투자자. 정석 투자가 기업가치의 상승에 따른 주가 상승을 염두에 두고 투자한다는 데 차이가 있다. 따라서 데이트레이딩은 시장상황이 무엇보다 중요하다. 데이트레이더의 유형은 크게 스캘퍼(Scalper), 데이트레이더(Day Trader), 스윙트레이더(Swing Trader)로 구분된다. 하루에도 수십 번 또는 수백 번 매매를 결행하는 투자자를 스캘퍼라고 한다. 스캘퍼는 매수 후 수수료에 약간의 이익만 남으면 즉시 매도한다. 이들은 대단히 공격적인 성향을 보이며 시장교란의 주범으로 몰리기도 한다. 데이트레이더와 스윙트레이더는 스캘퍼보다는 다소 여유를 가지며 단기매매에 나선다.

gained 6.
1,662.74.

at it
000
com-
bil-
ary

r of
net
ent
ion
by
ate
by

3과목
부동산펀드

1장 부동산펀드 법규

대표 유형 문제

부동산펀드에 대한 설명 중 틀린 것은?

① 부동산펀드 투자대상으로는 부동산 및 부동산과 관련된 권리 · 증권, 부동산을 기초자산으로 한 파생상품 등이 해당된다.
② 부동산펀드에서 부동산을 취득한 후 국내에 있는 부동산 중 주택은 3년 이내, 국외 부동산의 경우 집합투자규약에서 정하는 기간 이내 처분이 불가능하다.
③ 공모부동산펀드 자산총액의 20%를 초과하여 동일증권에 투자하는 행위는 금지된다.
④ 공모부동산펀드 자산총액의 50%를 초과하여 같은 집합투자업자가 운용하는 펀드의 집합투자증권에 투자하는 행위는 금지된다.

정답해설 공모부동산펀드 자산총액의 10%를 초과하여 동일증권에 투자하는 행위는 금지된다.

대표 유형 문제 알아 보기

공모부동산펀드의 운용제한

- 증권에 투자하는 경우 운용제한(사모부동산펀드 제외)
  - 각 공모부동산펀드 자산총액의 10%를 초과하여 동일증권에 투자하는 행위
  - 전체 펀드 자산총액으로 동일법인 등이 발행한 지분증권 총수의 20%를 초과하여 투자하는 행위
  - 각 공모부동산펀드 자산총액으로 동일법인 등이 발행한 지분증권 총수의 10%를 초과하여 투자하는 행위
- 파생상품에 투자하는 경우 운용제한
  - 대통령령으로 정하는 적격요건을 갖추지 못한 자와 장외파생상품을 매매하는 행위
  - 파생상품 매매에 따른 위험평가액이 대통령령으로 정하는 기준(각 펀드의 자산총액에서 부채총액을 뺀 가액의 100%)을 초과하여 투자하는 행위(사모부동산펀드의 위험평가액 기준은 400%)
  - 파생상품의 매매와 관련하여 기초자산 중 동일법인 등이 발행한 증권의 가격변동으로 인한 위험평가액이 각 펀드 자산총액의 10%를 초과하여 투자하는 행위(사모부동산펀드 제외)
  - 같은 거래상대방과 장외파생상품 매매에 따른 거래상대방 위험평가액이 각 펀드 자산총액의 10%를 초과하여 투자하는 행위(사모부동산펀드 제외)

[대표 유형 문제 정답] ③

대표 유형 문제

부동산펀드의 특례에 대한 내용 중 틀린 것은?

① 집합투자업자는 펀드재산으로 부동산을 취득하거나 처분하는 경우 실사보고서를 작성 · 비치해야 한다.

② 펀드재산을 운용함에 있어 원칙적으로 당해 펀드의 계산으로 금전을 차입하지 못하지만 부동산펀드에서 펀드재산으로 부동산을 취득하는 경우 운용특례로서 당해 부동산펀드의 계산으로 금전을 차입할 수 있다.

③ 부동산펀드의 집합투자업자는 운용특례로서 부동산의 개발 및 부수업무, 부동산의 관리 · 개량 및 부수업무, 부동산의 임대 및 부수업무는 제3자에게 위탁이 가능하다.

④ 부동산펀드에서 금전을 대여하는 경우 대여금의 한도는 해당 부동산펀드의 자산총액에서 부채총액을 뺀 가액의 200%로 한다.

정답해설 금전대여 시, 대여금의 한도는 해당 부동산펀드의 자산총액에서 부채총액을 뺀 가액의 100%로 한다.

오답해설 ① 실사보고서에는 부동산의 현황 · 거래가격 · 거래비용, 관련 재무자료, 수익에 영향을 미치는 요소, 담보권 설정 등 부동산과 관련한 권리의무관계에 관한 사항, 실사자에 관한 사항 등을 포함시켜야 한다.

대표 유형 문제 알아 보기

부동산펀드의 운용특례

- **금전의 차입** : 펀드재산을 운용함에 있어 일정한 경우를 제외하고 원칙적으로 당해 펀드의 계산으로 금전을 차입하지 못한다. 부동산펀드에서 펀드재산으로 부동산을 취득하는 경우 운용특례로서 당해 부동산펀드의 계산으로 금전을 차입할 수 있다.
  - 차입기관 : 은행, 한국산업은행, 중소기업은행, 한국수출입은행, 투자매매업자, 투자중개업자, 증권금융회사, 종합금융회사, 상호저축은행, 보험회사, 국가재정법에 따른 기금 등
  - 해당 차입기관에 대해 부동산을 담보로 제공하거나 금융위원회가 정하여 고시하는 방법으로 금전을 차입해야 한다.
  - 집합투자자총회에서 위의 차입기관과 차입방법과 다르게 의결할 경우 그 의결에 따라 금전을 차입할 수 있다.
  - 차입금의 한도는 부동산펀드의 자산총액에서 부채총액을 뺀 가액의 200%, 집합투자자총회에서 다르게 의결한 경우 그 의결 한도, 부동산펀드가 아닌 펀드로 부동산을 취득할 경우 해당 펀드에 속하는 부동산 가액의 70%로 정하고 있다.
- **금전의 대여** : 부동산펀드 운용의 다양성을 지원하고 부동산개발사업을 영위하는 법인 등에 다양한 자금조달 방안을 제공하고 있다.
  - 자본시장법상의 다른 펀드는 펀드재산을 운용함에 있어서 일정한 경우를 제외하고 펀드재산 중 금전을 대여할 수 없다.
  - 부동산펀드는 운용특례로서 펀드재산으로 부동산 개발사업을 영위하는 법인에 대하여 요건(집합투자규약에서 금전의 대여에 관한 사항을 정하고 있을 경우, 집합투자업자가 부동산에 대하여 담보권을 설정하거나 시공사 등으로부터 지급보증을 받는 등 대여금을 회수하기 위한 적절한 수단이 확보될 경우)이 충족될 시 금전을 대여할 수 있다.
  - 부동산펀드에서 금전을 대여하는 경우 대여금의 한도는 해당 부동산펀드의 자산총액에서 부채총액을 뺀 가액의 100%로 한다.

[대표 유형 문제 정답] ④

1 부동산의 이해

개념 확인 문제

01 (　　　)은 토지 및 그 정착물은 아니지만, 공시방법을 갖추어 부동산에 준하여 취급되는 동산이나 동산과 일체로 된 부동산 집단이다.

① 준부동산　　② 복합부동산

02 (　　　)은 토지등기사항 및 건물등기사항 등의 정보를 파악할 수 있다.

① 등기권리증　　② 등기사항증명서

실전 확인 문제

▶ 부동산의 법 · 제도적 개념에 대한 내용 중 틀린 것은?

① 협의의 부동산 개념은 민법상 토지 및 그 정착물을 의미한다.
② 준부동산에 속하는 것으로는 등기된 선박 및 자동차, 항공기, 건설기계, 광업재단, 공장재단, 어업권, 입목 등이 있다.
③ 복합부동산은 토지와 그 정착물과의 권리관계가 특별하게 설정되어 있거나 영향력이 복합개념의 관계에 있는 것을 말한다.
④ 면적, 지목, 개별공시지가 파악을 위해서는 지적도(임야도)를 확인해야 한다.

정답해설 토지의 소재 · 지번 · 지목 · 면적, 소유자의 성명(또는 명칭) · 주소 · 주민등록번호, 개별공시지가 기준일 및 개별공시지가 등을 파악할 수 있는 것은 토지대장(임야대장)이다. 토지대장은 「측량 · 수로조사 및 지적에 관한 법률」상의 지적공부로서, 토지의 물리적 현황을 확인할 수 있다. 지적도(임야도)는 토지의 소재 · 지번 · 지목 · 경계 · 축척, 건축물 및 구조물 등의 위치 등이 등록되어 있는 「측량 · 수로조사 및 지적에 관한 법률」상의 지적공부로서, 토지의 경계 등을 확인할 수 있다.

개념 짚어 보기

부동산의 개념

- 기술적 개념 : 공간, 위치, 환경, 자원
- 경제적 개념 : 자산, 자본, 생산요소, 소비재
- 법 제도적 개념
  - 협의의 부동산 : 토지+정착물
  - 광의의 부동산 : 토지+정착물+준부동산
- 복합적 개념 : 법률적+경제적+기술적

[개념 확인 문제 정답] 01 ① 02 ② [실전 확인 문제 정답] ④

2 부동산의 분류

개념 확인 문제

01 (　　　)은/는 국토를 구획하고 물리적 현황 및 법적관계 등을 조사하여 지적공부에 등록 · 공시하는 것이다.

① 지적　　　② 국토공시

02 (　　　)는 인위적 · 자연적 · 행정적 조건에 따라 다른 토지와 구별되는 가격수준이 비슷한 일단의 토지(도시의 건축용지를 갈라서 나눌 때 한 단위가 되는 땅)이다.

① 소지　　　② 획지

실전 확인 문제

01 토지에 대한 내용 중 틀린 것은?

① 토지, 등록, 지적공부를 지적의 3요소라 한다.
② 용도지역은 미관, 경관, 안전 등을 도모하기 위하여 결정하는 지역이다.
③ 용도지구 중 시설보호지구는 학교시설 · 공용시설 · 항만 · 공항의 보호 및 업무기능의 효율화, 항공기 안전운항 등을 위하여 필요한 지구이다.
④ 용도지구 중 취락지구는 녹지지역 · 관리지역 등 취락을 정비하기 위한 지구이다.

정답해설 용도지역은 토지의 경제적 · 효율적 이용과 복리증진을 위해 중복되지 않게 도시관리계획으로 결정하는 지역을 말한다. 미관, 경관, 안전 등을 도모하기 위하여 결정하는 지역은 용도지구이다.

02 토지의 이용활동상의 분류 및 용어 중 틀린 것은?

① 나지 : 지상에 건축물이 없는 토지
② 택지 : 주거용지, 상업용지, 공업용지 등의 건물부지로 이용되는 토지
③ 법지 : 동일한 지번으로 둘러싸인 토지
④ 부지 : 건축용지, 하천부지, 철도부지, 수도부지 등

정답해설 동일한 지번으로 둘러싸인 토지는 필지이다. 법지는 택지의 유효지표 경계와 인접지 또는 도로면과의 경사부분을 뜻한다.

개념 짚어 보기

건폐율 및 용적률

- 건폐율(대지면적에 대한 건축면적의 비율)=(건축면적/대지면적)×100, 건축면적=대지면적×법정건폐율
- 용적률(대지면적에 대한 연면적 비율)=(연면적/대지면적)×100, 연면적=대지면적×법정용적률

[개념 확인 문제 정답] 01 ① 02 ② [실전 확인 문제 정답] 01 ② 02 ③

3 부동산펀드의 이해(1)

개념 확인 문제

01 부동산펀드는 펀드재산의 (   )를 초과하여 실물로서의 부동산에 투자하는 펀드를 말한다.

① 30%　　　② 50%

02 (   )는 부동산투자를 전문으로 하는 집합투자기구를 이른다.

① REITs　　　② mortgage

03 (   )는 부동산개발사업에 투자 · 운용할 목적으로 설립한 부동산투자회사이다.

① 개발전문부동산투자회사　　　② 자기관리부동산투자회사

실전 확인 문제

▶ 다음 중 부동산펀드가 설정 · 설립되는 절차가 잘못된 것은?

① 부동산투자회사를 설립하는 집합투자업자는 정관을 작성하여 집합투자업자 전원이 기명날인해야 한다.

② 부동산투자합자회사를 설립하는 집합투자업자는 정관을 작성하여 무한책임사원 1인과 유한책임사원 1인이 기명날인 또는 서명하여야 한다.

③ 부동산투자합자조합을 설립하는 집합투자업자는 조합계약을 작성하여 업무집행조합원 1인과 유한책임조합원 1인이 기명날인 또는 서명하여야 한다.

④ 부동산투자익명조합을 설립하는 집합투자업자는 익명조합계약을 작성하여 영업자 1인과 익명조합원 1인이 기명날인 또는 서명하여야 한다.

정답해설 부동산투자회사를 설립하는 발기인은 정관을 작성하여 발기인 전원이 기명날인 또는 서명하여야 한다.

개념 짚어 보기

부동산펀드의 설정 · 설립주체

- 집합투자업자가 설립 : 부동산투자유한회사, 부동산투자합자회사, 부동산투자익명조합, 부동산투자유한책임회사, 부동산투자합자조합
- 집합투자업자가 설정 : 부동산투자신탁
- 발기인이 설립 : 부동산투자회사

[개념 확인 문제 정답] 01 ② 02 ① 03 ① [실전 확인 문제 정답] ①

4 부동산펀드의 이해(2)

개념 확인 문제

01 부동산펀드는 (   )으로 설정 · 설립하는 것이 의무화되어 있다.

① 개방형 ② 환매금지형

02 집합투자증권을 최초로 발행한 날부터 (   ) 이내에 증권시장에 상장해야 한다.

① 60일 ② 90일

실전 확인 문제

▶ 부동산펀드에 대한 설명으로 틀린 것은?

① 부동산펀드는 반드시 부동산운용전문인력에 의해 운용되어야 한다.
② 부동산투자유한회사 형태의 공모부동산펀드는 상장의무가 없다.
③ 부동산투자신탁 설정 시 집합투자업자는 신탁원본 전액을 신탁업자에게 '금전'으로 납입한다.
④ 부동산투자회사의 발기인은 투자회사재산의 70%를 초과하여 부동산에 투자하는 부동산투자회사를 설립할 수 있다.

정답해설 부동산투자회사의 발기인은 투자회사재산의 70%를 초과하여 부동산에 투자하는 부동산투자회사를 설립할 수 없다.
② 공모부동산펀드인 경우라도 부동산투자신탁 또는 부동산투자회사가 아니라면 상장의무가 없다.

개념 짚어 보기

부동산펀드의 관련 당사자

부동산투자회사	• 이사 및 이사회 : 법인이사(집합투자업자) 1인과 2인 이상의 감독이사 • 주주 및 주주총회
부동산투자유한회사	• 이사 : 법인이사(집합투자업자) 1인 • 사원/사원총회
부동산투자합자회사	• 사원/사원총회 : 무한책임사원(업무집행사원인 집합투자업자) 1인 • 유한책임사원
부동산투자합자조합	• 조합/조합원총회 – 무한책임조합원(업무집행조합원인 집합투자업자) 1인 – 유한책임조합원
부동산투자익명조합	• 영업자(집합투자업자) 1인 • 익명조합원/익명조합원총회
부동산투자유한책임회사	• 사원/사원총회 – 사원 또는 비사원인 업무집행자(집합투자업자) 1인 – 사원(투자자)

[개념 확인 문제 정답] 01 ② 02 ② [실전 확인 문제 정답] ④

5 부동산펀드의 투자대상

개념 확인 문제

▶ 부동산을 기초자산으로 하는 파생상품은 손익구조가 (   )에 의해 결정된다. 따라서 부동산펀드의 투자대상자산으로 인정된다.

① 부동산　　② 부동산 관련 증권

실전 확인 문제

01 자본시장법에 따른 부동산펀드에 대한 설명으로 적절하지 않은 것은?

① 부동산의 관리, 임대, 개발의 방법으로 부동산에 투자하는 것도 포함된다.
② 지상권, 지역권, 전세권, 임차권, 분양권 등 부동산 관련 권리도 포함된다.
③ 부동산을 기초자산으로 한 파생상품에 투자하는 경우도 해당된다.
④ 부동산 개발과 관련된 법인에 대한 대출을 하는 경우에는 부동산펀드에 해당하지 않는 것으로 본다.

정답해설 펀드재산의 50%를 초과하여 부동산 개발과 관련된 법인에 대한 대출을 하는 경우는 자본시장법에서 부동산펀드로 인정한다.

02 부동산펀드재산의 50%를 초과하여 투자해야 하는 투자대상이 아닌 것은?

① 부동산투자회사법에 따른 부동산투자회사가 발행한 주식
② 기업구조조정촉진법에 따른 채권금융기관이 채권자인 부동산을 담보로 한 금전채권
③ 선박투자회사법에 따른 선박투자회사가 발행한 주식
④ 부동산을 기초자산으로 한 파생상품

정답해설 선박투자회사법에 따른 선박투자회사가 발행한 주식은 특별자산에 해당하는 증권이다. 따라서 부동산펀드는 펀드재산의 50%를 초과하여 부동산에 투자하고 난 이후에 나머지 펀드재산으로 선박에 투자할 수 있다.

개념 짚어 보기

부동산펀드 투자대상으로서의 증권

부동산펀드에서 펀드재산의 50%를 초과하여 부동산 등에 투자한 후, 나머지 펀드재산으로 투자할 수 있는 증권에는 채무증권(국채증권, 지방채증권, 특수채증권, 사채권, 기업어음증권 등), 지분증권(주권, 신주인수권이 표시된 것, 출자증권, 출자지분 등), 수익증권, 투자계약증권, 파생결합증권, 증권예탁증권 등이 있다.

[개념 확인 문제 정답] ①　[실전 확인 문제 정답] 01 ④　02 ③

6 부동산펀드의 운용제한

개념 확인 문제

▶ 부동산펀드에서 취득한 부동산 중 국내의 주택인 경우 취득 후 (　　　) 이내에 처분할 수 없고, 국외에 있는 부동산은 집합투자규약에서 정하는 기간 이내 처분이 제한된다.

① 3년　　② 5년

실전 확인 문제

▶ 부동산펀드의 운용제한에 대한 설명이 잘못된 것은?

① 부동산펀드가 합병 · 해지 · 해산되는 경우 처분제한을 적용받지 않는다.
② 토지 취득 후 관련 법령의 개정 등으로 사업성이 뚜렷하게 떨어져 부동산개발사업 수행이 곤란하다고 객관적으로 증명이 되면 해당 토지를 처분할 수 있다.
③ 각 사모부동산펀드 자산총액으로 동일법인 등이 발행한 지분증권 총수의 100%를 초과하여 투자할 수 없다.
④ 공모부동산펀드에서 부동산개발회사가 발행한 지분증권은 예외적으로 동일법인 등이 발행한 지분증권 총수의 100%까지 투자할 수 있다.

정답해설 증권 투자에 대한 공모부동산펀드의 운용제한은 사모부동산펀드에는 적용되지 않는다.

개념 짚어 보기

부동산펀드에서 토지를 취득한 후 처분제한

- 부동산펀드는 원칙적으로 건축물, 그 밖의 공작물이 없는 토지로서, 그 토지에 대하여 부동산개발사업을 시행하기 전에 해당 토지를 처분하는 행위를 할 수 없다.
- 부동산펀드는 예외적으로 다음에 해당하는 경우에는 해당 토지를 처분할 수 있다.
  - 부동산펀드가 합병 · 해지 · 해산되는 경우
  - 투자자 보호를 위하여 필요한 경우로서, 부동산개발사업을 하기 위하여 투지를 취득한 후 관련 법령의 제정 · 개정 또는 폐지 등으로 인하여 사업성이 뚜렷하게 떨어져서 부동산개발사업을 수행하는 것이 곤란하다고 객관적으로 증명되어 그 토지의 처분이 불가피한 경우

[개념 확인 문제 정답] ①　[실전 확인 문제 정답] ③

7 부동산펀드의 운용특례(1)

개념 확인 문제

01 부동산펀드의 재산으로 부동산을 취득하거나 처분하는 경우에는 부동산의 현황 등이 포함된 (　　　)를 작성 · 비치해야 한다.

① 실사보고서　　② 사업계획서

02 차입금의 한도는 부동산펀드의 자산총액에서 부채총액을 뺀 가액의 (　　　)이다.

① 100%　　② 200%

실전 확인 문제

01 실사보고서에 포함되지 아니하는 것은?

① 부동산의 거래가격　　② 부동산개발사업의 추진방법
③ 부동산과 관련된 재무자료　　④ 부동산의 수익에 영향을 미치는 요소

정답해설 부동산개발사업의 추진방법은 부동산개발사업을 영위하는 경우에 작성하는 사업계획서에 포함되는 사항이다. ①, ③, ④ 외에 부동산 현황, 거래비용, 담보권 설정 등 부동산과 관련한 권리의무관계에 관한 사항과 실사자에 관한 사항이 포함된다.

02 부동산펀드의 금전차입에 대한 설명 중 틀린 것은?

① 차입기관에 대해 부동산을 담보로 제공할 수 있다.
② 금융투자협회가 정하여 고시하는 방법으로 금전을 차입할 수 있다.
③ 집합투자자총회에서 의결한 방법에 따라 금전을 차입할 수 있다.
④ 부동산펀드 외의 펀드에서 부동산을 취득함에 있어 금전차입 시 그 한도는 부동산 가액의 70%이다.

정답해설 금융위원회가 정하여 고시하는 방법으로 금전을 차입할 수 있다.

개념 짚어 보기

부동산펀드의 금전의 차입기관

- 금융기관(은행, 한국산업은행, 중소기업은행, 한국수출입은행, 투자매매업자 또는 투자중개업자, 증권금융회사, 종합금융회사, 상호저축은행) 및 보험회사
- 국가재정법에 따른 기금
- 다른 부동산펀드
- 위에 준하는 외국 금융기관

[개념 확인 문제 정답] 01 ① 02 ② [실전 확인 문제 정답] 01 ② 02 ②

8 부동산펀드의 운용특례(2)

개념 확인 문제

01 집합투자업자가 펀드재산으로 부동산개발사업에 투자하는 경우 추진일정 등이 포함된 (　　　) 를 작성하여 공시해야 한다.

① 사업계획서　　② 사업결과서

02 집합투자업자는 부동산펀드의 재산을 (　　　)에 따라 평가하되, 평가일 현재 신뢰할 만한 시가가 없을 때에는 (　　　)으로 평가한다.

① 시가, 공정가액　　② 공정가액, 시가

실전 확인 문제

01 부동산펀드의 집합투자업자가 제3자에게 위탁할 수 있는 업무에 해당하지 않는 것은?

① 부동산의 개발 및 부수업무　　② 부동산의 관리 및 부수업무
③ 부동산의 임대 및 부수업무　　④ 펀드재산의 평가업무

정답해설 펀드재산의 평가업무, 펀드재산의 운용과 같은 본질적 업무는 위탁할 수 없다.

02 부동산펀드재산의 금전대여에 관한 설명 중 틀린 것은?

① 부동산개발을 영위하는 법인에 대하여 금전을 대여할 수 있다.
② 집합투자규약에서 금전의 대여에 관한 사항을 정하고 있어야 한다.
③ 사모펀드의 경우 집합투자업자가 부동산에 대하여 담보권을 설정하거나 시공사로 등으로부터 지급보증을 받는 등 대여금을 회수하기 위한 적절한 수단을 확보하여야 한다.
④ 대여금의 한도는 해당 부동산펀드의 자산총액에서 부채총액을 뺀 가액의 100%로 한다.

정답해설 사모펀드의 경우는 집합투자업자가 부동산에 대하여 담보권을 설정하거나 시공사로 등으로부터 지급보증을 받는 등 대여금을 회수하기 위한 적절한 수단을 확보하지 않아도 된다.

개념 짚어 보기

사업계획서에 포함시켜야 하는 내용

- 부동산개발사업 추진일정, 추진방법
- 자금의 조달 · 투자 및 회수에 관한 사항
- 사업의 위험에 관한 사항
- 건축계획 등이 포함된 사업계획에 관한 사항
- 추정손익에 관한 사항
- 공사시공 등 외부용역에 관한 사항 등

[개념 확인 문제 정답] 01 ① 02 ① [실전 확인 문제 정답] 01 ④ 02 ③

핵심플러스

OX 문제

01 자본시장법은 국내에 있는 부동산 중 주택법에 따른 주택은 1년 이내에 처분하는 행위를 금지하고 있다. (　　)

02 자본시장법은 국내에 있는 부동산 중 주택법에 따른 주택에 해당하지 않는 부동산은 2년 이내에 처분하는 행위를 금지하고 있다. (　　)

03 자본시장법은 국외에 있는 부동산은 1년 이내에 처분하는 행위를 금지하고 있다. (　　)

04 자본시장법에 따라 부동산펀드의 펀드 재산에 속하는 부동산은 원칙적으로 장부가로 평가하여야 한다. (　　)

05 부동산펀드의 부동산 평가에서 평가일 현재 신뢰할만한 시가가 없는 경우에는 공정가액으로 평가하여야 한다. (　　)

06 공정가액이란 감정평가업자가 제공한 가격을 고려하여 펀드재산평가위원회가 평가의 일관성을 유지하여 평가한 가액을 말한다. (　　)

07 자본시장법상 부동산펀드는 부동산 개발사업을 영위하는 법인을 대상으로 금전을 대여할 수 없다. (　　)

08 자본시장법상 부동산펀드에서 펀드재산으로 부동산을 취득할 경우 차입기관에는 다른 부동산펀드가 포함된다. (　　)

09 부동산펀드에서 차입한 금전은 원칙적으로 부동산에 운용하는 방법 외의 방법으로 운용하여서는 안 된다. (　　)

10 부동산펀드의 집합투자업자는 부동산 처분에 관하여 제3자에 업무를 위탁할 수 있다. (　　)

해설

02 자본시장법은 국내에 있는 부동산 중 주택법에 따른 주택에 해당하지 않는 부동산은 1년 이내에 처분하는 행위를 금지하고 있다.

03 자본시장법에서 국외에 있는 부동산은 집합투자규약에서 정하는 기간 이내에 처분하는 행위를 금하고 있다.

04 장부가가 아니라 시가로 평가하여야 한다.

07 부동산펀드는 부동산 개발사업을 영위하는 법인을 대상으로 금전을 대여할 수 있다.

10 부동산의 취득이나 처분 등 본질적 업무는 제3자에게 위탁할 수 없다.

[정답] 01 ○ 02 × 03 × 04 × 05 ○ 06 ○ 07 × 08 ○ 09 ○ 10 ×

핵심플러스

OX 문제

11 공모부동산펀드에서 증권에 투자하는 경우 전체 펀드 자산총액으로 동일법인 등이 발행한 지분증권 총수의 10%를 초과하여 투자할 수 없다. ( )

12 공모부동산펀드에서 부동산투자목적회사가 발행한 지분증권은 동일법인 등이 발행한 지분증권 총수의 100%까지 투자할 수 있다. ( )

13 공모부동산펀드에서 파생상품에 투자하는 경우 파생상품 매매에 따른 위험평가액이 각 펀드의 자산총액에서 부채총액을 뺀 가액의 400%를 초과하여 투자할 수 없다. ( )

14 공모부동산펀드에서 집합투자증권에 투자하는 경우, 각 공모부동산펀드 자산총액의 50%를 초과하여 같은 집합투자업자가 운용하는 펀드의 집합투자증권에 투자할 수 없다. ( )

15 공모부동산펀드에서 각 펀드 자산총액의 50%를 초과하여 증권을 차입하는 행위는 투자자 보호 및 펀드재산의 안정적 운용 등을 해할 우려가 있는 행위로 간주하여 금지된다. ( )

16 펀드재산으로 부동산을 취득하는 경우 부동산등기법을 적용하여 신청서에 수익자를 기재하지 않을 수 있다. ( )

17 부동산펀드가 아닌 펀드에서 부동산을 취득함에 있어 금전을 차입하는 경우 부동산 가액의 평가는 금융감독원이 정한 가액으로 한다. ( )

18 부동산펀드에서 차입한 금전은 어떠한 경우라도 부동산 운용 외의 방법으로 운용할 수 없다. ( )

19 표준지공시지가는 부동산 펀드의 펀드재산에 속한 부동산에 대해 감정평가업자가 제공한 가격을 기초로 하여 펀드재산평가위원회가 충실업무를 준수하고 평가의 일관성을 유지하여 평가한 가액이다. ( )

해설

11 전체 펀드 자산총액으로 동일법인 등이 발행한 지분증권 총수의 20%를 초과하여 투자할 수 없다.

13 400% 적용은 사모부동산펀드의 위험평가액 기준이며, 공모부동산펀드는 100%를 초과할 수 없다.

15 자산총액의 20%를 초과하여 차입할 수 없다. 또한 증권총액의 50%를 초과하여 환매조건부매도를 하는 행위, 증권의 50%를 초과하여 증권을 대여하는 행위도 동일한 명목으로 금지된다.

17 펀드재산평가위원회가 펀드재산평가기준에 따라 정한 가액으로 한다.

18 원칙적으로는 부동산 운용 외의 방법으로 운용할 수 없지만, 불가피한 사유로 인하여 부동산펀드에서 차입한 금전으로 부동산에 투자할 수 없는 때에 일시적으로 현금성 자산에 투자하는 경우에만 예외적으로 부동산 운용 외의 방법으로 운용할 수 있다.

19 공정가액에 대한 설명이다. 표준지공시지가는 부동산 가격공시 및 감정평가에 관한 법률의 규정에 의한 절차에 따라 국토해양부장관이 조사 · 평가하여 공시한 표준지의 단위면적당 가격을 말한다.

[정답] 11 × 12 ○ 13 × 14 ○ 15 × 16 ○ 17 × 18 × 19 ×

2장 부동산펀드 영업

대표 유형 문제

실물형부동산펀드 위험에 대한 설명 중 틀린 것은?

① 매매형부동산펀드는 부동산의 취득가격 대비 장래의 매각가격이 높아 자본이익이 발생하나 그 이익의 규모가 당초 목표로 했던 적정 수준의 수익에 미치지 못하거나 자본손실이 발생할 위험이 있다.

② 임대형부동산펀드는 전기 및 수도료, 보안비용, 관리인건비, 청소비, 보험료 등 제반 경비가 과다한 경우 임대수익이 감소한다.

③ 개량형부동산펀드는 개량에 소요되는 비용 대비 매각차익 또는 임대수익이 기대에 미치지 못하는 경우 펀드의 수익률을 떨어뜨리는 위험이 있다.

④ 개발형부동산펀드는 다양한 법적 문제의 처리에 소요되는 시간과 과다한 비용 문제로 인해 펀드의 수익률에 부정적인 영향을 미칠 수 있다.

정답해설 ④는 경공매형부동산펀드의 위험에 대한 설명이다.
개발형부동산펀드는 부동산개발사업이 지연되거나 실패하는 경우 해당 토지 또는 건축물 등의 가치가 하락하게 되어 당초 목표로 한 펀드수익률에 미달하게 되거나 펀드원본의 손실이 발생할 수 있다.

대표 유형 문제 알아 보기

실물형부동산펀드의 유형

- **매매형부동산펀드** : 펀드재산의 50%를 초과하여 부동산을 취득한 다음에 단순히 매각하는 부동산펀드
- **임대형부동산펀드** : 펀드재산의 50%를 초과하여 부동산을 취득한 다음 임차인에게 임대한 후 매각하는 부동산펀드
- **개량형부동산펀드** : 펀드재산의 50%를 초과하여 부동산을 취득한 다음 해당 부동산의 가치를 증대시키기 위해 개량한 후 단순매각하거나 임대 후 매각하는 부동산펀드
- **경 · 공매형부동산펀드**
  - 펀드재산의 50%를 초과하여 부동산 중에서 경매부동산 또는 공매부동산을 취득한 다음 단순매각하거나 임대 후 매각하는 부동산펀드
  - 경매부동산 또는 공매부동산을 취득하여 개량한 다음 단순매각하거나 임대 후 매각하는 부동산펀드
- **개발형부동산펀드** : 펀드재산의 50%를 초과하여 부동산을 취득한 다음에 개발사업을 통해 분양 또는 매각하거나, 임대 후 매각하는 부동산펀드

[대표 유형 문제 정답] ④

1 자본시장법에서의 부동산펀드 범위와 종류

개념 확인 문제

01 펀드의 내용 및 경제적 효과에 대한 부분이 부동산과 관련 있는 경우, 해당 펀드를 (　　　)로 인정할 수 있다.

① 연계부동산펀드　　② 준부동산펀드

02 (　　　)의 유형으로는 매매형, 임대형, 개량형, 경공매형, 개발형부동산펀드가 있다.

① 실물형부동산펀드　　② 권리형부동산펀드

실전 확인 문제

▶ 자본시장법에서의 부동산펀드에 대한 설명 중 틀린 것은?

① 펀드재산의 50%를 초과하되 필요한 경우에는 펀드재산의 전부로 부동산개발과 관련된 법인에 대한 대출을 하는 펀드를 부동산펀드로 인정하고 있다.

② 채권금융기관이 채권자인 부동산개발과 관련된 금전채권의 신탁수익권은 부동산관련 권리에 해당하는 것으로 인정하고 있다.

③ 채권금융기관이 채권자인 부동산담보부 금전채권을 부동산펀드의 투자대상자산으로 인정한다.

④ 특별자산펀드나 혼합자산펀드에서는 부동산을 편입할 수 없다.

정답해설 다른 종류의 펀드에 해당하더라도 해당 펀드가 부동산과 관련 있는 경우, 준부동산펀드로 간주한다.

개념 짚어 보기

부동산펀드의 종류

- **실물형부동산펀드** : 펀드재산의 50%를 초과하여 실물 부동산에 투자하는 부동산펀드나 또는 임대 후 매각하는 개발형 부동산펀드
- **대출형부동산펀드** : 펀드재산의 50%를 초과하여 부동산 개발과 관련된 법인에 대한 대출 형태의 투자 행위를 하는 부동산펀드
- **권리형부동산펀드** : 펀드재산의 50%를 초과하여 부동산 관련 권리를 취득하는 부동산펀드
- **증권형부동산펀드** : 펀드재산의 50%를 초과하여 부동산과 관련 증권에 투자하는 부동산펀드
- **파생상품형부동산펀드** : 부동산을 기초자산으로 하는 파생상품에 투자하는 부동산펀드
- **준부동산펀드** : 자본시장법상 증권펀드, 특별자산펀드, 혼합자산펀드에 해당하지만 실질적인 내용 및 경제적인 효과 측면에서 일종의 부동산펀드로 간주할 수 있는 펀드

[개념 확인 문제 정답] 01 ② 02 ① [실전 확인 문제 정답] ④

2 기타 부동산펀드의 분류

개념 확인 문제

01 부동산펀드는 (　　　)에 따라 신탁형부동산펀드, 회사형부동산펀드, 조합형부동산펀드로 분류된다.

① 법적형태　　② 운용전략

02 (　　　)는 다음 중 사전불특정형 부동산펀드(Blind형 부동산펀드)에 해당한다.

① 개량형부동산펀드　　② 경공매형부동산펀드

실전 확인 문제

01 국내부동산펀드에서 해외부동산투자가 필요한 이유 중 틀린 것은?

① 다양한 지역의 다양한 손익구조를 가지고 있는 해외부동산을 발굴하여 투자할 필요가 있다.
② 해외부동산은 국가 간 상관관계가 높아 다수국가의 부동산에 분산투자함으로써 펀드의 위험을 효율적으로 관리할 수 있다.
③ 다양한 투자기회를 모색하는 펀드투자자의 욕구를 충족할 수 있다.
④ 기업연금펀드와 개인연금펀드 등 안정적이고 장기적인 투자대상으로 해외부동산에 투자할 필요가 있다.

정답해설 해외부동산은 국가 간 상관관계가 낮아 다수국가의 부동산에 분산투자함으로써 펀드의 위험을 효율적으로 관리할 수 있다.

02 부동산펀드에 대한 설명이 틀린 것은?

① 투자할 부동산이 미리 특정되지 않은 상태에서 펀드자금을 모집하는 것을 Blind형 부동산펀드라고 한다.
② 패시브형부동산펀드는 시장 상황에 따라 탄력적으로 포트폴리오를 리밸런싱한다.
③ 단위형부동산펀드는 추가로 설정이나 증자를 할 수 없도록 하고 있다.
④ 자본시장법은 원칙적으로 부동산펀드를 폐쇄형펀드로 설정 · 설립하도록 의무화하고 있다.

정답해설 시장상황에 따라 펀드의 포트폴리오를 탄력적으로 바꾸는 것은 액티브형 부동산펀드이다. 패시브형부동산펀드는 펀드재산으로 부동산관련 특정 인덱스를 추종하거나 또는 특정 부동산 등에 투자하면서 손익구조를 구조화하는 형태의 부동산펀드를 의미한다.

개념 짚어 보기

조세피난처
법인세, 개인소득세에 대한 원천과세가 전혀 없거나 과세시에도 아주 저율의 세금이 적용하는 등 세제상의 특혜를 제공하는 국가나 지역을 뜻한다.

[개념 확인 문제 정답] 01 ① 02 ② [실전 확인 문제 정답] 01 ② 02 ②

3 실물형부동산펀드(1)

개념 확인 문제

01 (   )는 펀드재산의 50%를 초과하여 부동산을 취득 · 보유한 후 부동산 가격이 취득시점 대비 상승한 때에 매각하여 매각차익을 획득한다.

① 매매형부동산펀드 ② 개발형부동산펀드

02 (   )는 일종의 매입 · 임대(Buy & Lease) 방식의 부동산펀드라고 할 수 있다.

① 매입형부동산펀드 ② 임대형부동산펀드

실전 확인 문제

01 매매형부동산펀드에 대한 설명 중 틀린 것은?

① 매매형부동산펀드에서 취득하는 부동산은 이미 완성된 부동산이 대부분이지만, 신축 예정 부동산을 사전매매방식으로 취득하기도 한다.
② 매매형부동산펀드는 취득한 부동산을 장래에 매각하여 매각차익을 획득함으로써 적정 수준의 수익실현을 목적으로 한다.
③ 사전매입약정이 없는 경우에는 매매형부동산펀드의 목적 달성이 어려운 경우가 많다.
④ 대부분의 매매형부동산펀드는 사전매입약정을 체결하고 있는 경우가 많다.

정답해설 매매형부동산펀드에서 사전매입약정을 체결하기가 쉽지 않고, 대부분의 경우 사전매입약정의 체결 없이 펀드의 만기일 이전까지 해당 부동산을 시장에서 매각하여야 할 것이다.

02 임대형부동산펀드와 유사한 내용을 가지고 있는 국내 및 외국의 부동산 간접투자상품이 아닌 것은?

① 개발전문 부동산투자회사 ② 자기관리 부동산투자회사
③ 기업구조조정 부동산투자회사 ④ 미국의 리츠(REITs)

정답해설 개발전문 부동산투자회사는 임대형이 아니라 개발형이다.
국내의 경우 ②, ③을 비롯하여 부동산투자회사법에 의한 부동산투자회사, 위탁관리부동산투자회사 등이 해당한다.

개념 짚어 보기

매매형 및 임대형부동산펀드의 위험

- **매매형부동산펀드의 위험** : 사전매입약정 체결 없이 부동산을 매각할 때, 수익 달성이 불가능한 매매가격 또는 매각차손에 따른 자본손실(Capital Loss)이 발생할 정도의 매매가격으로 매매를 하게 되면 목적을 달성하지 못하게 될 위험이 있다. 또한 사전매입약정 체결 시에도 상대방의 매입의무 불이행 등으로 목적 달성이 어려워질 위험이 있다.
- **임대형부동산펀드의 위험** : 공실률이 높아질 위험, 제반 경비가 높아질 위험, 대출이자나 수수료 등 차입관련 비용이 높아질 위험, 임차인의 임대료 지급 연체 또는 임차인에 대한 임대료 지급 불가로 인해 임대수익이 감소할 위험

[개념 확인 문제 정답] 01 ① 02 ② **[실전 확인 문제 정답]** 01 ④ 02 ①

4 실물형부동산펀드(2)

개념 확인 문제

01 경공매형부동산펀드는 (　　　)된 부동산에 투자하여 매각차익을 추구한다.

① 저평가　　　② 고평가

02 경공매형부동산펀드의 규모가 지나치게 클 경우 펀드 내 (　　　)의 비중이 높아진다.

① 손실율　　　② 미운용자금

실전 확인 문제

01 경공매형부동산펀드에 대한 설명 중 틀린 것은?

① 저평가된 부동산에 투자하는 가치투자형 부동산펀드의 성격을 가지고 있다.
② 자금모집 후에 투자대상 부동산을 탐색하는 사전불특정형 방식을 취하고 있다.
③ 경공매부동산의 미확보로 시간이 경과할수록 수익률이 하락할 우려가 있다.
④ 경공매부동산시장이 과열되는 경우 시세차익의 목적을 달성하기가 용이하다.

정답해설 경공매부동산시장이 과열되는 경우 낙찰가격이 증가함으로 시세차익의 목적을 달성하기 어려울 수가 있다.

02 경공매형부동산펀드에 대한 설명 중 틀린 것은?

① 아파트나 토지 등을 대상으로 할 경우에 양호한 수익을 실현할 수 있다.
② 유동화방안(Exit Plan)을 마련하기가 용이하지 않다.
③ 단기간에 시세차익을 기대할 수 있다.
④ 법적 문제의 처리에 소요되는 시간과 경비로 수익률에 부정적인 영향을 미칠 수 있다.

정답해설 일반인의 참여가 용이한 아파트나 토지 등을 대상으로 하는 경우는 낙찰가율이 증가하여 펀드수익률이 저조할 수 있다. 반면 업무용 또는 상업용 부동산의 경우에는 권리분석이나 명도과정이 복잡하고 참여자금도 크기 때문에 일반인들의 참여가 용이하지 않으므로 낙찰가율이 상대적으로 낮아지므로 양호한 수익을 실현할 가능성이 높다.

개념 짚어 보기

경공매형부동산펀드의 주요 점검사항

- 부동산운용 전문인력의 전문성 보유
- 규모의 적정성
- 체계적이고 투명한 펀드운용
- 펀드 관련 비용의 적정성

[개념 확인 문제 정답] 01 ① 02 ② [실전 확인 문제 정답] 01 ④ 02 ①

5 실물형부동산펀드(3)

개념 확인 문제

01 개량형부동산펀드는 취득한 부동산을 개량하여, 부동산의 수익가치와 자산가치를 증대시키는 것이며, 이때 소요되는 개량비용은 (　　　)이다.

① 자본적 지출　　② 투자적 지출

02 개발형부동산펀드는 부동산개발사업에 따른 (　　　)을 획득하는 것을 목적으로 하는 실물형부동산펀드이다.

① 개발이익　　② 이자수익

03 개발형부동산펀드가 부동산개발사업에 투자하고자 하는 경우 사업계획서를 작성하여 (　　　)에게 적정성을 확인받아야 한다.

① 집합투자업자　　② 감정평가업자

실전 확인 문제

▶ 개발형부동산펀드에 대한 설명 중 틀린 것은?

① 부동산개발사업에 따라 조성하거나 설치한 토지 · 건축물 등을 분양 · 매각하거나 임대 후 매각하는 펀드를 의미한다.
② 해당 펀드가 직접 부동산개발사업을 영위하는 시행사의 역할을 수행한다.
③ 투자한도는 펀드자산총액의 70% 이내이다.
④ 신축된 건축물 등의 분양 · 임대에 장기간이 소요되면 자금유입이 원활하지 않아 이익분배금 지급에 장애를 초래한다.

정답해설 투자한도는 펀드자산총액의 100% 이내이다.

개념 짚어 보기

개발형부동산펀드의 점검사항

- 사업계획서에 부동산개발사업 추진을 위해 필요한 요소의 포함 여부
- 사업부지 확보 여부
- 우량 시공사 선정 여부
- 인허가에 대한 내용
- 사업성 및 분양 · 매각 및 임대 가능성

[개념 확인 문제 정답] 01 ① 02 ① 03 ② **[실전 확인 문제 정답]** ③

6 대출형부동산펀드

개념 확인 문제

01 프로젝트 파이낸싱은 출자방식과 대출방식이 있으며, 우리나라는 대부분 (   )이다.

① 대출방식　　② 출자방식

02 프로젝트 파이낸싱은 시행법인이 제공하는 담보나 신용이 아닌 해당 프로젝트의 (   )에 근거하여 대출하는 방식이다.

① 재무능력　　② 사업능력

실전 확인 문제

01 프로젝트 파이낸싱에 대한 설명 중 틀린 것은?

① PF형 부동산펀드는 실물형부동산펀드에 속한다.
② '비소구금융'으로 프로젝트 시행법인은 제한된 범위 내에서 의무를 부담한다.
③ 프로젝트 시행과 관련한 부채는 프로젝트 시행법인이 부담하는 '부외금융'의 성격을 가진다.
④ 다양한 주체의 참여가 가능하고, 주체별로 위험배분이 가능하다.

정답해설 프로젝트 파이낸싱은 대출형 부동산펀드이다.

02 대출형부동산펀드에 대한 설명 중 틀린 것은?

① 일반적으로 시행사는 자본금이 작고 신용등급이 없다.
② 탄력적이고 다양한 대출채권 담보장치가 필요하다.
③ 완화된 대출채권 장치를 확보한 대출형 부동산펀드의 대출이자는 상대적으로 낮다.
④ 시행사가 대출을 받아 소유하게 된 사업부지에 대해 담보권을 설정하고 시공사의 지급보증을 받는 것이 일반적이다.

정답해설 완화된 대출채권 장치를 확보한 대출형 부동산펀드의 대출이자는 상대적으로 높다.

개념 짚어 보기

대출형부동산펀드에 대한 주요 점검사항

- 시행사의 사업부지 확보
- 시공사의 신용평가등급
- 시행사의 인허가
- 부동산개발사업의 사업성

[개념 확인 문제 정답] 01 ① 02 ②　**[실전 확인 문제 정답]** 01 ① 02 ③

7 권리형부동산펀드

개념 확인 문제

01 (   )은 일정한 목적을 위하여 타인의 토지를 자기토지의 편익에 이용할 수 있는 민법상의 용익물권을 의미한다.

① 지역권　　② 지상권

02 (   )은 건물이 완공되어 등기되기 이전에 분양받은 후, 건물이 완공되면 등기할 수 있는 채권적 성격의 권리이다.

① 임차권　　② 분양권

실전 확인 문제

01 부동산 관련 물권에 투자하는 권리형 부동산펀드가 아닌 것은?

① 지상권　　② 지역권
③ 전세권　　④ 임차권

정답해설
- 부동산 관련 물권에 투자하는 권리형부동산펀드 : 지상권, 지역권, 전세권
- 부동산 관련 채권에 투자하는 권리형부동산펀드 : 임차권, 분양권

02 분양권에 투자하는 권리형부동산펀드에 대한 설명 중 틀린 것은?

① 자본시장법은 부동산펀드의 투자대상으로 분양권을 구체적으로 명시하고 있다.
② 분양권에 투자하는 권리형부동산펀드는 다양한 위험에 노출될 수 있다.
③ 분양권은 이중 분양되었을 경우에 우선권을 주장할 수 있다.
④ 분양권이 전매됨에 따라 부동산시장 과열의 주범이 되기도 한다.

정답해설 분양권은 채권적 성격이므로 배타적인 효력이 없어 이중 분양되었을 경우에 우선권을 주장할 수 없다.

개념 짚어 보기

부동산 관련 신탁수익권에 투자하는 권리형부동산펀드의 유형
- 부동산 관련 증권의 신탁수익권에 투자하는 권리형부동산펀드
- 부동산 관련 금전채권의 신탁수익권에 투자하는 권리형부동산펀드
- 부동산의 신탁수익권에 투자하는 권리형부동산펀드
- 지상권, 전세권, 부동산임차권, 부동산소유권, 이전등기청구권, 그 밖에 부동산 관련 권리의 신탁수익권에 투자하는 권리형부동산펀드

[개념 확인 문제 정답] 01 ① 02 ② [실전 확인 문제 정답] 01 ④ 02 ③

8 증권형부동산펀드

개념 확인 문제

▶ **특정 부동산자산 관련 증권에 투자하는 증권형부동산펀드에서, '특정 부동산자산 관련 증권'은 부동산, 지상권 · 전세권 · 임차권 · 분양권 등 부동산 관련 권리, 금융기관이 채권자인 부동산담보부 금전채권 중 어느 하나에 해당하는 자산이 신탁재산, 집합투자재산, 유동화자산의 50% 이상을 차지하는 경우의 해당 (　　　), (　　　), (　　　)을 의미한다.**

① 수익증권, 집합투자증권, 유동화증권　　　② 유가증권, 신용증권, 출자증권

실전 확인 문제

▶ **증권형부동산펀드에 대한 설명 중 틀린 것은?**

① 부동산, 부동산 관련 권리 · 부동산담보부 금전채권 등에 포트폴리오 형태로 투자하고자 하는 경우에는 이들 부동산 관련 자산에 직접 투자하는 것이 효과적이다.
② 부동산개발회사가 발행한 증권을 부동산과 관련된 증권으로 규정하고 프로젝트금융투자회사 등과 같은 부동산개발회사발행증권에 투자하는 펀드를 부동산펀드로 인정한다.
③ 해외 수익성 부동산 위주로 투자하면서 다양한 지역의 수익성 부동산에 분산투자 하고자 할 때, 각국에 설립된 다양한 부동산투자회사의 발행주식에 분산투자하는 것이 효과적이다.
④ 부동산 투자를 목적으로 설립된 SPC 성격의 부동산투자목적회사가 발행하는 지분증권에 투자할 경우, 직접취득 위험을 회피하면서도 직접취득과 유사한 효과를 낼 수 있다.

정답해설 부동산 관련 자산에 직접 투자하기보다는 시장에서 판매되는 다양한 형태의 부동산 관련 증권인 수익증권, 집합투자증권 또는 유동화증권에 분산투자하는 것이 더 효과적이다.

개념 짚어 보기

증권형부동산펀드 유형

- 특정 부동산자산 관련 증권에 투자하는 증권형부동산펀드
- 부동산투자회사(REITs) 발행주식에 투자하는 증권형부동산펀드
- 부동산개발회사 발행증권에 투자하는 증권형부동산펀드
- 부동산투자목적회사 발행지분 증권에 투자하는 증권형부동산펀드

[개념 확인 문제 정답] ①　[실전 확인 문제 정답] ①

핵심플러스

OX 문제

01 외국부동산펀드는 실물부동산에 투자하는 부동산펀드 형태가 일반적이며, 그 형태는 업무용, 상업용, 산업용, 거주용이 있다. ( )

02 패시브(Passive)형부동산펀드는 부동산펀드의 펀드재산으로 부동산 관련 특정 인덱스를 추종하거나 특정 부동산 등에 투자하면서 손익구조를 구조화한다. ( )

03 매매형부동산펀드는 부동산의 수익 및 자산가치를 높이기 위한 제반활동 과정을 거친다. ( )

04 매매형부동산펀드 중에서 완성된 부동산인 경우, 시행사가 부동산 개발사업과 관련된 각종 인허가를 취득하였는지 등을 확인해야 한다. ( )

05 경공매형부동산펀드 관련 비용의 적정성 여부를 점검할 때, 아웃소싱을 하는 전문기관이 적절한지 여부와 지급 비용이 펀드수익률에 미치는 영향 등도 함께 점검해야 한다. ( )

06 개발형부동산펀드는 간접개발방식의 부동산펀드로 볼 수 있다. ( )

07 부동산시장의 제반 환경이 강화되는 경우 사업부지인 부동산의 담보가치가 약화될 수 있다. ( )

08 대출형부동산펀드는 지급보증 또는 채무인수 등 신용보강을 하는 시공사의 신용평가등급으로 투자적격등급인 BBB(−) 이상을 요구한다. ( )

09 지역권은 타인의 토지에 건물 기타 공작물이나 수목을 소유하기 위하여 그 토지를 사용할 수 있는 민법상의 용익물권을 의미한다. ( )

10 채권금융기관이 채권자인 금전채권으로서 부동산을 담보로 하고 있는 금전채권에 투자하는 펀드를 부동산펀드로 본다. ( )

11 대형 부동산개발사업을 효율적으로 추진하기 위해 설립하는 명목 회사를 SPC라고 한다. ( )

12 부동산개발회사 발행증권에 투자하는 증권형부동산펀드는 해당 프로젝트 금융투자회사가 발행한 채권을 매입함으로써 채권의 만기까지 안정적인 원리금을 취하려는 것을 목적으로 한다. ( )

해설

03 매매형부동산 펀드는 제반활동을 하지 않는 것이 특징이다.

04 신축예정 부동산의 점검사항이다. 완성된 부동산인 경우 점검사항으로는 취득하는 부동산 지역의 선호도, 거래의 활성화, 매입가격, 기존 권리관계로 인한 소유권 이전 및 권리행사에 대한 제약 여부, 물리적 · 기술적 하자, 매각시점의 시장 전망 등이 있다.

06 시행사 역할을 하며, 적극적으로 부동산 개발사업의 이익을 획득한다는 점에서 직접개발방식임을 알 수 있다.

07 제반 환경이 약화되는 경우에 부동산 담보가치가 약화된다. 그리고 지급보증 또는 채무인수의 효력 또한 약화될 수도 있다.

09 지상권에 대한 설명이다.

11 PFV(Project Financing Vehicle)에 대한 설명이다. '프로젝트금융투자회사'라고도 부르며 도시환경정비사업, 도심역세권개발사업, 초대형리조트개발사업, 초대형복합개발사업 등이 해당한다.

[정답] 01 ○ 02 ○ 03 × 04 × 05 ○ 06 × 07 × 08 ○ 09 × 10 ○ 11 × 12 ○

3장 부동산펀드 투자

대표 유형 문제

부동산시장의 수요 · 공급 분석에 대한 설명 중 틀린 것은?

① 인구가 증가 시 부동산 임대 수요와 구입 수요가 증가한다.
② 대부비율 강화 시 부동산 구입자들이 부담해야 할 자금 증가로 인한 수요가 감소하고 대출비율 하락 시 부동산 수요가 증가한다.
③ 기술수준이 향상되거나 공급자의 수가 늘어나면 부동산 신규 공급은 증가한다.
④ 부동산가격이 상승할 것으로 기대되면 부동산 공급은 감소한다.

정답해설 부동산 가격이 상승할 것으로 기대되면 부동산 공급은 증가한다. 부동산 가격이 상승할 때에도 공급이 증가하고, 하락하면 공급이 감소한다.
수요요인의 측면에서 살펴볼 때 가격이 오를 것으로 기대하면 부동산 수요는 증가하고 부동산 가격이 상승하면 부동산의 수요는 감소, 반대로 가격이 하락하면 수요는 증가한다.

대표 유형 문제 알아 보기

부동산 수요와 공급의 탄력성

- **부동산의 수요탄력성** : 수요 변화에 영향을 주는 요인의 변화에 대하여 수요량이 얼마나 민감하게 반응하는지 나타내는 지표
  - 수요의 가격탄력성 : 수요량의 변화율을 가격의 변화율로 나눈 절댓값이며, 1보다 크면 탄력적이고 1보다 작으면 비탄력적
  - 수요의 소득탄력성 : 수요량의 변화율을 소득의 변화율로 나눈 값
    i) 탄력적(절댓값이 1보다 큰 경우)일 때 소득의 변화에 수요가 민감하게 반응
    ii) 비탄력적(절댓값이 1보다 작은 경우)일 때 소득의 변화에 수요가 덜 민감하게 반응
    iii) 정(+)의 값을 가지는 경우 소득이 증가할 때 수요도 증가하는 부동산(정상재)
    iv) 부(−)의 값을 가지는 경우 소득이 증가할수록 수요는 감소하는 부동산(열등재)
  - 수요의 교차탄력성 : 부동산 간에 대체 또는 보완관계에 있을 때, 해당 부동산의 수요량의 변화율을 대체 또는 보완관계에 있는 부동산가격의 변화율로 나눈 것
- **부동산의 공급탄력성**
  - 부동산의 공급에 영향을 미치는 부동산의 가격, 건설비용, 기술수준, 기대, 금리, 공급자의 수 등 요인의 변화에 부동산의 공급이 어느 정도로 반응하는지 파악하기 위해 사용
  - 공급의 가격탄력성 : 공급량의 변화율을 부동산 가격의 변화율로 나눈 값이며, 부동산가격 변화에 따른 공급량의 변화를 나타내는 지표

[대표 유형 문제 정답] ④

1 부동산시장의 종합적 분석

개념 확인 문제

01 (　　　)은 특정 공간을 이용하는 것에 대한 권리를 사고파는 시장을 의미한다.

① 임대시장　　② 자산시장

02 자산시장의 거래지표가 되는 부동산시장의 시장요구자본환원율은 부동산에 대한 (　　　)에 의하여 그 수준이 결정된다.

① 위치와 가격　　② 공급과 수요

실전 확인 문제

01 부동산시장의 하부시장으로 볼 수 없는 것은?

① 공간시장　　② 자산시장
③ 개발시장　　④ 자본시장

정답해설 공간시장, 자산시장, 개발시장이 부동산 시장의 세 가지 하부시장으로 서로 유기적으로 연결되어 움직인다.

02 부동산시장에 대한 설명 중 틀린 것은?

① 채권금리가 높아지면 부동산 투자에 대한 요구수익률도 높아진다.
② 공간시장의 수요는 완공 물량에 따라 결정된다.
③ 금리 및 다른 투자자산의 기대수익률이 하락하면 시장요구자본환원율도 낮아진다.
④ 대체원가가 유사자산의 시장추정가격보다 낮을 경우는 부동산을 개발하게 된다.

정답해설 공간시장의 수요는 지역 및 국가경제의 상황에 따라 결정되며 공간시장의 공급은 건설하여 완공되는 물량에 따라 결정된다.

개념 짚어 보기

부동산의 시장가격 추정

- 공간시장의 임대료와 점유율에 따라 자산시장의 현금흐름이 결정되며, 현금흐름과 자본시장의 영향을 받아서 형성된 시장요구자본환원율을 알면 부동산의 시장가격을 추정할 수 있다.

$$\text{직접환원법} = \frac{\text{현금흐름}}{\text{시장요구 자본환원율}} = \text{자산의 시장가격}$$

[개념 확인 문제 정답] 01 ①　02 ②　[실전 확인 문제 정답] 01 ④　02 ②

2 거시경제, 경기변동과 부동산 시장

개념 확인 문제

01 (　　　)은/는 소비활동의 변화 등 여러 가지 요인에 의해 경제가 호황·불황 등의 경기순환을 겪게 되는 것을 뜻한다.

① 경기변동　　② 가격경기

02 부동산 경기는 일반 경기에 비해서 (　　　) 한다.

① 선행　　② 후행하거나 동행

실전 확인 문제

▶ **부동산 경기변동에 대한 설명으로 적절하지 못한 것은?**

① 호황국면에서는 건축허가 신청이 급격하게 늘어나고 그 증가율도 계속 상승한다.
② 후퇴국면에서는 매수인 우위 시장에서 매도인 우위 시장으로 전환되는 분위기가 나타난다.
③ 불황국면에서는 지속적으로 부동산 가격이 하락하고 공실률이 크게 늘어난다.
④ 회복국면에서는 낮은 금리로 인하여 여유자금이 부동산에 투자되기 시작한다.

정답해설 호황국면에서 부동산가격은 계속 상승하기 때문에 매도인은 거래를 미루는 경향이 있고, 매수인은 거래를 앞당기려는 분위기로 인해 매도인 우위의 시장이 형성된다. 그러나 후퇴국면에서는 부동산 가격이 정점을 찍고 하향세로 바뀌기 때문에 매도인 우위의 시장에서 매수인 우위시장으로 전환하게 된다.
① 호황 국면에서는 부동산 거래가 활발해지고 거래가격이 상승한다.
② 후퇴 국면에서는 공실률이 늘어나는 모습을 보이기도 한다.
③ 불황 국면에서는 가격이 하락하고, 거래가 거의 이루어지지 않고, 건축허가 신청 건수가 줄어든다.
④ 회복 국면에서는 일부 지역시장의 분위기가 개선되며, 공실률이 줄어든다.

개념 짚어 보기

거시경제변수와 부동산

- 경제 성장 → 매매가격 상승
- 부동산 매매가격 상승 → 소비 증가
- 토지가격 상승 → 보완적 자본투자 감소
- 부동산가격 상승 → 수출 감소, 수입 증가
- 통화량 증가 → 부동산가격 상승
- 물가 상승 → 부동산가격 상승
- 주가 상승 → 부동산가격 상승
- 금리 상승 → 부동산가격 하락

[개념 확인 문제 정답] 01 ① 02 ② [실전 확인 문제 정답] ②

3 부동산시장의 수요 · 공급요인

개념 확인 문제

01 소득, 인구변화, 부동산가격, 대출정책의 변화, 금리 등은 부동산 (　　　)에 영향을 미친다.

① 공급　　② 수요

02 (　　　)는 소득이 늘어날 때 가격이 상승하는 부동산을, (　　　)는 소득이 늘어날 때 수요가 줄어드는 부동산을 말한다.

① 정상재, 기펜재　　② 기펜재, 열등재

실전 확인 문제

01 다음 중 부동산의 수요요인과 공급요인에 모두 해당하는 것은?

① 기술수준　　② 인구증가
③ 대출정책의 변화　　④ 부동산의 가격

정답해설 부동산의 가격이 상승하면 부동산의 수요는 감소하고, 공급은 증가한다. 기술수준은 공급요인에 인구증가와 대출정책의 변화는 수요에 각각 영향을 미친다.

02 부동산 수요 및 공급요인이 부동산 시장에 미치는 영향 중 틀린 것은?

① 인구가 증가하면 임대수요와 수입수요가 늘어서 가격이 상승한다.
② loan to value을 올리거나, debt to income을 올리면 부동산 수요가 증가한다.
③ 부동산 건설비용이 커지고, 부동산 관련 기술수준이 향상되면 부동산 신규공급은 감소한다.
④ 부동산가격이 상승할 것으로 기대되면 부동산 공급이 증가한다.

정답해설 부동산 관련 기술수준이 향상되면 부동산 신규공급은 증가한다.

개념 짚어 보기

LTV와 DTI
대부비율(Loan To Value) : 시가에 대한 대출융자금액 비율
대출비율(Debt To Income) : 금융부채 상환능력을 소득으로 따져 대출한도를 정하는 계산비율

[개념 확인 문제 정답] 01 ② 02 ① [실전 확인 문제 정답] 01 ④ 02 ③

4 부동산시장 수요 · 공급의 탄력성

개념 확인 문제

01 수요의 탄력성이 1보다 크면 ( )이라고 하며, 수요의 탄력성이 1보다 적으면 ( )인 것이다.

① 탄력적, 비탄력적　　② 비탄력적, 탄력적

02 ( )은 부동산 간에 대체 또는 보완관계에 있을 때 부동산 간의 가격의 민감한 변화를 나타낸다.

① 수요의 교차탄력성　　② 수요의 공급탄력성

실전 확인 문제

▶ 부동산의 수요와 공급탄력성에 대한 설명으로 적절한 것은?

① 수요의 가격탄력성이 탄력적이면 아파트 분양가를 내리는 것은 시행사의 분양 총수입을 감소시키게 된다.
② 일반적인 부동산은 수요의 소득탄력성이 부(－)의 값을 갖는다.
③ 부동산 간에 대체 또는 보완관계에 있을 때, 해당 부동산의 수요량의 변화율을 대체 또는 보완관계에 있는 부동산가격의 변화율로 나눈 것을 수요의 교차탄력성이라고 한다.
④ 부동산의 공급탄력성은 공급량의 변화에 대한 가격의 민감도를 의미한다.

정답해설 ① 탄력적인 경우 가격에 민감하므로 분양가를 내리면 수요량은 크게 증가하여 분양 총수입은 증가하게 된다. 탄력적인 상품은 가격을 인하할 경우, 비탄력적인 상품은 가격을 인상할 경우 총수입이 증가한다.
② 수요의 소득탄력성은 정(＋)의 값과 부(－)의 값을 함께 가질 수 있다.
④ 부동산의 공급탄력성은 부동산가격이 변하는 데 따른 공급량의 민감도를 의미한다.

개념 짚어 보기

수요의 가격탄력성

- 수요의 가격탄력성은 수요량의 변화율을 가격의 변화율로 나눈 것이다.

수요의 가격탄력성＝(수요량의 변화율/가격의 변화율)

- 필수품의 경우는 수요의 가격탄력성이 비탄력적이다.
- 수요의 가격탄력성이 비탄력적일 때 가격을 올리면 총수입은 증가한다.
- 수요의 가격탄력성이 탄력적일 경우 아파트 분양가를 내리면 시행사의 분양총수입은 늘어난다.

[개념 확인 문제 정답] 01 ① 02 ① [실전 확인 문제 정답] ③

5 부동산시장의 가격결정과 특징

개념 확인 문제

▶ 부동산가격은 수요곡선과 공급곡선이 교차할 때 결정되며, 교차 시의 가격과 거래량을 (   ), (   )이라고 한다.

① 균형가격, 균형거래량　　② 정상가격, 정상거래량

실전 확인 문제

▶ 부동산시장의 가격결정에 대한 설명 중 틀린 것은?

① 부동산가격이 균형가격 아래로 내려갈 때에는 초과수요가 발생하고, 다시 부동산가격이 상승하여 균형가격으로 회복된다.

② 부동산가격이 균형가격보다 올라갈 때에는 초과공급 상태가 되고, 다시 부동산가격이 하락하여 균형가격으로 회복된다.

③ 수요와 공급의 요인이 변화하면 수요곡선과 공급곡선이 이동한다.

④ 부동산은 표준화하여 대량생산하는 것이 가능하다는 특징을 가진다.

정답해설 부동산상품의 비동질성으로 인하여 표준화 및 대량생산이 어렵다.
①, ② 부동산시장의 균형가격과 균형거래량은 부동산 시장에 영향을 미치는 수요와 공급요인들이 변할 때 변동한다.

개념 짚어 보기

부동산 시장의 특징

- **수요자와 공급자 수의 제약** : 부동산은 일정한 지리적 범위 내의 수요자와 공급자로 한정되는 특징이 있다.
- **부동산 상품의 비동질성** : 같은 단지, 같은 층의 아파트라도 완전히 동질적이지 않으므로 비동질성이 특징이다.
- **정보의 비공개성 및 비대칭성** : 거래당사자 간의 이익을 위해 부동산 관련 정보를 왜곡 · 은폐하는 정보의 비공개성이 존재하며, 부동산 관련 중요한 정보가 제한된 사람들에게만 제공된다.
- **높은 거래비용** : 부동산 거래 시에는 취득세, 양도소득세 등과 같은 거래비용이 높은 것이 특징이다.

[개념 확인 문제 정답] ①　[실전 확인 문제 정답] ④

6 부동산시장과 정부의 정책

개념 확인 문제

01 부동산 담보대출의 기준금리를 통해 부동산 (　　　)을/를 조절할 수 있다.

① 수요　　　② 공급

02 (　　　)는 임대료의 급격한 상승 시, 임차인 보호를 목적으로 일정 수준 이상의 임대료 책정을 규제하는 것이다.

① 임대료 평균제　　　② 임대료 상한제

실전 확인 문제

01 정부의 부동산 정책에 대한 설명으로 틀린 것은?

① 일정수준 이하 소득계층의 임차인에 대해 임대료보조제를 실시하여 임대주택에 대한 수요를 조절할 수 있다.
② LTV와 DTI는 부동산의 공급을 조절하기 위한 정책이다.
③ 용도지역과 용도지구 지정을 통해 부동산의 용도 및 밀도를 조정하여 공급을 조절할 수 있다.
④ 그린벨트가 해제되면 토지 공급이 늘어나게 된다.

정답해설 LTV는 부동산 가격 대비 대출금액 비율이고 DTI는 소득 대비 대출원리금 비율이다. 이러한 부동산 담보대출 규제는 부동산의 수요를 조절하기 위한 정책이다.

02 부동산 가격정책 및 조세정책에 대한 설명 중 틀린 것은?

① 분양가 상한제를 실시하면 초과수요가 발생한다.
② 임대료상한제를 실시하면 임대부동산의 공급이 증가한다.
③ 토지 개발사업의 이익 환수를 위한 개발부담금을 강화 · 완화함으로써 공급을 억제 및 진작시킬 수 있다.
④ 조세정책이 빈번하게 변경될 경우 부동산시장 왜곡과 사회전체의 후생 감소효과가 발생할 수 있다.

정답해설 임대료상한제를 실시하게 되면 임대부동산에 대한 수요는 증가될 수 있으나, 장기적으로 임대부동산의 공급은 감소하는 효과가 나타나게 된다.

개념 짚어 보기

공급정책

- **용도지역 · 지구제** : 용도지역 및 용도지구 지정
- **개발제한구역제도** : 개발제한구역(그린벨트)의 지정 및 해제
- **택지개발사업** : 택지개발지구의 지정
- **도시개발사업** : 도시개발구역(주거, 상업, 산업, 유통 등의 기능)의 지정
- **정비사업** : 주거환경개선사업, 주택재개발사업, 주택재건축사업, 도시환경정비사업, 주거환경관리사업 등

[개념 확인 문제 정답] 01 ①　02 ②　**[실전 확인 문제 정답]** 01 ②　02 ②

핵심플러스

OX 문제

01 부동산은 기준금리, CD 금리, 국고채 금리 등에 직 · 간접적인 영향을 받는다. ( )

02 공간시장(임대시장)의 임대료 및 점유율은 주식시장 변화에 의해 결정된다. ( )

03 금리가 하락하고 다른 투자자산의 예상수익률이 낮아지게 되면 부동산 시장요구 자본환원율은 높아진다. ( )

04 경기변동은 반복적이고 주기적인 특징이 있다. ( )

05 부동산 경기변동은 건축의 양과 건축 순환, 부동산 거래량, 부동산 가격변동, 공실, 택지분양 현황, 부동산 금융 등을 기준으로 파악된다. ( )

06 회복 국면에는 부동산 가격 하락 및 금리 상승, 매수인 우위 심화 등의 현상이 나타난다. ( )

07 부동산 경기는 주식시장 경기에 비해 선행한다. ( )

08 부동산 수요곡선과 공급곡선의 접점에서 부동산 가격과 거래량이 결정된다. ( )

09 대체관계 부동산 가격의 상승은 해당 부동산의 가격을 하락시키는 결과를 가져온다. ( )

10 수요의 가격탄력성과 소득탄력성에서 부의 기호를 없앤 절댓값이 1보다 크면 탄력적이고 1보다 작으면 비탄력적이다. ( )

11 수요의 소득탄력성이 정(+)의 값을 가지는 경우 소득이 증가할 때 수요도 증가하는 부동산을 열등재라고 한다. ( )

12 부동산의 공급의 가격탄력성은 장기로 갈수록 탄력적으로 변화한다. ( )

13 정부는 부동산시장에서 정보의 비대칭성이 발생하지 않도록 공정거래법, 부당거래규제 등과 같은 정책을 시행할 수 있다. ( )

해설

02 임대료 및 점유율은 부동산 공간에 대한 수요와 공급에 의하여 결정된다.

03 금리 하락 및 투자자산 예상수익률의 하락 시, 부동산 시장요구 자본환원율도 낮아진다.

04 경기확장과 수축이 되풀이되는 점에서는 반복적이지만 각각의 경기변동의 주기와 진폭은 달라 비주기적인 모습을 보인다.

06 불황 국면에 대한 설명이다. 회복 국면에는 부동산 거래 고객 수 증가, 공실률 감소, 매수인 우위 시장에서 매도인 우위 시장으로 전환, 낮은 금리로 인한 여유자금 투자 등의 현상을 확인할 수 있다.

07 일반 경기에 비해 주식시장 경기가 선행하므로, 부동산 경기는 주식시장 경기에 비해 후행한다.

09 대체관계 부동산 가격의 상승은 해당 부동산의 수요를 증가시키기 때문에 가격을 상승시키는 결과를 가져온다.

11 정(+)의 값을 가지는 경우 소득이 증가할 때 수요도 증가하는 부동산을 정상재, 부(−)의 값을 가지는 경우 소득이 증가할수록 수요는 감소하는 부동산을 열등재라고 한다.

13 공정거래법, 부당거래규제 등과 같은 정책은 독과점 규제를 위한 것이다. 정보의 비대칭성이 발생하지 않도록 하기 위해서는 부동산 관련 정보를 불특정 다수가 쉽게 접근할 수 있도록 제도를 개선해야 한다.

[정답] 01 ○ 02 × 03 × 04 × 05 ○ 06 × 07 × 08 ○ 09 × 10 ○ 11 × 12 ○ 13 ×

4장 부동산펀드 리스크 관리

대표 유형 문제

리스크 분석에서 사업타당성 분석에 대한 내용 중 틀린 것은?

① 시장환경분석과 관련하여 분양성 검토보고서, 오피스시장 동향보고서, 감정평가서, 주변 시세, 분양사례, 매매동향, 임대시장동향, 매매사례 등을 활용한다.
② 실물부동산에 관련해서는 설계상의 하자, 건물의 노후화 등의 물리 · 기술적 타당성을 고려하여 적절한 자본적 지출을 사업계획에 포함한다.
③ 실행가능성에 대해서는 정책 변경 가능성, 법률상 하자 여부와 인허가 가능성 등을 고려하여 사업 추진 절차와 방법이 적절한지 판단한다.
④ 재무적 타당성 일단 투자가 이루어지면 사업기간 중에 자금을 조기회수할 수 없으므로 사업의 수익성, 자금 조달 및 상환, 현금흐름 등을 분석한다.

정답해설 정책 변경 가능성, 법률상 하자 여부와 인허가 가능성 등은 법률 · 정책적 타당성에 대한 검토 과정에서 확인한다. 다음의 사항도 법률 · 정책적 타당성 분석에 해당한다.

- 대출, 매입 등 관련 계약서가 법률상 하자가 없는지 등에 대한 검토
- 인허가와 관련하여 건축사 사무소, 시공회사, 관할관청 등 문의를 통해서 확인
- 프로젝트와 관련하여 필요한 계약서는 법무법인을 통해 법률상 하자가 없도록 작성
- 등기이전 및 채권보전 등의 권리확보는 법무사를 통해 법률상 하자가 없도록 진행

대표 유형 문제 알아 보기

리스크조직

- 위험관리부서(리스크관리팀) : 신용평가, 거래한도 설정, 매매시기 등 각 위험을 통합하여 관리
- 부동산 위험관리 조직
  - 심사부서 : 대출 금지법규 저촉여부, 차주의 신용등급 분석, 자금용도의 적정성, 대출상환자원의 확보가능성, 적정대출한도심사, 대출조건심사, 대출심사 종합보고서 작성, 여신정책의 일관성여부 리뷰, 차주의 신용등급 리뷰, 자금용도 외 유용여부 리뷰, 담보관계 등 채권서류 리뷰 진행
  - 감시조직(상시모니터링) : 대안투자 전문인력으로 모니터링 전담부서(대안투자관리팀)를 구성, 주기적인 내부감사 또는 외부감사를 통해 대안투자 자산의 운용위험을 적발하는 제도를 도입
  - 부동산펀드투자상담사 : 판매회사는 소속 부동산 펀드투자상담사에 대한 주기적 교육으로 업무역량을 유지, 판매회사 자체적으로 부동산 또는 대안투자에 관한 리스크를 판단할 수 있는 전문가 조직

[대표 유형 문제 정답] ③

대표 유형 문제

부동산펀드 각 유형별 리스크 관리에 대한 내용 중 틀린 것은?

① 대출형부동산펀드는 인허가 위험을 차단하기 위해 펀드 판매 시 해당 펀드가 투자하려는 사업이 인허가가 완료되었는지 확인이 필요하다.

② 임대형부동산펀드는 운영비용과 관련하여 부동산 운용비용(운용보수, 관리용역비, 유지보수비 등)의 항목을 회계법인을 통해 추정하는 것이 가능하다.

③ 경공매형부동산펀드는 법률 위험 관리를 위해 명도책임이 낙찰자에 귀속되므로 명도에 대한 민사집행법상의 인도명령 및 명도소송의 법률적 검토가 선행되어야 한다.

④ 해외부동산펀드는 경제성장률이 높은 지역일수록 안정적인 수익이 날 확률이 높기 때문에 이를 반드시 확인해야 한다.

정답해설 해외부동산펀드의 포트폴리오 구성 시에는 경제성장률이 높은 지역일수록 가격등락이 심하게 나타날 수 있으므로 이를 고려하여 투자해야 한다. 또한 과거수익률만을 고려하여 투자 시 정세변동에 따른 손실 위험이 커지므로 분산투자가 필요하다.

대표 유형 문제 알아 보기

환위험

- **환헤지**
  - 개인(투자자)이 직접 환헤지를 해야 되는 경우가 많은 해외 역외펀드는 환율에 따른 위험이 존재한다.
  - 역외펀드 가입 시 환헤지가 가능한지 판매사를 통해 미리 확인해 두어야 한다.
- **달러화 이외의 환헤지**
  - 미국 이외의 제3국에 투자할 때에는 미국달러화에 대해 환헤지 후 다시 미국달러화와 제3국 간에 환헤지를 해야 하므로 과도한 비용이 들어갈 수 있다.
  - 미국달러화에 대해서만 환헤지를 하는 때에는 제3국과 미국달러가 동일한 방향으로 움직이지 않을 경우 환위험에 노출될 수 있다.
- **과도한 환헤지(Over Hedge)**
  - 미래 회수금액이 확정되지 않았음에도 투자금액에 대해 FX Swap으로 환헤지를 하는 경우 투자대상 부동산의 가치가 크게 하락할 때 과도한 환헤지로 인해 위험이 증가한다.
  - 환헤지 시에는 FX스왑보다 풋옵션 매입을 통한 환헤지가 적절하지만 비용이 많이 들어간다.
- **기준가 변동**
  - 환율 변동에 무관하게 기준가가 유지되어야 하지만 실제 환헤지 상품을 평가하는 실무상 펀드의 기준가가 변동하게 된다.
  - 기준가가 일시적으로 투자원본 이하로 하회할 수 있다는 점을 투자자에게 고지해야 한다.
- **위험의 전가** : 해외사업자에게 원화로 대출을 함으로써 환율변동에 따른 위험을 해외사업자에게 전가할 경우 해외사업자의 자본력이 충분치 않다면 환위험이 사업위험에 포함되면 위험이 커진다.

[대표 유형 문제 정답] ④

1 총론

개념 확인 문제

01 대체 전략 활용 및 대체적 자산군 투자의 대안투자는 성과비교에 대한 기준의 역할을 할 벤치마크가 없으며, (　　　)을 고려한다.

① 상대적 수익률　　② 절대적 수익률

02 부동산투자는 일반적 위험에 더하여, 부동산에 대한 임대차 · 유지 · 개보수 · 개발하는 데 따른 (　　　)을 감안해야 한다.

① 관리위험　　② 변동성위험

실전 확인 문제

▶ 부동산투자 위험에 대한 내용 중 틀린 것은?

① 부동산투자의 사업상 위험으로는 시장위험 · 운영위험 · 입지위험이 있다.
② 신용위험은 부채의 비율이 커질 때 채무불이행 위험, 파산 위험 등 부담해야 될 위험도 높아짐과 관련 있다.
③ 법적 위험은 부동산투자의 의사결정 과정에서 발생 가능한 법적 환경의 변화가 가져올 수 있는 위험이다.
④ 유동성 위험은 부동산의 현금화 과정에서 일어날 수 있는 환금성 위험이라 할 수 있다.

정답해설 부동산투자에서 부채의 비율이 커질 때 채무불이행 위험, 파산 위험 등 부담해야 될 위험도 높아짐과 관련 있는 것은 금융 위험이다.

개념 짚어 보기

부동산투자의 특성에서 기인하는 대안투자의 위험

- 투자대상으로는 짧은 역사를 갖는다.
- 투자 포트폴리오에서 보편적이지 않은 투자 형태를 보인다.
- 장기투자가 대부분으로 장기간 환매불가 기간이 있다.
- 취득수수료, 지분수수료 등을 자산운용사에 추가 지급하게 되므로 수수료가 높다.
- 일반 개인투자자보다 기관의 투자수단으로 활용된다.
- 공정가치를 평가하는 데에 어려움이 있다.
- 적절한 벤치마크가 없으며, 절대적 수익률을 고려한다.
- 운용역의 전문성에 의존하는 경우가 많다.

[개념 확인 문제 정답] 01 ② 02 ① [실전 확인 문제 정답] ②

2 부동산투자위험의 관리

개념 확인 문제

01 (　　　)은 기업의 내부환경을 분석하여 강점은 살리고 약점은 보완, 기회는 활용하고 위협은 억제하는 마케팅 전략이다.

① SWOT분석　　② 가치분석

02 (　　　)은 기업활동을 통해 나타나는 현금의 유입과 유출을 뜻한다.

① Cash Cow　　② Cash Flow

실전 확인 문제

01 위험 관리방안에 대한 설명 중 틀린 것은?

① 부동산 또는 부동산 관련 유가증권의 가격변동위험은 파생상품을 활용하는 방안이 있다.
② 유동성위험을 관리하는 방안은 각종 사전옵션계약을 활용하는 것이다.
③ 관리운영과 임대위험을 관리하는 방안으로는 임차인과 단기임대계약을 맺는 방법이 있다.
④ 공사중단 등 개발위험을 피하기 위해서는 시공사와 확정가격에 의한 일괄도급계약을 활용할 수 있다.

정답해설 관리운영과 임대위험을 관리하는 방안으로는 임차인과 장기임대계약을 맺는 방법이 있다.

02 사업타당성분석에 대한 설명 중 틀린 것은?

① 시장환경의 분석은 SWOT분석을 활용한다.
② 법률, 정책성 타당성은 법무법인을 활용한다.
③ 사업시행사의 추진능력과 시기가 적절하지 못하면 시행사의 의견을 들어야 한다.
④ 재무적 타당성은 자금조달, 사업의 수익성 및 현금흐름을 분석하여야 한다.

정답해설 사업시행사의 추진능력과 시기가 적절하지 못하면 사업의 주체를 변경하거나 부동산신탁사의 관리형토지신탁 방식으로 보강한다.

개념 짚어 보기

부동산투자위험 관리의 절차

- 위험식별(Risk Identification) : 위험인자의 유형과 특성 파악
- 위험분류(Risk Classification) : 위험인자를 유형 및 특성으로 분류, 통제가능 · 통제불가능 위험 분류
- 위험분석(Risk Analysis) : 위험인자에 대한 대안설정과 전략수립 가능 여부 판단, 위험요인 식별 및 위험인자의 처리방안 고려

[개념 확인 문제 정답] 01 ① 02 ② [실전 확인 문제 정답] 01 ③ 02 ③

3 대출형부동산펀드 위험

개념 확인 문제

01 (　　　)은 회사의 대차대조표상의 자산, 부채 어느 계정에도 나타나지 않는 자본조달 방법을 뜻한다.

① 부외금융　　　② 역외금융

02 (　　　)는 공사의 전 과정을 관리하고, (　　　)는 발주를 받아 공사를 담당한다.

① 시공사, 시행사　　　② 시행사, 시공사

실전 확인 문제

01 대출형부동산펀드에 대한 설명 중 틀린 것은?

① 별개 법인에 의해 진행되므로 부외금융의 특징을 갖는다.
② 자체자산 및 현금흐름 외에 별도의 채권변제 청구가 불가능한 비소구금융 형태이다.
③ 공모부동산펀드의 경우 상장 시 현금화가 수월하다.
④ 부동산펀드의 위험은 사업 성공 시 많은 이익을 얻는 시행사나 시공사에 전가한다.

정답해설 공모부동산펀드는 시장에서의 수익증권 거래를 통해 환매가 가능하나, 실제 거래량이 전무하여 상장이 되어도 현금화하는 것이 쉽지 않다.

02 대출형부동산펀드 리스크 유형에 대한 설명 중 틀린 것은?

① 부동산펀드의 특성상 투자원금의 손실 위험이 있다.
② 대출형부동산펀드는 그 특성상 사업 인허가의 위험은 존재하지 않는다.
③ 시행사 또는 시공사의 부도 시, 이로 인한 사업지연과 원리금 미상환 위험이 있다.
④ 대출형부동산펀드의 위험요소는 사모펀드보다 공모펀드가 더 많다.

정답해설 각종 인허가 사항이 상이하고, 인허가 과정에서 사업계획의 변경, 인허가 지연 등의 리스크가 존재한다.

개념 짚어 보기

펀드운용 단계의 리스크 요인 및 관리방안

- **자금관리** : 현금흐름에 대한 투명한 통제, 시공사의 책임준공의무 강화, PM관리위탁
- **자금보충약정** : 현금부족으로 추가 자금조달이 필요할 때, 대출 약정서에 시공사의 자금보충의무를 규정해 대비
- **분양률 테스트** : 목표분양률에 도달 여부를 테스트하여 미달할 경우 시공회사로부터 채무를 인수하도록 하여 위험 방지
- **상환계획의 검토** : 원리금 상환에 대한 문제 발생 시, 비상대비계획 필요

[개념 확인 문제 정답] 01 ① 02 ②　[실전 확인 문제 정답] 01 ③　02 ②

4 임대형부동산펀드 리스크

개념 확인 문제

▶ **건설 중인 부동산을 선분양으로 매입할 때에는 우량 시공사의 책임준공 확약을 받아야 하며, (   )를 통해 신축건물의 질적 수준이 유지되도록 감독해야 한다.**

① 전문건설관리회사　　② 임대건설관리회사

실전 확인 문제

01 임대형부동산펀드의 위험에 대한 설명이 잘못된 것은?

① 임대형부동산펀드는 임대수입으로 투자자들에게 배당금을 지급하고 매각을 통한 매각차익을 추가적으로 지급한다.
② 임대형부동산펀드의 매입단계에는 매입가격의 적정성 여부, 법률적 위험, 물리적 위험, 재무타당성의 리스크가 존재한다.
③ 부동산 매입에 있어 매입가격은 목표수익률을 고려하여 결정한다.
④ 재무타당성 산정 시, 회계법인을 통해 민감도 분석 및 시나리오 분석 등으로 수익률 변동성을 분석한다.

정답해설 부동산 매입에 있어 매입가격은 유사거래사례, 감정평가금액, 임대수익 등을 종합적으로 고려해서 결정해야 한다.

02 임대형부동산펀드의 운용단계 위험에 대한 설명 중 틀린 것은?

① 임차인이 지급불능에 빠지면 배당수익이 하락할 위험이 있다.
② 임대계약은 장기로 체결하여 공실률의 증가를 방지하여야 한다.
③ 부동산을 매입하기 이전에 전문업체를 통하여 직전 2~3년간 월별 관리비를 분석하여야 한다.
④ 임대수입이 감소할 때 차입금이 있으면 감소를 줄일 수 있다.

정답해설 차입금이 있으면 타인자본효과로 인해 임대수입이 감소할 때 더 크게 감소한다.

개념 짚어 보기

위험요인 점검

- **부동산투자 관련** : 매입금액, 취·등록세, 매입수수료, 실사수수료, 차입금 관련 담보설정비, 금융비용자본화, 자본조달계획 점검
- **운영수입 관련** : 임대료수입과 관리비수입에 대한 임대차계약 조건 반영 여부 점검
- **운영비용 관련** : 부동산 운용과 관련하여 발생하는 비용 검토
- **부동산처분손익 관련** : 부동산매각금액 검토(환원이율을 적용)
- 부동산 매각가액의 변동성으로 인한 위험 검토

[개념 확인 문제 정답] ①　**[실전 확인 문제 정답]** 01 ③　02 ④

5 경공매형부동산펀드 리스크

개념 확인 문제

01 전문가가 모집된 투자자금으로 경 · 공매에 참여하여 실물자산을 시장가격보다 저렴하게 매입한 후 임대수익 취득 후 재매각하여 (   )을 얻는다.

① 시세차익　　② 매매차익

02 경공매형부동산펀드는 (   )을 대상으로 할 때 수익실현 가능성이 높아진다.

① 토지 또는 아파트　　② 상업 · 업무용 부동산

실전 확인 문제

▶ **경공매형부동산의 리스크 관리 방안에 대한 내용 중 틀린 것은?**

① 투자대상 개별 부동산 후보군의 자산가치, 임대 및 시장 현황, 물리적 · 법률적 하자 등에 대해 사전조사 및 평가시스템을 체계적으로 갖추고 있는지 살펴봐야 한다.

② 명도에 대한 민사집행법상의 인도명령 및 명도소송에 대한 내용 등을 검토하여 법률 위험을 관리한다.

③ 청산시점에 가까운 시기에 처분을 행하여 자산처분 위험을 관리한다.

④ 해당 펀드 운용사가 경 · 공매형 부동산펀드를 효율적으로 운용할 수 있는 체계를 구축하고 있는지 점검한다.

정답해설 청산시점으로부터 충분한 시간을 두고 투자부동산에 대한 처분을 행하여 자산처분 위험을 관리한다.
② 명도 책임이 모두 낙찰자에게 있기 때문에 명도에 대한 법률적 검토가 필요한 것이다.

개념 짚어 보기

경공매형부동산펀드의 위험

- 경매시장 경쟁으로 인한 투자자산 확보의 위험이 있다.
- 운용인력의 전문성이 요구된다.
- 비용이 과다하게 발생할 우려가 있다.
- 초기 자산가치를 높게 평가하여 입찰가를 높게 설정하면 임대수익 하락과 재매각 시 가격하락에 따른 수익률 저하를 감당하기 어렵다.
- 취득 시 발생비용, 펀드 보수, 낙찰 후 추가비용으로 수익이 감소할 위험이 있다.

[개념 확인 문제 정답] 01 ① 02 ② **[실전 확인 문제 정답]** ③

6 해외부동산펀드 리스크

개념 확인 문제

01 (　　　)는 서류상의 회사로, 금융기관에서 발생한 부실채권을 매각하기 위해 일시적으로 설립되는 특수목적회사이다.

① SPC　　② APC

02 해외부동산펀드는 경제성장률이 높은 지역일수록 (　　　)이 심하게 나타난다.

① 거래량등락　　② 가격등락

실전 확인 문제

▶ 해외부동산펀드 리스크에 대한 설명 중 틀린 것은?

① 현지의 상황을 정확하게 판단하기 어렵고 투자자가 투자자산을 조사하는 데에 어려움이 많아 정보가 제한적이다.

② 수익이 발생하여도 원화로 환산 시에 수익률이 떨어질 수 있으며, 환매 시 유동성 위험에 노출될 수 있다.

③ 서류상의 회사를 세워 자본이득에 대한 과세를 줄일 수 있다.

④ 해외현지의 사업장의 관리통제가 용이하지 않다.

정답해설 부동산 매각 시 자본이득에 대한 세금을 근본적으로 회피할 수는 없다.

개념 짚어 보기

환위험

- **환헤지** : 해외 역외펀드는 개인(투자자)이 직접 환헤지를 해야 하는 경우가 많아 환율에 따른 위험이 따른다.
- **달러화 이외의 환헤지** : 미국 이외의 제3국에 투자하는 경우 미국달러화에 대해 환헤지 후 다시 미국달러화와 제3국 간에 환헤지를 해야 하므로 비용이 과도하게 들 수 있다.
- **과도한 환헤지(Over Hedge)** : 미래 회수금액의 확정 없이 FX Swap으로 환헤지를 하는 경우, 투자대상 부동산의 가치 하락 시 과도한 환헤지로 위험이 증가한다.
- **기준가 변동** : 환헤지 상품을 평가하는 실무상 펀드의 기준가가 변동할 수 있다.
- **위험의 전가** : 원화 대출로 환율변동 위험을 해외사업자에게 전가할 때, 해외사업자의 자본력이 충분치 않다면 환위험이 사업위험에 포함되어 위험이 증가한다.

[개념 확인 문제 정답] 01 ① 02 ②　**[실전 확인 문제 정답]** ③

핵심플러스

OX 문제

01 부동산투자의 시장위험은 부동산의 관리, 근로자 파업, 영업경비의 변동 등으로 인해 야기될 수 있는 수익의 불확실성을 뜻한다. (   )

02 부동산투자위험 관리 절차에서 위험분석 단계의 위험대응전략은 위험 회피, 위험 감소, 위험 보유, 위험 전가로 나뉜다. (   )

03 부동산투자에서 관리운영과 임대위험 관리방안 중 리싱 패키지(leasing package)를 활용하면 전문 관리업체와의 장기운영계약을 통해 운영 및 임대 위험을 관리할 수 있다. (   )

04 부동산투자에서 개발위험 회피를 위해 확정가격에 의한 일괄도급계약 활용 시, 동시에 시공사의 신용위험에 대한 회피도 가능해진다. (   )

05 부동산 위험관리조직 중 대출 금지법규 저촉여부 확인, 차주의 신용등급 분석, 자금용도의 적정성 확인 등의 업무를 진행하는 부서는 감시조직이다. (   )

06 실물형부동산의 전체 사업기간 중 현금흐름은 부동산매입 자금을 조달하여 임대소득을 통해 이자비용과 주주배당을 하고, 사업종료 시점에 부동산을 매각을 통해 차입금 상환한 후 잔여재산을 주주에게 반환하는 것이다. (   )

07 부동산개발사업은 비소구금융을 기본형태로 한다. (   )

08 사업부지와 관련하여 매입 시 근저당권, 압류, 가등기 등 각종 법률적 하자를 해소하는 데 리스크가 따른다. (   )

09 사모형태로 자금을 조달할 경우 필요하지 않은 자금까지 조달하여 저수익자산으로 운용할 수 있고, 이 경우 수익률이 하락할 수 있다. (   )

해설

01 운영위험에 대한 설명이다. 경영 및 관리위험이라고도 한다. 시장위험은 시장상황으로부터 유래되는 위험을 말한다.

03 아웃소싱에 대한 설명이다. 리싱 패키지는 부동산 소유자와 관리회사가 통제할 수 없는 외부시장여건 변화에 대응하기 위해 통제 가능한 내부 여건을 변화시켜 대응한다.

04 시공사의 신용위험에 대해서는 별도로 고려해야 한다.

05 부동산 위험관리조직은 심사부서, 위험관리부서, 감시조직(상시모니터링), 부동산펀드투자상담사가 있는데, 해당 내용은 심사부서의 업무에 해당한다.

07 부동산개발사업은 사업주가 직접 차주가 되거나 해당사업의 차주에 대한 연대보증인으로 참여하는 제한적 소구금융형태가 일반적이다.

09 공모펀드 형태로 자금을 조달할 경우의 발생할 수 있는 문제이다. 또한 대출조건 변경 시 소수의 투자자들로 구성된 사모펀드는 변경 사항에 대해 수익자들과 협의가 가능하나 공모펀드는 의견 도출이 쉽지 않다.

[정답] 01 × 02 ○ 03 × 04 × 05 × 06 ○ 07 × 08 ○ 09 ×

핵심플러스

OX 문제

10 사업부지 관련 위험에 대비하기 위해서는 사업주로부터 토지조서와 매매계약서 또는 토지사용승낙서 등을 징구하고, 초기 사업부지에 대한 자금 인출과 동시에 신탁등기 후 신탁수익권증서에 질권을 설정하기로 합의되었는지 확인한다. ( )

11 분양률이 낮을 때 대출금 회수가 어려워지므로 외부전문기관에 전적으로 위임하여 분양성 위험을 정밀하게 검토한다. ( )

12 책임준공, 책임분양, 채무인수, 간접적 채무인수 등을 시공사의 역할로 볼 수 있다. ( )

13 펀드운용 단계의 리스크 관리 방안 중, 현금흐름에 대한 통제수단으로 은행에 자금관리계좌(Escrow Account)를 개설하고 예금주 명의를 시공사로 하여 임의적인 자금지출을 방지한다. ( )

14 사업초기 토지확보를 위해 계약금이나 주요 토지 매수자금 등을 저축은행 등에서 고금리로 조달해 토지확보위험을 완화한 후, 상대적으로 낮은 이자율의 대출형부동산펀드를 통해 토지를 온전히 확보하는 절차를 리파이낸싱이라 한다. ( )

15 임대형부동산펀드의 단계별 리스크 중 임차인 위험, 공실위험, 관리비 증가 위험, 타인자금 위험 등은 매입단계에서 점검할 사항이다. ( )

16 부동산매각금액은 연간순영업이익(NOI, 매각월 익년 순이익)에 부동산의 연간순운용수입을 부동산투자액으로 나눈 비율인 Cap Rate를 적용하여 할인한 가액으로 추정한다. ( )

17 경공매형부동산펀드에서 초기 자산가치를 지나치게 높게 판단할 경우 입찰가격을 높게 설정하여 임대수익 하락과 재매각 시 가격하락에 따라 수익률이 감소할 수 있다. ( )

18 해외부동산펀드에 투자할 때에는 다양한 통계를 파악하여 과거의 수익률을 중심으로 포트폴리오를 구성한다. ( )

해설

11 국토해양부의 아파트실거래가를 조회하여 분양가능성을 평가해 보거나 해당 지역의 부동산 경기동향 파악, 매매가 및 전세가 수준과 분양가의 비교, 인근 지역 유사 개발사업의 분양가 및 분양률 등에 대한 조사를 실행하여 사업의 분양성을 직접 판단해 봐야 한다.

13 예금주를 공동명의(시행사 및 시공사)로 하고 인감도 공동으로 한다.

15 해당 내용은 운용 단계에서 점검할 사항이다. 매입단계에는 매입가격의 적정성, 법률적 위험, 물리적 위험, 재무 타당성 등을 점검해야 한다.

18 과거수익률만을 고려하여 투자할 때에는 정세변동에 따른 손실 위험이 커지므로 분산투자가 필요하다.

[정답] 10 ○ 11 × 12 ○ 13 × 14 ○ 15 × 16 ○ 17 ○ 18 ×

제1회

펀드투자권유 자문인력

실전모의고사

평가 영역	문항 수	시험 시간
펀드일반 파생상품펀드 부동산펀드	100문항	120분

펀드투자권유자문인력 제1회 실전모의고사

001

자본시장법상 공모형펀드의 설명 중 가장 거리가 먼 것은?

① 성과결과에 따라서 운용자가 항상 성과보수를 받는다.
② 자금운용과정에 투자자는 소극적인 역할을 담당한다.
③ 투자자는 펀드의 운용실적대로 투자지분에 따라 수익을 배분받는다.
④ 투자자금이 자금운용자의 고유재산과 분리된다.

002

펀드의 자산운용보고서에 관한 설명이다. 가장 거리가 먼 것은?

① 집합투자업자는 신탁업자의 확인을 받아야 한다.
② 집합투자업자는 투자자에게 직접 또는 전자우편의 방법으로 교부해야 한다.
③ 자산운용보고서의 작성 및 교부비용은 집합투자업자가 부담한다.
④ 6개월에 1회 이상 투자자에게 제공하여야 한다.

003

집합투자업자의 회계업무에 관한 설명 중 가장 거리가 먼 것은?

① 회계기간은 집합투자업자마다 상이하다.
② 펀드재산과 고유재산을 구분하여 회계처리한다.
③ 금융위는 회계처리기준을 금융감독원에 위탁한다.
④ 금융위가 정하는 회계처리기준을 준수해야 한다.

004

특수한 구조의 모자형펀드에 대한 설명 중 가장 거리가 먼 것은?

① 자펀드의 투자자로부터 받은 납입금으로 모펀드에 투자한다.
② 펀드설정 구조의 차이로 일반펀드와 구별된다.
③ 자펀드의 집합투자업자와 모펀드의 집합투자업자는 달라도 된다.
④ 펀드 운용업무의 간소화 및 합리화 차원에서 유리하다.

005

회사형펀드의 집합투자업자의 업무와 가장 거리가 먼 것은?

① 투자신탁 설정, 해지, 운용
② 펀드재산의 운용 및 운용지시
③ 주주총회 소집
④ 펀드의 직접 판매

006

판매보수 및 판매수수료에 대한 다음 설명 중 가장 거리가 먼 것은?

① 판매보수와 판매수수료는 두 가지 모두 받을 수 없다.
② 받을 수 있는 상한선이 정해져 있지만 사모펀드의 경우는 상한선이 없다.
③ 판매수수료는 집합투자규약에서 정하는 방법에 의해 차등하여 받을 수 있다.
④ 후취 판매수수료는 환매시점에 받는다.

007

집합투자증권의 환매연기에 대한 다음 설명 중 가장 거리가 먼 것은?

① 환매연기 기간 중에는 환매연기대상 집합투자증권의 발행 및 판매행위도 금지된다.
② 환매연기결정은 집합투자총회 전에 집합투자업자가 결정하며, 의결이 되지 않는 경우 계속해서 환매연기 할 수 있다.
③ 부분환매연기란 재산의 일부가 환매연기사유에 해당하는 경우 그 일부에 대해서만 환매를 연기하고 나머지는 투자자의 지분에 따라 환매에 응하는 것을 말한다.
④ 계속적인 부분환매연기를 위해서는 반드시 펀드분리를 해야 한다.

008

펀드투자 광고 시 준수해야 할 사항에 대한 설명 중 가장 거리가 먼 것은?

① 투자 광고안에 대해 금융투자협회의 심사를 득할 것
② 준법감시인의 사전 혹은 사후 확인을 받을 것
③ 수익률이나 운용실적을 좋은 기간의 것만으로 표시하지 말 것
④ 금융투자업자의 경영 실태평가 등을 다른 금융투자업자의 것과 비교 광고하지 말 것

009

투자신탁의 수익자총회에 대한 설명 중 가장 거리가 먼 것은?

① 서면에 의한 의결권 행사도 가능하다.
② 수익자총회는 수익증권 5% 이상 보유의 수익자면 총회를 소집할 수 있다.
③ 수익자총회는 출석한 수익자의 의결권의 과반수와 발행된 수익증권 총좌수의 4분의 1 이상의 수로 결의된다.
④ 수익자총회의 의장은 집합투자업자가 된다.

010

집합투자증권의 광고에 반드시 포함해야 할 내용과 가장 거리가 먼 것은?

① 펀드 평가회사의 평가결과
② 펀드 취득 전에 투자설명서를 읽어볼 것을 권고하는 내용
③ 투자원금의 손실 가능성
④ 과거의 운용 수익률이 미래의 수익률을 보장하지는 않는다는 사실

011

다음 중 펀드 투자회사의 조직에 없는 기관은?

① 이사회
② 주주총회
③ 감독이사, 법인이사
④ 내부감사

012

투자자의 장부 · 서류 열람청구권에 관한 설명 중 가장 거리가 먼 것은?

① 다른 투자자에게 손해를 끼칠 가능성이 명백한 경우는 거부할 수 있다.
② 정당한 사유가 있어도 반드시 응해야 한다.
③ 해산된 펀드의 장부, 서류의 보존기간 등의 사유로 요청에 응하지 못할 수 있다.
④ 청구대상 장부, 서류 중에는 펀드재산 명세서도 포함된다.

013

다음 중 투자설명서의 종류로 속하지 않는 것은?

① 투자설명서
② 예비투자설명서
③ 간이투자설명서
④ 요약투자설명서

014

다음의 빈칸에 들어갈 말로 가장 적절한 것은?

> 상품 판매 이후의 해피콜제도는 금융소비자가 상품 가입 후 (   ) 이내에 판매직원이 아닌 제3자가 전화를 통해 불완전판매 여부를 확인하는 제도이다.

① 5일 ② 5영업일
③ 7일 ④ 7영업일

015

집합투자증권의 판매와 관련하여 일반적 기준에 대한 설명으로 가장 거리가 먼 것은?

① 금융투자회사 임직원은 투자상담 등 직무수행과정에서 알게 된 고객정보를 누설하거나 고객 아닌 자의 이익을 위하여 부당하게 이용하는 행위를 하여서는 안 된다.
② 고객에 관한 어떤 사항이 비밀정보인지 여부가 불명확할 경우에는 일단 공개 가능한 정보인 것으로 분류한다.
③ 고객의 정적인 금융거래정보 외에도 동적인 정보도 자기 또는 제3자의 이익을 위하여 이용하는 행위를 금지하고 있다.
④ 금융투자회사의 임직원은 회사와의 관계에서도 선량한 관리자의 주의의무를 다해야 한다.

016

금융투자업종사자가 자신이 속한 회사를 퇴직하는 경우, 그에 따른 적절한 후속조치를 취하여야 하고 퇴직 이후에도 상당한 기간 동안 회사의 이익을 해치는 행위를 할 수 없음을 의미하는 것은?

① 신의성실의무
② 직무전념의무
③ 품위유지의무
④ 고용계약 종료 후의 의무

017

비밀정보의 관리와 관련된 내용 중 가장 거리가 먼 것은?

① 회사의 재무건정성이나 경영 등에 중대한 영향을 미칠 수 있는 정보 등은 기록 형태나 기록 유무와 관계없이 비밀정보로 본다.
② 고객 관련 정보, 투자대상회사의 정보, 운용정보, 회사의 경영정보 등 일체의 비밀정보는 정보차단의 원칙에 의거하여 관리한다.
③ 비밀정보를 제공하는 경우에는 '필요성에 의한 제공원칙'에 부합하는 경우에 한하여 집합투자업자의 사전승인을 받아 제공한다.
④ 관련 전산시스템을 포함하여 적절한 보안장치를 구축하여 관리하여야 한다.

018

다음 상황에서 펀드매니저가 위반한 것은?

> 주식형 펀드를 담당하는 한 펀드매니저는 현재 6개의 펀드를 운용하고 있다. 그런데 6개 중에서 최근 매출한 3개의 신규 펀드 운용에 대부분의 시간을 할애하고 있다. 신규 펀드의 경우, 새로운 정보를 반영하여 적극적으로 포트폴리오의 내용을 교체하고 있지만 나머지 3개의 펀드는 잔고가 적고 일정 이율이 확보되었다는 이유로 변경하지 않고 있다.

① 고객과의 이익상충 금지 의무
② 고객의 합리적 지시에 따를 의무
③ 모든 고객을 평등하게 취급할 의무
④ 공정한 업무수행을 저해할 우려가 있는 사항에 관한 주지의무

019

펀드 판매와 관련한 각종의무에 대한 다음 설명 중 가장 거리가 먼 것은?

① 모든 고객의 이익은 상호 동등하게 취급해야 한다.
② 이해상충의 발생가능성이 있는 경우 문제가 없는 수준까지 낮춘 후 거래해야 한다.
③ 금융투자회사의 임직원은 고용계약 기간이 종료한 후에야 모든 의무에서 벗어난다.
④ 고객의 의사결정에 중대한 영향을 미칠 수 있는 정보를 제공할 때에는 정보의 출처를 밝혀야 한다.

020

미공개 중요정보의 이용 및 전달금지와 관련된 내용들 중 가장 거리가 먼 것은?

① 미공개 중요정보의 이용을 규제하는 것은 정보의 비대칭에 의한 불공정거래를 막기 위해서이다.
② 미공개정보는 발행자 또는 발행자단체의 주식과 관련하여 공개되지 않은 것을, 중요정보는 공개될 경우 주식가격에 영향을 미칠 수 있는 정보를 말한다.
③ 미공개정보를 매매에 이용하는 행위뿐만 아니라 다른 사람에게 내부정보를 알려주거나 거래를 권유하는 행위도 금지된다.
④ 자본시장법은 당해 법인의 임직원, 주요주주, 당해 법인과 계약을 체결한 자 등을 내부자로 규정한다.

021

고객에 대한 의무 중 투자목적 등에 적합하여야 할 의무와 가장 관계 깊은 것은?

① product guidance
② Know-You-Customer-Rule
③ 합리적 근거의 제공 및 적정한 표시의무
④ 고객의 합리적 지시에 따를 의무

022

준법감시인에 대한 내용 중 가장 거리가 먼 것은?

① 준법감시인은 이사회 및 대표이사에 아무런 제한 없이 보고할 수 있다.
② 준법감시인은 해당 금융투자업자의 고유재산의 운용업무를 수행하는 직무를 담당할 수 없다.
③ 금융투자업자의 임직원은 준법감시인이 자료나 정보의 제출을 요구하는 경우 이에 성실히 응하여야 한다.
④ 금융투자업자는 준법감시인이었던 자에 대하여 그 직무수행과 관련된 사유로 부당한 인사상의 불이익을 줄 수 없다.

023

다음 중 신의성실의 원칙에 대한 설명으로 옳지 않은 것은?

① 윤리적 원칙에 해당하지만 법적 의무는 아니다.
② 신의성실의 원칙은 민법과 자본시장법에 모두 명시되어 있다.
③ 법률관계를 해석함에 있어 해석상의 지침이 된다.
④ 권리의 행사가 신의칙에 반하는 경우에는 권리의 남용이 되어 권리행사로서의 법률효과가 인정되지 않는다.

024

분쟁조정제도에 대한 설명 중 가장 거리가 먼 것은?

① 조정결정 또는 각하 결정을 통지받은 이후에는 재조정 신청을 할 수 없다.
② 복잡한 금융관련 분쟁에 대한 전문가의 조언 및 도움을 받을 수 있다.
③ 소송수행으로 인한 추가적인 비용부담 없이 최소한의 시간 내에 합리적으로 분쟁 처리할 수 있다.
④ 개인투자자가 확인하기 어려운 금융투자회사의 보유자료 등을 조정기관을 통해 간접적으로 확인할 수 있다.

025

펀드 판매회사 및 판매직원의 금지행위가 아닌 것은?

① 집합투자증권의 판매와 관련하여 근거없는 허위의 사실 기타 소문을 유포하는 행위
② 정당한 사유 없이 투자자를 차별하여 수수료를 징수하는 행위
③ 판매업무를 판매회사의 임직원이 아닌 자에게 위탁하는 행위
④ 펀드에 불리한 정보를 제공하여 고객이 펀드매입을 포기하게 하는 행위

026

임직원의 고용계약 종료 후의 의무에 해당하지 않는 것은?

① 고용기간 동안 본인이 생산한 지적재산물은 반환대상이 아니다.
② 회사에 대한 선관주의 의무는 퇴직 후에도 일정기간 지속된다.
③ 고용기간 종료 이후 회사로부터 명시적으로 권한을 부여받지 않은 상태에서 비밀정보를 출간해서는 안 된다.
④ 고용기간의 종료시에는 보유하고 있는 기밀정보를 회사에 반납하여야 한다.

027

금융분쟁 조정위원회의 금융분쟁 조정절차 순서가 맞게 되어 있는 것은?

① 조정신청 → 사실조사 및 검토 → 합의권고 → 조정위원회 회부 → 조정안 작성 및 수락권고 → 조정의 성립 및 효력
② 조정신청 → 합의권고 → 사실조사 및 검토 → 조정위원회 회부 → 조정안 작성 및 수락권고 → 조정의 성립 및 효력
③ 조정신청 → 사실조사 및 검토 → 합의권고 → 조정안 작성 및 수락권고 → 조정위원회 회부 → 조정의 성립 및 효력
④ 조정신청 → 합의권고 → 사실조사 및 검토 → 조정안 작성 및 수락권고 → 조정위원회 회부 → 조정의 성립 및 효력

028

다음 투자권유의 원칙에 대한 설명 중 가장 거리가 먼 것은?

① 관계법령 등을 준수하고 신의성실원칙에 따라 정직하고, 공정하게 업무를 수행한다.
② 고객에 대하여 선량한 관리자로서 주의의무를 다한다.
③ 고객에게 합리적 의사결정을 하는 데 필요한 정보를 충분히 제공한다.
④ 이해상충발생 가능성 있는 거래에 대하여는 고객이익이 침해받지 않도록 최소한의 조치를 취한 후 매매하고, 이해상충이 불가피한 경우에는 회사 내에서 적절한 조치를 취한다.

029

펀드 판매에 대한 다음 설명 중 가장 거리가 먼 것은?

① Late Trading은 증권시장 종료 후에 정보를 이용하여 펀드를 매수하여 다른 수익자의 이익을 침해하는 거래를 의미한다.

② 전산 시스템에 따라 매수하는 경우에는 투자자가 주문한 시점을 기준으로 한다.

③ 판매회사는 펀드 판매 및 환매관련 자료를 5년간 보존해야 한다.

④ 판매회사 변경의 경우 환매 후 15일 이내에 집합투자규약에서 정하는 판매회사 변경의 효력이 발생하는 날에 공고되는 기준가격으로 판매한다.

030

집합투자기구의 세제에 대한 다음 설명 중 가장 거리가 먼 것은?

① 변액보험은 소득세법으로 투자신탁의 세제를 준용한다.

② 투자신탁의 이익은 배당소득으로 과세한다.

③ 투자합자회사는 세법상 투자회사로 간주하여 과세한다.

④ 장내파생상품의 매매차익은 비과세 대상이다.

031

다음은 펀드의 과세시기이다. 가장 거리가 먼 것은?

① 투자신탁의 해약일 또는 환매일

② 투자신탁의 이익을 지급받은 날

③ 원본에 전입하는 뜻의 특약이 있는 분배금은 원본에 전입되는 날의 익일

④ 결산분배일에 결산분배금을 '재투자특약'에 의하여 원본에 전입하는 날

032

펀드의 수익증권의 발행에 관한 설명으로 가장 거리가 먼 것은?

① 수익증권은 무기명식으로 발행함이 원칙이나 수익자의 청구로 기명식으로 변경할 수 있다.

② 투자회사의 주식은 무액면으로 발행하며 회사 성립일 또는 신주의 납입기일에 지체 없이 예탁원을 명의인으로 하여 주권을 발행하여야 한다.

③ 실질수익자는 수익증권을 판매한 판매회사에 대하여 언제든지 예탁 수익증권의 반환을 청구할 수 있다.

④ 집합투자업자와 판매회사는 수익자명부의 작성업무를 예탁원에 위탁하여야 하고 예탁원은 수익자명부를 작성, 비치하여야 한다.

033

수익증권 입출금 업무에 대한 다음 설명 중 가장 거리가 먼 것은?

① 입금식 원칙은 좌수절상, 금액절사 제도이다.
② 금액으로 입금하여 수익증권 수납 시 및 금전을 지급하기 위해 환매좌수를 정하는 경우 모두 절상한다.
③ 좌수의 평가를 위해서는 원 미만을 절상한다.
④ 이익금의 출금 시 전액출금과 일부출금으로 구분한다.

034

펀드의 수익증권 기준가와 관련된 내용 중 가장 거리가 먼 것은?

① 기준가 : 개별신탁자산의 실질 자산가치를 의미한다.
② 과세기준가 : 세금은 실제 수익금에 대해 산정된다.
③ 과표기준가 : 펀드 내 소득 중 과세대상 소득만으로 산출된 기준가이다.
④ 매매기준가 : 이 기준가의 등락에 따라 보유기간 동안의 수익이 결정된다.

035

집합투자증권의 판매에 관한 다음 설명 중 가장 거리가 먼 것은?

① 모집식 판매의 경우 단위형보다는 추가형에 적합한 판매방식이다.
② 펀드 매수신청 이후에 산정된 기준가격을 적용하는 것은 미래가격 방식이다.
③ MMF의 경우 급여 등이 정기적으로 이체되어 매수하는 것은 일정한 조건하에서 당일가격 적용이 가능하다.
④ 집합투자재산평가위원회가 인정하는 경우에는 금전납입 후 제3영업일 이후 기준가격으로 판매할 수 있다.

036

다음 표를 보고 펀드의 과세대상 소득은?

구분	이자 · 배당(IG)	매매 · 평가차익(CG)
채권	1,000,000	Δ1,000,000
주식	1,000,000	1,000,000

① 1,000,000원　② 2,000,000원
③ 3,000,000원　④ 4,000,000원

037

다음 중 주식형펀드의 주요한 위험과 가장 거리가 먼 것은?

① 시장위험 ② 신용위험
③ 개별위험 ④ 유동성 위험

038

ETF 지수산정방식 기준에서 지수에 대한 설명 중 가장 거리가 먼 것은?

① 지수를 구성하는 종목이 10종목 이상이어야 한다.
② 최상위 종목의 시가비중이 지수에서 30% 이하이어야 한다.
③ 시가총액 상위 85% 종목의 3개월 평균 시가총액이 150억 원 이상이어야 하고 거래대금은 100억 원 이상이어야 한다.
④ 매일 신뢰 가능한 가격으로 발표하고 공정하게 형성되어야 한다.

039

증권시장의 변동성을 이용하여 환매수수료 없이 자유롭게 펀드로 변경하여 수익을 확보하거나, 위험을 관리할 수 있도록 구조를 만들어 놓은 펀드는?

① 엄브렐라펀드 ② 종류형펀드
③ 상장지수펀드 ④ 모자형펀드

040

파생펀드의 유형 중 Range형 구조에 적절한 그래프 모양은?

①
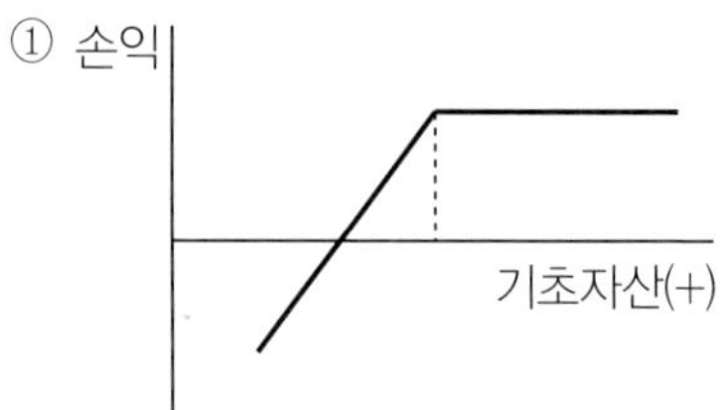

②
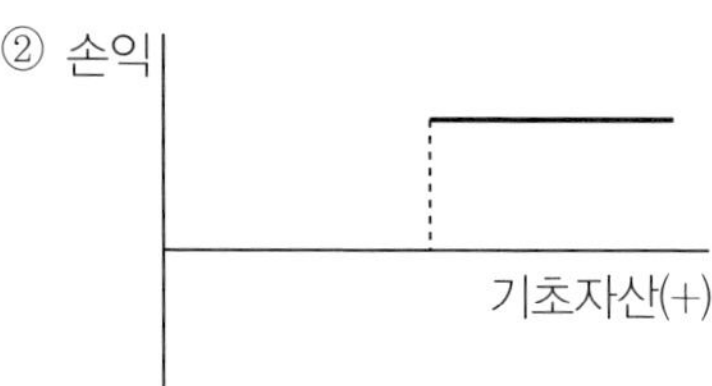

③
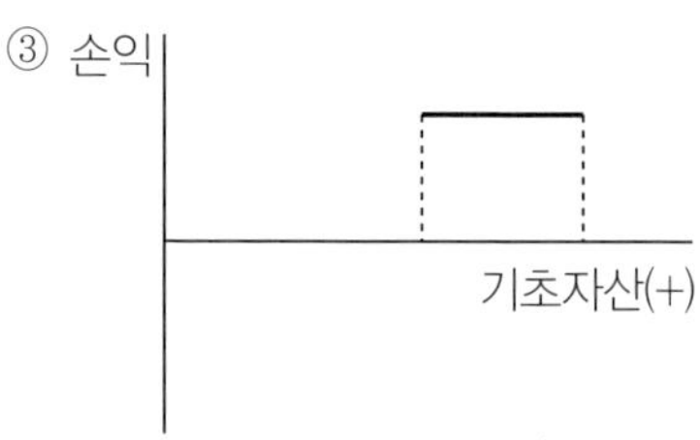

④
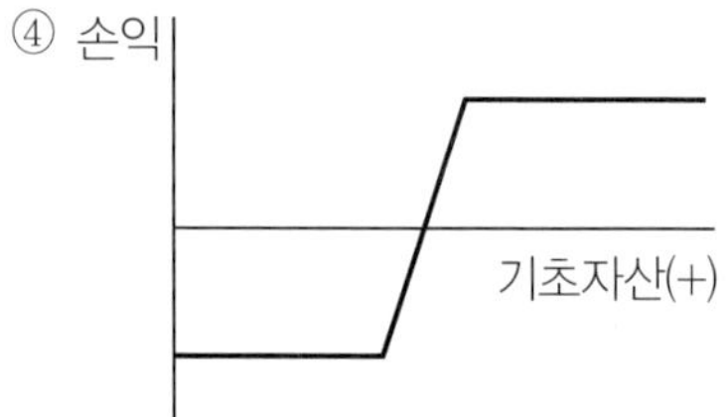

041

자본시장법상 특별자산펀드에 대한 설명 중 가장 거리가 먼 것은?

① 특별자산펀드는 펀드재산의 100분의 50을 초과하여 특별자산에 투자하는 펀드이다.

② 특별자산을 포괄주의가 아닌 열거주의를 채택하였다.

③ 상법상의 주식회사 형태는 특별자산 투자회사이다.

④ 상법상의 익명조합 형태는 특별자산 투자익명조합이다.

042

다음 중 쿠폰수익률이 낮은 경우는?

① 기초자산의 변동성이 높은 경우

② 상관관계가 높은 경우

③ 상관조건이 높은 경우

④ KI, KO가 높은 경우

043

증권신고서의 효력발생에 대한 다음 설명 중 가장 거리가 먼 것은?

① 상장된 환매금지형 : 12일

② 일반적인 환매금지형 : 7일

③ 일반적인 펀드 : 15일

④ 정정신고서 : 3일

044

MMF에 대한 다음 설명 중 가장 거리가 먼 것은?

① 장부가로 평가한다.

② 국채는 잔존만기 3년 이내, 지방채는 잔존만기 1년 이내만 편입이 가능하다.

③ 판매회사는 일정금액 이내에서 고유자금으로 환매가 가능하다.

④ 펀드재산의 40% 이상을 채무증권에 운용해야 한다.

045

다음 MMF에 대한 설명 중 가장 거리가 먼 것은?

① MMF는 파생상품에 투자할 수 없다.
② MMF의 편입자산의 최대 가중평균 잔존기간은 75일 이내이다.
③ MMF의 경우 시가 괴리율이 상하 0.3% 이상인 경우에 시가평가로 전환한다.
④ MMF는 펀드재산을 단기금융상품에 투자하는 단기금융펀드이다.

046

다음은 파생상품에 대한 설명 중 가장 거리가 먼 것은?

① 스왑거래란 상품이나 금융자산 혹은 금융부채 등을 교환하는 거래를 의미한다.
② 옵션은 기초자산에 대해서 사거나 팔 수 있는 권리가 부여된 파생기법이다.
③ 선도거래(Forward)는 선물거래와 성격은 같으나 파생상품이 아니다.
④ 원유가격에 대해서도 선물시장이 존재한다.

047

Enhanced 인덱스펀드에 대한 다음 설명 중 가장 거리가 먼 것은?

① 인덱스펀드＋추가수익(α)이 목표이다.
② 계량적 모델을 이용한다.
③ 차익거래를 활용하는 경우가 많다.
④ 적극적인 투자를 통해 수익률을 높인다.

048

다음 중 실물 자산에 투자하는 특별자산펀드에 대한 요건으로 가장 거리가 먼 것은?

① 실물펀드는 보관, 관리 등이 어려워 개발이 활성화되어 있지 않다.
② 실물펀드는 유가증권투자에 대한 대체투자 기능이 있다.
③ 아트펀드는 실물인 미술품에 투자하는 것이다.
④ 아트펀드는 혼합자산펀드에 속한다.

049

다음 중 사모투자 전문회사인 PEF와 가장 거리가 먼 것은?

① M&A 펀드
② 특별자산펀드
③ 사모펀드
④ 기업구조조정펀드

050

다음 중 상장지수펀드인 ETF에 관한 일반적인 성격과 가장 거리가 먼 것은?

① KOSEF, KODEX200은 ETF에 속한다.
② 인덱스펀드보다 추적능력이 뛰어나므로 지수 움직임에 정확하게 연동한다.
③ 인덱스펀드는 익일 매수하나 ETF는 시장에서 매수가 가능하기 때문에 적시성이 있다.
④ 운용자 능력이 타 펀드에 비하여 중시되지 않으며, 주식형 인덱스펀드에 비해 보수가 낮다.

051

장외파생상품 등을 이용하여 주가지수 등의 변동과 연계하여 수익이 결정되는 구조를 가지도록 하는 펀드 유형은?

① 헤지펀드
② ETF
③ ELF
④ PEF

052

신탁상품의 판매관련 불건전 영업행위 중 집합운용규제와 관련된 금지사항과 가장 거리가 먼 것은?

① 여러 신탁재산을 집합하여 운용한다는 내용으로 투자광고하는 행위
② 투자광고 시 여러 신탁계좌의 평균수익률을 제시하는 행위
③ 위탁자를 유형화하여 운용할 경우 각 유형별 가중평균수익률과 최고, 최저 수익률을 함께 제시하는 행위
④ 집합적으로 운용되는 신탁상품에서 특정 신탁계좌의 수익률만 투자광고에 제시하는 행위

053

주식형 펀드의 구분으로 가치주펀드와 성장주펀드로 나눈다. 성장주펀드에 편입하는 주식의 성격은?

① PER가 낮은 종목
② 베타가 낮은 종목
③ PER가 높은 종목
④ 알파가 낮은 종목

054

기술적 분석에서 패턴분석의 종류 중 반전형 패턴이 아닌 것은?

① 삼봉형(Head and Shoulder Formation)
② 이중삼중 천정(바닥)형
③ 원형 반전형
④ 직사각형 모형(Rectangle Formation)

055

금융기관의 리스크 관리에 대한 다음 설명 중 가장 거리가 먼 것은?

① 트레이딩 계정과 비트레이딩 계정의 차이는 보유상품에 대한 시가평가 적용 여부에 있다.
② 리스크 측정 표준방식은 각각의 리스크량을 합산하는 단순 합산방식을 의미한다.
③ 옵션의 시장 리스크 측정방식으로 간편법, 델타 플러스법, 시나리오 법 등이 있다.
④ RAPM 기법은 내부 모형법의 리스크 측정방식이다.

056

펀드의 모니터링상 정기적으로 점검해야 하는 사항과 가장 거리가 먼 것은?

① 수익률, 위험, 위험조정성과
② 보유자산 및 매매현황
③ 신탁업자 및 판매회사의 변경
④ 펀드의 자금흐름

057

전환사채에 대한 다음 설명 중 가장 거리가 먼 것은?

① 전환가격은 보유채권을 주식 1주로 전환할 때의 금액이다.
② 전환비율은 전환사채 액면의 몇 %를 주식으로 전환할 수 있는지를 의미한다.
③ 패리티 가격은 '(주가/전환가격) × 10,000원'으로 계산한다.
④ 만기보장 수익률은 '만기 시 원금 + 프리미엄'이다.

058

펀드의 수익률 중 시간가중수익률(Time Weighted Rate Return)에 대한 설명 중 가장 거리가 먼 것은?

① 펀드투자의 성과를 나타내는 내부수익률을 의미한다.
② 운용기간의 현금흐름에 영향을 받지 아니한다.
③ 펀드매니저의 운용능력을 정확하게 평가할 수 있다.
④ 벤치마크 대상 동종그룹 간 상대비교가 용이하다.

059

다음 중 펀드 분석 및 평가의 목적과 가장 거리가 먼 것은?

① 투자하기 좋은 펀드를 선택한다.
② 정상적으로 펀드가 운용되고 있는지 파악한다.
③ 펀드평가회사의 평가가 적절한지 조사한다.
④ 펀드의 투자가 성공적인지 또는 재투자해도 되는지의 여부를 판단한다.

060

채권가격 정리에 관한 설명 중 가장 거리가 먼 것은?

> ㄱ. 잔존기간이 길어질수록 수익률 변동에 따른 가격변동폭이 커진다.
> ㄴ. 채권의 잔존기간이 증가함에 따라 가격변동률은 체증한다.
> ㄷ. 동일한 크기의 수익률 변동 시 수익률하락에 따른 가격상승폭은 수익률 상승에 따른 가격하락폭과 동일하다.
> ㄹ. 표면이자율이 낮을수록 가격변동폭이 커진다.

① ㄱ, ㄴ　　② ㄴ, ㄷ
③ ㄱ, ㄹ　　④ ㄷ, ㄹ

061

파생상품의 위험평가액에 대한 다음의 설명 중 가장 거리가 먼 것은?

① 선물매수 포지션인 경우 '가격×계약수×승수'이다.
② Funded Swap는 '원금+지급예정이자'이다.
③ 장외파생상품거래는 실질원금이다.
④ 풋옵션 매도는 '행사가격×계약수×승수'이다.

062

다음 중 자본시장법상 집합투자재산의 운용대상에 따른 집합투자기구의 종류가 아닌 것은?

① 부동산집합투자기구
② 증권집합투자기구
③ 파생상품집합투자기구
④ 특별자산집합투자기구

063

파생상품형 집합투자기구와 관련하여 집합투자기구의 파생매매에 대한 위험평가액의 기준이 되는 비율은?

① 5% ② 10%
③ 20% ④ 50%

064

다음의 빈칸에 적절한 숫자는?

> 펀드재산으로 파생상품매매를 하는 경우 파생상품매매에 따른 위험평가액의 기준은 각 펀드의 자산총액에서 부채총액을 뺀 가액의 100분의 (㉠)이며, 사모펀드 및 헤지펀드는 100분의 (㉡)이다.

	㉠	㉡
①	100	100
②	100	200
③	200	400
④	100	400

065

파생상품펀드의 법규에 대한 다음 설명 중 가장 거리가 먼 것은?

① 기업회계기준상 위험회피회계의 적용이 되는 거래는 명목계약금액 산정대상에서 제외할 수 있다.
② VaR는 1년 이상의 관측 자료를 기초로 하여 측정되어야 한다.
③ VaR는 1영업일의 보유기간 및 95%의 신뢰구간을 적용해야 한다.
④ 시장상황 변동에 따른 펀드의 손익구조 변동은 시나리오법에 따라 산정한다.

066

다음은 파생상품펀드에 대한 설명 중 가장 거리가 먼 것은?

① 투자 시 레버리지 효과로 인하여 위험의 크기가 다른 펀드에 비하여 크다.
② 다양한 기법으로 손익구조를 사전에 결정할 수도 있다.
③ 장외파생상품에 투자하는 경우 계약 불이행 위험에도 직면할 수 있다.
④ 사모펀드는 자본시장법상 파생상품 매매에 따른 위험의 한도를 펀드자산의 100% 이내로 제한하고 있다.

067

고객 투자권유 규제 중 적합성의 원칙이 아닌 것은?

① 금융투자업자는 투자자가 일반투자자인지 전문투자자인지 확인하여야 한다.
② 금융투자업자는 일반투자자에게 투자권유를 하기 전에 투자자의 투자목적, 재산상황 및 투자경험 등의 정보를 파악하여야 한다.
③ 금융투자업자는 일반투자자에게 금융투자상품의 투자를 권유하는 경우 투자자가 이해할 수 있도록 설명해야 한다.
④ 금융투자업자는 일반투자자에게 투자권유를 하는 경우에 그 일반투자자에게 적합하지 않다고 인정되는 투자권유를 해서는 안 된다.

068

금융공학펀드에 대한 다음 설명 중 가장 거리가 먼 것은?

① 시뮬레이션 등을 통해서 목표수익률의 구조를 제시한다.
② 절대수익 추구 및 시장중립형도 가능하다.
③ 기본적으로 '주식+초과성과'에 접근한다.
④ 구조화된 펀드이며 운용사의 능력에 따라 큰 손실도 발생할 수 있다.

069

주가연계파생펀드에 대한 다음 설명 중 가장 거리가 먼 것은?

① 클리켓 구조의 주가연계상품은 연간수익률의 합이 양수이면 원금이 되는 구조이다.

② 보험사는 변액보험에서 주가연계파생상품을 많이 활용하고 있다.

③ 주가연계파생펀드는 장내파생상품에 주로 투자하는 형태일 수 있다.

④ 주가연계파생펀드는 파생결합증권이나 장외파생상품을 편입하는 구조로도 설계될 수 있다.

070

파생펀드에 대한 다음 설명 중 가장 거리가 먼 것은?

① 이자 수준으로 투자하여 원금보존형도 가능하다.

② 낙아웃, 낙인 옵션은 프리미엄은 낮고 시장전망에 따른 효율적 투자가 가능하다.

③ 주식시장의 변동성이 클 것으로 예상되는 경우 양방향에 투자한다.

④ 주가의 큰 폭 하락을 방지하려면 낙아웃 풋옵션을 매수한다.

071

다음 중 옵션의 복제를 통한 파생상품으로 가장 거리가 먼 것은?

① 델타펀드

② 인덱스펀드

③ 포트폴리오 보험형 펀드

④ Reverse Convertible 펀드

072

원금비보존형 펀드 구조의 쿠폰(제시수익률)에 대한 설명 중 가장 거리가 먼 것은?

① 기초자산의 변동성이 크면 쿠폰이 크다.

② 상환조건(행사가격)이 높으면 쿠폰이 크다.

③ KO나 KI가 높으면 쿠폰이 크다.

④ 상관관계가 높으면 쿠폰이 크다.

073

파생상품펀드에 대한 다음 설명 중 가장 거리가 먼 것은?

① 상환조건이 낮을수록 쿠폰이 낮아진다.
② 중도상환형 구조화펀드는 대부분 델타복제를 한다.
③ 장내파생상품을 이용하면 다양한 위험, 수익관계(Risk Return Profile)가 가능하다.
④ 델타혼합형 펀드는 중도환매가 불가하다.

074

파생형펀드의 포트폴리오 구성 요소에 대한 설명 중 가장 거리가 먼 것은?

① 일방형 투자뿐만 아니라 양방향 투자도 가능하다.
② 투자자가 부담할 수 있는 위험과 수익관계를 고려하여 고객맞춤형 상품이 가능하다.
③ 투자시간은 Simulation(가상실험)을 통해서 산정해 볼 수 있다.
④ 펀드는 단기적으로 운용하여 빠른 상환과 재투자를 유도하는 것이 좋다.

075

다음 파생상품펀드에 대한 설명 중 가장 거리가 먼 것은?

① 원금비보존 구조는 시장금리의 영향이 적지만 원금보존추구형 구조는 금리 수준에 민감하다.
② 투자은행과 장외파생거래를 할 수 있다.
③ 순자산의 50% 이상 파생결합증권에 투자할 수 있다.
④ 중도상환 조건이 있는 경우 일반적인 워런트에 투자하는 경우와 유사하다.

076

신용디폴트스왑(CDS)에 대한 설명 중 가장 거리가 먼 것은?

① 기초자산에 대한 신용위험을 보장 매입자가 보장 매도자에게 프리미엄을 지불하는 계약이다.
② 신용파생상품 중 가장 기본적인 거래이다.
③ 신용사건이 발생할 경우 보장 매도자는 손실금(채무원금 − 회수금액)을 보장 매입자에게 지불한다.
④ 보장 매입자가 준거기업에 대한 신용위험을 이전하면 보장 매도자의 신용위험은 존재하지 않는다.

077

선물거래의 특징에 대한 설명 중 가장 거리가 먼 것은?

① 공개호가방식으로 다중 경매방식으로 진행된다.
② 기초자산이 되는 상품에 기후, 범죄 등은 포함되지 않는다.
③ 증거금 납부와 일일대차로 결제한다.
④ 높은 유동성과 레버리지 효과가 있다.

078

현재 KOSPI200지수는 200P이다. 만기가 3개월인 ATM 콜옵션 가격이 10이다. 커버드 콜의 만기 시 손익이 '0'이 되는 기초자산의 가격은?

① 180P ② 190P
③ 200P ④ 210P

079

행사가격이 200인 샤우트 풋옵션에서 195가 되었을 때 샤우트를 한 후 190까지 하락하였으나 그 이후 다시 상승하여 만기에 195가 되었을 경우 옵션 매수자에게 지급되는 금액은 얼마인가?

① 0 ② 5
③ 10 ④ 15

080

현재 KOSPI200 지수가 200P이고 1년 만기 주가지수 선물가격이 202P, 무위험 이자율이 5%, 배당수익률이 4%이면 다음 설명 중 맞는 것은?

① 현시장은 콘탱고 시장이다.
② 현시장은 백워데이션 시장이다.
③ 현시장은 균형시장이다.
④ 현시장은 선물가격이 고평가 되어 있다.

081

다음 중 신용파생상품에 대한 설명으로 가장 거리가 먼 것은?

① CLN의 경우 기초자산이 여러 개로 이루어지고 이 중 하나라도 파산하면 책임을 지는 상품으로 발전하였다.
② 펀드에서 Protection Buyer로서 CDS를 거래한다면 신용리스크를 제거하면서 고수익을 올릴 수 있는 기회가 된다.
③ 합성 CDO는 기초자산으로 다양한 CDS를 활용하여 투자대상을 확대시킨다.
④ First to Default 형태의 CLN은 1개 종목을 기초자산으로 한 경우보다 높은 프리미엄을 받는다.

082

금리가 현 수준에서 안정적으로 유지될 것으로 전망하는 경우 바람직한 금리파생투자전략은?

① Long 스트래들
② Short 스트래들
③ Long Call
④ Long 스트랭글

083

옵션의 델타에 대한 설명으로 가장 거리가 먼 것은?

① 기초자산 변화에 대한 옵션가격 변화의 민감도이다.
② 옵션이 행사될 확률을 의미한다.
③ 콜옵션의 델타는 (−1)과 (+1) 사이에서 움직인다.
④ 콜 · 풋옵션 델타는 상호 반대방향으로 움직인다.

084

펀드 운용 시 상품가격 위험에 대한 설명 중 가장 거리가 먼 것은?

① 이론적으로 만기가 멀수록 선물가격이 상승하는 것은 콘탱고 현상이다.
② 이론적으로 만기가 짧을수록 선물가격이 상승하는 것은 백워데이션 현상이다.
③ 콘탱고 시장은 선물가격이 현물가격보다 높은 것을 의미한다.
④ 백워데이션 시장은 현물가격이 선물가격보다 낮은 것을 의미한다.

085

5% 고정금리를 지급하고 변동금리 기준금리를 받기로 하는 금리스왑과 동일한 거래는?

① 5% 금리캡 매도+5% 금리플로어 매도
② 5% 금리캡 매도+5% 금리플로어 매수
③ 5% 금리캡 매수+5% 금리플로어 매수
④ 5% 금리캡 매수+5% 금리플로어 매도

086

부동산펀드의 운용에 대한 다음 설명 중 가장 거리가 먼 것은?

① 집합투자업자는 펀드재산으로 부동산개발사업에 투자하고자 하는 경우에는 사업계획서를 작성하여야 한다.
② 부동산의 개발 및 부수업무, 부동산의 관리·개량 및 부수업무, 부동산의 임대 및 부수업무를 제3자에게 위탁할 수 있다.
③ 집합투자업자는 신탁업자로부터 사업계획서가 적정한지의 여부에 대하여 확인을 받아야 하며, 이를 인터넷 홈페이지 등을 이용하여 공시하여야 한다.
④ 부동산펀드에서 금전을 대여하는 경우, 그 대여금의 한도는 해당 부동산펀드의 자산총액에서 부채총액을 뺀 가액의 100%로 한다.

087

펀드재산의 50%를 초과하여 부동산과 관련된 법인의 대출에 투자하는 부동산펀드는?

① 임대형부동산펀드
② 증권형부동산펀드
③ 대출형부동산펀드
④ 개발형부동산펀드

088

부동산펀드에서 취득한 부동산은 일정기간 내 처분이 제한된다. 그 기간이 잘못 연결된 것은?

① 국내에 있는 부동산 중 주택법에 따른 주택은 1년이다.
② 국외에 있는 부동산은 집합투자규약으로 정하는 기간이다.
③ 국내에 있는 부동산 중 주택법에 따른 주택에 해당하지 아니한 부동산은 2년이다.
④ 집합투자기구가 미분양주택을 취득하는 경우에는 집합투자규약에서 정하는 기간이다.

089

부동산펀드에서 금전을 대여하는 경우 대여금의 한도를 옳게 설명한 것은?

① 부동산펀드 순자산액의 50%
② 부동산펀드 순자산액의 70%
③ 부동산펀드 순자산액의 80%
④ 부동산펀드 순자산액의 100%

090

부동산펀드의 설정 · 설립에 대한 설명 중 가장 거리가 먼 것은?

① 집합투자업자 등이 부동산펀드를 설정 · 설립하고자 하는 경우 환매금지형펀드로 설정 · 설립해야 한다.
② 기존투자자 전원의 동의를 받은 경우로서 기준가격과 증권시장에서 거래되는 가격을 고려하여 산정한 가격으로 발행하는 때에는 집합투자증권을 추가로 발행할 수 있다.
③ 부동산과 관련된 증권 등 시가 또는 공정가액으로 조기에 현금화가 가능한 자산에 투자하는 경우에는 해당 부동산펀드를 환매금지형펀드로 설정 · 설립하지 않아도 된다.
④ 환매금지형부동산펀드를 설정 · 설립한 경우 모든 공모환매금지형부동산펀드는 집합투자증권 최초발행일의 90일 이내에 그 집합투자증권을 증권시장에 상장해야 한다.

091

부동산시장의 수요와 공급요인으로 적절하지 못한 것은?

① 대출 기준이 강화되면 수요가 감소한다.
② 금리가 인상되면 부동산 가격 상승에 대한 기대감으로 가격이 상승한다.
③ 향후 부동산 가격이 상승할 것이라고 예상되면 공급이 증가된다.
④ 소득 수준이 향상될 때 일반적으로 부동산 가격은 상승한다.

092

다음 중 임대형부동산의 일반적인 위험과 가장 거리가 먼 것은?

① 임차인의 임대료 연체 등의 위험
② 공실률 하락위험
③ 제반경비의 과다
④ 차입관련비용의 과다

093

다음 중 임대형부동산펀드의 운용방법에 해당하는 것은?

① 부동산을 취득하여 임대사업 영위 후 매각
② 부동산을 취득하여 개량한 후에 단순히 매각하거나 또는 임대사업 영위 후 매각
③ 부동산을 매입한 후 부동산개발사업을 통해 개발된 부동산을 분양하거나 또는 임대 후 매각
④ 부동산 중에서 경매부동산 또는 공매부동산을 취득하여 단순히 매각하거나 또는 임대사업 영위 후 매각

094

임대형부동산펀드에 대한 주요 점검사항에 대한 설명 중 틀린 것은?

① 대출채권자와의 차입조건에 대해 일방적으로 불리한 내용은 없는지 면밀히 확인해야 한다.
② 판매시점의 해당 부동산의 공실률 · 임대료 현황과 향후 공실률 · 임대료 추이를 점검해야 한다.
③ 수익률 감소 위험의 점검을 위해 향후의 경기전망 및 주변상권의 추이 등에 대한 사전적인 점검을 충분히 해야 한다.
④ 임대형부동산펀드는 개량형부동산펀드와 유사하기 때문에 개량형부동산펀드의 사전 점검사항을 참고하면 된다.

095

분양권에 투자하는 부동산펀드에 대한 설명 중 가장 거리가 먼 것은?

① 분양아파트 등에 청약, 당첨된 부동산의 사용, 수익할 권리에 투자하는 부동산펀드이다.
② 자본시장법은 부동산펀드의 투자대상으로 분양권을 명시하지 않고 있다.
③ 부동산펀드에서 분양권에 투자하기 위해서는 분양권을 취득할 수 있는 법적 및 정책적 여건의 조성이 필요하다.
④ 분양권프리미엄을 평가하여 적정 가치를 산정할 수 있는 분양권 평가모델이 구축되어야 한다.

096

부동산시장 분석에 대한 설명 중 가장 거리가 먼 것은?

① 공간시장은 공간이용에 관한 권리를 사고파는 시장을 말하며, 자산시장은 자산으로서의 부동산을 사고파는 시장을 말한다.
② 부동산을 개발하게 되면 공간시장에 새로운 임대공간을 제공하는 한편 자산시장에 새로운 자산을 공급하게 되는 것이다.
③ 공간시장의 공급은 주로 지역 및 국가경제 상황에 가장 크게 영향을 받게 되고 공간시장의 수요는 건설하여 완공되는 물량에 따라 결정된다.
④ 자산시장의 현금흐름과 지본시장의 영향을 받아 형성된 시장요구자본환원율로 부동산의 시장가격을 추정할 수 있다.

097

부동산펀드 운용 시 투자위험에 대한 다음 설명 중 가장 거리가 먼 것은?

① 부동산에 대한 수요가 줄어들어 임대료가 하락하는 위험은 시장위험이다.
② 인플레이션위험은 물가상승으로 인해 장래 발생할 투자수익의 현재가치가 하락할 수 있는 위험을 의미한다.
③ 금융위험은 타인자본 비율의 감소로 지분수익률이 감소할 수 있는 위험을 의미한다.
④ 토지이용규제, 조세제도 등의 환경변화로 인한 부동산 투자의 위험은 법적 위험에 속한다.

098

임대형부동산펀드 운용단계 중 물리적 위험 대비에 대한 내용은?

① 주요 임차인의 임대계약은 장기로 체결해 임차인 변동에 따른 공실률 증가와 임대수입 변동가능성을 최소화해야 한다.
② 매입 전 회계법인이나 시설관리 전문업체를 통해 월별관리비를 분석하고 장래 물가상승률을 반영하여 미래관리비를 사업계획에 반영한다.
③ 운용기간 중 임차인의 계약갱신가능성에 대해 주의하고, 금융기관으로부터 단기차입이 가능하도록 준비한다.
④ 자연재해 위험, 기계장치 파손사고 위험, 물적 · 인적 손해에 대한 법률상 배상책임 위험 등에 대비해 필요한 보험에 가입해야 한다.

099

어떤 지역의 대형주택 가격이 평균 10% 인상됨에 따라 대형주택에 대한 수요가 20% 감소하였다. 대형주택에 대한 수요의 가격 탄력성은 얼마인가?

① 0.5 ② 1.0
③ 1.5 ④ 2.0

100

자산시장(Asset Market)으로서의 부동산시장에 대한 설명 중 가장 거리가 먼 것은?

① 시장요구자본환원율의 수준이 결정된다.
② 공간시장의 임대료와 점유율에 따라 자산시장의 현금흐름이 결정된다.
③ 현금흐름과 시장기대수익률을 통해서 자산의 시장가치가 추정된다.
④ 추정된 시장가격은 개발산업의 사업성 분석의 기초자료가 된다.

제2회

펀드투자권유자문인력

실전모의고사

평가 영역	문항 수	시험 시간
펀드일반 파생상품펀드 부동산펀드	100문항	120분

펀드투자권유자문인력 제2회 실전모의고사

001

신탁계약의 주요내용 변경 시 수익자총회 의결사항이다. 가장 거리가 먼 것은?

① 보수 및 수수료의 인상
② 신탁업자의 변경
③ 폐쇄형펀드에서 개방형펀드로의 변경
④ 투자신탁의 종류 변경

002

투자회사와 관계회사들인 판매회사, 신탁업자, 일반사무관리회사와는 법적으로 어떤 관계인가?

① 위임관계
② 신뢰관계
③ 신임관계
④ 상호교류관계

003

다음 중 투자설명서를 교부해야 하는 경우는?

① 전문투자자
② 일반투자자
③ 모집매출기준인 50인 산정대상에서 제외되는 자
④ 투자설명서 받기를 거부한다는 의사를 서면으로 표시한 자

004

사모펀드에 대한 다음 설명 중 가장 거리가 먼 것은?

① 사모펀드는 49인 이하의 투자자로 구성된다.
② 사모펀드는 일반적으로 헤지 펀드와 PEF로 구분된다.
③ 사모펀드에서는 파생상품 매매에 따른 위험평가액을 순자산의 400%까지 허용하고 있다.
④ 사모펀드에서 금전의 대여를 할 경우 대여금의 회수수단(담보권 등)을 확보한 후에 대여할 수 있다.

005

투자합자회사에 대한 다음 설명 중 가장 거리가 먼 것은?

① 무한책임사원과 유한책임사원으로 구성된 상법상의 합자회사이다.
② 투자회사에 적용하고 있는 규정을 준용한다.
③ 유한책임사원의 책임은 출자액까지이다.
④ 이익배당 및 손실 배분 시 무한책임사원과 유한책임사원의 배당은 달리 적용이 가능하다.

006

집합투자기구의 자산운용에 대한 다음의 설명 중 가장 거리가 먼 것은?

① 다수의 집합투자기구를 운용하는 경우, 모든 집합투자기구의 자산총액으로 동일법인이 발행한 지분증권 총수의 10%를 초과하여 투자할 수 없다.
② 파생상품 매매에 따른 위험평가액이 펀드재산의 100%를 초과하여 투자할 수 없다.
③ 기초자산 중 동일법인이 발행한 증권의 가격변동으로 인한 위험평가액이 각 집합투자기구 자산총액의 10%를 초과하여 투자할 수 없다.
④ 동일거래 상대방과의 장외파생상품 매매에 따른 '거래상대방 평가위험액'이 각 집합투자기구 자산총액의 10%를 초과하여 투자할 수 없다.

007

투자자에게 자산보관 및 관리보고서의 제공을 해야 하는 경우는?

① 투자가가 수령거부 의사를 서면으로 표시한 경우
② 10만 원 이하의 투자자
③ 집합투자기구 자산총액이 100억 원 이하인 소형집합투자기구
④ MMF, 폐쇄형펀드, ETF로서 인터넷 홈페이지 등을 통해 공시하는 경우

008

다음 빈칸에 알맞은 내용은?

> 펀드의 환매기간은 15일을 넘지 않는 범위에서 집합투자규약에서 정할 수 있으나 다만, 집합투자기구 자산총액의 (㉮)%를 초과하여 시장성 없는 자산에 투자하는 경우와 집합투자기구 자산총액의 (㉯)%를 초과하여 외화자산에 투자하는 경우에는 환매기간을 15일을 초과하여 정할 수 있다.

	㉮	㉯
①	10%	30%
②	10%	50%
③	30%	30%
④	30%	50%

009

투자회사에 대한 다음 설명 중 가장 거리가 먼 것은?

① 직원을 고용하거나 상근임원을 둘 수 없다.
② 투자업무 외의 업무를 할 수 없다.
③ 실체가 없는 서류상의 회사이다.
④ 본질적인 업무를 제외한 대부분의 일을 외부의 전문가에게 위탁해야 한다.

010

집합투자증권의 발행에 대한 다음 설명 중 가장 거리가 먼 것은?

① 집합투자증권을 공모로 발행하는 경우에는 증권신고서 규정을 적용받는다.
② 증권신고서가 금융위에 제출한 후 수리되기 전에도 일정한 규모의 집합투자증권의 모집 · 매출이 가능하다.
③ 집합투자증권의 투자권유는 투자설명서에 의해서만 할 수 있다.
④ 집합투자증권을 공모발행한 후에는 발행실적 보고서를 제출해야 한다.

011

투자설명서에 대한 다음 설명 중 가장 거리가 먼 것은?

① 투자설명서는 법정 투자 권유문서이다.
② 투자설명서의 내용은 증권신고서 내용과 일정 부분 달리할 수 있다.
③ 투자설명서는 증권신고서 효력 발생 후에만 사용할 수 있다.
④ 예비투자설명서는 증권신고서 효력 발생 전에 사용할 수 있다.

012

투자회사에 관한 다음 설명 중 가장 거리가 먼 것은?

① 감독이사는 회계 감사인에 대하여 회계감사에 관한 보고를 요구할 수 있다.
② 해당 투자회사의 발기인은 어떠한 경우에도 감독이사가 될 수 없다.
③ 투자회사의 대주주 및 특수관계인은 감독이사가 될 수 없다.
④ 법인이사로부터 계속적으로 보수를 받고 있는 자는 감독이사가 될 수 없다.

013

집합투자업자가 금융위 승인을 받지 않고 투자신탁을 해지할 수 있는 경우에 해당하지 않는 것은?

① 수익자 과반수가 동의하는 경우
② 공모 · 개방형 펀드로 설정 후 1년이 되는 날의 원본액이 50억 원 미만인 경우
③ 당해 투자신탁 수익증권 전부에 대한 환매청구를 받아 신탁계약을 해지하고자 하는 경우
④ 공모 · 개방형 펀드를 설정하고 1년이 지난 후 1개월간 계속하여 투자신탁의 원본액이 50억 원에 미달하는 경우

014

다음 중 고객에 대하여 이익을 보장하는 표현을 한 경우가 아닌 것은?

① 사내직원들에 대해서만 제공되는 수익예상자료를 보여주면서 고객을 설득하는 경우
② 의견과 예상을 구별하면서 장래의 전망에 대해서 근거 있는 자료를 제시하는 경우
③ 수치로 표시된 예상수익률을 조리 있게 설명하는 경우
④ 과거의 예를 설명하면서 손실이 나더라도 회사가 문제를 해결할 수 있다는 것을 은근히 표현하는 경우

015

임직원의 대외활동 시의 준법절차와 관련된 내용 중 가장 거리가 먼 것은?

① 임직원이 금융투자업무 관련 내용으로 회사외부의 기관 · 정보전달 수단 등과 접촉하여 다수인에게 영향을 미치는 활동을 말한다.
② 임직원 개인이 운영하는 소셜 네트워크 서비스(SNS)를 통한 대외 접촉활동은 대외활동의 범위에 포함되지 않는다.
③ 금융투자업종사자가 회사, 주주 또는 고객과 이해상충이 발생할 수 있는 대외활동을 하고자 하는 경우 소속 부점장, 준법감시인 또는 대표이사의 사전승인을 받아야 한다.
④ 임직원의 대외활동 시, 회사의 공식의견이 아닌 경우 사견임을 명백히 표현해야 한다.

016

다음 중 투자권유준칙에서 금지하는 행위에 포함되지 않는 것은?

① 판매업무를 영위하는 직원이 신탁업자 · 일반사무관리회사의 업무 또는 고유재산의 운용업무를 겸직하게 하는 행위
② 투자자부터 판매와 직접 관련된 대가를 수수하는 행위
③ 투자자에게 사실에 근거하지 아니한 판단자료 또는 출처를 제시하지 아니한 예측자료를 제공하는 행위
④ 투자자의 투자에 대한 인식, 투자목적, 재정 상태에 비추어 투자위험이 매우 큰 집합투자 증권을 적극적으로 권유하는 행위

017

금융투자상품의 가격에 중대한 영향을 미칠 가능성이 있는 매수 · 매도의 정보를 이용하여 고객의 주문을 체결하기 전에 이를 이용하여 자기의 계산으로 매수 · 매도하거나 제3자에게 그 매수 · 매도를 권유하는 행위를 뜻하는 것은?

① 스캘핑(scalping)
② 자기거래(self-dealings)
③ 선행매매(Front-running)
④ 통정매매(matched orders)

018

개인정보의 개념과 관련된 설명 중 가장 거리가 먼 것은?

① 개인정보는 살아 있는 개인에 관한 정보로 성명, 주민등록번호 등을 통하여 개인을 알아볼 수 있는 정보를 말한다.
② 개인정보보호란 개인정보처리자가 정보주체의 개인정보를 수집 및 이용하고 보관 · 관리하는 과정에서 유출 및 변조 · 훼손되지 않도록 하며, 정보주체의 개인정보 자기결정권이 제대로 행사되도록 보장하는 것을 말한다.
③ 개인정보파일은 개인정보를 쉽게 검색할 수 있도록 일정한 규칙에 따라 체계적으로 배열하거나 구성한 개인정보의 집합물을 말한다.
④ 정보주체는 업무를 목적으로 개인정보파일을 운용하기 위하여 스스로 또는 다른 사람을 통해 개인정보를 처리하는 공공기관, 법인, 단체 등을 말한다.

019

금융투자업자의 영업행위 규칙에 대한 다음 설명 중 가장 거리가 먼 것은?

① 신의성실의 원칙을 준수해야 한다.
② 정보교류의 차단 원칙하에 임원 및 직원을 겸직하게 하는 행위는 금지된다.
③ 파생펀드의 경우 적정성 원칙하에 판매해야 하며 적합성 원칙은 적용되지 않는다.
④ 투자권유 시, 거부의사 표시 후 다른 종류의 금융투자상품을 투자권유하는 것은 허용된다.

020

다음 중 균형성 유지의무와 관련된 설명은?

① 직무와 관련된 윤리기준, 법률, 하부규정 등을 숙지하고 그 준수를 위해 노력해야 한다.
② 항상 담당 직무에 관한 이론과 실무를 숙지하고 그 직무에 요구되는 전문능력을 유지하고 향상시켜야 한다.
③ 다양한 이해관계의 상충 속에서 어느 한쪽으로 치우치지 않고 투자자보호를 위해 항상 공정한 판단을 내릴 수 있도록 해야 한다.
④ 자기 또는 제3자의 이해관계에 의하여 영향을 받는 업무를 수행할 수 없으며, 독립성과 객관성을 유지하기 위해 합리적 주의를 기울여야 한다.

021

자본시장법상 영업행위 규칙에 해당되지 않는 내용은?

① 신의성실의무
② 이해상충의 방지
③ 정보교류의 차단
④ 투자자 이익의 관리

022

다음 중 일반투자자의 유형에 대한 분류에 속하지 않는 것은?

① 투자권유 희망고객
② 투자권유 불원고객
③ 투자권유 지연고객
④ 정보미제공 고객

023

고객에 대한 의무에서 다음의 설명 중 가장 거리가 먼 것은?

① 투자성과를 보장하는 듯한 표현을 사용해서는 안 된다.
② 고객에게 자기의 경력, 자격 등을 부실하게 나타내서는 안 된다.
③ 고객의 합리적인 지시가 있더라도 시장상황에 적절히 맞추어서 업무를 수행해야 한다.
④ 자기복무의 원칙을 지켜야 한다.

024

수수료 및 성과보수의 제한과 관련된 내용 중 가장 거리가 먼 것은?

① 투자매매업자 · 투자중개업자에 대하여 조사분석자료의 작성을 담당하는 자에 대해 기업금융업무와 연동된 성과보수를 지급하는 행위는 금지된다.
② 투자자문업자 및 투자일임업자의 경우 계약 시에 약정한 수수료 외의 대가를 투자자로부터 추가로 받는 행위는 금지된다.
③ 투자자문업자 및 투자일임업자는 수수료 지급 등과 관련하여 투자자로부터 성과보수를 받기로 하는 약정을 체결하거나 그에 따른 성과보수를 받을 수 없다.
④ 예탁자산규모에 연동하여 보수를 받는 경우 또한 성과보수로 인정된다.

025

다음 중 펀드 판매 시 부당권유 행위로 보기 어려운 것은?

① 투자자가 예상 수익율을 요구하여 연평균 15%선이라고 설명하였다.
② 고객의 성향이 보수적이어서 채권형펀드를 권유하였다.
③ VIP 고객을 방문하여 펀드 내의 정보를 알려주며 투자를 권유하였다.
④ 펀드의 예상 목표 수익율이 연평균 약 12%선으로 안정적인 면을 강조하였다.

026

다음 직무윤리에 대한 내용 중 빈칸에 들어갈 말은?

> 금융투자업자는 (㉮)원칙에 따라 공정하게 영업하고, 정당한 사유없이 (㉯)의 이익을 해하면서 자기 이익을 위하여 영업을 해서는 안 된다.

	㉮	㉯
①	신의성실	투자자
②	공정성	공공
③	적합성	공공
④	선관주의	투자자

027

다음 중 펀드 판매 시 금지된 부당 권유의 유형으로 볼 수 없는 것은?

① 거짓의 내용을 알리는 경우
② 일반투자자로부터 요청을 받지 않고 투자권유하는 경우
③ 전문투자자로부터 요청을 받지 않고 투자권유하는 경우
④ 단정적 판단을 제공하거나 오인을 할 소지가 있는 내용을 알리는 경우

028

펀드 판매회사의 선량한 관리자로서 주의의무를 설명한 것으로 가장 거리가 먼 것은?

① 만일 고의 또는 과실에 의하여 선관주의 의무에 따른 행위를 하지 아니한 경우, 고객에 대하여 의무위반을 이유로 민법상의 채무 불이행, 불법 행위책임이라는 법적 책임을 갖는다.
② 업무의 구체적인 상황은 업무를 수행하는 시점에서, 모든 요소와 상황을 고려할 것을 전제로 한다.
③ 최선의 이익이란 고객 등의 이익을 추구하는 경우에 있어서 고객을 위하여 최고의 수익률을 달성하는 것을 말한다.
④ 전문가로서의 주의를 기울이는 정도와 수준은 일반인 내지 평균인 수준 이상의 전문가로서 주의의무가 요구된다.

029

이익분배금 등 펀드영업실무에 대한 다음 사항 중 가장 거리가 먼 것은?

① 이익분배금은 신탁보수 및 준비금 등을 제하고 투자자별로 지급한다.
② 이익분배금은 반드시 투자자에게 지급하여야 하며 유보할 수 없다.
③ 재투자 시의 기준가격은 회계기간 종료일 익영업일이다.
④ 재투자 시의 기준가격은 반드시 1,000원이 아닐 수도 있다.

030

1,000만 원을 국내 주식형 펀드에 투자한 후 전부 환매한 경우의 매매내역이 다음과 같을 때 환매수수료는 얼마인가?

매매일자	구분	기준가격	과표기준가격
2020.10.10	매수	1010.00	1001.00
2021.12.30	환수	1080.00	1005.00

※ 환매수수료 : 30일 미만의 경우 이익금의 50%, 30일~90일 미만의 경우 이익금의 30%

① 11,881원 ② 12,000원
③ 207,920원 ④ 210,000원

031

다음의 펀드에서 발생한 손익 중 세법상 원천징수 대상이 되는 투자신탁 이익은 얼마인가?

투자대상자산	이자 · 배당소득	매매평가손익
상장주식	500,000	−1,500,000
상장채권	1,000,000	2,000,000

① 1,500,000원
② 3,500,000원
③ 4,000,000원
④ 5,000,000원

032

펀드의 환매 및 환매수수료에 관한 설명 중 가장 거리가 먼 것은?

① 투자자가 부담한 환매수수료는 해당 판매회사에 귀속된다.
② 투자자는 펀드를 판매한 판매회사에 대하여 펀드의 환매를 청구할 수 있다.
③ 환매수수료의 부과에서는 일정한 기간을 정한다.
④ 전환형 펀드의 펀드 변경 시에는 환매수수료를 징구하지 아니한다.

033

다음 중 자본시장법상 투자신탁 이외의 신탁과 가장 거리가 먼 것은?

① 특정금전신탁
② 변액보험
③ 신탁법에 의한 신탁
④ 재산신탁

034

펀드 판매 시 판매수수료에 대한 설명 중 가장 거리가 먼 것은?

① 판매수수료는 1회성 판매행위에 대한 대가성이다.
② 선취 판매수수료 징수 시에는 일정기간 환매에 대한 억제 효과가 있다.
③ 선취 판매수수료 징수 시에는 NAV(펀드 순자산가치)에 일시적으로 영향을 주어 기준가격이 변동한다.
④ 선취 판매수수료를 납부한 투자자는 장기투자 시 판매수수료가 인하되는 효과가 있다.

035

펀드와 관련된 다음 설명 중 가장 거리가 먼 것은?

① 집합투자증권 중 수익증권의 기본거래단위를 '좌'라 한다.
② 집합투자증권 중 투자회사 주식 기본거래단위를 '주'라 한다.
③ 기준가격이란 집합투자증권을 매매하는 데 기준이 되는 가격으로 1좌당 순자산가액을 말한다.
④ 기준가격은 통상 1,000좌 단위로 표시하고 원 미만은 절사한다.

036

다음 중 펀드 투자회사의 세제에 대한 다음 설명 중 가장 거리가 먼 것은?

① 투자회사는 법인이므로 법인세의 납부의무가 있다.
② 투자회사는 배당가능이익의 70% 이상 배당하면 법인세가 면제된다.
③ 투자회사의 자산평가는 발생주의 회계를 적용하고 있다.
④ 투자회사는 상법상 상업등기가 필요하므로 등록세를 납부해야 한다.

037

ETF에 대한 다음 설명 중 가장 거리가 먼 것은?

① ETF는 회계결산 시점과 무관하게 신탁 분배금을 분배할 수 있다.
② ETF의 매매차익도 수익증권의 수익으로서 과세 대상이다.
③ 국내 주식형 ETF의 경우 처분이익에 비과세하고 보유자산의 이자소득, 배당소득만 과세한다.
④ ETF의 자산총액으로 동일법인이 발행한 지분증권총수의 20%까지 운용이 가능하다.

038

ETF의 가격지수의 선정 및 ETF 구비요건에 대한 다음 설명 중 가장 거리가 먼 것은?

① 지수를 구성하는 종목이 10종목 이상일 것
② 가격 또는 지수가 시장을 통하여 투자자에게 적절하게 공표될 수 있을 것
③ ETF의 추적 오차율이 5% 이내이어야 할 것
④ 최상위 종목의 시가 비중이 전체의 30% 이상을 차지하지 아니할 것

039

특수한 형태의 펀드들에 대한 설명 중 가장 거리가 먼 것은?

① 종류형펀드는 동일한 펀드 내에서 다양한 보수 또는 수수료를 가진 클래스를 만들어 보수 또는 수수료 차이에서 발생하는 신규펀드 설정을 억제하고자 하는 펀드이다.
② 전환형펀드는 복수의 펀드 간에 공통적으로 적용되는 약관이나 정관에 의해 각 펀드의 투자자에게 다른 펀드로 전환할 수 있는 권리가 부여된 펀드로써, 시장상황에 따라 다양하게 제공한다.
③ 모자형펀드는 다수 개별 자펀드의 재산을 한 개 이상의 모펀드에서 통합운영하고, 자펀드는 모펀드의 수익증권을 편입해 운영하는 집중관리 펀드로써 투자자에게 모펀드를 판매한다.
④ 상장지수펀드는 지수펀드가 주식처럼 거래소에서 거래되도록 하는 장점이 있다.

040

다음 중 부동산펀드의 판매주체는?

① 신탁업자
② 투자매매업자
③ 집합투자업자
④ 일반사무관리회사

041

집합투자기구에 투자하는 워런트에 대한 설명 중 가장 거리가 먼 것은?

① 이자수준으로 투자하기 때문에 원본보존 추구형으로 개발할 수 있다.
② 낙아웃 · 낙인 옵션은 프리미엄이 작아 적은 비용으로 효율적인 투자를 할 수 있다.
③ 기초자산가격의 예상에 따라 상승형, 하락형, 양방향형, 디지털형 등 다양한 형태의 상품 개발이 가능하다.
④ 원본으로 투자한 채권의 이자수준은 워런트 수익률에 영향을 주지 않는다.

042

다음 중 인덱스펀드의 장점과 가장 거리가 먼 것은?

① 저렴한 비용
② 시장수익률의 힘
③ 투명한 운용
④ 시장상황에 적절한 대처능력

043

환매금지형 펀드에 대한 다음의 설명 중 가장 거리가 먼 것은?

① 기존 투자자의 전원의 동의가 있더라도 추가발행은 금지된다.
② 혼합펀드는 반드시 환매금지형으로 설정 · 설립해야 한다.
③ 펀드자산의 20% 이내에서 시장성 없는 자산에 투자하는 경우 환매 금지형으로 설정 · 설립할 필요가 없다.
④ 특별자산의 경우 시가 또는 공정가액으로 조기에 현금화가 가능하면 시장성이 있다고 본다.

044

신탁재산의 법적 특성으로 가장 거리가 먼 설명은 무엇인가?

① 신탁이 설정되면 신탁재산은 위탁자의 재산으로부터도 독립된 재산이다.
② 신탁재산에 대한 강제집행은 금지된다.
③ 수탁자가 사망하거나 파산한 경우에도 신탁재산은 파산재단이나 상속재산에 포함되지 않는다.
④ 신탁재산에 속하는 채권과 신탁재산에 속하지 않는 채무는 상계할 수 있다.

045

다음 중 해외에 투자하는 펀드에 대한 설명과 가장 거리가 먼 것은?

① 해외투자펀드는 상대적으로 높은 비용부담이 생긴다.
② 해외투자펀드는 해외 분산투자로 체계적 위험을 줄일 수 있다.
③ 해외투자펀드는 환율변동의 리스크를 감수해야 한다.
④ 해외투자펀드는 편입자산의 만기 및 환매 기간이 길다.

046

특별자산펀드인 원자재펀드(Commodity Fund)에 대한 설명 중 가장 거리가 먼 것은?

① 우리나라에서 역사가 매우 오래된 펀드의 유형이다.
② 인플레이션에 대한 헤지기능이 있는 것으로 알려지고 있다.
③ 주가와 반대방향으로 움직이는 경향이 많은 것으로 알려지고 있다.
④ 최근 원자재가격 상승률이 두드러진 것은 개발 도상국의 높은 경제성장률 때문이다.

047

상장지수펀드(ETF)에 대한 다음 설명 중 가장 거리가 먼 것은?

① 일반 펀드처럼 판매회사 창구에서 환매가 가능하다.
② HTS 또는 전화주문으로도 거래가 가능하다.
③ ETF는 인덱스펀드로서 거래소에 상장되어 주식처럼 거래된다.
④ 유가증권시장에 상장되어 거래되지만 매매차익에는 과세한다.

048

연금신탁에 대한 설명으로 가장 거리가 먼 것은?

① 연금신탁은 불특정금전신탁상품이다.
② 신탁상품의 특성상 원금보장은 허용되지 않는다.
③ 소득공제 및 이자소득세 비과세 등의 세금혜택이 주어진다.
④ 국내에 거주하는 만 18세 이상의 개인만 가입할 수 있다.

049

부동산펀드 중 임대형부동산펀드에 대한 설명 중 가장 거리가 먼 것은?

① 매입, 임대방식(Buy&Lease)이다.
② 운용방법은 업무용 부동산(오피스빌딩 등) 또는 상업용 부동산(상가 등) 등을 매입하여 임대한다.
③ 운용 목적은 임대소득과 향후의 부동산자산 가치증가에 따른 자본소득의 확보이다.
④ 리츠(REITs)는 수익성 부동산을 매입하여 임대사업을 할 수 없다.

050

다음 종류형펀드에 대한 설명 중 가장 거리가 먼 것은?

① 펀드의 기준가격은 클래스별로 고시한다.
② 클래스의 수에는 제한이 없다.
③ 전체클래스 총회와 클래스별 수익자총회로 구분하여 운용한다.
④ 기존 펀드는 클래스펀드로 전환되지 않는다.

051

다음 중 단기금융펀드인 MMF에 대한 설명 중 가장 거리가 먼 것은?

① MMF는 파생상품에 투자할 수 없다.
② MMF는 특별자산이나 부동산에 투자할 수 없다.
③ MMF의 편입자산의 최대 가중평균 잔존기간은 60일 이내이다.
④ MMF의 경우 시가 괴리율이 상하 ±0.5% 이상인 경우 시가평가로 전환한다.

052

신탁상품의 판매관련 불건전 영업행위에 대한 설명으로 가장 거리가 먼 것은?

① 구체적 근거를 제시하지 아니하면서 타 신탁상품보다 비교우위가 있음을 막연하게 나타내는 행위는 금지된다.
② 위탁자가 신탁재산인 금전의 운용방법을 지정하고 수탁자는 지정된 운용방법에 따라 신탁재산을 운용한다는 사실을 계약 체결 직후에 지체없이 고지하지 않는 행위는 금지된다.
③ 거래상대방에게 신탁상품의 판매와 관련하여 기준을 초과하는 재산상의 이익제공 및 수령이 금지된다.
④ 실적배당신탁상품에 대하여 매일의 배당률 또는 기준가격을 영업장에 비치하는 등 게시하여야 한다.

053

채권투자의 신용위험에 대한 설명 중 가장 거리가 먼 것은?

① 크레딧물 매도, CDS 같은 신용파생상품 활용을 통해 부도위험을 회피할 수 있다.
② 채권의 신용등급이 하락하면 채권수익률이 하락하여 채권가격이 상승한다.
③ 일반적으로 경기가 활황세일 때에는 신용스프레드가 축소되고, 침체기에는 신용스프레드가 확대된다.
④ 신용채권은 신용평가회사로부터 신용등급을 받는데, 회사채의 투자적격등급에는 AAA, AA, A, BBB가 해당된다.

054

기업의 내재가치를 분석하는 과정에는 3단계의 Top-Down방식이 있다. 다음 중 3단계의 Top-Down방식을 바르게 나열한 것은?

① 과거분석 - 현재분석 - 미래분석
② 기업분석 - 산업분석 - 경제분석
③ 거시분석 - 미시분석 - 정밀분석
④ 경제분석 - 산업분석 - 기업분석

055

성과평가 단계에 대한 다음 설명 중 가장 거리가 먼 것은?

① 성과평가는 성과측정과 성과요인분석으로 구분한다.
② 성과배분은 BM, Peer 그룹과 비교하는 방법이 있다.
③ 시장에 대한 모니터링과 포트폴리오 재조정이 필요하다.
④ 효용대비 비용이 낮아지면 재조정 효과가 있다고 본다.

056

EV/EBITDA 모형에 대한 다음 전략 중 가장 거리가 먼 것은?

① EV/EBITDA 비율은 기업 전체 가치를 EBITDA로 나눈 것이다.
② EV는 시가총액과 우선주 시장가치에서 순차입금을 차감한 금액을 합한 값이다.
③ EV/EBITDA의 장점은 부(-)의 EBITDA 기업이 별로 없다는 점이다.
④ 자본적 지출액과 감가 상각비의 크기가 동일하지 않으면 현금흐름 정보가 왜곡된다는 단점이 있다.

057

기술적 분석에 대한 설명 중 가장 거리가 먼 것은?

① 주가의 과거 패턴이나 추세를 알아내어, 주가변동을 예측하고 주식의 선택과 매매시기를 판단하는 기법이다.
② 과거정보에 의존하고, 자료의 신뢰성과 회계처리 방법 및 분식결산 등에 따른 문제점이 발생하기도 한다.
③ 차트를 통하여 쉽고 빠르게 이해할 수 있으나, 차트 해석이 분석자에 따라 달라질 수 있다는 한계를 지닌다.
④ 기본적 분석으로 과대 또는 과소평가된 주식이 투자자에게 인식될 시점에는 이미 주가에 반영된 경우가 많으나, 기술적 분석에서는 주가변동의 패턴을 관찰하여 그 변동을 미리 예측

058

다음의 위험지표 중에서 성격이 다른 것은?

① 표준편차
② 공분산
③ 베타
④ 초과수익률

059

다음 중 주식 갑의 수익률에 대한 계산으로 맞는 것은?

상황	발생확률	주식 갑
호황	0.4	40%
정상	0.4	15%
불황	0.2	−30%

① 15%　② 16%
③ 18%　④ 20%

060

벤치마크의 종류 중 자산유형 중 특정한 분야나 특정한 성격을 지니는 대상만을 포함하며 특정 분야에 집중투자하는 경우에 적합한 지수로서, 중소형주 · 가치주 · 성장주 · 국공채 · 회사채 등에 적용되는 것은?

① 시장지수(maket index)
② 섹터/style지수(sector index)
③ 합성지수(synthesized index)
④ 맞춤포트폴리오(customized portfolio)

061

파생펀드의 공시대상 위험지표에 대한 다음 설명 중 가장 거리가 먼 것은?

① 순포지션 기준으로 구분하여 명목계약금액의 총액을 기재한다.

② 손익을 이익, 손실, 중립 등 3개 구간으로 서술식으로 기재한다.

③ 손익구조 변동은 시나리오법을 준용한다.

④ 최대손실 위험의 산정 시 VaR를 사용하며 포지션의 신뢰구간이 99%인 경우 1.65의 배수를 사용한다.

062

파생상품투자 시 위험평가액 산정방식에 대한 다음 설명 중 가장 거리가 먼 것은?

① 장내 및 장외파생거래에 따른 명목계약금액으로 산정한다.

② 선물, 선도의 경우 기초자산의 가격에 거래량과 승수를 곱하여 산정한다.

③ 옵션 매수의 경우 옵션가격에 계약수와 승수를 곱하여 산정한다.

④ 콜옵션 매도의 경우 행사가격과 기초자산가격 중 큰 가격에 계약수와 승수를 곱하여 산정한다.

063

다음 중 자본시장법상 파생상품펀드의 투자대상 기초자산과 가장 거리가 먼 것은?

① 파생결합증권

② 일반자산

③ 선물

④ 스왑

064

파생상품에 투자 시 위험평가액에 대한 설명 중 가장 거리가 먼 것은?

① 스왑거래의 명목계약금액은 기초자산의 교환을 포함하는 거래의 경우 기초자산가격에 거래상대방에게 만기까지 지급하기로 한 금전 총액을 합한 금액이다.

② 명목계약금액 산정 시 기업회계기준상 위험회피회계의 적용대상이 되는 기업회계거래도 포함해야 한다.

③ 파생상품거래에 따른 위험평가액은 파생상품거래에 따른 명목계약금액으로 한다.

④ 명목계약금액 산정 시 기초자산이 동일하고 가격의 변화방향만 반대인 경우(거래상대방이 다른 장외파생상품 거래는 제외)는 상계 후 잔여 명목계약금액을 위험평가액으로 산정할 수 있다.

065

사모파생펀드에서의 파생상품 매매에 따른 위험평가액의 기준은?

① 각 펀드의 순자산액의 100분의 50 이내이다.
② 각 펀드의 순자산액의 100분의 100 이내이다.
③ 각 펀드의 순자산액의 100분의 200 이내이다.
④ 각 펀드의 순자산액의 100분의 400 이내이다.

066

파생결합증권에 대한 설명 중 틀린 것은?

① 파생결합증권은 기존의 주가연계증권(ELS), 신용연계증권(CLN) 등을 모두 포괄적으로 포함한다.
② 발행인가를 받은 금융투자회사 등이 발행한다.
③ 취득 이후 추가적인 지급의무가 있어 증권의 하나로 본다.
④ 일종의 펀드처럼 운용된다.

067

다음의 빈칸에 알맞은 숫자는?

> 원칙적으로 각 펀드 자산총액의 100분의 (㉮)을 초과하여 동일증권에 투자할 수 없으나 파생결합증권의 경우에는 100분의 (㉯)까지 투자할 수 있다.

	㉮	㉯
①	10	10
②	30	30
③	10	30
④	30	100

068

구조화펀드에 대한 다음 설명 중 가장 거리가 먼 것은?

① 만기 시 손익은 운용성과에 따라 변동한다.
② 델타헤징을 통해 펀드의 운용을 탄력적으로 수행한다.
③ ELF 대비 세금면에서 불리한 단점이 있다.
④ 선진국처럼 변동성이 낮은 시장에서는 수익률이 낮은 단점이 있다.

069

파생결합증권에 대한 다음의 설명 중 가장 거리가 먼 것은?

① 주가 및 환율 등이 기초자산이 된다.
② 원금보존추구형만 가능하다.
③ 파생결합증권에 가장 많이 영향을 주는 것은 변동성이다.
④ 파생결합증권은 증권의 하나이다.

070

파생펀드 운용전략에서 TIPP형과 CPPI형의 비교에 대한 다음 설명 중 가장 거리가 먼 것은?

① 보장적 Touch 가능성은 TIPP형이 크다.
② 상승장에서의 성과는 TIPP형이 크다.
③ 하락장에서의 성과는 TIPP형이 크다.
④ 횡보장에서의 성과는 TIPP형이 크다.

071

주식워런트 증권(ELW)의 가격 결정요인으로 가장 거리가 먼 것은?

① 기초자산의 가격
② 종합주가지수
③ 권리행사가격
④ 잔존기간

072

워런트의 수익구조를 결정하는 데 만기에 한 번만 관찰하는 형은?

① 유럽형
② 미국형
③ 아시아형
④ 아메리카형

073

파생상품의 다양한 수익구조에 대한 다음 설명 중 가장 거리가 먼 것은?

① 선물을 매도하면 시장 하락 시에도 수익을 얻을 수 있다.
② Worst Performer 상품은 사실상 시장에 없다.
③ 선물 매수를 이용하면 개별종목의 초과 성과를 수익으로 얻을 수 있다.
④ 옵션매매는 방향성에 대한 예측이 틀렸을 때 손실을 제한할 수 있다.

074

낙아웃(Knock-Out)과 낙인(Knock-In)형에서 기초자산이 도달하는 '일정수준'을 설명하는 용어는?

① 참여율
② 프리미엄
③ Barrier
④ Rebate

075

다음 중 멀티에셋펀드에 대한 설명 중 가장 거리가 먼 것은?

① 정해진 자산배분으로 안정적인 수익을 추구하는 것이 일반적이다.
② 구조가 복잡한 경우가 많아 하이브리드펀드라고 한다.
③ 대규모 투자금액으로 다양한 자산에 투자해야 효과가 있다.
④ 여러 자산에 투자하여 자산배분효과가 있기 때문에 안정성을 중시하는 투자자에게 알맞다.

076

KOSPI200의 행사가격이 205인 풋옵션의 가격이 6.0이다. Knock-In 풋옵션 가격이 2.0이면, Knock-Out 풋옵션의 가격은 얼마인가?

① 2.0
② 3.0
③ 4.0
④ 6.0

077

선물거래의 전략에 대한 다음의 설명 중 가장 거리가 먼 것은?

① 헤지 후에도 베이시스 위험이 존재한다.
② 투기거래 전략은 단순투기전략과 복합투기 전략으로 구분한다.
③ '근월물 매수+원월물 매도' 포지션을 강세스프레드라고 한다.
④ '현물 매도+선물 매수'로서 차익거래를 행하는 것을 매도차익거래라고 한다.

078

수직적 약세 콜옵션 스프레드 전략에 대한 설명 중 가장 거리가 먼 것은?

① 기초자산의 가격이 약세일 때 이익을 얻으려는 전략이다.
② 포지션 구성 시 옵션의 프리미엄 차액을 수령한다.
③ 손익분기점은 낮은 행사가격에 프리미엄의 차액을 차감한 가격이다.
④ 행사가격이 낮은 콜옵션을 매도하고 행사가격이 높은 콜옵션을 매수하여 구성한다.

079

옵션의 민감도에 대한 다음 설명 중 가장 거리가 먼 것은?

① (−)값의 감마를 가지는 옵션의 포지션을 Nagative 감마라고 한다.
② 풋옵션의 델타는 기초자산이 상승하면 0에, 하락하면 (−)1에 접근한다.
③ 쎄타는 일반적으로 (+)값을 가진다.
④ 베가와 카파는 동일어이며 모두 종모양의 양상을 보인다.

080

다음의 장외옵션 중 가격이 가장 높은 것은?

① 미국식옵션
② 버뮤다옵션
③ 장애옵션
④ 선택옵션

081

환율과 이자율에 대한 위험 관리 중 캐리 트레이딩에 대한 다음 설명 중 가장 거리가 먼 것은?

① 캐리 트레이딩은 환율변화가 금리수익을 상쇄할 수 있기 때문에 수익의 가능성이 높지 않다.
② 엔 캐리 트레이딩은 일본의 저금리 현상을 반영한 결과이다.
③ 엔 캐리 트레이딩 전략은 엔화가 강세일 때 유리한 전략이다.
④ 캐리 트레이딩은 세계적으로 유동성이 풍부할수록 유효한 전략이다.

082

금리스왑에 대한 설명 중 가장 거리가 먼 것은?

① 스왑 개시 시점에 수취와 지급 포지션의 가치는 대부분 동일하다.
② IRS의 이론금리는 국채금리보다 높다.
③ 수익률 곡선의 커브가 완만해지면 수취 포지션의 가치가 상승한다.
④ 이자율스왑의 가치는 금리수준 및 금리기간 구조의 변경에 관계없이 일정하다.

083

파생펀드 운용 시 신용위험에 대한 다음 설명 중 가장 거리가 먼 것은?

① 증권사가 자기자본 비율을 유지 못하는 경우 조건을 충족시킬 때까지 장외파생거래를 중지한다.
② 신용위험을 줄일 수 있는 방법으로 신용도가 높은 발행사의 상품을 편입한다.
③ 신용위험은 거래상대방의 계약불이행 위험이다.
④ 장외파생거래는 당사자 간 혹은 시장여건 등의 이유가 있어도 계약을 조기에 종결할 수 없다.

084

다음 선물을 이용한 헤지 거래에 대한 설명 중 가장 거리가 먼 것은?

① 매입 헤지는 현물가격의 하락위험에 대비한 것으로서 가격하락위험이 실제로 발생하더라도 선물가격은 당초 정한대로 유지되므로 현물 포지션의 손실을 상쇄하여 준다.
② 매도 헤지는 현재 현물을 보유하고 있거나 미래에 현물을 불확실한 가격으로 팔아야 하는 상황에 있는 경우 해당 현물에 대응하여 선물을 미리 팔기로 계약하는 것이다.
③ 매도 헤지를 하려는 사람이 많으면 선물가격은 현물가격보다도 낮아져 백워데이션 상태가 될 수 있다.
④ 선물을 통해 현물가격 변동위험을 제거하고자 하는 경우 완전 헤지를 달성하는 것은 사실상 불가능하다.

085

다음 중 기초자산 가격의 큰 폭 하락이 확실하다면 가장 좋은 전략은?

① 수직약세 콜 스프레드
② 콜 매도
③ 수직약세 풋 스프레드
④ 풋 매수

086

부동산펀드의 금전 차입에 대한 설명으로 옳지 않은 것은?

① 보험회사에서 차입할 수 있다.
② 다른 부동산펀드에서 차입하는 것은 금지된다.
③ 차입금의 한도는 펀드 순자산액의 200% 이내이다.
④ 부동산펀드가 아닌 펀드에서 부동산을 취득함에 있어 차입금의 한도는 해당 펀드에 속하는 부동산 가액의 70% 이내이다.

087

토지 이용상의 용어에 대한 설명 중 가장 거리가 먼 것은?

① 가간지는 개간이 가능한 토지이다.
② 승역지는 지상권 설정의 경우 편익을 제공하는 토지이다.
③ 이행지는 용도지역 간 전환되고 있는 토지이다.
④ 선하지는 고압선 아래의 토지이다.

088

다음 중 지적의 3요소와 가장 거리가 먼 것은?

① 토지
② 건물
③ 등록
④ 지적공부

089

부동산펀드의 정의에 대한 설명 중 가장 거리가 먼 것은?

① 펀드재산의 50%를 초과하여 부동산에 투자하는 집합투자기구를 말한다.
② 펀드재산의 50%를 초과하여 부동산개발과 관련된 법인에 대한 대출을 하는 경우도 부동산펀드에 해당한다.
③ 부동산과 관련된 권리 · 금전채권 · 증권 등은 투자대상에 해당하지 않는다.
④ 부동산투자회사로서 공모부동산투자회사를 부동산간접투자상품으로 인정한다.

090

공모부동산펀드에서 파생상품에 투자하는 경우의 운용제한 중 가장 거리가 먼 것은?

① 적격요건을 갖추지 못한 자와 장외파생상품을 매매하는 행위를 할 수 없다.
② 파생상품매매에 따른 위험평가액이 각 펀드자산총액에서 부채총액을 뺀 가액의 400%를 초과하여 투자하는 행위를 할 수 없다.
③ 같은 거래상대방과의 장외파생상품매매에 따른 거래상대방 위험평가액이 각 펀드자산총액의 10%를 초과하여 투자하는 행위를 할 수 없다.
④ 파생상품매매와 관련하여 기초자산 중 동일법인 등이 발행한 증권의 가격변동으로 인한 위험평가액이 각 펀드 자산총액의 10%를 초과하여 투자하는 행위를 할 수 없다.

091

자산운용회사의 부동산펀드 중 최초로 개발한 것은?

① 대출형부동산펀드
② 임대형부동산펀드
③ 경공매형부동산펀드
④ 개량형부동산펀드

092

해외부동산펀드 투자의 장점과 가장 거리가 먼 것은?

① 해외부동산펀드에 투자함으로써 동일 기대수익률 하에서 분산투자를 통해 위험이 축소된다.
② 성장하고 있는 해외부동산시장에 투자할 수 있는 기회이다.
③ 여러 지역에 소재하여 포트폴리오 구성이 불가능하다.
④ 위험분산차원에서 투자자의 최적 포트폴리오를 구성하는 데 해외부동산펀드가 도움된다.

093

경 · 공매형 부동산펀드에 대한 설명으로 옳지 않은 것은?

① 낙찰 후 명도, 리모델링 등의 비용이 추가 발생하여 수익이 감소할 위험이 있다.

② 일반적으로 경매시장의 특성상 양호한 대형 투자자산 확보가 용이하다는 장점이 있다.

③ 사전에 투자자산이 정해져 있지 않은 상태에서 운용되는 블라인드(blind)방식이다.

④ 규모가 너무 크면 부동산이 펀드에 적정 수준으로 편입될 때까지 미운용자금의 비중이 높아 펀드 수익률이 낮아질 가능성이 크다.

094

다음 중 부동산펀드 운용 중 Passive 운용펀드로 볼 수 없는 것은?

① 시스템펀드

② 섹타펀드

③ 구조화펀드

④ 시장중립운용전략 펀드

095

부동산투자회사인 리츠(REITs)의 종류에 포함되지 않는 것은?

① 자기관리 부동산 리츠

② 위탁관리 부동산 리츠

③ 대출전문 부동산 리츠

④ 개발전문 부동산 리츠

096

다음 중 부동산 투자위험과 가장 거리가 먼 것은?

① 사업상위험

② 금융위험

③ 환경위험

④ 법적위험

097

부동산 리크스 관리절차에 관한 내용 중 다음의 설명과 가장 가까운 것은?

객관적 자료 및 계량화된 정보와 자료를 이용하여 식별된 위험인자의 중요도를 파악함으로서 대안 설정과 전략수립이 가능한 단계

① 위험분류 ② 위험분석
③ 위험식별 ④ 위험대응

098

부동산시장의 조세정책에 대한 다음의 설명 중 가장 거리가 먼 것은?

① 조세부담이 발생하게 될 때 수요자가 조세를 일부 부담하게 되면 부동산가격은 하락한다.
② 정부의 조세정책은 취 · 등록세율을 증감시키는 방법을 사용하기도 한다.
③ 수요자의 가격 탄력성이 공급자보다 비탄력적이면 공급자보다 더 많은 조세를 부담하게 된다.
④ 정부의 조세정책에 의한 시장개입으로 사회적 후생손실이 많이 발생한다.

099

부동산 간에 대체 또는 보완관계에 있을 때, 해당 부동산의 수요량의 변화율을 대체 또는 보완관계에 있는 부동산가격의 변화율로 나눈 것은?

① 수요의 교차탄력성
② 수요의 가격탄력성
③ 수요의 소득탄력성
④ 부동산의 공급탄력성

100

다음 중 부동산 투자의 사업상 위험에 해당되는 것은?

① 입지위험
② 금융위험
③ 법적위험
④ 인플레이션위험

제3회

펀드투자권유 자문인력

실전모의고사

평가 영역	문항 수	시험 시간
펀드일반 파생상품펀드 부동산펀드	100문항	120분

펀드투자권유자문인력 제3회 실전모의고사

001

신탁업자의 업무와 가장 거리가 먼 것은?

① 펀드재산의 보관 및 관리
② 자산운용회사의 운용지시 등에 대한 감시
③ 펀드재산에서 발생하는 이자, 배당, 수익금, 임대료의 수령
④ 집합투자증권의 판매

002

MMF가 당일가격으로 매매가 되는 경우와 가장 거리가 먼 것은?

① 투자자가 금융투자상품의 매도나 환매에 따라 수취한 결제대금으로 결제일에 MMF를 매수하기로 집합투자증권을 판매하는 투자매매업자 또는 투자중개업자와 미리 약정한 경우
② 투자자가 급여 등 정기적으로 받는 금전으로 MMF를 매수하기로 집합투자증권을 판매하는 투자매매업자 또는 투자중개업자와 미리 약정한 경우
③ 외국환평형기금이나 연기금(MMF 및 증권펀드)에 MMF를 판매하는 경우
④ 전환형 펀드에서 MMF 펀드를 전환하는 경우

003

펀드재산의 10%를 초과하여 동일 종목에 투자하는 것을 금지하고 있으나 일부 예외규정을 두고 있다. 펀드재산의 100%를 투자할 수 있는 투자증권에 해당하는 것은?

① 국채 ② 지방채
③ 최고우량주식 ④ 은행 CD

004

외국 집합투자기구의 집합투자업자 및 펀드 요건에 대한 다음 설명 중 가장 거리가 먼 것은?

① 최근 사업연도 말 운용자산규모가 1조 원 이상이어야 한다.
② OECD 가맹국의 법률에 의한 펀드는 국내 판매가 가능하다.
③ 보수, 수수료 체계가 국제관계에 비추어 높으면 안 된다.
④ 투자자의 요구에 직 · 간접적으로 환매 등의 방법으로 회수가 가능해야 한다.

005

자본시장법의 패러다임에 대한 설명 중 가장 거리가 먼 것은?

① 열거주의에서 포괄주의 규제 체제로 변경하였다.
② 증권에 파생결합증권과 투자계약증권을 포함시켰다.
③ 기능과 위험을 기준으로 규제하고 있다.
④ 집합투자업은 30인 이상의 투자자로부터 금전을 모아 운용하고 그 결과를 투자자에게 귀속시키는 것이다.

006

펀드의 운용구조에 대한 다음 설명 중 가장 거리가 먼 것은?

① 개방형펀드는 추가로 펀드 지분 발행이 가능하다.
② 폐쇄형펀드는 추가로 펀드 지분 발행이 불가능하다.
③ 폐쇄형펀드는 펀드 지분이 거래소에 상장된다.
④ 폐쇄형펀드는 투자회사의 경우 고정된 자본금이 유지된다.

007

외국집합투자기구의 국내판매를 위한 규정에 대한 설명 중 가장 거리가 먼 것은?

① 외국집합투자증권을 국내에서 판매하려면 해당 외국집합투자기구를 금융위에 등록해야 한다.
② 자산운용보고서는 3개월에 1회 이상 제공하여야 한다.
③ 외국집합투자업자의 자산운용규모가 5조 원 이상이어야 한다.
④ 외국집합투자증권은 OECD가맹국, 홍콩, 싱가포르 법률에 의해 발행되어야 한다.

008

펀드의 투자회사에 대한 설명 중 가장 거리가 먼 것은?

① 투자회사는 투자신탁이 아니라 투자회사와 합병하는 경우가 아니면 다른 회사와 합병할 수 없다.
② 투자회사는 법인이사 1인과 감독이사 2인 이상을 선임하여야 한다.
③ 투자회사에서 정관이 정하는 사항에 대한 의결은 주주총회를 거쳐야 한다.
④ 투자회사는 등록신청 당시 자본금 또는 출자금이 1억 원 이상이어야 한다.

009

환매금지형(폐쇄형) 집합투자기구에 대한 다음의 설명 중 가장 거리가 먼 것은?

① 펀드 자산총액의 20%를 초과하여 시장성 없는 자산에 투자하는 경우 반드시 폐쇄형으로 하여야 한다.
② 존속기간을 정한 펀드에 한하여 폐쇄형으로 만들 수 있다.
③ 폐쇄형펀드는 최초로 발행한 날로부터 90일 이내에 증권시장에 상장하여야 한다.
④ 폐쇄형펀드는 최초 발행 이후 펀드를 추가로 발행할 수 없다.

010

집합투자업자가 주식의 의결권을 행사함에 있어서 중립적(Shadow Voting)으로 해야 하는 경우와 가장 거리가 먼 것은?

① 집합투자업자(그 이해관계인 및 사실상 지배자 포함)가 해당 주식 발행법인을 계열회사로 편입하기 위한 경우
② 집합투자재산인 주식을 발행한 법인이 그 집합투자업자와 계열회사관계 혹은 사실상 지배자 관계에 있는 경우
③ 그 밖에 투자자 보호 또는 집합투자재산의 적정한 운용에 저해되는 경우
④ 집합투자재산에 손실이 초래될 것이 명백하게 예상되는 경우

011

집합투자재산의 평가 방법으로 옳은 것은?

① 장부가 평가를 원칙으로 하고 있다.
② MMF를 제외하고 장부가 평가를 허용하고 있다.
③ 원칙적으로 시가로 평가하고, 평가일 현재 신뢰할 만한 시가가 없는 경우에는 장부가 평가를 허용하고 있다.
④ 원칙적으로 시가로 평가하고, 평가일 현재 신뢰할 만한 시가가 없는 경우에는 공정가액으로 평가해야 한다.

012

펀드의 집합투자증권 발행과 관련한 다음 설명 중 가장 거리가 먼 것은?

① 수익자는 판매회사에 언제든지 반환청구를 요구할 수 있다.
② 집합투자업자가 수익자의 요구에 따라 예탁원에 위탁하여야 한다.
③ 수익증권의 재발행은 판매회사에 청구할 수 있다.
④ 무액면으로 집합투자증권을 발행할 수 있다.

013

투자회사에 대한 다음 설명 중 가장 거리가 먼 것은?

① 법인이사는 투자회사를 대표한다.
② 당해 투자회사의 집합투자업자가 법인이사가 된다.
③ 집합투자업자는 직무의 범위를 정하여 임직원 중 법인이사를 선임할 수 있다.
④ 감독이사는 1인 이상이어야 한다.

014

다음 〈보기〉에서 해외투자펀드를 고객에게 권유하는 경우에 설명해야 하는 것을 모두 고르면?

보기

㉠ 투자대상국가의 경제여건
㉡ 투자대상국가의 시장위험
㉢ 환율변동 위험
㉣ 환위험 헤지 여부 및 목표 환위험 헤지 비율

① ㉠
② ㉠, ㉡
③ ㉠, ㉡, ㉢
④ ㉠, ㉡, ㉢, ㉣

015

'프로테스탄티즘의 윤리와 자본주의 정신'에서 서구의 문화적 속성으로 합리성 · 체계성 · 조직성 · 합법성을 들고, 이들은 세속적 금욕생활과 직업윤리에 의하여 형성되었다고 설명한 사상가는?

① 장 칼뱅(Jean Calvin)
② 막스 베버(Max Weber)
③ 마틴 루터(Martin Luther)
④ 칼 마르크스(Karl Heinrich Marx)

016

다음 펀드 판매 시 주의해야 할 내용 중 가장 거리가 먼 것은?

① 일반투자자에게 투자권유 전에 투자목적 · 재산상황 · 투자경험 등을 파악하기 위해서는 대면의 방법만이 가능하다.
② 파생상품 등의 거래 시에는 투자권유가 없더라도 고객정보를 파악하여 거래의 적정성 여부를 확인하여야 한다.
③ 신청일 전일 기준으로 금융투자상품의 잔고가 50억 원 이상인 개인은 전문투자자로의 지정을 신청할 수 있다.
④ 일반투자자를 대상으로 하는 장외파생상품 신규 취급 시, 금융투자협회의 사전심의를 받아야 한다.

017

금융투자회사의 준법감시인에 대한 설명으로 가장 거리가 먼 것은?

① 금융투자회사는 준법감시인 1인 이상을 반드시 두어야 한다.
② 당해 직무수행과 관련한 사유로 부당한 인사상 불이익을 주어서는 안 된다.
③ 준법감시인은 감사 또는 감사위원회에 소속되어 독립적인 업무를 수행한다.
④ 집합투자업자가 준법감시인을 임명하고자 하는 경우에는 이사회 결의를 거쳐야 한다.

018

요청하지 않은 투자권유의 금지에 대한 다음 설명 중 가장 거리가 먼 것은?

① 장외파생상품은 재권유 금지가 적용된다.
② 거짓의 내용을 알리는 것은 금지된다.
③ 자본시장법상 재권유 금지기간은 3개월이다.
④ 투자권유를 받은 투자자가 이를 거부하는 경우 투자권유를 할 수 없다.

019

영업 관련 자료의 자본시장법상 기록유지기간의 연결이 잘못된 것은?

① 부수업무 · 업무위탁 관련 자료 : 10년
② 주문기록, 매매명세 등 투자자의 금융투자상품의 매매 : 10년
③ 매매계좌 설정 · 약정 등 투자자와 체결한 계약 관련 자료 : 10년
④ 집합투자재산, 투자일임재산, 신탁재산 등 투자자재산의 운용 관련 자료 : 10년

020

다음 펀드 판매 시 직무윤리에 대한 설명 중 가장 거리가 먼 것은?

① 불초청 금지원칙은 금융투자업자 단위로 적용된다.
② 이해상충 발생 가능성이 있다고 인정되는 경우에는 그 사실을 미리 해당 투자자에게 알려야 한다.
③ 펀드를 온라인으로 판매할 경우 적합성 원칙을 준수할 수 있는 절차를 마련해야 한다.
④ 한 번 일반투자자로 전환한 전문투자자는 다시 전문투자자로 전환할 수 없다.

021

다음 중 요청받지 않은 재투자권유 금지의 예외가 되지 못하는 것은?

① 장외파생상품에 대한 투자권유
② 증권에 대한 투자권유
③ 다른 종류의 금융투자상품에 대해 투자권유 하는 경우
④ 투자자가 거부 표시한 후 1개월 지난 후 재투자권유 하는 경우

022

금융투자상품 관련 분쟁의 유형 중 부당권유로 분류되며, 적합성의 원칙, 적정성의 원칙, 설명의무, 손실보전약정 금지 등으로 민법상 불법행위 여부를 판단하는 것은?

① 임의매매
② 일임매매
③ 집합투자증권 등 불완전 판매
④ 주문관련 분쟁

023

신임관계 및 신임의무와 관련된 내용 중 가장 거리가 먼 것은?

① 신임의무는 수임자가 위임자에 대해 진실로 충실하고, 직업적 전문가로서 충실한 주의를 가지고 업무를 처리해야 함을 의미한다.
② 충실의무는 고객의 최선의 이익을 위해 충실하게 그 업무를 수행해야 하고 자기 또는 제3자의 이익을 고객의 이익에 우선할 수 없음을 의미한다.
③ 주의의무는 고객의 업무를 수행할 때마다의 전문가로서의 주의를 기울여야 함을 의미한다.
④ 금융투자업자와 일반 주식회사 임직원에 요구되는 주의의무 수준은 동등하다.

024

전자통신수단을 이용한 활동 시 준수해야 할 사항과 가장 거리가 먼 것은?

① 임직원의 사외 대화방 참여는 사적인 대화로 간주한다.
② 임직원과 고객 간의 이메일은 사용 장소에 관계없이 표준내부통제기준 및 관계법령 등의 적용을 받는다.
③ 금융투자상품에 대한 설명 등 업무와 관련된 사항을 게시하거나 대량의 메시지로 발송하고자 하는 경우 회사가 정하는 방법과 절차에 따라야 한다.
④ 임직원이 인터넷 게시판이나 웹사이트 등에 특정 금융투자상품에 대한 분석이나 권유와 관련된 내용을 게시하고자 하는 경우 사전에 준법감시인이 정하는 절차와 방법에 따라야 한다.

025

펀드회사의 펀드판매와 관련된 각종 의무에 대한 다음 설명 중 적절하지 못한 것은?

① 직원이 금융투자회사의 직무수행 중 알게 된 회사의 정보는 회사의 재산에 속하기 때문에 회사의 이익을 위해서만 사용되어야 한다.

② 고객의 매매주문 동향 등 직무와 관련하여 알게 된 정보를 동적인 정보라고 한다.

③ 일반적으로 회사정보 유출은 자본시장법에서 포괄적으로 규제하고 있다.

④ 고객에 관한 정보가 비밀정보인지 여부가 불명확할 때에는 일단 비밀정보로 처리해야 한다.

026

A 투자자가 B 투자금융회사에 다음과 같이 주장하였다면 B 투자금융회사가 소홀한 부분은?

> 나는 당신들이 원금이 보전되는 펀드 상품이라고 하는 것 같아서 매수하였는데 30%나 손해를 받았으니 물어내시오.

① 투자자 정보 확인 소홀

② 투자 설명의무 소홀

③ 적합성의 원칙 소홀

④ 신의성실 의무의 소홀

027

펀드 판매회사의 직무윤리상 신임관계(Fiduciary Relation)에 대한 설명으로 가장 거리가 먼 것은?

① 전문가로서의 능력을 신뢰하여 서비스의 제공을 받는 자와 위임을 받는 전문가의 관계를 신임관계라고 한다.

② 실제적으로는 직원과 소속회사와의 관계를 의미한다.

③ 신임(Fiduciary)은 신탁(Trust)에서 유래되었다.

④ 신임의무는 크게 충실의무와 주의의무로 나누어진다.

028

펀드 판매직원의 직업윤리로서 고객에게 지는 의무와 관계없는 것은?

① 선량한 관리자로서의 주의의무

② 법규준수의 의무

③ 고객정보 활용의 의무

④ 고객이익 최우선의 원칙

029

펀드 수익증권의 과세기준일에 대한 설명이다. 가장 거리가 먼 것은?

① 투자신탁의 해약일 또는 환매일
② 원본에 전입하는 뜻의 특약이 있는 경우 원본에 전입된 날
③ 신탁계약을 연장하기로 한 경우는 그 익일
④ 투자신탁의 이익을 지급받는 날

030

소득세법상 투자신탁소득에 대한 설명으로 가장 올바른 것은?

① 투자신탁 소득은 모두 배당소득이다.
② 투자신탁 소득은 모두 분류과세된다.
③ 투자신탁 소득은 모두 비과세된다.
④ 투자신탁 소득은 모두 금융소득이다.

031

다음 정보에 따라 펀드의 만기일을 구하면?

- 2021. 3. 10 수익증권 매수
- 저축기간 20일

① 2021 3/29일 ② 2021 3/30일
③ 2021 3/31일 ④ 2021 4/1일

032

수익증권 저축제도에 대한 다음 설명 중 가장 거리가 먼 것은?

① 목표식의 경우 만기일까지 저축목표 금액이 미달 시에는 저축기간이 연장된다.
② 저축자의 요청에 의한 경우 저축기간의 연장이나 목표 저축액의 증액이나 감액이 가능하다.
③ 저축금액의 최고 및 최저액은 제한하지 않는 것이 원칙이다.
④ 임의식 및 목적식 모두 저축금액을 정하여야 한다.

033

특수한 형태의 집합투자기구에 대한 설명으로 옳지 않은 것은?

① 환매금지형 펀드는 설정일로부터 90일 이내 상장하여야 한다.
② ETF는 설정일로부터 30일 이내에 증권시장에 상장되어야 한다.
③ 종류형 펀드는 특정 종류의 투자자만으로 총회 개최가 가능하다.
④ 모자형 펀드는 자펀드와 모펀드의 집합투자업자가 동일해서는 안된다.

034

펀드상품에 가입한 후 기준가격이 100원 상승하였는데, 기준가격의 상승분에서 이자 및 배당소득이 60원이고, 나머지는 자본소득(주식)이었다면 과표 기준은?

① 100원
② 40원
③ 60원
④ 160원

035

다음 중 소득세법상의 배당소득으로 볼 수 없는 것은?

① 상법상 건설이자의 배당
② 의제배당
③ 비영업대금의 이익
④ 인정배당

036

투자신탁 회계기간의 종료, 펀드의 만기 또는 해지에 따라 펀드의 운용결과 발생한 수익금에서 신탁보수, 제비용을 공제하고 투자자에게 지급되는 금액을 무엇이라 하는가?

① 이익분배금
② 상환금
③ 배당금
④ 이자

037

장내파생상품 운용펀드에 대한 다음 설명 중 가장 거리가 먼 것은?

① 콜옵션 매수의 성과를 복제하는 것은 포트폴리오 인슈어런스 상품이다.
② 높은 레버리지를 이용할 수 있다.
③ 다양한 위험 수익관계(Risk Return Profile)가 가능하다.
④ 기술적 분석이나 시스템을 이용한 투기거래는 금지된다.

038

자본시장법상 특별자산에 해당하는 파생상품과 가장 거리가 먼 것은?

① 통화를 기초자산으로 하는 파생상품
② 증권을 기초자산으로 하는 파생상품
③ 일반상품을 기초자산으로 하는 파생상품
④ 신용위험을 기초자산으로 하는 파생상품

039

증권펀드의 하나인 국공채형펀드에 대한 설명 중 가장 거리가 먼 것은?

① 회사채펀드가 신용등급 전략을 사용하는 반면에 국공채형펀드는 듀레이션 전략을 사용한다.
② 향후 금리의 상승이 예상될 경우 유리한 펀드이다.
③ 편입 채권은 신용위험이 없어 경기 침체 시에 투자자의 관심이 집중된다.
④ IMF 이후 채권시장이 회사채 중심시장에서 국채 중심시장으로 이동하면서 규모가 크게 증대하였다.

040

증권펀드의 투자전략 중 액티브형 및 패시브형 전략을 동시에 보유한 것은?

① 섹터형 투자전략
② 정통형 투자전략
③ 스타일 투자전략
④ 테마 투자전략

041

부동산펀드 운용특례에 대한 설명 중 가장 거리가 먼 것은?

① 부동산을 취득하거나 처분하는 때에는 '실사보고서'를 작성 후 비치하여야 한다.
② 부동산 취득을 위하여 차입하는 경우 펀드 순자산총액의 100%를 초과할 수 없다.
③ 부동산펀드가 아니더라도 해당 펀드에 속하는 부동산에서 차입할 수 있다.
④ 부동산펀드에서 금전을 대여하는 경우, 그 대여금의 한도는 순자산총액의 100분의 100으로 한다.

042

집합투자기구의 설립 등에 대한 다음 설명 중 가장 거리가 먼 것은?

① 펀드의 모집 매출 시 증권신고서 제출이 의무화되어 있다.
② 증권신고서의 제출 시의 발행금액의 기준은 100억원 이상이다.
③ 증권신고서의 제출 시 기재사항 및 중요사항에 대해서 상당한 주의를 기울어야 한다.
④ 사모펀드인 경우에는 증권신고서 제출의무가 적용되지 않는다.

043

다음 중 투자신탁의 유형으로 설립 가능한 펀드가 아닌 것은?

① MMF형
② M&A 투자기구
③ 주식형
④ 채권형

044

펀드의 성격을 가지고 있는 인덱스펀드에 대한 설명 중 가장 거리가 먼 것은?

① 펀드 매니저의 운용능력이 잘 드러나지 않는다.
② 운용 방법과 절차가 간단하다.
③ 적극적인 투자자에 적합하다.
④ 시장의 변동에 적극적인 대응이 어렵다.

045

파생형 구조인 주가연계증권(ELS)과 관련이 가장 적은 것은?

① ELD(Equity Linked Deposit)
② ETF(Exchange Traded Fund)
③ ELF(Equity Linked Fund)
④ 구조화 증권

046

자본시장법상의 집합투자기구에 대한 다음 설명 중 가장 거리가 먼 것은?

① 증권펀드는 투자재산의 50% 이상을 초과하여 증권에 투자하는 펀드이다.
② 부동산펀드는 투자재산의 50% 이상을 부동산에 투자하는 펀드로 부동산에 최고 투자비율은 제한이 없다.
③ 혼합자산펀드는 투자재산의 50% 이상을 초과하여 혼합자산에 투자하는 펀드이다.
④ 특별자산펀드는 투자재산의 50% 이상을 초과하여 특별자산에 투자하는 펀드이다.

047

다음에서 설명하는 상품은 무엇인가?

> 위탁자인 고객이 신탁재산의 운용방법을 수탁자인 신탁회사에게 지시하고, 신탁회사는 위탁자의 운용지시에 따라 신탁재산을 운용한 후 실적 배당하는 단독운용 신탁상품을 말한다.

① 불특정금전신탁 ② 특정금전신탁
③ 증권신탁 ④ 동산신탁

048

단기금융펀드인 MMF에 대한 설명 중 가장 거리가 먼 것은?

① 안정성을 중시하므로 투자대상 채권의 등급을 A 이상으로 하여야 한다.
② MMF가 아닌 다른 펀드에 운용할 수 없다.
③ 금융기관에 예치하거나 CD를 매입 시 만기가 6개월 미만이어야 한다.
④ 펀드의 대형화를 위하여 개인은 3,000억 원 이상, 법인은 5,000억 원 이상인 경우에 추가 설정이 가능하다.

049

다음 설명에 대한 용어로 적절한 것은?

> 형식적인 투자대상을 기준으로 할 때에는 증권에 투자해서 증권펀드이지만, 실질적인 투자내용 및 경제적인 효과를 감안하면 특별자산펀드에 속하는 펀드

① 특별자산펀드 ② 준증권펀드
③ 준특별자산펀드 ④ 혼합자산펀드

050

다음 해외투자펀드에 대한 설명 중 가장 거리가 먼 것은?

① 해외투자는 상대적으로 높은 비용부담이 발생한다.
② 해외투자로 국내 분산투자 시 제거되지 않는 체계적 위험도 줄일 수 있다.
③ 해외투자에 따른 수익률은 투자자산 수익률에 환율 상승률만큼 추가해서 나타난다.
④ 해외투자는 편입자산의 만기가 비교적 긴 반면에 환매소요기간은 짧다.

051

특별자산펀드에 관한 설명 중 가장 거리가 먼 것은?

① 제도권 밖에서 운용되고 있던 사설펀드를 법의 규제로 흡수하기 위해 허용된 펀드이다.
② 보험금지급 청구권은 모두 특별자산펀드의 편입대상이 되지 않는다.
③ 투자대상의 구체성, 자금의 흐름, 손익평가방법의 이해가 상대적으로 어렵다.
④ 아트펀드, 문화펀드 등도 특별자산펀드라고 할 수 있다.

052

신탁상품에 대한 일반적 설명으로 가장 거리가 먼 것은?

① 신탁관계인에는 신탁관리인과 신탁재산관리인이 포함된다.
② 수탁자와 수익자 간의 이해가 상반되어 수탁자가 신탁사무를 수행하는 것이 적절하지 아니한 경우에 법원이 신탁재산을 관리할 자를 선임할 수 있는데, 이를 신탁관리인이라 한다.
③ 신탁이 성립하기 위해서는 위탁자로부터 수탁자에게로 신탁의 대상이 되는 재산의 이전이 있어야 한다.
④ 신탁법에서 수탁자는 누구의 명의로든지 공동수익자의 1인이 아닌 한 신탁의 이익을 누릴 수 없도록 규정하고 있다.

053

전략적 자산배분전략에 대한 내용 중 가장 거리가 먼 것은?

① 장기적으로 적합한 자산별 투자비율을 결정한다.
② 과거 통계자료와 시장예측을 바탕으로 기대수익률과 투자위험을 고려한다.
③ 투자기간 중 기본적인 가정이 변하지 않는 한 포트폴리오의 자산구성을 변화시키지 않는다.
④ 저평가된 자산을 매수하고 고평가된 자산을 매도함으로써 펀드의 투자성과를 높인다.

054

다음의 위험 중 상대적 위험에 속하지 않은 것은?

① VaR
② 공분산
③ 베타
④ 초과수익률

055

젠센의 알파에 대한 다음 설명 중 가장 거리가 먼 것은?

① 젠센의 알파는 수치가 높을수록 펀드운용이 양호하다는 것을 의미한다.
② 종목선택 및 시장흐름을 정확히 분석하였는지를 평가하는 데 유용하다.
③ 종목선택정보와 시장예측정보를 정확하게 구분할 수 있는 장점이 있다.
④ 시장의 평균수익률과의 관계를 베타 값으로 표시하고 있다.

056

펀드운용과 관련된 제약요인과 가장 거리가 먼 것은?

① 유동성
② 목표수익률
③ 투자기간
④ 채권의 신용등급

057

채권을 매도할 때, 그 채권에 대한 매수세가 부족해서 제값을 받지 못할 투자위험은?

① 가격변동위험
② 신용위험
③ 유동성위험
④ 콜위험

058

다음 중 채권 보유자의 리스크로 볼 수 없는 것은?

① 금리상승
② 신용스프레드의 증대
③ 풋옵션 보유
④ 신용등급의 하락

059

다음 중 신용위험과 가장 거리가 먼 것은?

① 부도위험
② 콜위험
③ 신용등급하향위험
④ 신용스프레드확대위험

060

부도위험과 관련된 설명 중 가장 거리가 먼 것은?

① 채권발행사(또는 보증사)가 이미 정해진 원리금을 지급하지 않을 위험을 말한다.
② 채권에 부도가 발생할 경우 원금손실이 상당할 수 있기 때문에 크레딧물 투자 시에 가장 중요하게 검토해야 한다.
③ 손익계산서의 당기손익 변동성이 큰 회사라도 대차대조표의 분석으로 재무안정성 여부를 판단하는 것이 가능하다.
④ 부도위험을 회피하기 위해서는 크레딧물을 매도하거나 CDS 같은 신용파생상품을 활용할 수 있다.

061

다음 파생펀드에 대한 설명 중 가장 거리가 먼 것은?

① 자본시장법에서는 총 위험평가액의 규제를 삭제하였다.

② 공시대상 위험지표는 시나리오별 손익구조로 합산한다.

③ 최대손실 예상금액은 주2~3회 이상 공시하여야 한다.

④ 펀드판매 시의 문제점을 해소하기 위해 판매인력 등급제를 시행하고 있다.

062

다음 중 장외파생상품과 가장 거리가 먼 것은?

① 선물(Future)

② 선도(Forward)

③ 신용위험(Credit Risk)

④ 금리스왑(Interest Rate Swap)

063

파생상품펀드 관련 법규에 대한 다음 설명 중 가장 거리가 먼 것은?

① 단기금융펀드에서는 파생상품에 투자할 수 없다.

② 일본의 상품거래소법에 따라 장외에서 이루어지는 외국환거래는 자본시장법상 장내파생상품으로 구분한다.

③ 파생상품의 기초자산으로 환경적 현상에 속하는 위험도 포함시킬 수 있다.

④ 파생상품의 위험평가액은 실질계약금액을 기준으로 산정한다.

064

다음 중 자본시장법상의 펀드와 가장 거리가 먼 것은?

① 부동산펀드

② 파생상품펀드

③ 증권투자펀드

④ 혼합투자펀드

065

다음 빈칸에 알맞은 용어는?

> 공모파생펀드는 공시사항을 (㉠)법 및 (㉡)법에 따라 투자자에게 공시하여야 한다.

	㉠	㉡
①	간접투자	자본시장
②	자본시장	민
③	자본시장	상
④	상법	민

066

파생결합증권에 대한 다음 설명 중 틀린 것은?

① 파생결합증권의 수익에 영향을 주는 투자자산을 기초자산이라 한다.

② 파생결합증권은 원본초과손실 가능성이 없는 증권으로 원본손실도 가능하고 원금보존 구조는 물론 원금보존추구 구조도 가능하다.

③ 파생결합증권 중에는 중도상환이 가능한 구조도 있다.

④ 파생결합증권에 펀드재산의 30% 이상 투자하면 파생형 증권집합투자기구이다.

067

파생결합증권에 대한 설명 중 틀린 것은?

① 금융투자상품을 원본초과손실을 기준으로 증권과 파생상품으로 구분한다.

② 파생상품펀드에서 주로 투자하는 파생결합증권은 증권에 포함된다.

③ 주가연계증권(ELS)과 파생결합증권(DLS)은 파생결합증권으로 통합되었다.

④ 파생결합증권은 원금보존추구형으로 만기의 수익이 확정된다.

068

시스템운용형펀드에 대한 다음 설명 중 가장 거리가 먼 것은?

① 전산시스템의 운용지시에 따라 기계적으로 매매하는 구조이다.

② 펀드매니저의 주관에 입각하여 매매를 수행하는 구조이다.

③ 대부분의 전략이 모멘텀 전략에 기반하고 있다.

④ 일반적으로 자산배분전략에 많이 사용된다.

069

파생결합증권별 수익구조에 대한 내용 중 가장 거리가 먼 것은?

① 낙인 옵션은 특정 수준에 다다르면 풋옵션이 생성되어 손실이 발생한다.
② 주가연계 파생결합증권은 기본적으로 디지털옵션과 낙인옵션이 필수적으로 내제되어 있다.
③ 주가연계 파생결합증권은 제시된 수익구조의 가격유지가 지속될 수 없어서 공모펀드로 만들기 곤란하다.
④ 이자율연계 파생결합증권은 만기가 길고 승수를 이용하거나 발행자의 중도상환 권리가 내재되어 있는 등 제한요소가 많아 투자자에게 불리하다.

070

파생상품의 기초자산 확대에 관련하여 활용범위에 대한 다음의 설명 중 가장 거리가 먼 것은?

① 지수선물을 이용한 인덱스펀드
② 합성 CDO를 이용한 펀드
③ 멀티에셋펀드
④ 와인, 미술품 등을 활용한 파생펀드

071

원금비보존형 Warrant 구조의 쿠폰에 대한 설명으로 가장 거리가 먼 것은?

① 변동성이 크면 쿠폰이 상승한다.
② 상환조건이 낮을수록 쿠폰이 상승한다.
③ 낙아웃 조건이 있을 경우 낙아웃이 낮을수록 쿠폰이 낮아진다.
④ 두 종목 간 상관관계가 낮을수록 쿠폰이 상승한다.

072

파생형 펀드에 대한 다음 설명 중 가장 거리가 먼 것은?

① 부도사건에 연관되는 신용시장의 규모가 증가추세에 있다.
② 기후나 날씨 등에 연계된 형태의 구조로 새롭게 이루어지고 있다.
③ 여러 자산에 투자하는 멀티에셋구조의 펀드들도 존재한다.
④ 하이브리드 펀드는 일반적으로 고수익형 구조이다.

073

워런트(Warrant)에 대한 다음의 설명 중 가장 거리가 먼 것은?

① 신주인수권이라는 의미로서 옵션과 유사하다.
② 워런트는 레버리지 효과가 있다.
③ 워런트는 가격위험은 있으나 신용위험은 없다.
④ 워런트는 발행사가 파산하는 경우 수익을 전액 혹은 부분적으로 회수하지 못할 수도 있다.

074

장내파생상품 운용펀드에 대한 다음 설명 중 가장 거리가 먼 것은?

① 금융공학펀드로 운용하는 경우가 많다.
② 풋 매수 성과를 복제하는 것이 일반적이다.
③ Reverse Convertible 전략도 많이 이용된다.
④ Portfolio Insurance 상품도 있다.

075

다음 중 파생상품형펀드의 특징을 설명한 것으로 가장 거리가 먼 것은?

① 파생상품펀드는 기초자산과 파생기법을 결합한 것이다.
② 파생상품펀드는 위험을 분산시켜 위험을 헤지할 수 있다.
③ 파생상품펀드는 헤지펀드의 대표적인 펀드 중 하나이다.
④ 파생상품펀드는 기초자산의 수익 및 구조변경이 용이하지 않다.

076

정상시장에서 스프레드가 확대될 것으로 예측될 때 취할 수 있는 알맞은 전략은?

① 근월물 매수, 원월물 매수
② 근월물 매도, 원월물 매도
③ 근월물 매도, 원월물 매수
④ 근월물 매수, 원월물 매도

077

옵션의 감마에 대한 설명 중 가장 거리가 먼 것은?

① 감마는 OTM일수록 0에 가까워지고, ITM일수록 1에 가까워진다.
② 기초자산의 가격 변동분에 대한 델타의 변동분을 의미한다.
③ 기초자산 변동에 대한 옵션가격의 2차 미분값으로 가속도를 의미한다.
④ 감마는 종모양을 보이며 쎄타와는 대칭적 상반관계가 있다.

078

다음 중 비선형 구조의 파생상품이 아닌 것은?

① 주식 스왑
② Digital옵션
③ 변동 금리채권
④ 금리옵션

079

다음 중 선물거래의 경제적 기능과 가장 거리가 먼 것은?

① 위험전가 기능
② 새로운 시장의 형성
③ 효율성의 증대
④ 고수익의 확보 가능

080

고객에게 투자 권유 시 설명해야 할 위험 중에서 채권 보유자의 신용위험으로 볼 수 없는 것은?

① 부도위험
② 수의상환위험
③ 신용등급 하향위험
④ 신용스프레드 확대위험

081

파생펀드 운용 시 보험 전략 중 보호적 풋과 Covered Call에 대한 설명 중 가장 거리가 먼 것은?

① 보호적 풋은 보험 포트폴리오 전략 중 하나이다.
② 보호적 풋은 기초자산인 주식을 매수하고 풋옵션을 매수하는 전략이다.
③ Covered Call은 헤지전략의 하나이다.
④ 보호적 풋을 합성 풋 매수라고 한다.

082

신용파생상품인 CDS에 대한 다음 설명 중 가장 거리가 먼 것은?

① CDS 거래는 채권시장의 유동성에 직접적인 영향을 미치지 않는다.
② CDS는 원금의 투자 없이도 레버리지가 가능하다.
③ CDS는 보장 매입을 통해 신용위험에 대한 매도 포지션을 쉽게 취할 수 있다.
④ CDS는 신용위험을 타인에게 전가할 수 없다.

083

장외파생상품의 시장 참여자에 대한 다음 설명 중 가장 거리가 먼 것은?

① 발행사는 원 발행사의 상품을 받아 파생결합증권을 제공한다.
② 원 발행사는 운용위험에 노출되어 있다.
③ 판매사는 고객에게 위험을 설명하고 판매한다.
④ 파생상품투자자의 손실이 커지면 발행사의 이익이 커진다.

084

옵션 수익이 하나의 기초자산에 의해 결정되지만 위험의 노출이 다른 어느 한 통화의 변화에 의해서 결정되는 옵션은?

① 버뮤다옵션
② 바스켓옵션
③ 선택옵션
④ 콴토옵션

085

다음은 어떤 장외파생상품에 대한 설명인가?

> 만기에서 기초자산과 행사가격이 같은 등가격옵션을 받게 되며, 피리어드 캡처럼 주기적으로 계속 옵션이 생성되고 행사된다.

① 콴토옵션
② 행사가격 결정 유예옵션
③ 인버스 플로터옵션
④ 디지털옵션

086

부동산펀드에서 펀드재산의 50/100을 초과하여 부동산 및 부동산 관련 자산에 투자한 후 나머지를 펀드재산으로 투자할 수 있는 증권 중 채무증권에 해당하지 않는 것은?

① 국채증권
② 지방채증권
③ 사채권
④ 주권

087

부동산펀드의 설립주체가 발기인인 것은?

① 부동산투자유한회사
② 부동산투자신탁
③ 부동산투자조합
④ 부동산투자회사

088

부동산펀드의 실사보고서에 포함되지 않는 것은?

① 거래비용
② 수익에 영향을 미치는 요소
③ 부동산의 현황
④ 부동산 등기 내용

089

부동산펀드의 설정 · 설립 절차에 대한 설명 중 가장 거리가 먼 것은?

① 부동산투자신탁을 설정하는 집합투자업자는 신탁계약서에 의해 신탁업자와 신탁계약을 체결해야 한다.
② 부동산투자회사를 설립하는 집합투자업자는 정관을 작성하여 무한책임사원 1인과 유한책임사원 1인이 기명날인 또는 서명해야 하고, 설립등기를 해야 한다.
③ 부동산투자합자조합을 설립하는 집합투자업자는 조합계약을 작성하여 업무집행조합원 1인과 유한책임조합원 1인이 기명날인 또는 서명해야 한다.
④ 부동산투자익명조합을 설립하는 집합투자업자는 익명조합계약을 작성하여 영업자 1인과 익명조합원 1인이 기명날인 또는 서명해야 한다.

090

부동산개발사업에 투자하고자 하는 경우 작성하는 사업계획서에 대한 내용 중 가장 거리가 먼 것은?

① 부동산개발사업 추진일정과 추진방법이 포함된다.
② 공사시공 등 외부용역에 관한 사항이 포함된다.
③ 자금의 조달 · 투자 및 회수에 관한 사항과 추정손익에 관한 사항이 포함된다.
④ 집합투자업자는 신탁업자로부터 그 사업계획서가 적정한지의 여부에 대하여 확인을 받아야 한다.

091

대출형부동산펀드의 사전 점검사항과 가장 거리가 먼 것은?

① 대출목적의 조달한 차입금과 대출금의 Margin
② 사업부지 확보가능성
③ 시행사의 신용수준
④ 부동산개발사업의 사업성

092

다음 경공매형부동산펀드에 대한 설명 중 가장 거리가 먼 것은?

① 자본소득의 취득이 주된 운용목적이다.
② 펀드운용프로세스 및 펀드운용메뉴얼이 필요하다.
③ 규모가 너무 크면 경매 및 공매 부동산을 펀드의 적정수준에 편입할 때까지 펀드 내 미운용자금(Idle Money)의 비중이 높아 펀드의 수익률이 낮다.
④ 아웃소싱 비용과 펀드수익률은 관련이 없다.

093

매매형부동산펀드의 주요 점검사항과 가장 거리가 먼 것은?

① 취득대상 부동산과 관련된 기준의 권리관계로 인해 소유권의 이전 및 권리행사에 제약을 받을 위험은 없는지

② 취득대상 부동산이 선호지역에 위치하는지와 거래가 활성화되어 있는 형태의 부동산인지

③ 향후 해당 부동산을 매각해야 하는 시점의 해당 부동산과 관련된 시장의 전망은 어떤지

④ 개량비용에 상응하는 경제적 효과가 펀드의 수익률 제고로 연계될 수 있는지

094

프로젝트 파이낸싱의 특징과 가장 거리가 먼 것은?

① 자금 공급의 규모가 큰 편이다.

② 비소구 금융의 특징을 가지고 있다.

③ 부내금융(On-Balance)의 성격을 가진다.

④ 다양한 주체의 참여가 가능하고 위험배분이 가능하다.

095

부동산펀드 중 개발형부동산펀드에 대한 설명 중 가장 거리가 먼 것은?

① 부동산펀드가 시행사의 역할을 수행함으로서 직접 부동산개발사업을 추진하여 분양 · 임대를 통해 개발이익을 얻는 개발(Development)방식의 부동산펀드이다.

② 과거에는 부동산펀드 자산총액의 30%를 초과하여 부동산개발사업에 투자하는 것을 금지하는 제한으로 인하여 개발형부동산펀드가 개발된 사례가 거의 없었다.

③ 자본시장법은 투자비율의 제한이 없어 향후 부동산펀드가 개발될 여지가 있다.

④ 부동산투자회사법은 법률개정을 통해 회사재산의 50% 이내에서 부동산개발을 허용하여 개발전문 부동산투자회사들이 설립되어 운영되고 있다.

096

다음 중 대안투자의 특성과 가장 거리가 먼 것은?

① 투자대상으로 역사가 짧다.

② 전통적인 투자에 비해 유동성이 작다.

③ 성과수수료, 취득수수료 등이 일반적으로 높다.

④ 전통적 투자자산과 달리 투명하게 거래되고 공정가치를 평가하는 데 어려움이 없다.

097

해외부동산펀드의 리스크 유형에 해당하는 것은?

① 조세위험
② 관리비 증가 위험
③ 투자자산 확보의 위험
④ 자산평가 위험

098

부동산펀드의 대출 시 긍정적(+) 지렛대 효과에 대한 설명 중 가장 거리가 먼 것은?

① 투자의 기대수익률이 차입금 금리를 하회하는 경우이다.
② 차입금 사용으로 지분 투자자의 수익이 증대된다.
③ 타인지분을 이용하여 지분 수익률을 높이는 경우이다.
④ LTV가 높을수록 자기자본 수익률이 증가한다.

099

공간시장(Space Market)으로서의 부동산시장에 대한 다음 설명 중 가장 거리가 먼 것은?

① 공간시장은 공급시장을 의미한다.
② 공간시장의 수요는 지역 및 국가경제 상황에 영향을 받는다.
③ 공간시장의 공급은 개발산업으로부터 건설되어 공급되는 물량에 영향을 받는다.
④ 공간시장은 자산시장, 개발산업과 유기적으로 연결되어 있다.

100

해외부동산펀드의 리스크 및 관리에 대한 다음 설명 중 가장 거리가 먼 것은?

① 환헤지를 할 경우 환헤지 상대방인 금융기관은 신용위험이 없다.
② 해외 현지사업의 경우 현지인위험에 노출된다.
③ 해외부동산펀드는 역외펀드, 해외 재간접펀드인 경우가 많다.
④ 외환에 대한 위험회피를 위해 해외사업자에게 원화대출을 함으로써 환율변동위험을 해외사업자에 전가시킬 수 있다.

펀드투자권유 자문인력

실전모의고사

정답 및 해설

시스컴
SISCOM

제1회 정답 및 해설

001 ①	002 ④	003 ③	004 ③	005 ③
006 ①	007 ④	008 ②	009 ④	010 ①
011 ④	012 ②	013 ④	014 ④	015 ②
016 ④	017 ③	018 ③	019 ③	020 ④
021 ②	022 ①	023 ①	024 ①	025 ④
026 ①	027 ①	028 ④	029 ②	030 ①
031 ③	032 ①	033 ②	034 ②	035 ①
036 ①	037 ②	038 ③	039 ①	040 ③
041 ②	042 ②	043 ①	044 ②	045 ③
046 ③	047 ④	048 ④	049 ②	050 ②
051 ③	052 ③	053 ③	054 ④	055 ④
056 ③	057 ④	058 ①	059 ③	060 ②
061 ③	062 ③	063 ②	064 ④	065 ③
066 ④	067 ③	068 ③	069 ①	070 ④
071 ②	072 ④	073 ④	074 ④	075 ④
076 ④	077 ②	078 ②	079 ②	080 ③
081 ②	082 ②	083 ③	084 ④	085 ④
086 ③	087 ③	088 ③	089 ④	090 ④
091 ②	092 ②	093 ①	094 ④	095 ②
096 ③	097 ③	098 ④	099 ④	100 ③

001 ①

사모형펀드의 경우는 성과보수가 인정되나 공모형펀드의 경우 일부 제한된 경우만 가능하다. 성과보수의 기준은 사전에 정해야 한다.

002 ④

자산운용보고서는 집합투자업자가 신탁업자의 확인을 받아 3개월에 1회 이상 투자자에게 제공하여야 한다.

tip 자산운용보고서 기재사항

- 자산 · 부채
- 기준가격
- 해당 운용기간의 운용경과와 개요 및 손익사항
- 보유자산 종류별 평가액과 비율
- 해당 운용기간 중 매매한 주식의 총수
- 매매금액 및 매매회전율

003 ③

금융위는 회계처리준칙을 한국회계기준원에 위탁한다.

tip 회계처리

펀드재산과 고유재산을 구분하여 회계처리를 할 때 금융위가 정하는 회계처리기준을 적용한다.

004 ③

모자형펀드는 자펀드가 투자자의 자금을 모집하고 자펀드는 모펀드에 투자하며 모펀드는 투자자대상에 투자한다. 그리고 자펀드와 모펀드의 집합투자업자는 같아야 한다.

005 ③

주주총회 소집은 일반사무관리회사의 업무이다.

tip 집합투자업자의 업무

- 펀드의 설정 및 해지
- 펀드재산의 운용 및 운용지시

- 펀드의 직접 판매
- 펀드기준가격의 산정

006 ①

판매보수와 판매수수료는 징구 근거가 다르기 때문에 두 가지 모두 받거나 하나만 받을 수도 있다.

tip 판매보수와 판매수수료의 비교

구분	판매수수료	판매보수
부담근거	집합투자증권 판매행위의 대가	지속적으로 제공하는 용역의 대가
부담주체	투자자	집합투자기구
계산방식	특정시점의 양(Stock)×율(%)	특정기간 평잔(Flow)×율(%)
기준가격	기준가격에 영향을 미치지 않음	기준가격에 영향을 미침
총 부담금액	사전적으로 확정	사전적으로 불확정
장점	• 장기투자 유도효과 • 다양한 유형의 상품도입	• 판매시 마케팅에 유리 • 투자자는 단기투자 시 저비용
단점	• 펀드회전율 증가요인 • 투자자의 거부감	투자자는 장기투자 시 부담

007 ④

계속적인 부분환매연기를 위해서는 펀드분리가 필요하며, 펀드분리는 투자자의 동의 절차 없이 가능하다. 펀드의 분리는 경제성이 있을 때 하는 것이 비용이 적게 들어간다. 장기적으로 보아서 연기되는 대상채권의 회수가 불가능하다면 펀드를 분리하여 별도로 관리해야 하지만 어느 정도 시점이 지나 환매가 가능하다면 굳이 분리할 필요가 없다.

tip 환매연기사유

- 펀드재산의 처분이 불가능하여 환매에 응할 수 없는 경우
- 투자자 간의 형평성을 해할 우려가 있는 경우
- 금융투자업자의 해산 등으로 환매에 응할 수 없는 경우

tip 부분환매

- 부실자산은 환매연기하고 나머지는 환매에 응하는 것
- 전체 환매연기보다 투자자의 이익이 발생하는 경우에 실행

tip 펀드분리

- 부실자산은 펀드에서 분리하여 별도로 펀드를 구성
- 정상자산의 펀드는 판매 및 환매의 재개

008 ②

펀드 광고는 금융투자협회에서 규제하며 금융투자회사는 준법감시인의 사전 확인을 득해야 한다.

009 ④

의장은 수익자 중에서 산출한다.

tip 수익자총회

- 총회의 소집권자는 집합투자업자, 신탁업자, 수익증권 5% 이상 보유의 수익자
- 수익자 중에서 의장선출
- 수익자총회는 출석한 수익자의 의결권의 과반수와 발행된 수익증권 총좌수의 4분의 1 이상의 수로 결의된다.
- 서면에 의한 의결권 행사가능

010 ①

투자원금의 손실 가능성, 펀드 취득 전에 투자설명서를 읽어볼 것을 권고하는 내용, 과거의 운용 수익률이 미래의 수익률을 보장하지는 않는다는 사실은 광고 시 반드시 기재하여야 한다.

tip 광고 시 준수사항

- 수익률이나 운용실적을 표시하는 경우 좋은 기간의 것만을 표시하지 말 것
- 비교 광고 시 명확한 근거 없이 다른 펀드를 열등하거나 불리한 것으로 표시하지 말 것
- 투자광고문에 금융투자협회 또는 준법감시인 심사필을 표시할 것
- 금융투자업자의 경영실태평가결과와 영업용순자본비율 등을 다른 금융투자업자의 그것과 비교하는 방법 등으로 광고하지 않을 것

011 ④

투자회사의 조직의 내부는 감독이사, 법인이사로 구성되어 있으며, 내부감사는 없고 외부로부터 감사를 받는다.

012 ②

다른 투자자에게 손실을 끼칠 수 있거나 기타 정당한 사유가 있으면 응하지 않아도 된다.

tip 응하지 않아도 되는 경우

- 그 정보가 다른 업무에 이용되거나 타인에게 제공될 것이 명백한 경우
- 다른 투자자에게 손해를 끼칠 가능성이 명백한 경우
- 해산된 펀드의 장부, 서류의 보존기간 등의 사유

013 ④

투자설명서의 종류는 투자설명서, 예비투자설명서, 간이투자설명서가 있다.

tip 투자설명서

- **(정식) 투자설명서** : 증권신고서 효력 발생 후에만 사용
- **예비투자설명서** : 수리 후 효력 발생 전에 사용
- **간이투자설명서** : 중요사항만 발췌하여 효력 발생 전후에 사용

014 ④

7영업일 이내에 판매직원이 아닌 제3자가 해당 금융 소비자와 통화하여 해당 판매직원이 설명의무 등을 적절히 이행하였는지 여부를 확인하여야 한다.

015 ②

고객에 관한 어떤 사항이 비밀정보인지 여부가 불명확할 경우에는 비밀이 요구되는 정보인 것으로 취급하여야 한다.

016 ④

고용계약 종료 후의 의무에 대한 설명이다.

017 ③

준법감시인의 사전승인을 받아 제공해야 한다.

tip 필요성에 의한 제공원칙(Need to Know Rule)

회사에서 부여한 업무를 수행하기 위해 필요한 최소한의 범위 내에서만 제공해야 한다는 원칙

018 ③

동일한 성격의 펀드에 대해서는 동등하게 운용해야 하는데, 주어진 상황의 펀드매니저는 차별적으로 운용하고 있으므로, 모든 고객을 평등하게 취급해야 하는 윤리기준을 위반한 것으로 볼 수 있다.

019 ③

금융투자회사의 임직원은 고용계약기간이 종료된 경우에도 일정한 의무가 부과된다.

020 ④

증권거래법은 당해 법인의 임직원, 주요주주, 당해 법인과 계약을 체결한 자 등을 내부자로 규정하였으나 자본시장법은 계열회사의 임직원, 주요주주 등과 당해 법인과 계약체결을 교섭중인 자도 내부자로 포함시킨다.

021 ②

Know-You-Customer-Rule은 고객에게 적합한 투자권유나 투자상담을 하기 위해 우선 고객에 관한 정보파악이 필요하고 이를 상황에 따라 적절히 수정해야 함을 의미한다.

022 ①

준법감시인은 이사회 및 대표이사의 지휘를 받아 그 업무를 수행하며, 대표이사와 감사위원회에 아무런 제한 없이 보고할 수 있다.

023 ①

신의성실의 원칙은 윤리적 원칙이자 법적의무이다.

오답해설

② 자본시장법 제37조 제1항과 민법 제2조에 모두 명시되어 있다.

024 ①

조정의 결과에 중대한 영향을 미치는 새로운 사실이 나타난 경우 조정결정 또는 각하 결정을 통지받은 날부터 30일 이내에 재조정 신청이 가능하다.

025 ④

집합투자증권의 가치에 중대한 부정적 영향을 미치는 사항을 사전에 알고 있으면 이를 투자자에게 알려야 한다.

026 ①

고용기간동안 본인이 생산한 지적재산물은 회사의 재산으로 반환하여야 하며, 고용기간이 종료한 후라도 지적재산물의 이용이나 처분권한은 회사가 가지는 것이 원칙이다.

027 ①

조정신청 → 사실조사 및 검토 → 합의권고 → 조정위원회 회부 → 조정안 작성 및 수락권고 → 조정의 성립 및 효력의 순서를 밟는다.

028 ④

이해상충발생 가능성 있는 거래에 대하여는 고객이익이 침해받지 않도록 최대한의 조치를 취한 후 매매하고, 이해상충이 불가피한 경우에는 고객에게 통지하고 적절한 조치를 취한다.

tip 자본시장법 제44조(이해상충 방지)

- **제1항** : 금융투자업자는 투자자 간, 특정 투자자와 다른 투자자 간의 이해상충을 방지하기 위하여 이해상충이 발생할 가능성을 파악 · 평가하고, 내부통제기준이 정하는 방법 및 절차에 따라 적절히 관리
- **제2항** : 이해상충이 발생할 가능성이 있다고 인정되는 경우에는 그 사실을 미리 해당하는 방법 및 절차에 따라 투자자 보호에 문제가 없는 수준으로 낮춘 후 매매, 그 밖의 거래 진행
- **제3항** : 제2항에 따라 그 이해상충이 발생할 가능성을 낮추는 것이 곤란하다고 판단되는 경우에는 매매, 그 밖의 거래를 하지 못하도록 하고 있다.

029 ②

전산 시스템에 따라 매수하는 경우에는 주문한 시점이 아니라 거래전표에 표시된 시점을 기준으로 한다. Late Trading의 시간은 주식거래는 오후 3시 기준, 기타 거래는 오후 5시가 기준이 된다.

030 ①

변액보험은 자본시장법상 투자신탁으로 분류되나 소득세법으로는 저축성 보험의 보험차익으로 과세된다.

tip 세법상의 집합투자기구의 요건

- 자본시장법상의 집합투자기구
- 매년 1회 이상 결산 및 분배할 것
- 금전으로 위탁받아 금전으로 환급할 것 등

031 ③

원본에 전입하는 뜻의 특약이 있는 분배금은 그 특약에 의하여 원본에 전입되는 날을 과세시기로 본다.

032 ①

수익증권은 기명식으로 발행함이 원칙이나 수익자의 청구로 무기명식으로 변경할 수 있다.

tip 수익증권

수익증권은 예탁원의 명의의 예탁자명부와 고객명의의 실질수익자 명부가 있으며, 실질수익자는 실질수익자명부에 근거하여 총회 참석권, 의결권이 주어지며 제3자에게 자기의 권리를 주장할 수 있다.

033 ②

입금 시는 좌수절상 금액절사이고 금액으로 입금하여 수익증권 수납시는 절상하고 금전을 지급하기 위해 환매좌수를 정하는 경우는 절사한다.

034 ②

세금은 실제 수익금이 아니라 과표기준가(기준가격에서 비과세 되는 부분은 제외)에 의거 산정된다. 기준가격에서 과세 제외소득을 차감하면 과표 기준가격이 된다. 일반적으로 기준가격이 과표 기준가격보다 크나 주식 등의 매매손이 많이 발생하는 경우에는 과표 기준가격이 매매 기준가보다 클 경우도 있다.

035 ①

모집식 판매의 경우 단위형펀드 판매에 적합하며 매출식이 추가형에 적합하다.

tip 판매방식

단위형은 설정 후 추가설정이 되지 않는 펀드이고 추가형은 추가설정이 가능한 펀드이다. 모집식은 자금의 모집 후 펀드가 발행되는 경우이고 매출식은 이미 발행된 펀드를 판매하여 자금을 모으는 경우이다.

036 ①

과세대상 소득=1백+1백+△1백=1백만 원(주식 매매, 평가차익 1백만 원은 비과세 대상이므로 계산에서 제외하나 채권 매매 및 평가는 과세 대상이므로 1백만 원 손실분은 차감한다.)

037 ②

주식형펀드의 주요위험은 시장위험, 개별위험, 유동성 위험이다.

038 ③

③의 설명 중 거래대금은 100억 원이 아니고 1억 원 이상이면 된다. 증권 ETF에는 은행 지수, 자동차지수를 이용한 것이 있다.

tip ETF의 특징

- ETF는 인덱스펀드로서 일반주식과 같이 증권시장에서 거래되지만 회사의 주식이 아니라 특정 주가지수를 따라가면서 수익을 실현하는 것을 목적으로 하는 인덱스펀드이다.
- ETF는 일반투자기구와는 달리 증권 실물로 투자기구의 설정과 해지를 할 수 있다.

039 ①

증권시장의 변동성을 이용하여 환매수수료 없이 자유롭게 펀드로 변경하여 수익을 확보하거나, 위험을 관리할 수 있는 펀드는 엄브렐라펀드(전환형펀드)이다.

tip 펀드의 형태

- **종류형펀드** : 판매보수 및 판매수수료 체계를 달리하는 펀드
- **모자형펀드** : 모펀드와 자펀드 사이에서 투자가 이루어지는 펀드
- **상장지수형펀드** : 인덱스펀드가 거래소에 상장되어 있는 형태

040 ③

기초자산이 일정 구간 내에 있을 때 수익이 발생한다.

오답해설

② 디지털형 구조
④ 스프레드형 구조

041 ②

특별자산을 과거 간접투자법에서는 열거주의를 채택하였으나 자본시장법상에는 포괄주의를 채택하고 있다.

042 ②

상관관계가 낮아야 쿠폰수익률이 높다.

tip 쿠폰수익률이 높은 경우

- 기초자산의 변동성이 높은 경우
- 상관조건이 낮은 경우
- KI, KO가 높은 경우

043 ①

환매금지형으로 상장된 펀드의 효력 발생일은 10일이다.

tip 증권신고서의 효력발생

- **증권시장에 상장된 환매금지형 집합투자기구** : 10일
- **일반적인 환매금지형 집합투자기구** : 7일

044 ②

국채는 잔존만기 5년 이내, 지방채는 잔존만기 1년 이내, CD는 잔존만기 6개월 이내만 편입이 가능하다.

tip 회사채

1년 이내의 회사채와 기업어음도 투자가능하나 회사채 중에서 주식 관련 사채와 사모사채는 투자할 수 없다.

045 ③

MMF는 0.5% 이상인 경우 시가평가로 전환한다.

046 ③

선도거래(Forward)는 선물거래와 성격이 같은 파생상품이며 거래소에서 거래되는 것을 선물, 거래소 이외에서 거래되는 것을 선도라고 한다.

047 ④

기본적으로 인덱스펀드이므로 보수적인 투자를 한다.

tip Enhanced 인덱스펀드

Enhanced 인덱스펀드는 수익률이 상향된 형태의 인덱스펀드로서 파생상품 등을 이용하여 추가적인 수익을 추구한다.

048 ④

아트펀드는 특별자산펀드에 속한다.

049 ②

특별자산펀드는 PEF(지분에 투자하는 사모펀드)와 연관이 없다.

tip PEF의 특징

- 회사의 재산을 주식 또는 지분 등에 투자하여 경영권 참여, 사업구조 또는 지배구조의 개선 등의 방법으로 투자한 기업의 가치를 높여 그 수익을 사원에게 배분하는 것을 목적으로 설립된 상법에 의한 합자회사를 말한다.
- 국내에서는 자본시장법과 합자회사의 적용을 받아 사원의 구성을 1인 이상의 무한책임사원과 1인 이상의 유한책임사원으로 구성한다.
- 주로 수익성이 높은 벤처회사에 투자하거나 M&A 등을 통하여 고수익을 획득하고 성과보수를 받는 시스템으로 운용하고 있다.

050 ②

ETF지수는 인덱스펀드의 일종이며 모든 인덱스펀드는 추적오차가 발생하므로 지수에 100% 연동되지 못한다.

051 ③

ELF(주가연동 펀드)에 대한 설명이다.

tip 헤지펀드

- 사모펀드의 일종이다.
- 초기에는 절대수익을 추구하고자 헤지 형태로서 차익거래 등을 하였으나 이후 투기성 있는 투자로 변모하여 외국통화 등 변동성에 투자하는 경우가 많다.

052 ③

위탁자를 유형화하여 운용할 경우 각 유형별 가중평균수익률과 최고, 최저 수익률을 함께 제시하지 않는 행위가 금지된다. 여러 신탁재산을 집합하여 운용하는 행위는 금지되며, 집합적으로 운용되는 것과 관련하여 ①, ②, ④의 사항을 신탁상품의 판매시에도 금지하고 있다.

053 ③

성장주는 일반적으로 PER과 PBR, 베타가 높다.

tip 주가자산가치 비율

- 주가와 해당기업의 자산가치와의 상대적 평가를 나타낸 것으로 기업의 내재가치를 추정할 때 사용한다.
- PER이 낮다는 것은 기업의 자산가치에 비해 주가가 낮게 평가되어 있다는 의미로서, 저PER주는 가치주로 인식된다.
- PER이 높다는 것은 기업의 자산가치에 비해 주가가 높게 평가되어 있다는 의미로서, 고PER주는 성장주로 인식된다.

tip 주식형 펀드

- **주식형** : 펀드재산의 60% 이상을 주식에 투자
- **주식형 펀드 위험**
  - 시장 위험 : 채권 등 안정적 자산보다 가격 변동성이 크다.
  - 개별 위험 : 개별 주식이 갖는 위험으로부터 발생하는 위험
  - 유동성 위험 : 유동성이란 투자자가 원하는 시점에 보유 주식을 처분하여 현금화할 수 있는 가능성

054 ④

직사각형 모형은 지속형이다.

tip 패턴분석

- **반전형** : 삼봉형(Head and Shoulder), 이중삼중 천정(바닥)형, 원형 반전형, V자 패턴형
- **지속형** : 삼각형, 이등변삼각형, 패넌트형, 직사각형, 쐐기형, 깃발형

055 ④

VaR(Value at Risk)를 이용한 것이 내부 모형방식이고, RAPM은 리스크 조정 성과측정방식으로 한도 배분 시 사용하고 있다.

056 ③

펀드의 성과원인과 특성을 파악하기 위해서 펀드 매니저와 자산운용회사와 운용자를 모니터링 해야 한다.

tip 위험조정성과

- 위험을 감안한 성과평가의 척도로서 샤프지수와 젠센의 알파가 주로 활용된다.
- 각각 양(+)의 숫자를 가지고 수치가 클수록 좋은 평가를 받는다.

057 ④

'만기 시 원금+프리미엄'은 만기상환금이다.

058 ①

내부수익률은 금액가중수익률을 의미한다.

059 ③

펀드평가회사의 평가가 적절한지의 조사는 펀드분석 및 평가의 목적이 아니다.

060 ②

채권의 잔존기간이 증가함에 따라 가격변동률은 체감하고 동일한 크기의 수익률 변동 시 수익률하락에 따른 가격상승폭은 수익률 상승에 따른 가격하락폭보다 크다.

061 ③

장외파생상품거래는 명목원금이다.

tip 명목계약금액 산정방식

- 선물, 선도의 경우 기초자산의 가격에 거래량과 승수를 곱하여 산정
- 옵션 매수의 경우 옵션가격에 계약수를 곱하여 산정
- 콜옵션 매도의 경우 행사가격과 기초자산가격 중 큰 가격에 계약수와 승수를 곱하여 산정
- 풋옵션 매도의 경우 행사가격에 계약수와 승수를 곱하여 산정
- 스왑거래
  - 기초자산 포함 거래 : 기초자산 가격과 만기까지 지급하기로 한 금전 총액을 더한 금액
  - 기초자산 제외 거래 : 만기까지 지급하기로 한 금전 총액

062 ③

자본시장법은 파생상품펀드를 다른 펀드와 구분되는 독립된 하나의 펀드로 인정하고 있지 않다.

tip 파생상품형 집합투자기구

- 파생상품형 증권집합투자기구
- 파생상품형 부동산집합투자기구
- 파생상품형 특별자산집합투자기구
- 파생상품형 혼합자산집합투자기구

063 ②

집합투자기구의 분류 시 파생매매에 따른 위험평가액이 자산총액의 10%를 초과할 시에는 해당집합투자기구를 파생상품형으로 분류한다.

064 ④

순자산을 기준으로 공모펀드는 100분의 100, 사모펀드 및 헤지펀드는 100분의 400이다.

065 ③

VaR는 10영업일의 보유기간 및 99%의 신뢰구간을 적용해야 한다.

tip VaR

- 투자자산의 일정한 기간 내의 확률범위의 최대손실 규모
- VaR＝보유포지션의 시장가치×신뢰구간에 따른 표준편차의 배수×포지션의 변동성(표준편차)×$\sqrt{보유기간}$

066 ④

사모펀드는 자본시장법상 위험의 한도를 펀드자산의 400% 이내로 제한하고 있다(공모펀드는 100% 이내).

tip 파생상품 운용의 제한

- **장외파생상품 거래상대방 제한** : 일정한 적격요건을 갖추지 못한 자
- **파생상품 매매에 따른 위험평가액 제한** : 자산총액에서 부채총액을 뺀 가액 100% 초과투자 금지
- **동일증권을 기초자산으로 한 파생상품 투자에 따른 위험평가액 제한** : 동일법인등이 발행한 증권의 가격변동으로 인한 위험평가액이 집합투자기구 자산총액의 10%를 초과하여 투자하는 행위 금지
- **장외파생상품 거래상대방 위험평가액 제한** : 자산총액의 10% 초과투자 금지

067 ③

금융투자업자는 일반투자자에게 금융투자상품의 투자를 권유하는 경우 투자자가 이해할 수 있도록 설명해야 하는 것은 설명의무이다.

068 ③

약간의 위험부담을 안고 '채권+초과성과'를 추구하기 위해 접근하는 유형이다.

tip 금융공학펀드

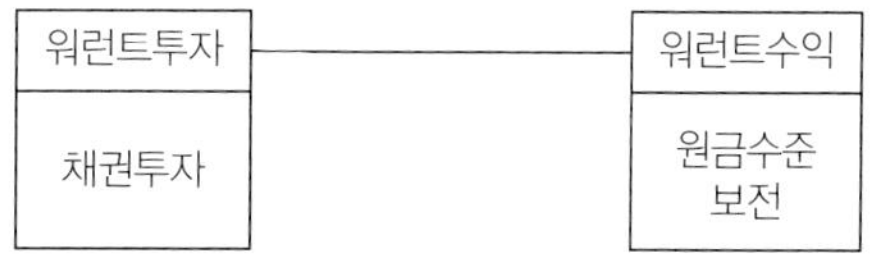

- 채권투자(만기이자 수령조건) 만기에 투자원금을 회수할 수 있도록 투자
- 만기 이자 수령액 정도를 워런트에 투자하여 추가수익이 가능토록 한다.

069 ①

클리켓 구조의 주가연계상품은 연간수익률의 합이 음수이면 원금이 되는 구조이다.

tip 클리켓 구조

클리켓 구조는 월별 기초자산 가격에 의한 수익률을 만들어 연 12회 수익률을 더하여 고객에게 지급하며 연간 수익률의 합이 음수이면 원금이 되는 것이 일반적이다.

070 ④

낙인 풋옵션을 매수해야 큰 폭 하락을 방지할 수 있다.

tip 풋옵션

- Knock-In 풋옵션 : 기초자산 가격이 경계가격(배리어)을 터치하면 풋옵션이 생성
- Knock-Out 풋옵션 : 기초자산 가격이 경계가격(배리어)을 터치하면 풋옵션이 소멸

071 ②

인덱스펀드는 지수(Index)와 함께 동반하는 펀드로 옵션의 구조와는 무관하다.

tip Reverse Convertible형과 델타헤징형

- 지수가 내리면 주식을 추가 매수하고 지수가 오르면 주식을 매도하는 차익을 얻는 전략이다.
- 델타헤징형은 델타값이 올라가면 주식을 매수하고 델타값이 떨어지면 주식을 매도하는 방식이다.

072 ④

상관관계는 낮을수록 분산효과가 있어서 쿠폰이 크다.

073 ④

델타혼합형 펀드는 중도환매가 가능하다.

tip 원금비보존형 구조에서 쿠폰에 영향을 주는 요인

- 변동성이 클수록 쿠폰이 상승한다.
- 상환조건(행사가격)이 높을수록 쿠폰이 상승한다.
- KI(Knock-In : 낙인) 수준이 높을수록 쿠폰이 상승한다.
- KO(Knock-Out : 낙아웃) 수준이 높을수록 쿠폰이 상승한다.
- 기초자산 간의 상관관계가 낮을수록 쿠폰이 높아진다.

074 ④

펀드는 장기적으로 운용하는 것이 좋고 빠른 상환과 재투자 유도는 바람직하지 않다.

075 ④

원금보존추구형에서 중도상환 조건이 없는 경우 워런트에 투자하는 경우와 유사하다. 원금보존추구형은 원금을 보전하기 위해 투자하는 채권금리의 수준에 따라 원금보전의 비율을 다르게 한다.

076 ④

보장 매입자가 준거기업에 대한 신용위험을 이전해도 보장 매도자 자기의 신용위험은 존재한다.

tip 신용디폴트스왑(Credit Default Swap : CDS)

- 가장 기본적인 신용파생상품으로 기초자산(준거자산)에 대한 지급보증과 유사한 성격
- 보장 매입자가 보장 매도자에게 일정기간 CDS 스프레드(일종의 보험료)를 지급하고 신용사건 발생 시 손실의 전부나 일부를 보상받기로 하는 쌍방 간의 계약
- CDS를 이용하면 은행과 같은 대출기관의 경우 신용위험만을 분리해서 매각할 수 있게 되어 효율적인 위험관리가 가능
- 준거자산(기초자산)의 위험이 클수록 CDS 스프레드가 크다.
- 최초거래 시의 보장 매입자와 보장 매도자의 포지션의 가치는 비슷하다.
- 준거자산의 신용등급이 문제가 발생되면 보장 매입자와 보장 매도자의 포지션의 가치는 달라진다.
- 다른 조건이 일정할 때 신용이벤트가 발생하면 보장 매입자의 포지션의 가치는 상승하고 보장 매도자의 포지션의 가치는 하락한다.

077 ②

기후, 범죄 등도 선물거래의 기초상품이다.

tip 선물거래의 특징

- **조직화된 거래소** : 자격이 있는 거래소회원의 중개를 통해 거래 또는 공개호가방식 또는 전자거래방식
- **표준화된 계약조건** : 대량의 거래가 가능하며 시장의 유동성이 높고 반대매매가 용이
- **청산기관(Clearing House)** : 계약이행 보증을 위해 선물 거래소는 대부분 청산기관을 운영
- **일일정산제도(Mark to Market)** : 매입자와 매도자의 손익을 제로(Zero)로 만드는 일일 대차제도
- **레버리지(Leverage) 효과** : 코스피200 선물거래는 개시증거금이 계약금액의 15%이어서 약 6.67배의 레버리지 보유
- **높은 유동성** : 표준화가 되어 있고 거래소를 통해 다수의 참여자가 집중 매매하여 유동성이 높다.
- **증거금 제도** : 일일정산 시 발생할 수 있는 계약불이행을 방지할 수 있는 수단으로 예치

078 ②

커버드 콜(Covered Call)은 '기초자산+콜 매도'의 포지션으로 초기에 프리미엄을 수취하게 된다. 따라서 손익분기점은 '기초자산 가격－콜 프리미엄'이 된다. 그러므로 (200P－10P)=190P가 된다.

tip 커버드 콜(Covered Call)

- '주식+콜옵션 매도', '채권+콜옵션 매도'하는 합성전략이다.
- 주식시장이나 채권시장의 하락의 변동성이 작을 것으로 예상할 때 대비하는 전략이다.
- 옵션의 매도로 자금이 유입된다.

079 ②

샤우트한 시점에서 행사가격이 재설정되기 때문에 만기 지급액은 5이다.

tip 샤우트옵션(Shout Option)

- 옵션보유자가 가장 유리하다고 생각되는 시점의 가격을 행사가격으로 선언(샤우트)함으로써 행사가격이 변경되고 정산도 이루어지는 옵션이다.
- 예를 들어 초기의 행사가격이 200인 샤우트 콜옵션이 있으면 기초자산이 205가 되었을 때 샤우트하면 205－200=5만큼 이익이 확보되고, 계속 가격이 오른다면 새로 형성된 행사가격인 205와 차이만큼 이익이 추가로 확보된다.

080 ③

선물시장 이론가격은 200+200(0.05－0.04)=202이다. 시장 선물가격과 이론 선물가격이 일치하고 있는 균형시장이다.

081 ②

Buyer이므로 Protection Fee(CDS 수수료)를 지급하여야 한다. 따라서 신용리스크를 제거하는 대신 그만큼 수익이 감소한다.

tip First to Default CLN

- 여러 개의 기업을 대상으로 하나라도 파산하면 책임을 지는 구조이다.
- 1개의 기초자산인 경우보다 프리미엄이 높다.

tip 합성 CDO

- 다양한 채권구조를 CDS(Credit Default SWAP)로 대체한 것이다.
- CLN과 같이 CDS의 리스크 및 CDS 간의 상관관계에 대한 정확한 설명이 필요하다.

082 ②

Long은 매수를 의미, Short는 매도를 의미한다. 따라서 스트래들 매도의 경우 금리가 안정적으로 움직이면 수익이 발생한다.

083 ③

콜옵션의 델타는 0과 1사이, 풋옵션의 델타는 (−)1과 0사이에서 움직인다.

tip 델타

- 델타는 기초자산의 가격이 1단위 변화할 때의 옵션가격의 변화분이다.
- 델타=옵션가격의 변화분/기초자산의 변화분으로 1차 미분값이다.
- 델타의 범위는 $-1 \leq Dp \leq 0$이다.
- Deep−ITM으로 갈수록 Dc는 1에, Dp는 −1에 근접한다.
- Deep−OTM으로 갈수록 델타는 0에 근접한다.
- 기초자산이 상승할수록 콜옵션, 풋옵션 델타 모두 상승한다.
- 델타는 헤지비율(h)을 결정하는 데 사용된다.
  $h \times$ 델타$=1$
- 델타 중립포지션은 델타가 0(zero)이 되어 기초자산가격의 움직임과 무관한 포지션이 된다.
- 잔존기간이 길수록 델타는 ±0.5(ATM 옵션)에 근접한다.

084 ④

백워데이션 시장은 현물가격이 선물가격보다 높은 것을 의미한다. 콘탱고 시장은 현물가격이 선물가격보다 낮은 것을 의미한다.

085 ④

고정금리를 지급하고 변동금리 기준금리를 받기로 하는 금리스왑은 금리상승을 대비한 스왑이다. 금리캡을 매수하고 금리플로어를 매도한다. 이 경우를 금리칼라라고 한다.

tip 금리캡

금리캡은 캡을 제공하는 캡매도인과 금리변동에 따른 리스크를 회피하고자 하는 캡 매수인 간의 약정이다. 자금을 차입, 증권을 발행, 증권투자를 하는 경우 1년 미만의 단기일 때에는 선물금리 · 금리선물 또는 금리옵션을 사용하나, 1년 이상의 장기 때에는 금리스왑이나 금리 캡이 사용한다.

086 ③

집합투자업자는 신탁업자가 아니라 감정평가업자로부터 사업계획서가 적정한지의 여부에 대하여 확인을 받아야 하며, 이를 인터넷 홈페이지 등을 이용하여 공시하여야 한다.

tip 사업계획서

집합투자업자는 펀드재산으로 부동산개발사업에 투자하고자 하는 경우에는 다음 사항이 기재된 사업계획서를 작성하여야 한다.

- 부동산개발사업의 추진일정
- 부동산개발사업의 추진방법
- 건축계획 등이 포함된 사업계획에 관한 사항
- 자금의 조달, 투자 및 회수에 관한 사항
- 추정손익에 관한 사항
- 사업의 위험에 관한 사항
- 공사시공 등 외부용역에 관한 사항
- 그 밖에 투자자를 보호하기 위하여 필요한 사항으로서 금융위원회가 정하여 고시하는 사항

087 ③

대출형부동산펀드에 대한 설명이다.

tip 실물형부동산펀드

펀드재산의 50%를 초과하여 실물 부동산에 투자하는 부동산펀드로 매매형부동산펀드, 임대형부동산펀드, 개량형부동산펀드, 경 · 공매형부동산펀드, 개발형부동산펀드가 있다.

088 ③

국내에 있는 부동산 중 주택법에 따른 주택에 해당하지 아니한 부동산은 1년이다.

089 ④

자본시장법상 펀드는 원칙적으로 펀드재산 중 금전을 대여할 수 없다. 부동산펀드는 예외적으로 부동산 개발사업을 영위하는 법인 등에 해당 부동산펀드 순자산액의 100%까지 대여가 가능하다.

090 ④

공모환매금지형부동산펀드 중 부동산투자신탁, 부동산투자회사가 아닌 다른 펀드의 경우 상장의무가 없다.

tip 집합투자증권의 추가 발행

이익분배금의 범위에서 집합투자증권을 발행하는 경우, 기존투자자의 이익을 해할 염려가 없다고 해당 펀드의 신탁업자로부터 확인을 받은 경우, 기존투자자 전원의 동의를 받은 경우로서 기준가격과 증권시장에서 거래되는 가격을 고려하여 산정한 가격으로 발행하는 때에 한하여 집합투자증권을 추가로 발행할 수 있다.

091 ②

금리가 인상되면 부동산을 구입할 때 조달하는 대출의 금융비용 부담이 늘어나기 때문에 부동산에 대한 수요는 감소한다.

092 ②

공실률이 상승할 경우 위험해진다.

tip 임대형의 주요 점검사항

- **임대료** : 임대료 현황, 향후 임대료 추이 점검, 임대료 하락은 임대형부동산에 부정적인 영향을 미치는 가장 기본적인 요소이다.
- **공실률** : 공실률 현황, 향후 공실률 추이 점검, 공실률 증가는 임대수익률 하락에 직접 영향을 준다.
- **차입규모** : 차입규모가 과다하면 대출이자의 원활한 지급이 곤란해질 위험이 있다.

093 ①

부동산을 취득하여 임대사업 영위 후 매각은 임대형부동산펀드의 운용방법에 해당한다.

오답해설

② 개량형부동산펀드
③ 개발형부동산펀드
④ 경공매형부동산펀드

094 ④

개량형부동산펀드가 아닌 매매형부동산펀드의 사전 점검사항을 참고할 수 있다. 임대형부동산펀드는 부동산을 취득하여 향후 해당 부동산의 가격이 취득시점 대비 적정 수준으로 상승하는 때에 해당 부동산을 매각하여 매각차익을 획득하고자 하는 점에서는 매매형부동산펀드와 동일하기 때문이다.

095 ②

자본시장법은 부동산펀드의 투자대상으로 분양권을 명시하여 열거하고 있다.

096 ③

공간시장의 수요는 주로 지역 및 국가경제 상황에 가장 크게 영향을 받게 되고 공간시장의 공급은 건설하여 완공되는 물량에 따라 결정된다.

tip 직접환원법

현금흐름÷시장요구자본환원율=자산의 시장가격

097 ③

금융위험은 부채비율(타인자본)이 클수록 지분수익률이 높은 반면 위험도 커질 수 있는 위험을 의미한다. ③의 타인자본의 감소로 지분수익률이 감소한다는 설명은 맞으나 위험은 커질 수 있는 쪽으로 대비를 해야 한다는 의미에서 금융위험에 대한 설명으로는 적절하지 못하다.

tip 부동산 투자 위험의 종류

- **사업상 위험** : 시장위험, 운영위험, 입지위험이 있다.
- **금융위험** : 타인자본을 사용하여 투자하게 되면 지렛대효과로 인해 자기자본에 대한 수익률 즉 지분수익률이 증가할 수 있다. 부채의 비율이 크면 클수록 지분수익률이 커질 수 있으나 채무불이행 위험, 파산 위험 등 부담해야 될 위험이 커지게 된다.
- **법적위험** : 부동산 투자의 의사결정은 정책 및 각종 규제 등 법적 환경 아래서 이루어지므로 법적 환경의 변화가 부동산 투자의 위험을 야기한다.
- **유동성위험** : 부동산을 원하는 시기에 현금화하기 어렵고, 급매할 경우 낮은 가격으로 매각해야 하는 위험(환금성 위험)이다. 부동산 규모가 클수록 유동성이 떨어지나 수익률은 높아진다.

098 ④

④의 '자연재해 위험, 기계장치 파손사고 위험, 물적 · 인적 손해에 대한 법률상 배상책임 위험 등에 대비해 필요한 보험에 가입해야 한다.'는 물리적 위험 대비에 해당한다.

오답해설

① 공실위험
② 관리비 증가 위험
③ 타인자본 위험

099 ④

$$\text{수요의 탄력성} = \frac{\text{수요의 변화율}}{\text{가격의 변화율}} = \frac{20}{10} = 2.0$$

tip 수요의 가격탄력성 결정요인

- 필수품의 경우 비탄력적인 반면 사치품의 경우 탄력적이다.
- 어떤 재화에 밀접한 대체재가 있으면 그 재화의 수요는 탄력적이다.
- 재화의 범위가 좁을수록 대체재를 찾기 쉬우므로 탄력적이다.
- 시간을 길게 잡을수록 탄력적이다.

100 ③

현금흐름과 시장요구수익률을 통해서 자산의 시장가치가 추정된다.

tip 자산시장(Asset Market)

- 현금흐름과 시장요구수익률을 통해서 자산의 시장가치를 추정한다.
- 공간시장의 임대료와 점유율에 따라 자산시장의 현금흐름이 결정된다.
- 시장요구자본환원율(Market Required Capitalization)의 수준이 결정된다.
- 자산시장의 수급에 따라 해당 부동산시장의 시장요구자본환원율의 수준이 결정된다.

제2회 정답 및 해설

001 ③	002 ①	003 ②	004 ④	005 ④
006 ①	007 ③	008 ②	009 ④	010 ②
011 ②	012 ②	013 ①	014 ②	015 ②
016 ②	017 ③	018 ④	019 ③	020 ④
021 ④	022 ③	023 ④	024 ④	025 ②
026 ①	027 ③	028 ③	029 ②	030 ③
031 ②	032 ①	033 ②	034 ③	035 ④
036 ②	037 ②	038 ③	039 ③	040 ②
041 ④	042 ④	043 ①	044 ④	045 ②
046 ①	047 ④	048 ②	049 ④	050 ④
051 ③	052 ②	053 ②	054 ④	055 ②
056 ②	057 ②	058 ①	059 ②	060 ②
061 ④	062 ③	063 ②	064 ②	065 ④
066 ③	067 ③	068 ③	069 ②	070 ②
071 ②	072 ①	073 ②	074 ③	075 ③
076 ③	077 ②	078 ③	079 ③	080 ④
081 ③	082 ④	083 ④	084 ①	085 ④
086 ④	087 ②	088 ②	089 ③	090 ②
091 ①	092 ③	093 ②	094 ②	095 ③
096 ③	097 ②	098 ①	099 ①	100 ①

001 ③

개방형펀드에서 폐쇄형펀드로 변경 시 수익자총회의 결의를 얻어야 한다.

tip 수익자총회의 결의를 얻어야 하는 약관의 주요 변경사항

- 보수 및 수수료의 인상
- 신탁업자의 변경
- 개방형펀드에서 폐쇄형펀드로 전환
- 투자신탁의 종류 변경
- 신탁계약기간의 변경

002 ①

투자회사는 명목상의 회사이므로 자체적으로 업무를 수행할 수 없어 관계회사(펀드판매회사, 펀드운용회사, 신탁업자, 일반사무관리회사)들과 법적으로 업무를 위임하는 위임관계에 있다.

003 ②

일반투자자에게는 투자설명서를 교부해야 한다. ③에 해당하는 자로는 회계법인, 신용평가회사, 발행인에게 용역을 제공하는 전문자격자(법무법인 등), 발행인의 사업내용을 잘 알고 있는 연고자 등이 있다.

004 ④

사모펀드는 공모펀드와는 달리 금전의 대여의 경우 담보권 등 회수 수단의 확보가 없이도 가능하다.

tip 사모펀드의 특례사항

- 증권신고서 제출의무가 없다.
- 파생상품투자 시 위험평가액이 펀드재산 400%까지 가능
- 부동산개발업자에게 대출 시 담보권 등 회수 수단의 확보가 없어도 가능

tip 공모펀드의 적용내용의 배제

- 성과보수 사항
- 기준가격의 일일공시
- 회계감사의 수감
- 자산운용보고서의 제공
- 수시공시사항
- 집합투자업자에 대한 신탁업자의 확인 및 감시

005 ④

이익배당 시 무한책임사원과 유한책임사원의 배당은 달리 적용이 가능하나 손실배분 시에는 달리 적용하면 안 된다.

006 ①

다수의 집합투자기구를 운용하는 경우, 모든 집합투자기구의 자산총액으로 동일법인이 발행한 지분증권 총수의 20%를 초과하여 투자할 수 없다.

tip 운용 시의 제한 사항

- 증권
  - 동일종목증권에 펀드재산의 10% 초과 투자금지
  - 집합투자업자가 운용하는 모든 펀드에서 동일법인이 발행한 지분증권에 20% 초과 투자금지
- 파생상품
  - 총위험 평가액이 펀드 순재산의 100% 초과 투자금지(사모펀드는 400%)
  - 동일법인이 발행한 증권의 위험평가액의 10% 초과 투자금지

007 ③

집합투자기구 자산총액이 100억 원 이하인 소형 집합투자기구에 대해서는 제공해야 한다.

008 ②

펀드의 환매기간은 15일을 넘지 않는 범위에서 집합투자규약에서 정할 수 있으나 다만, 집합투자기구 자산총액의 10%를 초과하여 시장성 없는 자산에 투자하는 경우와 집합투자기구 자산총액의 50%를 초과하여 외화자산에 투자하는 경우에는 환매기간을 15일을 초과하여 정할 수 있다.

009 ④

투자회사는 모든 업무를 외부의 전문가(운용회사, 판매회사, 신탁업자, 일반사무관리회사)에게 위탁해야 한다.

tip 투자신탁과 투자회사의 차이

구분	투자신탁	투자회사
형태	계약관계	회사형태
투자기구 관련 의사 결정	집합투자업자가 대부분의 사항에 대해서 의사 결정	이사회, 주주총회에서 의사 결정
가능한 투자기구의 형태	MMF, 주식형, 채권형 등 일반적인 투자상품	일반적 상품(MMF 제외) 외에 M&A 투자기구, 부동산투자기구, 기업구조조정투자기구, PEF 등 가능

010 ②

자본시장법상 펀드 발행 시 증권신고서가 금융위에 제출되어 수리되기 전에는 집합투자증권의 모집 · 매출을 할 수 없다.

011 ②

투자설명서의 내용은 증권신고서 내용과 원칙적으로 동일해야 한다.

012 ②

해당 투자회사의 발기인은 최초 감독이사 선임 시에 한하여 감독이사가 될 수 없다.

013 ①

투자신탁을 해지하려면 사전에 금융위 승인을 얻어야 하지만, 수익자 전원이 동의하는 경우 금융위 승인을 받지 않고 해지할 수 있다.

tip **15일 초과의 경우**

- 펀드재산 총액의 10%를 초과하여 시장성 없는 자산에 투자한 경우
- 펀드재산의 50%를 초과하여 외화자산에 투자한 경우

014 ②

의견과 예상을 구별하면서 장래의 전망에 대해서 근거 있는 자료를 제시하는 경우에는 이익을 보장하는 표현이 아니다. Fact를 제공하여야 하며 주가연계증권 등은 그래프를 제공하여 예상이익과 손실을 근거 있게 설명해야 한다.

015 ②

회사가 운영하지 않는 온라인 커뮤니티, 소셜 네트워크 서비스, 웹사이트 등을 이용한 대외 접촉활동도 대외활동의 범위에 포함된다.

tip **대외활동의 범위**

- 외부 강연, 연설, 교육, 기고 등의 활동
- 신문, 방송 등 언론매체 접촉활동(자본시장법에 따른 투자광고를 위한 활동은 적용 제외)
- 회사가 운영하지 않는 온라인 커뮤니티(블로그, 인터넷 카페 등), 소셜 네트워크 서비스(Social Network Service, SNS), 웹사이트 등을 이용한 대외 접촉활동(회사내규에 따라 동 활동이 금지되는 경우는 적용 제외)
- 기타 이에 준하는 사항으로 회사에서 대외활동으로 정한 사항

016 ②

투자자부터 판매에 따른 대가를 수수하는 행위는 판매수수료를 의미하며, 그 이외의 간접적으로 대가를 요청하여서는 안 된다.

017 ③

선행매매에 대한 설명이다. 자본시장법에서는 선행매매와 스캘핑을 불건전 영업행위로 금지하고, 위반시 형사처벌하고 있다.

tip **스캘핑**

금융투자상품의 가격에 영향력을 행사할 수 있는 자가 투자분석정보를 공표하기 전에 미리 당해 증권을 매수하고 자신의 의견을 공표한 후 가격이 오르면 당해 증권을 매도함으로써 차익을 얻는 거래

018 ④

개인정보처리자에 대한 설명이다. 정보주체는 처리되는 정보에 의하여 알아볼 수 있는 사람으로서 그 정보의 주체가 되는 사람을 말한다.

019 ③

파생상품펀드의 경우 적합성 및 적정성 원칙 모두 적용된다.

020 ④

④의 '자기 또는 제3자의 이해관계에 의하여 영향을 받는 업무를 수행할 수 없으며, 독립성과 객관성을 유지하기 위해 합리적 주의를 기울여야 한다.'는 균형성 유지의무와 관련된 설명이다.

오답해설

① 법규 등 준수의무
② 전문지식 배양의무
③ 공정성 유지의무

021 ④

투자자 이익의 관리는 고객에 대한 기본적인 업무내용으로 최선을 다하여 투자수익을 올려야 함을 의미한다. 자본시장법상의 영업행위 규칙에는 포함되지 않는다.

022 ③

투자자는 전문투자자와 일반투자자로 구분하며, 일반투자자는 다시 투자권유 희망고객과 투자권유 불원고객으로 분류한다. 투자권유 희망고객은 다시 정보제공 고객과 정보 미제공 고객으로 분류한다.

023 ④

고객의 합리적 지시가 있으면 이에 따라야 한다. ④의 자기복무의 원칙은 고객에게 위임받은 업무는 부득이한 사유가 없으면 제3자에게 재위임할 수 없다는 원칙이다.

024 ④

예탁자산규모에 연동하여 보수를 받는 경우는 성과보수로 보지 않는다.

025 ②

고객의 성향에 맞는 적합성 원칙으로 펀드를 권유하였기에 부당한 행위가 아니다.

026 ①

신의성실의 원칙하에 투자자의 이익을 보호해야 한다.

---

tip 기타의 의무

- **선관의무** : 고객 이익 최우선의 원칙
- 소속회사에 대한 충실의무, 정확한 정보제공의무

---

027 ③

금지되는 경우는 일반투자자이며 전문투자자나 신용공여를 받아 투자경험을 한 일반투자자는 제외한다.

028 ③

신의성실과 충실의 원칙으로 운용해야 하므로 최선의 이익이 최고의 수익률을 의미하는 것은 아니다. 충실의무는 전문가로서의 주의를 기울이는 정도로서 그 수준은 일반인 내지 평균인 수준 이상의 전문가로서 주의의무가 요구된다.

029 ②

집합투자규약에서 정해 놓은 경우 이익금의 분배를 유보할 수 있다.

030 ③

매수좌수를 구하면

10,000,000원÷(1010/1000)=9,900,991

좌환매수수료를 구하면

9,900,991좌×(1080−1010)/1000×30%=207,920원

031 ②

이자와 배당소득, 매매 이익은 세법상 원천징수의 대상이 되고 손실금은 과세에서 제외된다.

032 ①

환매수수료는 펀드재산에 편입된다.

---

tip 환매수수료

- 환매를 청구하는 투자자가 부담한다.
- 환매지급일 익영업일에 환매수수료는 집합투자재산에 귀속된다.
- 장기투자자를 유도하기 위해 징구한다.
- 중도환매에 따른 집합투자재산의 포트폴리오 구성변화로 인한 손실에 대한 벌과금조의 성격도 지니고 있다.

tip 징구기준

- 집합투자증권을 보유한 기간별로 징구한다.

- 환매대금 혹은 이익금을 기준으로 부과한다.
- 세금은 감안하지 않고 부과한다.

033 ②

자본시장법상 변액보험은 투자신탁에 해당하지만 세법으로는 저축성 보험의 보험차익으로 과세한다.

tip 세법상의 집합투자기구의 요건

- 자본시장법상의 집합투자기구
- 매년 1회 이상 결산 및 분배할 것
- 금전으로 위탁받아 금전으로 환급할 것 등

034 ③

펀드의 판매수수료는 NAV(펀드 순자산가치)에 영향을 주지 않는다. 펀드재산에서 차감하는 판매보수와는 달리 별도로 납부하기 때문이다.

tip 상한선

판매보수의 상한선은 1%, 판매수수료의 상한선은 2%이다.

035 ④

기준가격은 원 미만 둘째 자리까지 계산하고 그 미만은 사사오입한다.

036 ②

투자신탁은 법리에 따라 투자신탁의 이익은 비과세하고 있다. 투자회사의 경우에도 결산기에 배당가능이익의 90% 이상을 투자자에게 분배하는 경우 법인세를 부담을 주지않고 있다.

037 ②

ETF는 인덱스형 펀드가 거래 상장되어 있어 주식처럼 매매되므로 주식처럼 매매차익에 대해 비과세하고 있다.

038 ③

추적 오차율이 10%를 초과하여 3개월 이상 지속되는 경우 상장을 폐지하므로 5%가 아니라 10% 이내이어야 한다. 이외에도 시가총액 상위 85% 종목의 3개월 평균시가총액이 150억 원 이상이고 거래대금이 1억 원 이상일 것 등이 있다.

039 ③

모자형펀드는 자본시장에서 투자를 하고 자펀드는 투자자에게 펀드를 판매하여 모펀드에 투자한다.

tip 모자형집합투자기구에 대한 규제

- 자펀드가 모펀드 외에 다른 펀드에 투자하지 말 것
- 자펀드와 모펀드의 집합투자업자가 동일할 것
- 자펀드 외의 자가 모펀드에 투자하지 말 것

040 ②

판매주체는 투자매매업자와 투자중개업자이다. 주로 증권회사, 은행, 보험회사가 주축이며 그중에서도 은행의 판매고가 제일 크다. 은행은 자본시장법상 신탁업자의 역할을 수행하고 있기 때문에 판매회사와 신탁업자의 역할을 동시에 하고 있는 셈이다.

041 ④

이자의 수준은 워런트 수익률에 영향을 준다. 원본보존용 혹은 원본보존 추구용의 채권투자액을 제외한 자금으로 워런트에 투자하여 추가수익을 목표로 하기 때문에 투자하는 채권의 이자액이 높을수록 워런트의 투자금액도 달라지고 수익률에도 영향을 미친다. 낙아웃형과 낙인형의 옵션 가격을 합하면 일반형의 옵션가격이 된다.

042 ④

④는 인덱스펀드가 가지지 못한 장점의 하나이다.

tip **인덱스펀드의 장점**

- 특정 업종에 투자 가능
- 분산투자로서 위험을 축소
- 시장 평균수익률의 확보

043 ①

기존 투자자의 전원의 동의가 있으면 환매금지형도 일정한 금액 범위 내에서 추가발행이 가능하다.

044 ④

신탁재산에 속하는 채권과 신탁재산에 속하지 않는 채무는 상계할 수 없다. 신탁법 제25조에 의하여 상계 금지의 원칙이 적용되기 때문이다.

045 ②

해외투자펀드는 해외 분산투자로 비체계적 위험을 줄일 수 있다.

tip **체계적 위험과 비체계적 위험**

- **체계적 위험** : 증권시장 전체가 영향을 받아 변동하게 되는 위험으로, 시장상태가 변화하여 위험자산의 시장가격 또는 투자수익률이 변동하는 시장위험을 말한다. 분산투자로 체계적 위험이 제거되지 못한다. 시장상태의 변화는 주가, 금리, 환율 등의 시장변수의 움직임에 의해 좌우된다.
- **비체계적 위험** : 개별기업만 직접적으로 관련되어 증권의 가격이 변동하는 위험으로, 증권시장 전체의 변동과 관계없이 기업의 고유요인에 기인하는 것이 개별 위험이다. 분산투자로 비체계적위험을 제거할 수 있다.

046 ①

원자재펀드(Commodity Fund)는 우리나라에서 역사가 매우 짧은 펀드이다.

047 ④

주식처럼 매매차익에는 비과세한다.

048 ②

연금신탁은 금융위원회에서 노후생활보호라는 사회보장적 기능을 인정하여 예외적으로 원금보장을 허용하고 있다. 운용손실이 발생할 경우에도 신탁회사가 원금을 보장한다.

049 ④

리츠는 수익성 부동산을 매입하여 임대사업을 할 수 있다.

tip **리츠(REITs)**

- **외국** : 미국 등 선진국의 리츠(REITs)
- **국내** : 부동산투자법에 의한 부동산투자회사(REITs)는 개발전문 부동산투자회사를 포함하여 자기관리 부동산투자회사, 위탁관리 부동산투자회사, 기업구조조정 부동산투자회사 등이 있다.

050 ④

기존 펀드도 약관 변경을 통해서 다른 클래스로 전환이 가능하다.

tip 종류형펀드

종류형펀드는 같은 펀드에서 투자자를 대상으로 판매 형태를 달리하여 판매하는 펀드로서 판매보수와 판매수수료가 각기 다르다. 이는 펀드의 다양성을 추구하되 펀드의 대형화를 꾀하기 위한 것이 목적이다.

051 ③

MMF의 편입자산의 최대 가중평균 잔존기간은 75일 이내이다.

052 ②

위탁자가 신탁재산인 금전의 운용방법을 지정하고 수탁자는 지정된 운용방법에 따라 신탁재산을 운용한다는 사실은 계약 체결 권유시에 사전에 위탁자에게 알려야 한다.

053 ②

채권의 신용등급이 하락하면 채권수익률이 상승하여 채권가격이 하락하고, 신용등급이 상승하면 채권수익률이 하락하여 채권가격이 상승한다.

054 ④

Top-Down방식은 경제분석-산업분석-기업분석이다.

tip Bottom-Up방식

기업분석 → 산업분석 → 경제분석

055 ②

BM, Peer 그룹과 비교하는 것은 성과측정이고, 성과요인분석은 마켓타이밍, 종목선정 등으로 나누어 성과를 배분한다.

tip 투자자 관점의 성과평가

- 투자자가 향유한 실제 수익규모(회계상 손익 또는 경제적 가치)를 측정
- 잘못된 계획이나 투자실행으로 인해 발생한 위험을 효율적으로 관리
- 자산배분, 투자시점, 집합투자기구의 성과가 평가의 대상

056 ②

EV는 시가총액, 우선주 시장가치, 순차입금을 합한 금액이다.

057 ②

기본적 분석이 과거정보에 의존하고, 자료의 신뢰성과 회계처리 방법 및 분식결산 등에 따른 문제점이 있으나, 기술적 분석은 주가와 거래량에 모든 정보가 반영된다는 가정에 바탕을 둔다.

058 ①

표준편차는 절대적 위험이고, 나머지는 상대적 위험이다.

059 ②

주식 갑의 기대수익률

$=(0.4\times 40\%)+(0.4\times 15\%)+(0.2\times -30\%)=16\%$

060 ②

섹터/style지수(sector index)에 대한 설명이다.

061 ④

95% 신뢰구간은 1.65를 99% 신뢰구간은 2.33을 사용하여 계산한다.

tip VaR

- 일정기간 보유 및 일정 신뢰구간에서 발생 가능한 최대 손실금액
- VaR＝보유포지션의 시장가치×신뢰구간에 따른 표준편차의 배수×포지션의 변동성(표준편차)×$\sqrt{보유기간}$
- 10 영업일간 및 99%의 신뢰구간을 기준으로 매일 측정할 것
- 1년 이상의 자료를 기초로 시장상황에 따라 최소 3개월에 1회 이상 수정하고, 중대한 변동 시에는 기간을 단축하여 수정
- 옵션의 경우는 간편법 및 델타 플러스법에 의거 산정
- 매일 공시할 것

062 ③

옵션 매수의 경우 옵션가격에 계약수를 곱하여 산정한다.

tip 명목계약금액 산정 기준

- **선도거래** : 기초자산의 가격에 거래량과 승수를 곱하여 산정
- **옵션거래**
  - 옵션매수 : 옵션가격×계약수
  - 풋옵션매도 : 행사가격×계약수×승수
  - 콜옵션매도 : 행사가격과 기초자산가격 중 큰 가격×계약수×승수
- **스왑거래**
  - 기초자산 교환 포함하는 거래 : 기초자산가격＋만기지급 금전총액
  - 기초자산 제외, 금전만 교환하는 거래 : 만기지급 금전총액
- **장외파생상품거래** : 거래 당사자 간 거래체결 시 합의하는 명목원금으로 산정(레버리지 감안)

063 ②

자본시장법상 파생상품펀드 투자자산은 선물(선도), 스왑, 옵션, 파생결합증권 등이다.

064 ②

기업회계기준상 위험회피회계의 적용대상이 되는 기업회계거래는 산정대상에서 제외가 가능하다.

065 ④

사모파생펀드의 경우 100분의 400이고, 공모파생펀드의 경우 100분의 100이다.

tip 사모펀드의 규제완화 내용

- 파생매매에 따른 위험평가액 규모
- 매매 기준가격의 일일 공시 의무
- 투자설명서의 설명의무, 교부의무 등

066 ③

취득 이후 추가적인 지급의무가 없어 증권의 하나로 본다.

067 ③

원칙적으로 각 펀드 자산총액의 100분의 10을 초과하여 동일증권에 투자할 수 없으나 파생결합증권의 경우에는 100분의 30까지 투자할 수 있다.

068 ③

ELF에 비해 세금면에서 유리한 장점이 있다.

tip 델타헤징형 펀드

ELF는 수익전체가 과세 대상이나 구조화 펀드 중 델타헤징형 펀드의 경우 상장된 펀드나 파생상품의 자본이득이 비과세되므로 세후 수익률면에서 유리하다.

069 ②

파생결합증권은 원금보존형 구조 및 원금비보존형 구조 모두 가능하다.

tip 원금보존추구형

- 시장위험을 제거하는 형태로서 원금은 보존하나 거래상대방의 위험은 제거하지 못한다.
- 원금보존추구형은 중도상환형과 중도상환이 되지 않는 형태로 구분된다.
- 중도상환이 되지 않는 펀드는 일반적으로 워런트 투자구조와 비슷한 형태이다.

070 ②

상승장에서의 성과는 CPPI형이 크다.

tip TIPP형과 CPPI형

- CPPI형 : 최초투자금액의 일정비율을 방어하도록 설계된 일정비율 보험전략이다.
- TIPP형 : 투자개시 이후 포트폴리오 최고가치의 일정비율을 방어하도록 설계된 시간 불변 포트폴리오 보존 전략이다.

071 ②

ELW의 가격결정요인으로는 기초자산의 가격, 권리행사가격, 기초자산의 가격변동성, 잔존기간, 금리, 배당 등이다.

072 ①

유럽형은 만기에 한 번만 관찰한다.

tip 워런트의 수익구조

- 미국형 : 만기 전 어느 때라도 수익확정 가능
- 아시아형 : 만기까지 기간 중 평균적인 가격으로 수익률을 결정

073 ②

Worst Performer 상품은 시장에 존재하지만, Best Performer는 실제시장에서는 거의 존재하지 않으며, 두 개 이상의 기초자산 중 성과가 가장 좋은 기초자산 수익률에 펀드의 수익이 결정된다.

tip Performer

두 종목 중에서 수익률이 낮은 것을 기준으로 수익률을 결정하는 것이 Worst Performer 상품이다. Best Performer 상품은 두 종목 중에서 수익률이 높은 것을 기준으로 수익률을 결정한다.

074 ③

Barrier(경계가격)에 대한 설명이다.

tip Barrier(경계가격)

- 옵션 행사가격과는 별도로 지정한다.
- 촉발가격이라고도 한다.
- 이 가격을 건드려서 옵션이 소멸하면 낙아웃이고 옵션이 생성되면 낙인이다.

075 ③

적은 투자금액으로도 다양한 자산에 분산투자할 수 있다.

tip 멀티에셋펀드

- 구조
  - 기초자산 : 주식, 채권, 부동산, 실물자산 등
  - 주식 : 미국, 일본, 유럽 등의 주식
  - 채권 : 미국과 유럽의 채권 인덱스
  - 부동산 : 일본의 리츠 지수
  - 실물자산 : 원유, 니켈, 아연, 구리 등
- 수익 발생
  - 각각의 자신 수익률을 투자 비중에 의거 계산
  - 포트폴리오 수익률의 계산

– 공격적, 균형적, 방어적인 경우로 구분
– 최종 수익구조는 Max 구조이다.

076 ③

표준옵션=Knock-In 옵션가격+Knock-Out 옵션가격

077 ②

투기거래 전략은 단순투기전략과 스프레드 거래전략으로 구분한다.

tip 투기거래

- 선물시장에만 참여하여 위험을 감수하고 이익을 얻고자하는 거래
- 초단기 거래자(Scalpher), 일일거래자(Day Trader), 포지션 거래자(Position Trader)로 구분
- 매입은 롱(Long), 매도는 숏(Short)이라고 한다.
- 한 쪽의 이익은 상대방의 손실로 나타나는 제로섬 게임이다.

078 ③

손익분기점은 낮은 행사가격에 프리미엄의 차액을 더한 가격이다.

tip 베어(약세장) 스프레드

행사가격이 낮은 콜옵션을 매도하고 높은 콜옵션을 매수할 경우, 기초자산가격이 오르면 손해를 보고, 떨어지면 이익을 보되, 그 손실이나 이익의 폭이 제한된 수익구조를 지닌 전략이다.

079 ③

쎄타는 (−)값이 일반적이다.

tip 쎄타

- 쎄타는 잔존기간의 변화에 따른 옵션가격의 변화분이다.
- 쎄타=옵션가격의 변화/시간의 변화분
- 쎄타의 가치는 시간 가치의 감소(Time Decay)로 대체로 음수(−)값을 가진다.
- 쎄타는 ATM일 때 가장 크고 ITM이나 OTM으로 갈수록 작아진다.
- 쎄타와 감마는 대칭적 상반관계를 가지고 있다.

080 ④

Call이나 Put을 선택할 수 있는 선택옵션의 가격이 가장 높다.

tip 선택옵션(Chooser Option)

만기일 이전 미래의 특정시점에서 이 옵션이 콜옵션인지 풋옵션인지 여부를 선택할 수 있는 권리를 가진 옵션으로 스트래들 매수자와 유사하다.

081 ③

엔 캐리 트레이딩 전략은 엔화가 약세일 때 유리한 전략이다. 엔화를 빌려서 갚을 때 엔이 약세이면 환차익이 발생한다.

082 ④

이자율스왑의 가치는 금리수준 및 금리기간 구조의 변경에 따라 계속 변한다.

tip 금리스왑

금리스왑은 금리상품의 가격변동으로 인한 손실을 보전하기 위해 금융 기관끼리 고정금리와 변동금리를 일정기간동안 상호교환하기로 약정하는 거래를 말한다. 이때 원금은 바꾸지 않고 서로 이자지급의무만을 바꾼다. 보통 금리상승에 따른 위험을 줄이기 위해 금리스왑을 활용한다.

083 ④

장외파생거래는 당사자 간 혹은 시장여건 등의 이유가 있으면 계약을 조기에 종결할 수 있다.

tip 파생상품의 위험요인

- 장내파생상품을 활용할 경우 레버리지를 사용하므로, 베이시스위험, 변동성위험 등이 있다.
- 장외파생상품이 편입된 펀드의 경우 거래상대방의 신용위험도를 고려해야 한다.

084 ①

매도 헤지는 현물가격의 하락위험에 대비한 것으로서 가격하락위험이 실제로 발생하더라도 선물가격은 당초 정한대로 유지되므로 현물 포지션의 손실을 상쇄하여 준다.

tip 헤지 거래의 종류

- **매입 헤지** : 현물가격 상승을 대비하여 현물매입가격 고정을 위해 선물을 매입하는 것
- **매도 헤지** : 현물보유가 가격하락위험을 회피하기 위해 선물을 매도하는 것
- **직접 헤지** : 현물과 동일한 상품을 선물시장에서 매입/매도 하는 것
- **교차 헤지** : 현물과 유사한 가격변동 패턴을 갖는 선물을 이용하여 헤지하는 것

085 ④

기초자산 가격의 큰 폭 하락이 확실하다면 풋 매수가 가장 좋은 전략이다.

086 ②

차입기관은 금융기관, 보험회사, 국가재정법에 따른 기금, 다른 부동산펀드와 외국금융기관 등이다.

087 ②

승역지는 지상권이 아니라 지역권 설정의 경우 편익을 제공하는 토지이다.

tip 토지의 이용활동상의 분류

- **나지** : 지상에 건축물이 없는 토지
- **갱지** : 지상에 건축물이 없는 토지
- **공지** : 건축법에 의한 건폐율의 적용으로 한 필지 내에서 비워 둔 토지
- **맹지** : 도로에 접속면을 가지지 못하는 토지
- **택지** : 주거지, 상업지, 공업지의 건물부지로 이용되거나 이용되는 것이 사회적, 경제적 · 행정적으로 합리적이라고 인정되는 토지
- **요역지** : 승역지에 상대되는 개념으로 지역권 설정의 경우 편익을 받는 토지
- **공한지** : 도시 내의 택지 중 지가상승만을 기대하여 장기간 방치하는 토지
- **후보지** : 택지, 농지, 임지 상호 간에 전환되고 있는 토지

088 ②

지적의 3대 요소는 토지, 등록, 지적공부이다.

tip 지적의 의의

지적은 소관청이 전 국토를 필지 단위로 구획하여 지적공부에 토지에 관한 물리적 현황 및 법적 권리관계 등을 조사 · 측량하여 등록 · 공시하는 국가의 사무를 말한다. 지적의 종류에는 전, 답, 과수원, 목장용지, 임야, 광천지, 염전, 대, 공장용지, 학교용지, 주차장, 주유소용지, 창고용지, 도로, 철도용지, 하천, 제방, 구거, 유지, 양어장, 수도용지, 공원, 체육용지, 유원지, 종교용지, 사적지, 묘지, 잡종지가 있다.

089 ③

펀드재산으로 부동산 자체에 투자하는 경우 외에도 펀드재산의 50%를 초과하여 부동산과 관련된 권리에 투자하는 경우, 부동산과 관련된 금전채권에 투자하는 경우, 부동산과 관련된

증권에 투자하는 경우, 부동산을 기초자산으로 한 파생상품에 투자하는 경우 각각 부동산펀드에 해당하는 것으로 규정하고 있다.

090 ②

사모부동산펀드일 경우 400%를 초과할 수 없고, 공모부동산펀드는 각 펀드자산총액에서 부채총액을 뺀 가액의 100%를 초과하여 투자하는 행위를 할 수 없다.

091 ①

대출형부동산펀드가 최초로 개발하여 판매한 것으로 PF형이라고 한다.

tip 대출형펀드

- **운용목적** : 시행사로부터 안정적인 대출이자를 지급받는다.
- 프로젝트 파이낸싱(Project Fiancing)방식 부동산펀드를 의미한다.
- **운용방법** : 부동산개발사업을 영위하는 법인(시행사 : Developer) 등에 대출

092 ③

여러 지역에 소재하는 부동산 자산에 분산투자함으로 포트폴리오 구축의 효과가 있다.

tip 해외부동산펀드

- 국내부동산시장의 위험요인 증가로 인하여 대안적 투자 방안으로 개발되었다.
- 대출형부동산펀드는 해외의 우수한 부동산개발사업에 대출하는 부동산펀드로 개발되었다.
- 임대형부동산펀드는 다양한 지역, 다양한 손익구조를 가진 부동산과 포트폴리오를 구성하여 분산투자하는 형태로 개발되었다.

093 ②

투자자산 확보의 위험이 가장 큰 리스크 요인 중 하나이다. 양호한 대형 물건이 경매시장에 나오는 경우가 드물고, 치열한 경쟁으로 일정 규모 이상의 투자자산 확보가 용이하지 않다.

094 ②

섹타펀드는 Active 운용펀드의 일종이다.

095 ③

리츠의 종류로는 자기관리 부동산 리츠, 위탁관리 부동산 리츠, 개발전문 부동산 리츠 외에도 기업구조조정 리츠가 있다.

tip 리츠

부동산투자신탁으로 소액투자자들로부터 자금을 모아 부동산이나 부동산 관련대출에 투자하여 발생한 수익을 투자자에게 배당하는 회사나 투자신탁을 말한다. 증권의 뮤추얼펀드와 유사하여 '부동산 뮤추얼펀드'라고도 한다. 부동산개발사업 · 임대 · 주택저당채권 등에 투자하여 수익을 올린다.

096 ③

부동산 투자위험으로는 사업상 위험, 금융위험, 법적위험, 인플레이션 위험 등이 있다.

tip 시장위험

- 일반경제의 위축으로 부동산수요의 감소로 공실률이 증가하여 임대료가 하락하게 된다.
- 인구구조나 기술수준의 변화가 부동산의 수요와 공급에 영향을 미쳐 임대료가 변화된다.
- 수요와 공급의 변화는 부동산 투자의 수익성에 대한 위험을 증대시키는 중요한 요인이다.

tip 운영위험

- 경영 및 관리위험
- 부동산의 관리, 근로자의 파업, 영업경비의 변동 등으로 수익의 불확실성

tip 입지위험

- 지리적 부동성으로 야기되는 위험
- 불리한 지리적 위치에 있는 부동산에 투자함으로서 발생하는 위험
- 부동산의 수익이나 가치상승에 대한 기대는 위치의 유 · 불리에 의해 결정된다.

097 ②

위험분석에 대한 설명으로 부동산위험관리의 절차는 식별 → 분류 → 분석 → 대응의 순이다.

tip 부동산 리스크 관리절차

- **리스크식별(Risk Identification)**
  - 리스크의 근원인식, 리스크 인자의 유형과 특성 파악, 상황을 이해하는 단계
  - 부동산 투자의 주요 리스크
  - 시장 및 사업 리스크, 프로젝트 리스크, 거시적 리스크 등
- **리스크분류(Risk Classification)**
  - 리스크 인자를 유형과 특성별로 분류하여 각 인자들 사이의 상호 관련성을 파악, 상황을 이해하는 단계
  - 통제 가능한 리스크와 통제 불가능한 리스크로 분류
- **리스크분석(Risk Analysis)** : 식별된 리스크 인자의 중요도를 파악하여 대안설정과 전략수립 가능 여부를 판단한다.
- **리스크대응(Risk Response)**
  - 리스크 요인을 식별하고 분석된 리스크 인자의 처리 방안을 고려하는 단계
  - 리스크의 부정적인 영향을 제거하고 리스크에 대한 통제력을 강화
  - 리스크 대응전략은 리스크 회피, 리스크 감소, 리스크 보유, 리스크 전가로 분류한다.

098 ①

조세부담이 부동산가격에 전가되어 부동산가격이 상승한다.

tip 조세정책

- **부동산자원 배분(효율성 추구)** : 서민주택을 위한 조세상 특혜, 과다보유에 따른 보유과세의 중과세 등을 통해 부동산 자원의 적정 배분추구
- **소득재분배(형평성 추구)** : 부동산의 상속세, 재산세 등에 대한 세율체제를 누진세나 차등세를 적용함으로써 소득재분배
- **지가안정** : 양도소득세, 개발부담금제도 등 조세를 통하여 지가를 안정시키고 투기를 억제
- 조세정책은 일반적으로 부동산가격의 상승으로 이어진다.

099 ①

부동산 간에 대체 또는 보완관계에 있을 때, 해당 부동산의 수요량의 변화율을 대체 또는 보완관계에 있는 부동산가격의 변화율로 나눈 것은 수요의 교차탄력성에 대한 설명이다.

오답해설

② 수요의 가격탄력성=수요량의 변화율/가격의 변화율
③ 수요의 소득탄력성=수요량의 변화율/소득의 변화율
④ 부동산의 공급탄력성=공급량의 변화율/가격의 변화율

100 ①

입지위험, 운영위험, 시장위험 등이 사업상 위험이다.

제3회 정답 및 해설

001 ④	002 ④	003 ①	004 ③	005 ④
006 ②	007 ③	008 ③	009 ④	010 ④
011 ④	012 ③	013 ④	014 ④	015 ②
016 ①	017 ③	018 ③	019 ①	020 ④
021 ①	022 ③	023 ④	024 ①	025 ③
026 ②	027 ②	028 ③	029 ③	030 ①
031 ②	032 ④	033 ④	034 ③	035 ③
036 ①	037 ④	038 ②	039 ②	040 ①
041 ②	042 ②	043 ②	044 ③	045 ②
046 ③	047 ②	048 ①	049 ③	050 ④
051 ②	052 ②	053 ④	054 ①	055 ③
056 ②	057 ③	058 ③	059 ②	060 ③
061 ③	062 ①	063 ④	064 ②	065 ③
066 ④	067 ④	068 ②	069 ③	070 ①
071 ②	072 ④	073 ③	074 ②	075 ④
076 ③	077 ①	078 ①	079 ④	080 ②
081 ④	082 ④	083 ④	084 ④	085 ②
086 ④	087 ④	088 ④	089 ②	090 ④
091 ①	092 ④	093 ④	094 ③	095 ④
096 ④	097 ①	098 ①	099 ①	100 ①

001 ④

집합투자증권의 판매는 판매회사의 업무이다.

tip 신탁업자의 업무내용

- 펀드재산의 보관 및 관리
- 집합투자업자의 운용지시에 따른 자산의 취득 및 처분
- 집합투자업자의 운용지시에 따른 펀드의 환매대금 및 이익금의 지급
- 집합투자업자의 운용지시 등에 대한 감시
- 펀드재산에서 발생하는 이자, 배당, 수익금, 임대료의 수령
- 무상으로 발생되는 신주의 수령
- 증권의 상환금의 수입
- 여유자금 운용이자의 수입

002 ④

펀드는 모두 미래가격으로 매매하여야 하나 MMF의 경우 일정한 조건일 경우 당일가격으로 매매가 가능한데 당일가격으로 매매되는 경우는 ①, ②, ③번에 한한다.

003 ①

국채에는 펀드재산의 100%를 투자할 수 있다.

004 ③

보수, 수수료 체계가 국제관례에 비추어 지나치게 높으면 안 되며, 비용에 관한 사항이 명확히 규정되어 있어야 한다.

005 ④

집합투자업은 2인 이상의 자에게 투자권유하고, 투자로부터 모은 금전을 모아서 운용한다.

tip 펀드의 정의

- 2인 이상의 자에게 투자권유
- 운용결과를(손익) 투자자에 배분
- 투자자의 일상적인 운용지시를 받지 않는다.

006 ②

폐쇄형펀드도 집합투자규약에 정해진 경우 간헐적으로 펀드 지분의 추가발행이 가능하다.

007 ③

외국집합투자업자의 자산운용규모가 1조 원 이상이어야 한다.

tip 외국펀드의 국내판매규정

- 자산운용보고서는 3개월에 1회 이상 제공하여야 한다.
- 외국집합투자업자의 자산운용규모가 1조 원 이상이어야 한다.
- 외국집합투자증권을 국내에서 판매하는 경우 등록 후 판매할 수 있다.
- 외국집합투자증권은 OECD가맹국, 홍콩, 싱가포르 법률에 의해 발행되어야 한다.

008 ③

이사회의 결의로는 투자회사의 운용상 중요하다고 인정되는 사항으로서 정관이 정하는 사항을 의결할 수 있으며 주주총회는 정관 중요사항의 변경을 의결할 수 있다.

009 ④

폐쇄형 펀드도 몇 가지 경우에 한하여 추가로 발행이 가능하다.

tip 추가 발행이 가능한 경우

- 기존 집합투자자의 이익을 해할 우려가 없는 경우로서 신탁업자의 확인을 받은 경우
- 이익 분배금 범위 내에서 추가로 발행하는 경우
- 기존 투자자 전원의 동의가 있는 경우

010 ④

④번의 경우는 중립적으로 행사하지 않고 적극적으로 의결권을 행사해야 한다.

011 ④

원칙적으로 시가로 평가하고, 평가일 현재 신뢰할 만한 시가가 없는 경우에는 공정가액으로 평가해야 한다. 다만, MMF에 대해서는 장부가 평가를 허용하고 있다.

012 ③

집합투자증권의 재발행은 집합투자업자나 투자회사에 청구한다. 이에 따른 비용은 투자자가 부담한다. 집합투자증권은 액면이 없고 좌수(1,000좌, 10,000좌 등)가 수익증권에 표기되어 있어서 해당 좌수와 매매 기준가를 곱하면 투자자의 펀드 평가액이 산출된다.

013 ④

투자회사의 감독이사는 2인 이상으로 정하고 있다.

tip 투자회사

투자회사는 자산운용회사가 법인이사가 되면서 설립된 명목상의 주식회사로서 미국에서는 뮤추얼펀드라고 한다.

014 ④

투자대상 국가 · 지역과 관련된 위험, 환율 및 환위험과 관련된 내용 등을 설명해야 한다.

tip 해외자산에 투자하는 집합투자기구의 집합투자증권을 투자권유하는 경우에는 설명사항

- 투자대상 국가 또는 지역의 경제여건 및 시장현황에 따른 위험

- 집합투자기구 투자에 따른 일반적 위험 외에 환율변동 위험, 해당 집합투자기구의 환위험 헤지 여부 및 목표 환위험 헤지 비율
- 환위험 헤지가 모든 환율 변동 위험을 제거하지는 못하며, 투자자가 직접 환위험 헤지를 하는 경우 시장 상황에 따라 헤지 비율 미조정시 손실이 발생할 수 있다는 사실
- 모자형 집합투자기구의 경우 투자자의 요청에 따라 환위험 헤지를 하는 자펀드와 환위험 헤지를 하지 않는 자펀드 간의 판매비율 조절을 통하여 환위험 헤지비율을 달리(예 20%, 40%, 60%)하여 판매할 수 있다는 사실

015 ②

막스 베버(Max Weber)에 대한 설명이다.

016 ①

고객 정보파악은 대면만이 아닌 전화 등 사실상 기록, 보관이 가능한 여러 가지 매체를 이용한 방법이 가능하다.

017 ③

법령 등의 준수 여부를 감시하는 준법감시인은 감사 또는 감사위원회와는 상호 독립적인 지위에 있다. 준법감시인은 이사회의 결의로서 임명해야 하며 대표이사가 단독으로 임명할 수 없다. 또한 운용업무와의 겸직을 허용해서는 안 된다.

018 ③

자본시장법상 재권유 금지기간은 1개월이다.

tip 투자자의 거부의사 표시 후 투자의 재권유가 가능한 경우

- 투자자의 거부의사 표시 후 1개월이 경과한 경우
- 다른 종류의 금융투자상품을 투자권유하는 경우

019 ①

부수업무 관련 자료, 업무위탁 관련 자료의 유지기간은 5년이다.

020 ④

서면으로 청구하는 경우 재전환이 가능하다.

tip 불초청 투자권유 금지

- 투자권유를 원하는 요청이 없을 시 투자권유 금지
- 다만 증권 및 장내파생상품은 불초청 투자권유 가능

021 ①

파생상품은 장내파생상품인 경우 예외사항이나 장외파생상품인 경우 예외사항이 아니다. 따라서 장외파생상품은 재투자권유의 금지사항에 속한다.

022 ③

집합투자증권 등 불완전 판매에 대한 내용이다.

023 ④

금융투자업자는 금융기관의 공공성으로 인하여 일반 주식회사에 비하여 더욱 높은 수준의 주의의무를 요한다.

024 ①

임직원의 사외 대화방 참여는 공중포럼으로 간주되어 언론기관과 접촉할 때와 동일한 윤리기준을 준수해야 한다.

025 ③

일반적으로 회사정보 유출은 「부정경쟁방지 및 영업비밀보호에 관한 법률」에서 포괄적으로 규제하고 있다. 그리고 고객의 금융거래와 관련해서는 「금융실명 거래 및 비밀 보장에 관한 법률」을 적용하고 있다.

026 ②

투자 설명의무의 소홀이다. 투자자에게 펀드상품에 대한 주요한 내용을 자세하게 설명하지 못하였기 때문에 불완전한 판매에 해당한다.

027 ②

실제적으로 고객과의 관계를 의미하며 전문가로서의 능력을 신뢰하여 서비스의 제공을 받는 자(고객)와 위임을 받는 전문가의 관계를 신임관계라고 한다.

028 ③

고객정보 활용의 의무는 펀드 판매직원의 직업윤리로서 고객에게 지는 의무와 관련이 없다.

tip 정보의 누설 및 이용 금지

- 직무수행 시 알게된 정보는 정당한 사유없이 누설하거나 이용해서는 안 된다.
- 판매직원은 영업상 취득한 투자자의 정보가 투자자의 이익에 반하여 제3자에게 누설되거나 이용되어는 안 된다.

029 ③

신탁계약을 연장하기로 한 경우 연장하기로 한 날이 과세기준일이다.

tip 과세기준일

- 집합투자기구로부터의 이익을 지급받은 날(현금으로 그 이익을 수령하는 날)
- 원본에 전입하는 뜻의 특약이 있는 분배금은 그 특약에 의하여 원본에 전입되는 날
- 결산분배일에 결산분배금을 '재투자특약'에 의하여 원본에 전입하는 경우

030 ①

투자신탁 소득은 모두 배당소득으로 분류된다.

tip 배당소득의 범위

- 국내외 기업으로부터 받은 이익이나 잉여금의 배당 또는 분배금
- 법인으로 보는 단체로부터 받는 배당 또는 분배금
- 의제배당
- 법인세법에 의하여 배당으로 처분된 금액(인정배당)
- 상법상 건설이자의 배당
- 국내외에서 받은 집합투자기구로부터의 이익
- 국제조세조정에 관한 법률의 조세피난방지세제 규정에 따라 특정외국법인의 배당가능한 유보소득 중 내국인이 배당받는 것으로 간주되는 금액
- 주가연계증권(ELS)에서 발생하는 분배금
- 파생결합증권(DLS)에서 발생하는 분배금
- 주식워런트증권(ELW)의 권리행사로 인한 소득은 이자소득이나 배당소득 등에 해당하지 않는다.

031 ②

저축기간을 일 단위로 정한 경우 최초 매수일부터 계산하여 저축기간이 만료되는 날의 다음 영업일이 만기일이다.

tip 만기지급일

- 저축기간은 '월', 혹은 '연' 단위로 정한 경우는 저축기간이 만료되는 월의 최초 상당 납일일

- 저축기간은 '일' 단위로 정한 경우는 최초 매수일로부터 계산하여 저축기간이 만료되는 익일 영업일
- 펀드를 해지하는 경우에는 해지 결산 후 첫 영업일

032 ④

임의식은 저축금액을 정하지 않지만 목적식은 저축금액을 정해야 한다.

tip 수익증권저축의 종류

구분			저축방식
임의식			저축기간과 저축금액을 정하지 않고 임의로 저축함
목적식	거치식		일정금액을 일정기간 저축함
	적립식	정액	일정기간 정액으로 저축함
		자유	일정기간 자유롭게 저축함
	목표식		목표금액을 정해서 수시로 저축함

033 ④

모자형 펀드는 자펀드와 모펀드의 집합투자업자가 동일해야 한다.

tip 모자형 집합투자기구를 설정하는 경우의 요건

- 자펀드가 모펀드 외의 다른 펀드에 투자하지 말 것
- 자펀드 외의 자가 모펀드에 투자하지 말 것
- 자펀드와 모펀드의 집합투자업자가 동일할 것

034 ③

이자 및 배당소득에 대해서는 과세하나 자본소득은 과세하지 않는다. 따라서 60원이 과세 대상이다.

035 ③

비영업대금의 이익은 이자소득에 속한다. 비영업대금의 이익은 대금업에 해당하지 않는 금전대여로 인해 받는 이자를 의미한다.

tip 배당소득

- 이익배당(내국법인으로부터 받는 이익이나 잉여금의 배당 또는 분배금)
- 상법상 건설이자의 배당
- 법인으로 보는 단체로부터 받는 배당 또는 분배금
- 의제배당
- 인정배당(법인세법에 의하여 배당으로 처분된 금액)
- 국내 또는 국외에서 받은 집합투자기구로부터의 이익
- 외국법인으로부터의 배당

036 ①

원금은 상환금, 수익은 이익분배금이다.

037 ④

기술적 분석이나 시스템을 이용한 투기거래도 가능하며 위험관리가 관건이며 시스템 업그레이드가 필요하다. 시스템 트레이딩은 펀드 매니저의 주관적인 판단을 배제하고 설정된 매매기법(시스템)이 지시하는 대로 매매를 하는 방식이다.

038 ②

증권을 기초로 하는 파생상품은 특별자산에 포함되지 않는다.

039 ②

국공채형펀드는 주로 장기 채권이 편입되어 있어 금리하락이 예상될 경우 유리한 펀드이다.

040 ①

섹터펀드는 액티브형 및 패시브형 투자전략을 동시에 공유하고 있다.

tip 증권펀드의 투자전략

액티브형은 시장의 정보 효율성이 비효율적이라고 판단하여 시장의 평균 수익률보다 더 높은 수익률을 올릴 수 있다고 생각하고 투자하지만 패시브형은 시장의 정보 효율성이 효율적이라고 판단하여 시장의 평균 수익률보다 더 높은 수익률을 올릴 수 없다고 생각하고 투자한다.

041 ②

부동산 취득을 위하여 차입하는 경우 펀드 순자산총액의 200%를 초과할 수 없다.

042 ②

10억 원 이상의 모집, 매출의 경우 신고서를 금융위에 제출하여 수리 되어야 한다.

tip 증권신고서

- 증권신고서의 기재사항 중 중요사항에 관하여 거짓의 기재 또는 표시가 없고, 중요사항의 기재 또는 표시가 빠져 있지 않다는 사실 기재
- 증권신고서 이용자로 하여금 중대한 오해를 일으키는 내용이 기재 또는 표시되어 있지 않다는 사실 기재
- 증권신고서 기재사항에 대하여 상당한 주의를 다하여 직접 확인 · 검토하였다는 사실 기재

043 ②

M&A기업인수증권투자회사형, PEF 사모투자전문회사형은 투자회사형으로 가능한 경우이다.

tip 투자신탁형과 투자회사의 차이점

구분	투자신탁	투자회사
형태	계약관계	회사형태
당사자	집합투자업자, 신탁업자, 수익자, 판매회사	집합투자업자, 집합투자기구, 신탁업자, 주주, 일반사무 관리회사
자산소유자	신탁업자	집합투자기구
법률행위 주체	신탁업자	집합투자기구
의사결정	집합투자업자, 수익자 총회	이사회, 주주총회

044 ③

인덱스펀드는 시장지수와 비슷한 수익을 추구하기 때문에 보수적인 투자자에게 적합하다.

045 ②

ELD, ELF 모두 ELS를 편입한 구조화 상품이다. ETF는 상장지수펀드로서 특수한 구조의 펀드이다.

tip 상장지수펀드(ETF)

- 인덱스펀드이면서 주식처럼 거래
- ETF시장은 주식처럼 거래되는 유통시장과 설정, 해지되는 발행시장으로 구분
- 발행시장에서는 지정판매사(AP)를 통해서 설정, 환매가 이루어진다.

046 ③

혼합자산펀드는 투자재산의 운용에서 증권, 부동산, 특별펀드의 투자비율의 제한을 받지 않고 자유롭게 투자한다.

047 ②

특정금전신탁에 대한 설명이다.

tip 불특정금전신탁과 특정금전신탁

- **불특정금전신탁** : 위탁자가 신탁재산의 운용방법을 정하지 않아서 수탁자가 운용권한을 전적으로 행하는 신탁상품
- **특정금전신탁** : 위탁자가 신탁재산의 운용방법을 지정함으로써 신탁재산의 운용권한을 위탁자가 가지는 신탁상품

048 ①

최상위 및 차상위만 가능하므로, 투자대상 채권의 등급은 AA 이상, CP의 등급은 A2 이상이어야 한다.

049 ③

종국적으로 특별자산과 연계되어 손익구조가 결정되기 때문에 준특별자산펀드라고 한다.

050 ④

해외투자 시 지역적인 면, 제도적인 면 등으로 환매소요기간이 길다.

051 ②

양도 가능한 보험금지급 청구권은 특별자산펀드의 편입대상이 된다.

052 ②

신탁관리인이 아니라 신탁재산관리인이다. 수탁자와 수익자 간의 이해가 상반되어 수탁자가 신탁사무를 수행하는 것이 적절하지 아니한 경우에 법원이 신탁재산을 관리할 자를 선임할 수 있는데, 이를 신탁재산관리인이라 한다.

053 ④

저평가된 자산을 매수하고 고평가된 자산을 매도하며, 시장의 변화 방향을 예상하여 단기적인 관점에서 사전적으로 자산구성을 변화시키는 것은 전술적 자산배분전략이다.

054 ①

VaR와 표준편차(분산)는 절대적 위험에 속한다. 나머지는 상대적 위험에 속한다.

tip 위험

- VaR : 일정 기간 내에서 확률적으로 가능한 최고의 손실을 의미한다.
- **공분산** : 두 자산 간의 공통적인 분산을 의미한다.
- **베타** : 시장의 평균적인 수익률과 비교한 개별 포트폴리오의 수익률으로서 시장에 대한 민감도를 나타낸다.

055 ③

젠센의 알파는 종목선택정보와 시장예측정보를 정확하게 구분하지 못하는 단점이 있다.

056 ②

목표수익률은 제약요인이 아니라 투자의 목적에 속한다.

tip 제약요인

- 유동성
- 투자기간
- 채권의 신용등급
- 세금

057 ③

유동성위험에 대한 설명이다. 매수－매도 호가 간격이 좁으면 유동성위험이 낮고, 매수－매도 호가 간격이 넓으면 유동성위험이 크다고 할 수 있다.

058 ③

풋옵션의 보유는 채권가격 하락(금리상승) 시 보유 채권을 매도할 수 있는 권리를 가지고 있으므로 리스크가 아니다.

059 ②

콜위험(Call risk)은 채권금리가 상승할 때는 일반채권과 마찬가지로 채권가격이 하락하는데, 채권금리가 하락할 때는 콜옵션 행사가격이상으로 채권가격이 올라가지 않는 위험이다.

060 ③

채권투자자들은 대차대조표를 통해서 채권의 부도 시 회수 가능성을 예측할 수 있다. 여기에 손익계산서의 당기손익 변동성을 감안해야 하는데, 당기손익이 안정적인 회사라면 대차대조표의 분석으로 충분하지만 당기손익의 변동성이 큰 회사의 경우에는 향후의 손익추정을 통해서 재무안정성을 판단할 필요가 있다.

061 ③

최대손실 예상금액은 매일 공시하여야 한다.

062 ①

선물은 거래소에서 거래되기 때문에 장내파생상품에 속한다.

---

tip 구분

선물은 거래소시장 내(장내)에서 거래되고 선도는 거래소 바깥 즉 장외에서 거래되는 것을 의미한다. 금리스왑은 동일 통화 간의 금리의 교환을 통해서 경제적인 효율성을 기하는 경우로서 자산 스왑과 부채의 스왑으로 구분한다.

---

063 ④

파생상품의 위험평가액은 명목계약 금액을 기준으로 산정한다.

064 ②

파생상품펀드는 자본시장법상의 펀드가 아니다.

---

tip 법적인 5개의 집합투자기구

- 증권펀드
- 부동산펀드
- 특별펀드
- 혼합펀드
- 단기금융펀드

---

065 ③

자본시장법 및 상법에 따라 공시해야 한다.

---

tip 공시

- 정기공시는 정기적인 결산 보고서 등을 의미한다.
- 수시공시는 주요한 내용이 발생 시 즉시 투자자에게 알려야 하는 내용들이다.

---

066 ④

파생결합증권에 펀드재산의 50% 이상 투자하면 파생형 증권집합투자기구이다.

067 ④

파생결합증권은 기초자산의 가격변동에 따라 수익이 결정되기 때문에 만기의 수익이 확정되어 있지 않다.

068 ②

펀드매니저의 주관이 배제되고 전산시스템에서 보내주는 매매신호에 기계적으로 수행하는 구조이다.

069 ③

이자율연계 파생결합증권은 기초자산의 변동성이 낮고 유동성이 떨어지며, 제시된 수익구조의 가격유지도 오래 할 수 없어 공모펀드로 만들기 곤란하며 헤지수단으로 주로 사용된다.

070 ①

지수선물은 전통적인 상품으로 기초자산의 범위가 확대된 것으로 볼 수 없다.

071 ②

상환조건이 낮을수록 쿠폰이 낮아진다.

tip 쿠폰의 상승

- **변동성이 클수록 쿠폰이 상승한다.**
  - 변동성이 크면 델타 복제가 용이하기 때문이다.
  - 델타 복제는 델타를 조정하는 전략으로 옵션구조 복제전략이다.
- **상환조건(행사가격)이 높을수록 쿠폰이 상승한다.**
  - 상환조건이 높으면 상환가능성이 낮아지므로 쿠폰을 올려준다.
  - 상환조건이 낮으면 상환가능성이 높아지므로 쿠폰을 낮춘다.
- **기초자산 간의 상관관계가 낮을수록 쿠폰이 높아진다.**
  - 상관관계가 낮으면 하나의 종목이 손실률이 크더라도 나머지 종목이 수익을 Cover하기 때문이다.
  - 상관관계가 높으면 두 종목이 같이 상승하거나 같이 하락할 가능성이 높아 상환가능성이 커져서 쿠폰이 낮아진다.

072 ④

하이브리드, 멀티에셋, 인덱스형은 대체로 분산투자로서 안정적인 구조로 만들어져 있다.

tip 하이브리드 펀드(혼합형 펀드)

- 원금보존추구
- 기초자산 바스켓의 매분기 상승률의 평균에 80% 참여하는 구조
- 상승률이 (−)인 경우 수익률은 Zero이다.

073 ③

워런트는 가격위험과 신용위험이 동시에 노출되어 있다.

tip 워런트

- 옵션과 유사한 의미이다.
- 레버리지 효과가 있다.
- 원본보존추구형이 가능하며 장외파생상품으로 가격위험과 신용위험이 동시에 노출된다.

074 ②

풋 매수 성과가 아니라 풋 매도 성과를 복제하는 것이 일반적이다.

tip 풋 매도 성과

풋 매도 성과는 기초자산 가격이 상승하면 일정한 수익을 얻고 기초자산 가격이 하락하면 손실의 폭이 커질 수 있는 구조이다.

075 ④

파생상품형펀드는 기초자산의 수익 및 구조변경을 통하여 위험을 헤지 할 수 있다.

tip 선물을 이용

- 과거의 일방향 투자에서 양방향 투자가 가능
- 기초자산 하락이 예상되는 경우 선물 매도(Short)의 포지션으로 수익발생 가능
- 지수선물을 이용하는 경우 시장(Index) 대비 초과 수익률 획득 가능
- 시장중립 투자가 가능
- 체계적 위험을 회피할 수 있다.

tip 옵션을 이용

- 제한적 손실과 무제한적 이익 향유 가능
- 다양한 수익구조의 조립이 가능

tip 장외파생상품 이용

- 이색 옵션의 등장(비표준적인 옵션구조)
- 자본시장법의 시행으로 다양한 Idea가 히트상품으로 탄생할 기회가 많다.

076 ③

스프레드 확대 시 '근월물 매도+원월물 매수', 축소 시 '근월물 매수+원월물 매도'가 적절한 전략이다.

tip 스프레드 거래

- 선물 상품간의 가격 차이(스프레드)를 이용하여 한쪽은 매수하는 동시에 다른 한쪽은 매도하여 수익을 얻는 거래
- 시장 내(결제월 간) 스프레드(Intra Market Spread)는 시간 스프레드(Time Spread) 혹은 달력 스프레드(Calendar Spread)라고 하며 동일한 시장 내의 상품을 이용하는 거래

077 ①

감마는 종모양을 보이기 때문에 ATM일 때 가장 크고 OTM과 ITM으로 가면서 감소한다.

tip 감마

- 감마는 기초자산가격이 1단위 변화할 때의 델타값의 변화분이다.
- '감마=델타의 변화분/기초자산의 변화분'으로 2차 미분값이다.
- 옵션의 포지션이 매수일 경우는 감마의 값이 양(+)의 값을 가지고 매도일 경우에는 음(−)의 값을 가진다.
- 감마는 델타의 변화분이기 때문에 기초자산 가격이 상승할 때 델타의 변화는 기존 델타와 감마의 합이다. 반면에 기초자산 가격이 하락할 경우에는 기존의 델타값에서 감마를 차감한다.
- 델타의 변화분=기초자산의 변화분×감마
- 감마의 값은 ATM에서 가장 크고 ITM이나 OTM으로 갈수록 작아지는 종모양의 곡선을 형성한다.

078 ①

옵션 및 채권상품이 비선형 구조이다.

tip 구조

채권은 원점에 볼록한 형태의 구조를 가지고 있어서 금리와 가격이 서로 역의 관계에서 체감 상황과 체증 상황이 일어난다. 콜옵션은 오목한 형태로 풋옵션은 볼록한 형태의 구조를 가진 비선형이다.

079 ④

고수익 확보 기능과는 거리가 멀다.

tip 파생거래의 경제적 기능

- **새로운 시장의 형성** : 현물중심의 시장에서 동일상품의 미래가치를 형성하는 새로운 시장이 형성되었다.
- **미래 가격의 발견** : 동일상품의 미래가치를 현시점에서 알게 되었다.
- **효율성의 증대** : 현물, 선물시장 간의 자원배분의 효율성을 가질 수 있다.
- **위험전가 기능** : 현물가격의 변동위험을 선물시장에서 HEDGE가 가능하여 위험을 전가 시킬 수 있다.

080 ②

수익상환위험은 채권의 발행자가 수익률 하락 시 임의로 채권을 매수하여 원리금을 상환해주는 것을 의미하므로 채권 보유자 입장에서는 신용위험이 아니다.

081 ④

결합하면 보호적 풋은 합성 콜 매수가 되고, Covered Call은 합성풋 매도와 같게 된다.

tip Protective Put 거래

- '주식+풋옵션 매수' 혹은 '채권+풋옵션 매수'하는 합성전략이다.
- 주식시장이나 채권시장의 하락 변동성이 클 것으로 예상될 때 대비하는 전략이다.
- 포트폴리오 보험전략의 일종이다.
- 옵션의 매수로 자금이 유출된다.

082 ④

CDS는 신용위험을 타인에게 전가할 수 있다.

tip 신용연계채권(CLN)

- 일반채권에 CDS를 결합해 증권화한 신용파생상품이다.
- 보장 매입자가 기초자산의 신용상태와 연계된 채권(CLN)을 발행해 보장 매도자에게 매도하고 신용사건이 발생하면 신용연계채권을 상환하는 대신 약정조건에 따라 상계하거나 기초자산과 교환 및 회수하는 구조이다.

083 ④

발행사의 수익은 투자자의 손실과 제로섬이 아니고 기초자산의 변동성에 따라 움직인다.

084 ④

이종통화 옵션인 콴토옵션에 대한 설명이다.

tip 콴토옵션(Quanto)

- 이종통화 간의 가격변화에 의해 수익을 결정하는 옵션이다.
- 수량조절옵션이라고 한다.
  예 Nikkei225 지수를 기초자산으로 하되 수익은 달러로 지급한다.
- 환위험의 고려가 필요하다.

085 ②

행사가격 결정 유예옵션에 대한 설명이다.

tip 장외파생상품

- **역변동금리채(인버스 플로터)**
  - 고정금리 : CD금리의 형태로 이자지급하는 채권의 경우에 (고정금리−CD)부분을 인버스 플로터라고 한다.
  - 고정금리를 행사가격으로 하는 풋옵션 구조로 해석한다.
- **행사가격 결정 유예옵션(Delayed Option)**
  - 미리 특정시점에서 당일의 기초자산 가격과 같도록 행사가격이 설정된 또 다른 옵션을 획득할 수 있는 옵션이다. 계속적으로 옵션을 생성해 나갈 필요가 있을 때 사용한다.
- **디지털 옵션(Digital or Binary Option)**
  - 옵션이 만기일에 내가격 상태이면 사전에 약정된 금액을 지불하고 등가격, 외가격인 경우에는 '0'이 되는 옵션으로 내가격이냐 아니냐가 중요하다.

086 ④

주권은 지분증권에 해당한다.

tip 채무증권

- 국채증권
- 지방채증권
- 특수채증권
- 사채권
- 기업어음증권
- 지급청구권이 표시된 것

087 ④

부동산투자회사는 설립주체가 발기인이다.

088 ④

부동산 등기 내용은 포함되지 않는다.

tip 실사보고서

집합투자업자는 펀드재산으로 부동산을 취득하거나 처분하는 경우 실사보고서를 작성 · 비치해야 한다.

089 ②

부동산투자합자회사 설립에 관한 절차이다. 부동산투자회사를 설립하는 발기인은 정관을 작성하여 발기인 전원이 기명날인 또는 서명해야 한다.

090 ④

집합투자업자는 사업계획서를 작성하여 감정평가업자로부터 그 사업계획서가 적정한지의 여부에 대하여 확인을 받아 공시해야 한다.

091 ①

대출형부동산펀드는 대출의 목적으로 차입을 할 수 없다.

tip 주요 점검사항

- 시행사의 사업부지 확보 가능성
- 지급보증, 채무인수를 한 시공사의 신용평가등급을 확인
- 부동산개발사업과 관련된 인허가 진행경과 확인
- 부동산개발사업의 사업성 유무와 사업성 규모 분석

092 ④

경공매형부동산펀드의 아웃소싱 비용이 과다할 경우는 펀드수익률의 저하를 가져온다.

tip 경공매형부동산펀드

- 법원이 실시하는 경매, 자산관리공사, 은행이 실시하는 공매를 통하여 주로 업무용, 상업용 부동산을 저가에 매입한 후 임대하거나 매각함으로써 임대수익 또는 시세차익을 노리는 것을 운용목적으로 하는 가치(Value)투자형 부동산펀드이다.
- 임대형부동산펀드가 임대소득의 주된 운용목적인 반면 경공매형부동산펀드는 시세차익에 의한 자본소득의 취득이 주된 운용목적이다.

093 ④

개량형부동산펀드의 점검사항이다. ①, ②, ③ 외에 취득하는 해당 부동산의 매입가격이 적정한지, 취득하는 해당 부동산에 물리적이고 기술적인 하자는 없는지를 고려해야 한다.

094 ③

부내금융(On－Balance)이 아니라 부외금융(Off－Balance)의 성격을 가지고 있다.

tip PF의 개념

- 크게 볼 때 대형 프로젝트 수행을 위하여 필요한 자금을 조달하기 위한 모든 금융을 포괄적으로 지칭
- 협의의 개념은 특정 프로젝트로부터 발생할 현금 흐름만을 담보하여 프로젝트회사에 자금을 공급하는 것

095 ④

부동산투자회사법은 법률개정을 통해 회사재산의 100% 이내에서 부동산개발을 허용하여 개발전문 부동산투자회사들이 설립되어 운영되고 있다.

tip 개발형부동산펀드

- 투자비율의 제한이 없어 향후 부동산펀드가 개발될 여지가 있다.
- 부동산투자회사법은 법률개정을 통해 회사재산의 100% 이내에서 부동산개발을 허용하여 개발전문 부동산투자회사들이 설립되어 운영되고 있다.
- 부동산펀드가 시행사의 역할을 수행함으로서 직접 부동산개발 사업을 추진하여 분양이나 임대를 통해 개발이익을 얻는 개발(Development)방식의 부동산펀드

096 ④

대안투자는 주식, 채권 등의 전통적 투자자산과는 달리 투명하게 거래되지 않아서 공정가치를 평가하기가 어렵다.

tip 대안투자의 특성 및 위험

- 짧은 역사
- 장기 투자
- 높은 수수료
- 전문성 필요
- 보기 드문 투자의 형태
- 개인보다는 법인의 투자
- 공정가치 산출의 어려움
- 전통적 자산과의 낮은 상관관계
- 전통적 투자에 비해 낮은 유동성
- 벤치마크가 없고 절대적 수익률의 개념

097 ①

해외부동산펀드의 리스크 유형에는 해당국의 정치 · 경제 · 법률적 차이, 현지인 위험, 제도 및 실사비용 위험, 조세위험, 환매 유동성 위험, 환율 위험, 펀드정보의 제한, 글로벌 신용경색 위험 등이 있다.

오답해설

② 임대형부동산펀드
③, ④ 경공매형부동산펀드

tip 조세위험

자본이득 과세로 인한 수익률 저하를 방지하기 위해 조세회피지역에 서류상회사(SPC)를 세워 우회적으로 투자하기도 한다. 부동산 매각 시 현지 부동산을 매각하지 않고 SPC 지분을 매각하여 자본이득에 대한 과세를 회피하는 것이다. 하지만 자본이득에 대한 세금을 근본적으로 회피할 수는 없기 때문에 매각가액이 낮아진다는 위험이 있다.

098 ①

투자의 기대수익률이 차입금 금리를 하회하는 경우는 부정적 효과이다. 긍정적 효과로는 투자의 기대수익률이 차입금 금리를 상회하는 경우, 대출의 만기가 길수록 자기자본수익률이 증가하는 경우가 있다.

tip LTV(Loan to Value ratio)

담보가치 대비 대출비율로 주택담보대출비율이라고도 한다. 은행이나 보험사에서 주택을 담보로 대출해 줄 때 적용하는 담보가치(주택가격) 대비 최대 대출 가능한도를 의미한다.

tip DTI(Debt to Income)

소득수준 대비 부채 상환능력 비율을 말한다. 각종 대출 등에서 기준 잣대로 사용된다.

---

099 ①

공간시장(Space Market) 임대시장을 의미한다.

---

tip 공간시장의 수요와 공급

- 부동산의 공간에 대한 수요와 공급에 의하여 부동산의 임대료와 이에 대한 점유율이 결정
- **공간시장의 수요** : 지역 및 국가경제 상황에 영향을 받음
- **공간시장의 공급** : 개발산업으로부터 건설되어 공급되는 물량에 영향을 받음

---

100 ①

환헤지 상대방인 금융기관은 신용위험에 노출된다.

---

tip 해외부동산펀드의 장점

- 해외부동산에 투자하게 되면 동일수익률하에서의 분산투자로 인해 위험이 감소한다.
- 국내부동산 시장의 침체기에 펀드의 수익률 보상을 받을 수 있는 대안투자가 된다.

tip 환헤지

- 투자시점과 자금 회수시점의 환율의 차이로 인해 환리스크에 노출된다.
- 투자자에게 환율변동위험과 환헤지의 내용을 설명해 주어야 한다.
- 원화표시 펀드는 대부분 펀드 내에서 환위험을 관리해 주나 외화표시펀드의 경우는 투자자가 선택해야 한다.

tip 환매

- 해외부동산펀드는 리츠와 재간접펀드 형태로 많이 운용되므로 국내부동산펀드와 달리 환매가 가능한 경우가 많다.
- 환매가 가능한 경우에도 환매과정이 복잡하고 결제, 환전, 송금 등의 과정을 거쳐야 하므로 사전에 투자자에게 환매규정을 잘 설명하여야 한다.

좋은 결과 있길 SISCOM이 응원합니다.